IL LIBRO DELLA BLACK HISTORY

IL LIBRO DELLA BLACK HISTORY

GRIBAUDO

DK | Penguin Random House

DK LONDON

SENIOR ART EDITOR
Gillian Andrews

SENIOR EDITORS
Camilla Hallinan, Scarlett O'Hara, Laura Sandford

PROJECT EDITOR
Abigail Mitchell

EDITORS
John Andrews, Alethea Doran, Joy Evatt, Lydia Halliday, Victoria Pyke, Esther Ripley, Dorothy Stannard, Rachel Warren Chadd

ILLUSTRATIONS
James Graham, Anthony Limerick

PICTURE RESEARCHER
Sarah Hopper

ADDITIONAL TEXT
Dr Abimbola A. Adelakun, Dr Kimberly Brown Pellum, Prof Marlene L. Daut, Sarah Lusack, Seun Matiluko, Dr Arlisha Norwood, Dr Onyeka Nubia, Dr Angelina Osborne, Adam Smith, Frank Starling, Adam Williams, Dr Ogechukwu Williams

JACKET DESIGN DEVELOPMENT MANAGER
Sophia MTT

PRODUCTION EDITOR
Kavita Varma

PRODUCER
Rachel Ng

MANAGING EDITOR
Gareth Jones

ART DIRECTOR
Karen Self

DESIGN DIRECTOR
Phil Ormerod

PUBLISHING DIRECTOR
Jonathan Metcalf

DK DELHI

PROJECT ART EDITOR
Meenal Goel

ART EDITORS
Mridushmita Bose, Nobina Chakravorty, Debjyoti Mukherjee

SENIOR EDITOR
Dharini Ganesh

EDITOR
Ishita Jha

MANAGING ART EDITOR
Sudakshina Basu

DTP DESIGNERS
Nand Kishor Acharya, Rakesh Kumar, Mrinmoy Mazumdar, Vikram Singh

PRE-PRODUCTION MANAGER
Balwant Singh

PRODUCTION MANAGER
Pankaj Sharma

EDITORIAL HEAD
Glenda Fernandes

DESIGN HEAD
Malavika Talukder

original styling by
STUDIO 8

Prima pubblicazione in Gran Bretagna 2021
by Dorling Kindersley Limited
DK, One Embassy Gardens,
8 Viaduct Gardens, London, SW11 7BW

Il libro della Black History
Titolo originale:
The Black History Book
Big Ideas Series

Traduzione:
Roberto Sorgo

PER L'EDIZIONE ITALIANA
© 2021 Dorling Kindersley Limited

in collaborazione con

Gribaudo - IF - Idee editoriali Feltrinelli Srl
Socio unico: Giangiacomo Feltrinelli Editore Srl
via Andegari, 6 - 20121 Milano
www.gribaudo.it - info@gribaudo.it

Prima edizione: 2022 [5(E)]

Stampato in Lettonia

For the curious
www.dk.com

FSC www.fsc.org MIX Paper from responsible sources FSC™ C018179

Questo libro è stato stampato su carta certificata dal Forest Stewardship Council™: un piccolo passo nell'impegno di DK per un futuro sostenibile.
Per ulteriori informazioni: www.dk.com/our-green-pledge

Il linguaggio delle citazioni storiche
Le citazioni e i nomi delle organizzazioni presenti in questo libro mantengono il linguaggio e la terminologia dell'epoca. In parte oggi tale linguaggio è superato ed è considerato insensibile, inopportuno e offensivo. Il modo di vedere espresso nelle citazioni storiche non riflette le opinioni dell'Editore e dei collaboratori.

COLLABORATORI

NEMATA BLYDEN, CONSULENTE SCIENTIFICA

Nemata Blyden è docente di storia e affari internazionali all'università George Washington. Traendo origine da svariati luoghi del mondo dei neri, insegna e affronta nei suoi libri vari aspetti della storia dell'Africa e della diaspora africana. La sua pubblicazione più recente è *African Americans and Africa: A New History*.

PAULA AKPAN

Giornalista e scrittrice, Paula Akpan studia per la laurea in storia dei neri britannici, cercando di ripercorrere le vicende di donne nere lesbiche nel Regno Unito. Si occupa soprattutto di negritudine, diversità sessuale e politica sociale e scrive regolarmente per varie pubblicazioni tra cui *Vogue*, *Teen Vogue*, *The Independent*, *Stylist*, *VICE*, *i-D*, *Bustle* e *Time Out London*. Ha inoltre pubblicato dei saggi, collaborando all'antologia *Loud Black Girls* di Slay in Your Lane e all'antologia *The Queer Bible*.

MIREILLE HARPER

Mireille Harper è una premiata scrittrice e curatrice di libri, lettrice esperta di temi sensibili e consulente per la comunicazione. Sue opere sono state pubblicate dalle riviste *Vogue*, *Digital Spy*, *Good Housekeeping*, *Nation of Billions*, *GUAP*, *Nataal*, *TOKEN Magazine* e altre. Da consulente per la comunicazione, Mireille ha lavorato per Punch Records, BYP Network, ShoutOut Network e altre organizzazioni. Ha collaborato a *La storia di tutti noi* ed è autrice di *Timelines from Black History* (DK).

KEITH LOCKHART

Giornalista e scrittore, Keith Lockhart vive a Londra ed è collaboratore dei giornali *The Independent* e *The Observer* e dell'enciclopedia in rete Wikipedia.

TYESHA MADDOX

Tyesha Maddox, dottore di ricerca, è storica della diaspora africana e dell'immigrazione caraibica. È docente associata all'università Fordham di New York. Studia le società di mutuo soccorso e le associazioni di beneficenza degli immigrati caraibici all'inizio del XX secolo.

RAPHAEL NJOKU

Docente di storia africana e studi internazionali all'università dell'Idaho, Raphael Njoku, dottore di ricerca, è specializzato in storia intellettuale, decolonizzazione, studio della diaspora africana e politica africana.

LUKE PEPERA

Antropologo, storico, scrittore e presentatore radiotelevisivo, Luke Pepera è esperto del passato africano, su cui ha scritto articoli ed è intervenuto in numerosi *podcast*.

GEORGE SWAINSTON

George Swainston ha studiato arabo e persiano all'università di Oxford. È giornalista e documentarista con un particolare interesse per la storia del Medio Oriente, del Brasile e dell'Africa.

ROBIN WALKER

Scrittore, conferenziere e imprenditore, Robin Walker ha pubblicato vari libri sulla storia dei neri, sui contributi africani alle materie scientifiche, su Africa e religione e sugli apporti africani alla musica e alla letteratura.

JAMIE J. WILSON

Docente di storia all'università statale di Salem (Massachusetts), Jamie J. Wilson tiene corsi sulla storia dei neri americani e ha curato il volume *50 Events that Shaped African American History*.

DAVID OLUSOGA, PREFAZIONE

David Olusoga è storico, presentatore radiotelevisivo e cineasta britannico-nigeriano. Tra le sue serie TV figurano *A House Through Time* (BBC2), *Black and British: A Forgotten History* (BBC2) e *Britain's Forgotten Slave Owners* (BBC2), vincitore del premio BAFTA. È inoltre autore di *Black and British: A Forgotten History*, che ha ottenuto i riconoscimenti Longman-History Today Trustees' Award e PEN Hessell-Tiltman Prize. David scrive per il giornale *The Guardian*, tiene una rubrica sul periodico *The Observer* ed è docente di storia generale all'università di Manchester.

SOMMARIO

SCHIAVITÙ E RIBELLIONE
1510-1700

RIVOLUZIONE E RESISTENZA
1700-1900

DECOLONIZZAZIONE E DIASPORA
DAL 1900 A OGGI

PREFAZIONE

La storia dei neri è internazionale: si svolge in Africa, in Europa, in America, in Asia, in Medio Oriente. La loro storia è antica, e questo non sorprende poiché, proprio dal continente africano, centinaia di migliaia di anni fa emersero i primi esseri umani. Tuttavia, in varie epoche e in vari luoghi la storia dei neri e la storia del continente africano sono state lasciate ai margini o non sono neppure state scritte.

Le civiltà dei neri che dominarono enormi aree del mondo e crearono opere grandiose in arte e architettura sono state spesso lasciate fuori dai libri di storia redatti nei Paesi occidentali. Alcuni filosofi europei si spinsero a ipotizzare che l'Africa non avesse nemmeno una vera e propria storia. Analogamente, i secoli in cui i neri si batterono per opporsi alla schiavitù, al colonialismo e al razzismo sono stati spesso passati sotto silenzio.

Di fronte a tutto questo, la salvaguardia e la celebrazione della storia dei neri hanno assunto un valore quasi sacro per molte persone di colore, in particolare per i discendenti degli schiavi. Tuttavia, se tale storia ha un significato assai specifico per la vita e l'identità di milioni di persone di colore di tutto il mondo, in realtà la storia dei neri è la storia di tutti.

Così come non è necessario essere europei per rimanere affascinati dalle vicende dell'antica Roma, non serve essere neri per provare meraviglia di fronte al grande impero del Mali o al regno del Benin. Come i non ebrei apprendono gli orrori dell'Olocausto, così tutti noi dovremmo conoscere gli orrori della schiavitù e i neri che la combatterono. Io ho iniziato a interessarmi di storia dei neri da adolescente. Era qui che cercavo delle spiegazioni. Vi ho trovato la storia dell'impero britannico, di cui la mia famiglia interrazziale è un prodotto; ho capito da dove provenissero le idee razziste che osservavo attorno a me e come e perché fossero state inventate. Inoltre, questa storia mi ha svelato le lunghe lotte dei neri contro il razzismo e il colonialismo, lotte che proseguono ancora oggi, guidate nel XXI secolo dai giovani.

Questo libro presenta la storia dei neri in tutta la sua complessità, dall'antichità fino ai dibattiti e all'attivismo di oggi. Da queste pagine apprendiamo la reale collocazione dell'Africa nella storia mondiale e possiamo ripercorrere le origini delle disuguaglianze che ancora caratterizzano le società moderne.

Nei secoli in cui la storia dell'Africa fu relegata ai margini e non vennero riconosciuti i contributi dei neri alla civiltà mondiale, all'umanità intera fu negato l'accesso a storie straordinarie e stimolanti. Le vicende narrate in queste pagine riconducono la lunga storia dell'Africa e della sua popolazione nel filone principale della storia del mondo, a beneficio di tutti noi.

David Olusoga

INTRODU

ZIONE

La storia dei neri narra la vita delle persone di colore nell'arco di migliaia di anni, dal principio della storia umana fino a oggi. Secondo la consueta definizione generica, i neri sono coloro che discendono da popolazioni dell'Africa subsahariana. In tale categoria rientrano gli abitanti del continente africano, i discendenti degli schiavi africani venduti durante la tratta transatlantica e coloro che sono emigrati dall'Africa verso altre parti del mondo. Si tratta però di una generalizzazione di origine piuttosto recente che ignora la varietà di nazionalità, culture ed esperienze di vita delle persone di colore.

Popoli diversi

I primi esseri umani emersero in Africa oltre 200.000 anni fa. Per generazioni, coloro che rimasero nel continente africano, diversamente da quanti emigrarono andando a formare le popolazioni di Asia, Oceania, America ed Europa, si considerarono non neri in generale bensì appartenenti a particolari gruppi etnici, per esempio Nubiani, Yoruba o Swahili. Questi popoli hanno avuto, e hanno ancora, lingue, tradizioni e culture differenti e sistemi di governo complessi e particolari. Tuttavia, a partire dal XVI secolo tutti gli africani subsahariani furono considerati parte di un gruppo omogeneo. I protagonisti della tratta degli schiavi transatlantica e del colonialismo europeo giustificarono l'assoggettamento e il maltrattamento di questi popoli di antica origine collocandoli tutti nell'ambito di un'unica razza "inferiore".

> “Dal punto di vista scientifico, esiste solo la razza umana. Il razzismo è un costrutto, un costrutto sociale.”
>
> **Toni Morrison**
> **Scrittrice americana nera (1931-2019)**

Secoli di oppressione

I mercanti europei compravano schiavi africani da altri africani e li trasportavano alla stregua di "merce" nel Nuovo Mondo, dove venivano venduti nei mercati come capi di bestiame ed erano messi a lavorare in varie parti del continente americano e dei Caraibi; il più alto numero di schiavi arrivò in Brasile. In questo periodo, molti si ribellarono: sulla costa occidentale dell'Africa, durante il brutale viaggio transatlantico e in America, dove per molti le condizioni di lavoro erano orripilanti. L'insurrezione di maggior successo fu quella in cui l'intera popolazione schiava di Saint-Domingue, nella parte occidentale dell'isola di Hispaniola, si ribellò e prevalse sui padroni, istituendo nel 1804 il nuovo Stato di Haiti.

Dopo secoli di schiavitù e rivolte, alcuni bianchi del Nuovo Mondo e dell'Europa finalmente cominciarono a considerare ingiusta questa situazione e si unirono ai neri nella lotta per l'abolizione della schiavitù. Nel 1861, negli Stati Uniti scoppiò una guerra civile fra gli Stati schiavisti del sud e quelli non schiavisti del nord. Nel 1865 vinse il nord, e quello stesso anno gli Stati Uniti abolirono la schiavitù.

L'abolizione però non fu una panacea per i neri, e molti ex schiavi del Nuovo Mondo continuarono a subire condizioni di disuguaglianza. Negli Stati Uniti i neri soffrirono per le leggi "Jim Crow", che conferivano validità giuridica alla segregazione razziale. Per sottrarsi a questa nuova oppressione, alcuni ex schiavi decisero di trasferirsi in Liberia, in Africa occidentale, un Paese creato da abolizionisti bianchi americani e di altri Paesi con l'intento di riportare i neri in Africa, ma con una considerazione scarsa o nulla per i popoli africani

che già vivevano lì. In realtà, poco dopo l'abolizione della schiavitù, varie potenze europee cominciarono a colonizzare l'Africa subsahariana. Perpetuando la falsità di una razza nera "inferiore", affermavano di voler "civilizzare" gli africani. Alla conferenza di Berlino del 1884-1885 le potenze europee si spartirono l'Africa: la Gran Bretagna ottenne vaste aree nella parte occidentale, mentre re Leopoldo del Belgio si prese il Congo come colonia personale. Alla conferenza non furono invitati africani. Nel 1900, i Paesi europei dominavano ormai il 90% del continente.

L'Africa coloniale era oppressiva per la popolazione locale. I neri si ribellarono contro gli amministratori europei, dai quali venivano reclutati per lavori forzati e puniti o uccisi se non rispettavano le quote di produzione. Nella Nigeria britannica, fra il 1929 e il 1930 migliaia di donne si ribellarono nel tentativo di rivalersi dei numerosi torti subiti; saccheggiarono le fabbriche, incendiarono i tribunali, bloccarono i binari ferroviari, recisero i cavi del telegrafo.

Diritti civili e oltre

Nel XX secolo, dato che in tutto il mondo molti neri rimanevano in condizione subordinata rispetto alle persone di origine europea, alcuni trassero forza dalla propria identità nera, che espressero con vivacità in musica, arte e letteratura, unendosi sotto la bandiera della negritudine per costituire movimenti internazionali. Inoltre, rivendicarono termini in precedenza denigratori, come "negro", per indicare solidarietà; il termine "nero" si diffuse soltanto nel tardo XX secolo.

A poco a poco prese piede il panafricanismo, movimento che invitava tutti i neri di origine africana a unirsi per perseguire comuni finalità politiche e sociali. Nel 1900 Henry Sylvester Williams, originario di Trinidad, presiedette a Londra la prima conferenza panafricana, dopo la quale si tennero altre otto riunioni in varie città europee e africane e a New York. Tuttavia i neri si battevano anche per i propri diritti in sede locale. In Africa i Paesi lottarono per l'indipendenza e per la fine dell'oppressione coloniale. Negli Stati Uniti gli americani neri contestarono la segregazione, mentre i neri delle colonie emigrati in Francia e in Gran Bretagna reclamarono il diritto di essere trattati da cittadini uguali agli altri. Queste lotte non sempre ebbero successo.

Nel 1957 il Ghana ottenne l'indipendenza, seguito poi da altri Paesi dell'Africa nera. Negli Stati Uniti, la storica sentenza Brown del 1954 impose la desegregazione delle scuole, mentre in Gran Bretagna l'approvazione della legge sulle relazioni interrazziali del 1965 fu un primo passo cruciale per arginare la discriminazione.

La lotta prosegue

Il retaggio della schiavitù e del colonialismo continua a proiettare un'ombra sulla vita dei neri, e la lotta per la liberazione prosegue. Per questo il movimento Black Lives Matter, avviato nel 2013 dopo il proscioglimento di un uomo bianco che aveva ucciso un adolescente nero, ha assunto rilevanza internazionale, evidenziando le numerose ingiustizie subite dai neri. Scopo di questo libro è non solo far luce su tali ingiustizie, ma anche celebrarne la storia e le conquiste e illustrare come le persone di colore abbiano influenzato e trasformato il nostro mondo moderno. ■

> D'ora in poi non siamo più una colonia, ma un popolo libero e indipendente.
>
> **Kwame Nkrumah**
> **Primo presidente del Ghana**
> **(1909-1972)**

PREISTOR
E STORIA
PRIMA DELL'1 d.C.

IA
ANTICA

ca. 315.000 anni fa
Risalgono a questa epoca **i più antichi resti umani**, ritrovati a Jebel Irhoud, in Marocco.

ca. 215.000 anni fa
A questa epoca risale la prima **migrazione umana fuori dall'Africa**, documentata da fossili ritrovati in Grecia.

ca. 12.000 anni fa
Nella "Mezzaluna fertile", compresa la valle del Nilo, si situano **i primi insediamenti stanziali**.

ca. 3400 a.C.
Si istituisce la monarchia africana di **Nubia**, una delle più antiche civiltà del mondo.

ca. 3150 a.C.
I regni dell'Egitto predinastico vengono unificati sotto il re Menes, fondatore della prima dinastia egizia.

2575-1069 a.C.
Con **Antico, Medio e Nuovo Regno** prospera la civiltà egizia.

L'Africa è il luogo di origine non solo della storia dei neri, ma anche dell'intera storia umana. I primi *Homo sapiens* nacquero in Africa; i resti più antichi finora scoperti provengono da Jebel Irhoud, in Marocco, mentre altri sono emersi in Kenya.

I nostri antenati ominini, come *Homo habilis* e *Homo heidelbergensis*, hanno lasciato tracce in tutta l'Africa sotto forma di fossili e utensili primitivi. Attualmente gli studiosi ritengono che la nostra specie si sia evoluta almeno 315.000 anni fa a partire da tali antenati in vari luoghi dell'Africa.

Gli esseri umani cominciarono a uscire dall'Africa circa 215.000 anni fa, prima verso il Medio Oriente, poi verso altre parti del mondo. A poco a poco, alcuni cacciatori-raccoglitori abbandonarono la loro vita nomade e circa 12.000 anni fa fondarono i primi insediamenti umani stanziali nella "Mezzaluna fertile", espressione che indica la valle del Nilo, il Levante e la Mesopotamia (oggi Iraq). Queste prime comunità sorsero attorno a tre grandi fiumi, il Nilo, l'Eufrate e il Tigri, le cui fertili pianure alluvionali offrivano le condizioni ideali per lo sviluppo dell'agricoltura.

Verso il IV millennio a.C. in Africa emersero importanti civiltà, con la comparsa verso il 3500 a.C. di popolazioni di lingua bantu nel delta del Niger, la creazione nel 3400 a.C. di una monarchia in Nubia, e nel 3150 a.C. l'unificazione dell'Egitto predinastico.

Espansione egizia

Il Nilo fece nascere una delle più antiche e più grandi civiltà della storia. Le comunità che crebbero attorno a questo fiume diedero origine a ricche culture, in cui arte, lingua, sistemi religiosi e politici si fecero sempre più complessi.

All'epoca dell'ultima cultura dell'Egitto predinastico, detta Naqada III (ca. 3200-3000 a.C.), le élite locali erano ormai a capo di regni grandi e potenti che si contendevano il predominio. La loro unificazione sotto re Menes o Narmer nel 3150 a.C. segna l'inizio del primo periodo dinastico dell'Egitto.

Dopo Menes, di solito la storia dell'antico Egitto viene suddivisa in tre periodi aurei. L'Antico Regno (2575-2130 a.C.) fu un'epoca prospera in cui gli Egizi costruirono non solo città e porti, ma anche piramidi monumentali che custodivano le tombe dei re. La piramide di Cheope a Giza è una delle sette meraviglie del mondo antico. All'epoca del Nuovo Regno

ca. 1000 a.C.
Dal delta del Niger migrano verso sud **popolazioni Bantu**, che diffondono in tutta l'Africa le loro lingue e culture.

814 a.C.
I **Fenici fondano la città di Cartagine** in posizione strategica sulla costa mediterranea dell'Africa.

760 a.C.
Il regno nubiano di **Kush conquista l'Egitto**, dove poi governano cinque "faraoni neri".

ca. 600 a.C.
Meroe diventa la nuova capitale di Kush dopo la sconfitta del regno per mano degli Assiri.

332 a.C.
Alessandro Magno, sovrano macedone, conquista l'Egitto. Un anno dopo fonda la città di Alessandria.

ca. 300 a.C.
Tolomeo I Sotere crea la **biblioteca di Alessandria** con lo scopo di raccogliere tutti i libri del mondo.

146 a.C.
I Romani conquistano Cartagine, che diventa un porto fondamentale per la vasta rete mercantile di Roma.

(1570-1069 a.C.) l'Egitto era ormai sede di una civiltà con infrastrutture complesse, governata da faraoni potenti che espansero i loro domini verso il Medio Oriente e il Sudan.

Lotte di potere

Il corso del Nilo ospitava un'altra potente civiltà africana, la Nubia, fra gli attuali Sudan ed Egitto meridionale. In Nubia, dove vi erano insediamenti fin dal 5000 a.C., emerse il regno di Kush, sviluppatosi attorno alla valle del Nilo. Con la sua capitale Kerma, Kush costituiva un alleato naturale e un partner commerciale per i vicini del nord, ma ben presto l'Egitto considerò pericolosa questa potenza.

Attorno al 1550 a.C. l'esercito di Kerma compì un fallito tentativo di invadere l'Egitto, innescando 50 anni di guerre che si conclusero con la vittoria degli Egizi.

I successivi regni di Nubia, istituiti a Napata e Meroe, ebbero vita breve, finendo sotto il dominio delle potenze etiopiche di Abissinia e di Axum, rispettivamente nel 600 a.C. e nel 350 d.C. Dal canto suo, nel 666 a.C. l'Egitto cadde in mano agli Assiri (provenienti dalla Mesopotamia), mentre nel 332 a.C. fu conquistato dai Macedoni.

Battaglie nordafricane

Nel IX secolo a.C. un popolo di navigatori, i Fenici, fondò la città portuale di Cartagine (nell'odierna Tunisia), che divenne un crocevia mercantile tra Africa ed Europa e una potenza ricca, con una popolazione multietnica giunta nel III secolo a.C. a mezzo milione di persone. Gli abitanti erano perlopiù originari dei territori fenici della costa orientale del Mediterraneo, oppure dei vicini regni nordafricani, Egitto e Kush, con l'esito di una cultura "punica" che includeva elementi sia africani sia mediterranei.

Al pari dell'Egitto, Cartagine dovette affrontare le crescenti potenze europee, prima la Grecia e successivamente Roma. Fra il VI e il III secolo a.C. le navi militari puniche combatterono i Greci, mentre a partire dal 264 a.C. l'esercito cartaginese affrontò i Romani nelle guerre puniche. Nel 146 a.C. Roma saccheggiò Cartagine e un secolo dopo, nel 30 a.C., annesse l'Egitto, danneggiando in parte la famosa biblioteca di Alessandria.

Il dominio romano sull'Africa settentrionale sarebbe stato soltanto l'inizio delle invasioni europee del continente africano. ■

Nota: nel libro l'espressione «milioni di anni fa» è abbreviata in «maf».

AFRICA, MADRE DELL'UMANITÀ

I PRIMI ESSERI UMANI (ca. 300.000 anni fa)

NEL CONTESTO

LUOGO
Africa

PRIMA
6-7 maf Emerge in Africa *Sahelanthropus tchadensis*, il primo ominino che si conosca.

4,4 maf Compare *Ardipithecus ramidus*, antico ominino svelato da fossili trovati in Etiopia negli anni '90.

1,4 maf Dell'argilla bruciata trovata in Kenya indica che *H. erectus* fu forse il primo a usare il fuoco.

DOPO
1921 Il cranio di Broken Hill in Zambia, in seguito attribuito a *H. heidelbergensis*, è il primo ominino importante scoperto in Africa.

1929-1935 Alcuni fossili del monte Carmelo in Israele vengono in seguito identificati come *H. sapiens* e datati a 80-120.000 anni fa.

2019 Un cranio di *H. sapiens* proveniente dalla Grecia viene datato a oltre 210.000 anni fa: è il più antico fuori dall'Africa.

Nel 1987 uno studio innovativo corroborò l'ipotesi formulata nel 1871 da Charles Darwin, secondo cui tutti gli esseri umani (*Homo sapiens*) ebbero origine in Africa. I genetisti americani Rebecca Cann e Mark Stoneking e il biochimico neozelandese Allan Wilson confrontarono il DNA mitocondriale (trasmesso per via femminile) di varie popolazioni di tutto il mondo. Scoprirono una linea ininterrotta che conduceva a una donna vissuta in Africa circa 200.000 anni fa. Fu chiamata "Eva" mitocondriale, un termine spesso frainteso: più che la prima della specie, era l'antenata materna più recente che fosse comune a tutti gli esseri umani oggi viventi.

L'Africa è la fonte più antica e più ricca di fossili di ominini, che cominciano a divergere da altre scimmie antropomorfe circa 7 milioni di anni fa. Ne sono emerse oltre 20 specie, vissute in periodi in parte coincidenti prima dell'avvento di *Homo sapiens,* circa 300.000 anni fa. Tra i primi a comparire, 4 maf, vi furono gli australopitechi, più somiglianti a scimmie, mentre il più antico appartenente al genere *Homo* fu *H. habilis*, vissuto fra 2,4 e 1,6 maf. La prima specie con

Teoria dell'evoluzione prima di Darwin

Secoli prima che Charles Darwin pubblicasse *L'origine delle specie* (1859) e *L'origine dell'uomo* (1871), un autore nero medievale accennò a una teoria dell'evoluzione per selezione naturale. Pur scrivendo in arabo e vivendo a Baghdad, Abu Uthman al-Jahiz (781-869) era originario dell'Africa orientale e forse nipote di uno schiavo di lingua bantu. Tra le sue opere vi è il *Kitab al-hayawan* (Libro degli animali), che in gran parte riporta credenze popolari; ma vi è un brano fondamentale, in cui al-Jahiz spiega come tutti gli animali siano in lotta fra loro per vivere, nutrirsi, riprodursi ed evitare i predatori, acquisendo nuove caratteristiche utili alla sopravvivenza. Trasmettono poi tali caratteristiche alla prole, trasformando con il tempo la specie. Sebbene al-Jahiz non avesse formulato una teoria, per la sua epoca tali idee erano molto avanzate. Che Darwin lo conoscesse o no, questo libro diede un contributo significativo all'antico pensiero evoluzionistico.

Cfr. anche: Gli esseri umani escono dall'Africa 20-21 ▪ L'Egitto predinastico 22-23 ▪ Le migrazioni dei Bantu 32-33

L'evoluzione umana

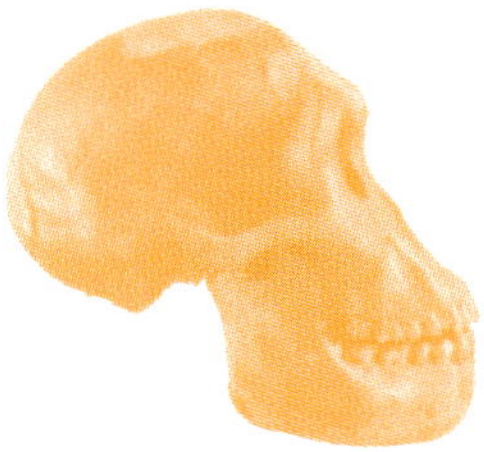

Australopithecus afarensis aveva mandibola e denti molari molto grandi e un cervello piccolo.

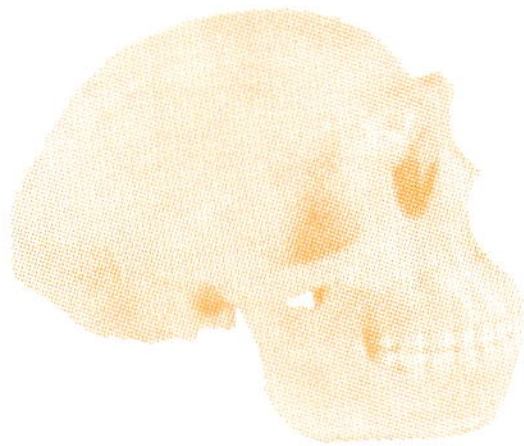

Homo erectus aveva mandibola e molari più piccoli ma un cervello più grande.

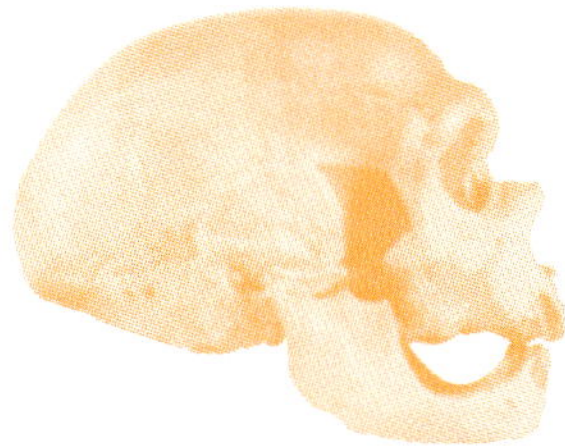

Homo neanderthalensis aveva un'arcata sopracciliare sporgente e il naso grande e largo.

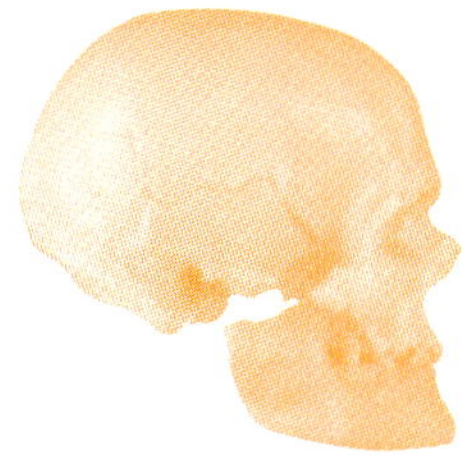

Homo sapiens ha un cervello enorme, viso piccolo e ridotte arcate sopracciliari.

proporzioni fisiche simili alle nostre fu *H. erectus*, emerso circa 2 maf e sopravvissuto in Asia fino a circa 100.000 anni fa. Il nostro antenato più prossimo, *H. heidelbergensis*, visse fra i 700.000 e i 300.000 anni fa: era un abile cacciatore e usava il fuoco.

Progressi culturali

I primi ominini acquisirono capacità utili per la sopravvivenza. Gli utensili di pietra rinvenuti presso il lago Turkana in Kenya e datati a 3,3 maf furono probabilmente creati da *Kenyanthropus platyops*. Verso i 2,4 maf, *H. habilis* usava ormai strumenti del genere per prelevare la carne dalle carcasse, mentre *H. heidelbergensis* affilava le pietre, che poi legava ad aste di legno per farne lance.

La comparsa di *Homo sapiens* circa 300.000 anni fa da popolazioni africane di *H. heidelbergensis* è legata a indizi di comportamenti complessi, come l'uso di pigmenti naturali ritrovati nella grotta di Twin Rivers, nello Zambia. Gli esseri umani primitivi lavoravano la pietra facendone amigdale, utensili scheggiati con cui tagliavano la carne, lavoravano le pelli e incidevano il legno. Il fuoco offriva loro luce, calore e la possibilità di cuocere i cibi. Con il variare dell'alimentazione, cambiarono anche la dentatura e l'aspetto complessivo, con un aumento costante delle dimensioni del cervello e delle abilità.

Alcune punte di arpione in osso, scoperte nella Repubblica democratica del Congo, potrebbero avere 90.000 anni. Nella grotta di Blombos, in Sudafrica, sono stati rinvenuti utensili in osso, un laboratorio per la lavorazione dell'ocra e forse il più antico disegno, datati a circa 70.000 anni fa. Gusci di uova di struzzo incisi, usati come recipienti per l'acqua e provenienti dalla caverna di Diepkloof, in Sudafrica, risalgono a 60.000 anni fa. Le più antiche miniere che si conoscano, sulle montagne dell'Eswatini (ex Swaziland), furono scavate 43.200 anni fa dalla popolazione locale, che frantumava la roccia ematite per usarla come colorante.

Fossili di *Homo sapiens*

Nel 2005 due crani incompleti, scoperti nel 1967 dall'antropologo keniano Richard Leakey presso il fiume Omo, in Etiopia, furono datati a 195.000 anni fa: erano i più antichi resti di *H. sapiens*, che all'epoca gli scienziati ritenevano comparso in Africa orientale circa 200.000 anni prima. Ma nel 2017 alcuni fossili rinvenuti a Jebel Irhoud in Marocco, fra cui un cranio e ossa facciali e mascellari, sono stati attribuiti con certezza a *H. sapiens* e datati a 315.000 anni fa. Gli scienziati ora ipotizzano che *Homo sapiens* non si sia evoluto in una sola zona, ma in tutto il continente. Come ha affermato il paleoantropologo francese Jean-Jacques Hublin: «Il giardino dell'Eden in Africa è probabilmente l'Africa, ed è un giardino grandissimo». ■

I primi esseri umani forse somigliavano a questa ricostruzione basata sui fossili di 315.000 anni fa scoperti in Marocco, all'inizio datati a 40.000 anni fa e ritenuti un ibrido fra Neanderthal e *sapiens*.

ERAVAMO TUTTI AFRICANI

GLI ESSERI UMANI ESCONO DALL'AFRICA (ca. 215.000-60.000 anni fa)

NEL CONTESTO

LUOGHI
Africa, Asia, Europa

PRIMA
1,8-1,7 maf *Homo erectus* (detto anche *Homo georgicus*) appare a Dmanisi, in Georgia, e 1,6 maf arriva a Giava.

ca. 780.000 anni fa Stando ai reperti di Gesher Benot Ya-aqov, in Israele, *H. erectus* sa usare il fuoco.

ca. 430.000 anni fa In base al DNA di fossili scoperti in Spagna, gli ominini usciti dall'Africa si evolvono dando origine ai Neanderthal.

DOPO
1930-1940 Nelle grotte di Qafzeh e Skhul, in Israele, si trovano resti di *Homo sapiens*, in seguito datati a 80-120.000 anni fa.

1949 Il chimico americano Willard Libby mette a punto la datazione con il radiocarbonio. Dagli anni '60 per i fossili si usa anche la datazione con il metodo uranio-torio.

Nel 2019 la rivista scientifica britannica *Nature* ha riferito che un cranio incompleto, scoperto negli anni '70 nella grotta di Apidima, nella Grecia meridionale, risale a oltre 210.000 anni fa ed è pertanto il più antico indizio della migrazione umana fuori dall'Africa, di almeno 15.000 anni più vecchio di una mandibola e di alcuni denti trovati nella grotta di Misliya sul monte Carmelo, in Israele nel 2002, e di 164.000 anni più vecchio di ogni altro resto di *H. sapiens* in Europa.

Più di una migrazione

I dati antropologici e genetici indicano che tutti gli esseri umani ebbero origine in Africa. Gli scienziati collocavano la migrazione fuori dal continente fra i 70.000 e i 50.000 anni fa. I fossili greci e israeliani lasciano supporre invece varie migrazioni, a partire almeno da 140.000 anni prima.

> Questa grande migrazione condusse la nostra specie a una posizione di dominio mondiale che non ha mai abbandonato.
>
> **Guy Gugliotta**
> **"The Great Human Migration",** ***Smithsonian Magazine***

Tuttavia, finora questi sono gli unici indizi di questi spostamenti, a indicare che in tali occasioni *H. sapiens* non riuscì a insediarsi stabilmente al di fuori dell'Africa. Sembra probabile una migrazione consistente a partire da 125.000 anni fa, forse stimolata dalle siccità registratesi in Africa ca. 135.000 anni fa, che costrinsero la popolazione ad abbandonare le regioni

Pietra incisa con ocra proveniente da Blombos in Sudafrica e datata a 70.000 anni fa; è il disegno più antico che si conosca e testimonia la raffinatezza dei *sapiens* primitivi.

Cfr. anche: I primi esseri umani 18-19 ▪ L'Egitto predinastico 22-23 ▪ Le migrazioni dei Bantu 32-33 ▪ La migrazione dei Masai 98-99 ▪ La creazione della "razza" 154-157

Homo sapiens uscì dall'Africa per la prima volta oltre 200.000 anni fa. Le frecce della cartina indicano alcune possibili rotte migratorie in base a reperti archeologici e dati genetici.

Legenda:

1. 300.000 anni fa
2. A partire da 100.000 anni fa
3. A partire da 60.000 anni fa
4. 45.000-35.000 anni fa
5. 45.000-35.000 anni fa
6. 20.000-15.000 anni fa
7. 15.000-12.000 anni fa
8. 3.500 anni fa
9. 2.500 anni fa
10. 800 anni fa

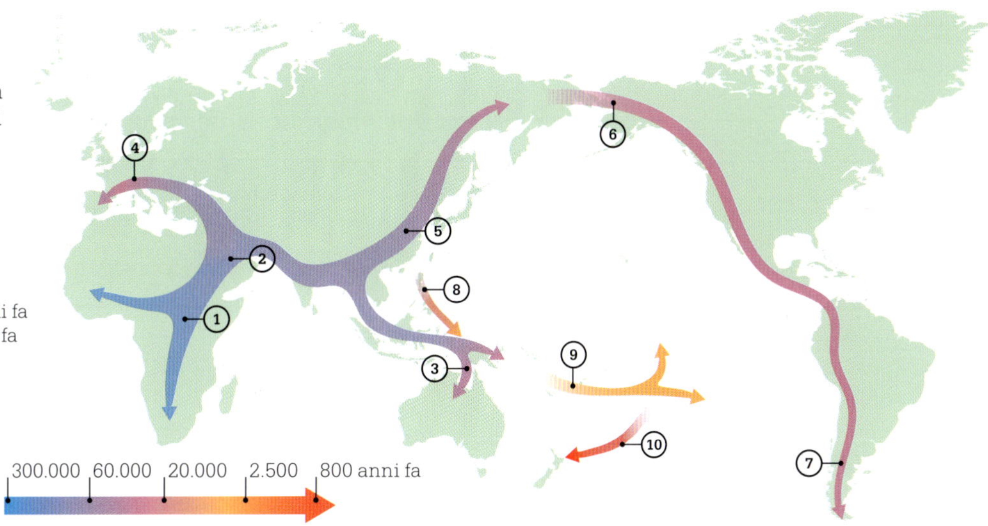

centrali e a spostarsi in direzione delle zone costiere e a nord-est verso l'Eurasia. Circa 75.000 anni fa un'enorme eruzione vulcanica presso il lago di Toba, in Indonesia, forse causò un calo delle temperature mondiali. Secondo alcuni studiosi, l'evento avrebbe costretto gli esseri umani a creare reti sociali molto più ampie per spartirsi le risorse, accelerando così la propria dispersione su tutto il pianeta.

Rotte verso il mondo

Le modalità di tale dispersione sono ancora oggetto di un acceso dibattito. Con l'eccezione del cranio greco di 210.000 anni fa, i più antichi fossili di *H. sapiens*, datati fra 80.000 e 180.000 anni fa, sono stati trovati in Israele. Alcuni intrepidi esseri umani primitivi, però, si avventurarono molto più a est. Denti ritrovati in una grotta della Cina meridionale, attribuiti nel 2015 a *H. sapiens*, sono stati datati a 100.000 anni fa. Alcuni utensili di pietra scoperti nella penisola arabica risalgono a 125.000 anni fa, altri dell'India a oltre 74.000 anni fa, indicando una rotta attraverso lo stretto di Bab al-Mandeb dal Corno d'Africa verso l'Arabia, poi attraverso lo stretto di Hormuz verso l'Eurasia, e da lì fino al Sudest asiatico.

La principale migrazione dall'Africa avvenne probabilmente 70.000 anni fa, e *H. sapiens* raggiunse l'Australia già 60.000 anni fa. I fossili europei sono più recenti e includono denti e frammenti d'osso di 46.000 anni fa provenienti da Bacho Kiro, in Bulgaria, e una mandibola forse di 43-34.000 anni fa della caverna di Kents nel Devon, in Inghilterra. Spingendosi in Eurasia, gli esseri umani entrarono in contatto con specie affini, tra cui i Neanderthal e i Denisovani. Gli studi genetici sull'umanità attuale indicano come tutte queste specie si siano incrociate fra loro. In ogni modo 40.000 anni fa *H. sapiens* si era ormai diffuso in vaste zone e le altre specie di *Homo* erano scomparse. *H. sapiens* raggiunse l'America almeno 15.000 anni fa, forse ancora prima. Nel 2020 alcuni utensili di pietra rinvenuti nella grotta di Chiquihuite, in Messico, sono stati datati a 26.000 anni fa e alcuni siti, come Pedra Furada in Brasile, potrebbero essere molto più antichi, sebbene le datazioni siano controverse. Gli esseri umani giunsero probabilmente dall'Asia nordorientale attraverso la Beringia, terraferma che collegava la Siberia e l'Alaska quando le glaciazioni avevano inglobato l'acqua nelle calotte di ghiaccio, abbassando il livello del mare.

Evoluzione umana

In origine *H. sapiens* aveva la pelle scura. In zone meno soleggiate, la pressione evolutiva a favore della pelle scura che protegge l'organismo contro i raggi ultravioletti si ridusse; con la dispersione umana in tutto il mondo il colore della pelle divenne molto variabile. La pigmentazione chiara si sviluppò nella scarsa luce della Scandinavia attorno al 5700 a.C., ma in tutta Europa si diffuse solo dopo il 6000 a.C., con l'arrivo dei primi agricoltori dal Medio Oriente. Si diversificarono anche la struttura corporea e i tratti del viso, ma geneticamente tutte le popolazioni di *H. sapiens* del mondo sono imparentate fra loro. ■

IL CROGIOLO DELL'ANTICA CIVILTÀ EGIZIA

L'EGITTO PREDINASTICO (ca. 6300-3150 a.C.)

NEL CONTESTO

LUOGO
Egitto

PRIMA
ca. 10.000 a.C. Nel sito di Wadi Kubbaniya, presso l'attuale Assuan, si coltivano orzo e grano.

ca. 7500 a.C. A Nabta Playa, Egitto meridionale, viene eretto il più antico cerchio di pietre del mondo, allineato alle stelle e al Sole.

DOPO
3100 a.C. Nella città di Menfi viene istituita la prima dinastia egizia.

2575 a.C. L'ascesa al trono del re Snefru segna l'inizio dell'Antico Regno egizio.

ca. 2560-2500 a.C. Sull'altopiano di Giza si costruiscono le più grandi piramidi dell'antico Egitto.

671 a.C. Asarhaddon, re di Assiria, conquista l'Egitto.

I più antichi abitanti dell'Egitto erano indigeni africani, che furono attratti verso il Sahara quando questa regione era umida e ricca di praterie, con abbondanza d'acqua.

Almeno dall'8000 a.C. esisteva una diffusa cultura neolitica sahariana, la cui popolazione conduceva un'esistenza prevalentemente pastorale, praticando l'allevamento, la pesca e la coltivazione.

Nello stesso periodo il clima sahariano lentamente da umido diventava arido a causa della precessione, ossia dell'oscillazione dell'asse terrestre. Mentre il territorio si trasformava in deserto, gli africani del Sahara migrarono verso la valle del Nilo, sfruttandone la fertile pianura alluvionale e ponendo le fondamenta per quella serie di dinastie che consolidarono l'antica civiltà egizia.

La tavoletta di Narmer in siltite grigia, risalente al 3100 a.C. circa, raffigura re Narmer o Menes, fondatore della prima dinastia egizia, mentre abbatte un nemico in battaglia.

Periodo predinastico

Gli archeologi suddividono la preistoria dell'Egitto in varie culture, che prendono il nome dai siti in cui sono stati scoperti i loro resti. Gli utensili di pietra rinvenuti nel sito di Fayyum B, nella valle del Nilo, indicano una cultura dell'Egitto settentrionale risalente al 6300 a.C. Un altro sito antico, Merimde, nell'ovest del delta del Nilo, risale al 4800 a.C. La popolazione locale coltivava cereali, allevava bestiame e fabbricava semplici ceramiche.

Più a sud la cultura badariana era contemporanea di Merimde, ma più raffinata. I defunti erano sepolti in posizione fetale (a simboleggiare la rinascita nell'aldilà) e le tombe,

Cfr. anche: Antico, Medio e Nuovo Regno in Egitto 24-29 ▪ Il regno nubiano di Kerma 30-31 ▪ La conquista musulmana dell'Egitto 58-59

Un inno al Sole riporta colonne di geroglifici neri, ciascuno rappresentante un oggetto o un suono, con una scrittura pittografica. Questo antico sistema di scrittura emerse con la cultura gerzeana.

scavate in 40 insediamenti, contengono perline, spille e braccialetti di rame, nonché ceramiche di finitura e delicatezza insuperate nella storia dell'antico Egitto.

Alla cultura badariana succedette quella amraziana, o di Naqada I (4000-3500 a.C.), la cui popolazione costruiva edifici di mattoni crudi e fabbricava barche di papiro affastellato. Commerciava lungo il Nilo e importava varie merci, tra cui oro e ossidiana (vetro vulcanico nero) dalla Nubia e legno di cedro dalla città fenicia di Byblos.

Seguì poi la cultura gerzeana, o di Naqada II (3500-3200 a.C.), la cui ceramica dipinta di rosso era decorata con una vivace serie di motivi ornamentali, tra cui fenicotteri, figure umane e barche con numerosi remi. L'attività mercantile procurava argento (probabilmente di origine mediorientale) e avorio, con cui si fabbricavano utensili, tra cui pettini in stile africano.

La cultura gerzeana diede origine a varie città-stato dell'Alto Egitto e con re Narmer o Menes («Colui che resiste») verso il 3150 a.C. conquistò il Basso Egitto, unificando il Paese e fondando poi la prima dinastia.

Nuove comunicazioni

Alcuni simboli sulle ceramiche gerzeane costituivano i prototipi dei geroglifici, forma di scrittura parzialmente pittorica. A partire dal 3000 a.C. gli Egizi della prima dinastia elaborarono il corsivo ieratico, usato per i documenti commerciali, matematici e religiosi. Tanto lo ieratico quanto il geroglifico erano scritti su rotoli di papiro, una sorta di carta realizzata con il giunco del Nilo. ▪

Gli Egizi erano neri?

Il dibattito di lunga data sull'etnia degli Egizi si infervorò nei primi anni '70, quando l'Unesco (Organizzazione delle Nazioni Unite per l'educazione, la scienza e la cultura) commissionò una storia dell'Africa in 8 volumi. La discussione sul ruolo dell'Egitto giunse a un punto morto, e nel gennaio del 1974 l'Unesco indisse al Cairo un simposio per valutare «Il popolamento dell'antico Egitto». Secondo 18 studiosi europei e arabi, gli antichi Egizi erano bianchi. Due docenti africani, Cheikh Anta Diop e Theophile Obenga, sostennero invece: «L'antico Egitto fu popolato, 'dall'infanzia neolitica alla fine delle dinastie indigene', da africani neri». La relazione finale rilevò una «mancanza di equilibrio nelle discussioni» e a sostegno degli storici africani affermò: «Non tutti i partecipanti [...] hanno predisposto comunicazioni paragonabili alle ricerche minuziose dei professori Cheikh Anta Diop e Obenga».

> “In quale villaggio lungo la valle del Nilo di oggi si indicherebbe la transizione “razziale” fra “neri” e “bianchi”?”
>
> **Shomarka Keita**
> **Antropologo americano nero**

UN DONO DEL NILO

ANTICO, MEDIO E NUOVO REGNO IN EGITTO (2575-1069 a.C.)

NEL CONTESTO

LUOGO
Egitto

PRIMA
ca. 9000-6000 a.C. Si insediano agricoltori neolitici nell'oasi di Fayyum, un lago a sud del delta del Nilo.

ca. 3500 a.C. Nell'Egitto meridionale la cultura di Naqada introduce la mummificazione dei defunti.

DOPO
671-666 a.C. Gli Assiri con Asarhaddon e Assurbanipal invadono e conquistano l'Egitto.

332 a.C. Alessandro Magno conquista l'Egitto. Tolomeo, un suo generale, nel 305 istituisce una nuova dinastia.

30 a.C. Muore Cleopatra; l'Egitto diventa provincia romana.

639-642 Il califfato islamico invade l'Egitto, istituendo il dominio musulmano.

1517 L'Egitto viene assorbito nell'Impero ottomano.

L'antico Egitto ha tre periodi aurei: Antico, Medio e Nuovo Regno.

L'**Antico Regno** (2575-2130 a.C.) è l'**epoca delle piramidi**.

Nel **Medio Regno** (2040-1782 a.C.) vi è lo **sviluppo di città**, strade e bacini artificiali.

Il **Nuovo Regno** (1570-1069 a.C.) è l'epoca dell'**imperialismo egizio** in Medio Oriente.

La storia dell'Africa nera rimarrà sospesa in aria e non potrà essere scritta correttamente finché gli storici africani non oseranno collegarla alla storia dell'Egitto.
Cheikh Anta Diop
Storico senegalese (1923-1986)

La storia dell'antico Egitto è incentrata sul Nilo e sulle sue ricchezze. In una civiltà che per quasi 3.000 anni non ebbe eguali nel mondo mediterraneo, il fiume era alla base di ogni aspetto della vita. La pesca era abbondante e l'agricoltura sul fertile terreno nero delle pianure alluvionali ruotava attorno all'andamento stagionale del fiume. Miniere, commerci e trasporto di materiali per la costruzione di grandi monumenti nel deserto facevano affidamento sul corso del Nilo dall'Alto Egitto nel sud al Basso Egitto nel nord.

Dinastie regnanti

L'ascesa dell'Egitto ebbe inizio attorno al 3150 a.C., quando Menes (o Narmer) unificò l'Alto e il Basso Egitto e fondò sul delta del Nilo la città di Menfi, che all'epoca della terza dinastia aveva ormai sostituito This come capitale dell'Egitto. Quella di Menes fu la prima di una serie di famiglie regnanti delineate nel III secolo a.C. dallo storico egizio Manetone. Dopo la seconda dinastia, le successive si inseriscono in tre periodi aurei definiti Antico Regno (dalla III alla VI dinastia), Medio Regno (XI e XII) e Nuovo Regno (dalla XVIII alla XX). Fra queste epoche vi furono tre periodi intermedi caratterizzati da crisi politiche, lotte intestine e invasioni straniere. Tuttavia l'Egitto continuò a progredire in ogni settore dello sviluppo umano, con la scrittura geroglifica, l'arte, la matematica, la costruzione di città e le prodezze edilizie nella realizzazione di monumenti funerari.

Sovrani divini

I faraoni, sovrani dell'Egitto, erano venerati in quanto intermediari divini fra la popolazione e una panoplia di dèi, molti dei quali assumevano forme ibride umane e animali. Gli dèi dominavano tutte le attività terrene: la fertilità e la nascita, le inondazioni del Nilo e i raccolti, nonché la vita dopo la morte. Tra le divinità principali vi erano il dio sole Ra, con testa di falco, e Osiride, simbolo della morte e della risurrezione e giudice ultimo delle anime. Grandi piramidi racchiudevano le tombe dei re addobbate con dipinti e tesori, e i rituali di mummificazione e le formule magiche erano riti di passaggio essenziali verso un aldilà che costituiva una versione idilliaca della vita terrena. Era dovere del faraone preservare l'ordine pubblico, la verità e la giustizia (secondo i decreti della dea Maat) e garantire il benessere economico e spirituale della popolazione. La sua volontà veniva attuata tramite un viceré e applicata

Cfr. anche: L'Egitto predinastico 22-23 ▪ Il regno nubiano di Kerma 30-31 ▪ La biblioteca perduta di Alessandria 36-37 ▪ La conquista musulmana dell'Egitto 58-59 ▪ La costruzione del canale di Suez 215

Il papiro di Rhind fu redatto nel XVI secolo a.C. da uno scriba di nome Ahmes. È stato trovato presso un tempio che commemora Ramesse II.

Papiri matematici

Gli Egizi furono una delle prime civiltà a elaborare concetti matematici fondamentali per l'ingegneria civile, la gestione delle scorte alimentari e il calcolo del livello delle inondazioni del Nilo. Tra i documenti ancora esistenti vi è il papiro di Berlino (1990-1800 a.C.), che espone formule per risolvere le incognite x e y con sistemi di equazioni. Nel papiro di Mosca (1700 a.C.), che espone 25 problemi, il numero 10 richiede l'impegnativo calcolo dell'area di una semisfera, mentre il numero 14 chiede di calcolare il volume di una piramide tronca.
Gli 87 problemi del papiro di Rhind (1550 a.C.) vanno dall'aritmetica all'algebra, dalla geometria alla trigonometria.
Il problema 24 è così formulato: «Una quantità più un suo settimo dà 19 [ossia $x + x/7 = 19$]. Qual è la quantità?». I problemi 41, 50, 51 e 52 chiedono di calcolare il volume di un cilindro e l'area di un cerchio, di un triangolo e di un trapezio.

in ogni nomo (provincia, in greco) dell'Alto e del Basso Egitto.

L'Antico Regno

Durante l'Antico Regno (2575-2130 a.C.) si costruirono 13 piramidi. La prima, la piramide di Saqqara, nei pressi del delta, faceva parte del complesso funerario del faraone Gioser, secondo sovrano della III dinastia. Questo edificio a sei gradoni è la più antica struttura colossale di pietra dell'Egitto ed è attribuito al viceré di Gioser, Imhotep, sacerdote e studioso divenuto leggendario e in seguito venerato come dio della medicina.

Snefru, primo sovrano della IV dinastia, commissionò una piramide dai lati diritti a Meidum, e a Dahshur, più a nord, la piramide romboidale e la piramide rossa. La tomba della sua consorte, regina Hetepheres, scoperta a Giza nel 1925, conteneva un sarcofago di alabastro, mobili intarsiati d'oro e braccialetti d'argento con pietre semipreziose incastonate. La più grande piramide di Giza fu costruita per il successore di Snefru, Cheope (Khufu), le due più piccole per Chefren (Khafre) e Micerino (Menkaure).

Durante questa epoca di prosperità l'Egitto divenne una civiltà urbana con città grandi e piccole e porti disseminati lungo il Nilo, per un totale di 8 milioni di abitanti che vivevano su 30.000 kmq di terreno attorno al fiume. Le case di mattoni seccati al sole, a uno o due piani, con cortili, vasche e giardini, erano illuminate da lampade a olio.
Con il tempo il potere si trasferì, in concomitanza con il progressivo consumo di risorse per la costruzione di templi e di enormi monumenti fune-

La piramide di Cheope

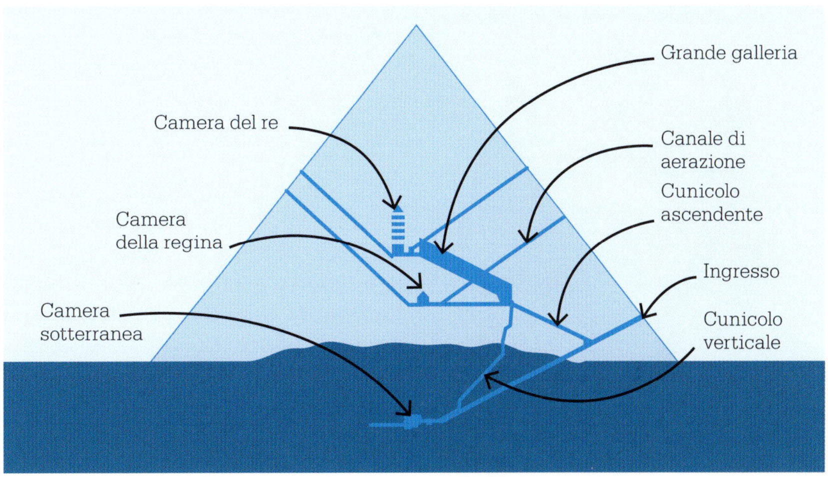

La piramide di Cheope, una delle sette meraviglie del mondo antico, è alta 146,5 m. Costruita con 2.300.000 blocchi di pietra, in origine era rivestita di calcare bianco levigato.

Quattro enormi statue di Ramesse II, alte 20 m e intagliate in una rupe di arenaria, fronteggiano templi dedicati agli dèi solari Ra e Ra-Horakhty ad Abu Simbel, presso Assuan.

rari. Le province, sotto il dominio dei *nomarchi* (governatori), entrarono in competizione per la supremazia, con l'esito di una frammentazione che diede inizio al primo periodo intermedio (2130-2040 a.C.). Il papiro di Leida, del Medio Regno, contiene le *Lamentazioni di Ipuwer*, che descrivono questa epoca di contrasti, quando i poveri strapparono il potere ai ricchi e dal Medio Oriente si riversarono invasori: «Le tribù del deserto sono diventate egizie ovunque».

Periodi aurei e contrasti

L'epoca denominata Medio Regno (2040-1782 a.C.) emerse quando Mentuhotep II sconfisse Eracleopoli, capoluogo provinciale nel Basso Egitto, e fece di Tebe – città dell'Alto Egitto consacrata al dio Amon – la capitale del Paese riunificato. Con Sesostri II della XII dinastia le province prosperarono grazie a investimenti nello scavo di pozzi e nella creazione di bacini artificiali. La nuova città di Kahun aveva strade intersecate ad angolo retto e canali di scolo di pietra. Le case piccole avevano da 4 a 6 stanze, le grandi residenze ne possedevano anche 70.

Nel secondo periodo intermedio (1782-1570 a.C.), nel nord entrarono popoli semitici nomadi che costruirono la loro capitale, Avaris. Dalla XIII alla XVII dinastia l'Egitto fu governato da conquistatori, finché gli ultimi fra questi – gli Hyksos o Re Pastori dell'Asia occidentale – furono rovesciati da Ahmosi I. Ebbe così inizio il Nuovo Regno (1570-1069 a.C.), con una serie di 31 faraoni che presiedettero all'espansione dell'Egitto verso il Medio Oriente e il Sudan.

Amenofi I, secondo sovrano della XVIII dinastia, istituì il culto di Amon e commissionò templi e un'altissima porta di calcare a Karnak. Durante il suo regno durato 25 anni radunò artisti, poeti, scienziati e teologi, dando inizio a una fioritura culturale da cui emerse anche un'opera medica, il papiro Ebers, con capitoli dedicati a odontoiatria, gastroenterologia, ginecologia e oftalmologia.

Saltuariamente governarono l'Egitto forse 13 donne, ma Hatshepsut (XVIII dinastia) fu una delle poche a ricevere il titolo e i poteri di faraone. Durante il suo regno, durato 21 anni, commissionò un tempio scavato nella roccia a Deir el-Bahri. Sulle pareti vi sono testimonianze di viaggi verso la terra di Punt, all'estremità meridionale del mar Rosso, da cui si importa-

Amenofi III (il Magnifico) durante il Nuovo Regno condusse l'Egitto a un apogeo di potenza e ricchezza. Questa statua in granodiorite (ca. 1350 a.C.) proviene dal suo tempio funerario a Tebe.

> Tu spunti all'orizzonte, fai prevalere la luce sulle tenebre [...] e inondi le Due Terre come il disco del sole all'alba.
>
> ***Grande inno a Aton***
>
> **XIV secolo a.C.**

vano incenso, animali selvatici, pelli, gomma, oro, avorio ed ebano. Questo flusso di ricchezze proseguì durante il regno di Amenofi III. Le esportazioni egizie di grano, papiro, lino e cuoio erano bilanciate da importazioni di legno, olio d'oliva, ferro per le armi, vino dall'Asia Minore e dalla Siria, rame e argento dalle isole dell'Egeo e del Mediterraneo.

Ascesa e declino

Al suo apogeo nel XIV secolo a.C., la città di Tebe (attuale Luxor) si estendeva sui due lati del Nilo e contava forse 1 milione di abitanti. Ai margini della città, i viali alberati erano fiancheggiati da case ben arredate, anche con 60 stanze. Presso il centro si trovava il palazzo reale, la Casa della Gioia; risale a questo periodo il titolo di faraone, dai termini egizi che significano "grande casa". I vasti templi sulla riva orientale brulicavano di sacerdoti e studiosi. Nella XVIII dinastia, Amenofi IV assunse il nuovo nome di Akhenaton e ad Amarna fondò una religione monoteistica incentrata sul dio solare Aton; ma in seguito il genero e successore Tutankhamon ripristinò la religione precedente. Nella XIX dinastia vari faraoni, tra cui Ramesse II, condussero l'Egitto all'apice del suo successo imperiale, mentre la XX dinastia fu contrassegnata da un trasferimento del potere a Tebe a favore dei sacerdoti di Amon. Disordini civili, dispute fra eredi e siccità precipitarono l'Egitto in una fase di declino. Nel terzo periodo intermedio (1069-525 a.C.) vi furono invasioni da parte di Assiri, Persiani e Greci. Dopo la morte dell'ultima sovrana, la regina Cleopatra VII, nel 30 a.C., i Romani governarono l'Egitto a intermittenza per sei secoli, fino alla prima invasione musulmana nel VII secolo d.C. ■

Il *Libro dei morti di Hunefer* (ca. 1275 a.C.) è un papiro del Nuovo Regno con formule magiche illustrate con cui facilitare il viaggio dell'anima dalla tomba alla dimora paradisiaca dei Campi di Iaru.

Ramesse il Grande

Asceso al potere nel 1279 a.C. quando il Nuovo Regno è al suo apogeo, il secondo re della XIX dinastia, Ramses o Ramesse II, si guadagna l'appellativo di Grande per le sue vaste campagne militari e il patrimonio architettonico lasciato in eredità.
Nei 66 anni in cui è al potere crea un esercito permanente di 100.000 soldati per riconquistare i territori perduti da sovrani precedenti e per contrastare le invasioni da parte di truppe libiche, ittite e nubiane.
La famosa vittoria conseguita da Ramesse sugli Ittiti nella battaglia di Qadesh è contestata ma, dopo la conquista di vari territori difficili da gestire, nel 1258 a.C. il faraone stipula con gli Ittiti un trattato di pace, sancito dal suo matrimonio con almeno una principessa ittita. Il retaggio architettonico di Ramesse comprende una nuova capitale, Pi-Ramses, un complesso di templi commemorativi detto Ramesseum, presso Luxor, e due templi scavati nella roccia ad Abu Simbel.
Muore nel 1213 a.C. a 96 anni.

LA TERRA DEGLI ARCIERI

IL REGNO NUBIANO DI KERMA (ca. 2400-1500 a.C.)

NEL CONTESTO

LUOGO
Sudan

PRIMA
ca. 5000 a.C. Lungo la valle del Nilo si insediano africani provenienti dal Sahara e da zone più a sud.

ca. 3400 a.C. Nasce una monarchia nel Ta-Seti, in seguito chiamato Nubia.

ca. 3200 a.C. Sorgono i primi insediamenti nel sito di Kerma.

DOPO
ca. 860 a.C. Viene fondata una potente dinastia di re cusciti, con sede nella città di Napata.

ca. 727 a.C. Il re cuscita Piye invade l'Egitto, conquista Tebe e fonda la XXV dinastia.

350 L'impero di Axum conquista Meroe, ultima capitale di Kush, ponendo fine al regno nubiano.

L'antico Egitto non fu l'unica grande civiltà della valle del Nilo. A sud, nella regione della Nubia (tra quelli che oggi sono l'Egitto meridionale e il Sudan), sorgeva il regno di Kush, altrettanto antico e raffinato, la cui popolazione fondò città complesse, un formidabile esercito e una rete mercantile che si estendeva verso sud e verso est, oltre che a nord in direzione dell'Egitto.

Per molti anni gli storici e gli archeologi bianchi supposero che Kush fosse soltanto un avamposto egizio. Solo alla fine del XX secolo divenne evidente come Kush fosse un regno indigeno separato, che eguagliava e talvolta perfino superava il confinante Egitto.

Ascesa di Kerma

Al centro del regno di Kush vi era la città di Kerma, che verso il 2400 a.C. era diventata la capitale di uno Stato unificato. Nel 2000 a.C. Kush era ormai il più stretto partner commerciale dell'Egitto e costituiva una

I Nubiani versano il tributo all'Egitto in un dipinto murale della tomba di Huy, viceré di Kush. Offrono prodotti nubiani, tra cui oro e incenso.

Cfr. anche: L'Egitto predinastico 22-23 ▪ Antico, Medio e Nuovo Regno in Egitto 24-29 ▪ L'impero mercantile di Axum 44-47

potenza militare, i cui soldati erano famosi per l'abilità in battaglia, specialmente con l'arco. L'Egitto non poteva ignorare la crescente influenza della Kerma cuscita, e nei successivi cinque secoli il conflitto tra i due regni divenne una costante.

Nel 1750 a.C. Kerma si impadronì del regno di Sai, situato su un'isola del Nilo, fra Egitto e Kush. In tal modo ottenne il predominio sul fiume e sui commerci fra la prima e la quarta cateratta (v. a destra), dando così inizio al proprio periodo aureo.

Kerma crebbe, diventando una città densamente popolata con forse 10.000 abitanti. La zona centrale era circondata da un massiccio muro difensivo di mattoni crudi, alto più di 9 m, con torri rettangolari aggettanti. Dentro le mura, al di là di quattro porte d'accesso fortificate, si trovavano dei giardini, il palazzo del re, le case della nobiltà e le *deffufa*, grandi templi bianchi (v. sotto). Al di là di una seconda cinta muraria sorgeva un altro complesso religioso, composto da officine per la fusione del bronzo, templi, magazzini e abitazioni per i sacerdoti. Un vasto cimitero ospitava le tombe dei re, alcune larghe oltre 60 m e contenenti centinaia di esseri umani e animali sacrificati.

La scoperta nel sito di amuleti e sigilli a forma di scarabeo indica un ricco commercio con l'Egitto. La città possedeva miniere d'oro e dominava importanti rotte mercantili fra l'Egitto e il resto dell'Africa, esportando schiavi e varie merci, tra cui incenso, ebano, avorio, uova di struzzo e pelli di animali. Inoltre, Kerma produceva una fine porcellana smaltata azzurra, delicate ceramiche sottili come gusci d'uovo e utensili di bronzo di qualità eccezionale.

Crollo del regno

Verso il 1550 a.C. Kerma tentò di invadere l'Egitto, senza riuscirci. Nei successivi 50 anni gli Egizi contrattaccarono, finché nel 1500 a.C. il faraone Tutmosi I conquistò la città. L'Egitto occupò il territorio di Kush per i successivi cinque secoli, con una graduale decadenza di Kerma. Il suo crollo finale e il suo abbandono furono accelerati dal prosciugamento dei canali del Nilo che la rifornivano d'acqua. ▪

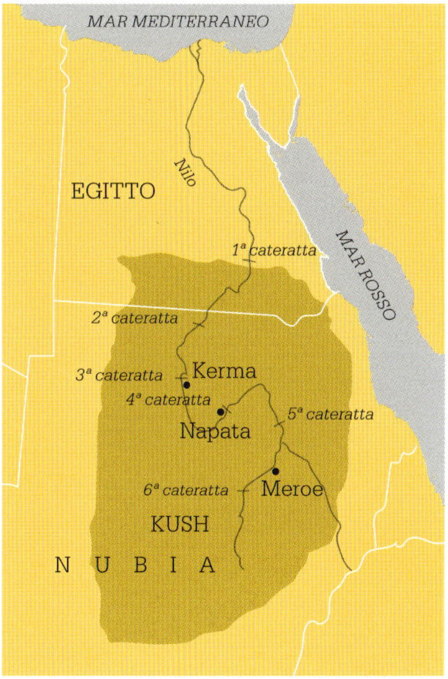

Legenda

Kush

Confini degli Stati odierni

Il regno di Kerma ampliò il territorio cuscita, creando un impero che dominava gran parte della valle del Nilo. Il corso del fiume si misurava in base a sei piccole cascate dette cateratte, ossia in greco "che precipitano".

Templi di fango

Due templi monumentali di Kerma testimoniano i 1.000 anni in cui la città fu la massima potenza nubiana. Vengono chiamati *deffufa*, da un termine nubiano che significa «mattoni di fango». La Deffufa occidentale, meglio preservata, è alta 18 m, ha tre piani e si estende su circa 1.400 mq, circondata da un muro perimetrale. All'interno del tempio, una rete di corridoi collega le sale fiancheggiate da colonne. Le pareti delle sale presentano pitture vivaci e decorazioni con mattonelle smaltate e foglia d'oro. Le scale conducono al tetto, dove su un altare si tenevano cerimonie pubbliche, forse con sacrifici. La Deffufa orientale, struttura più tozza a due piani, con pareti profonde circa 10 m, è situata accanto a un cimitero con 30.000 tombe a tumulo. Il tempio, forse una camera funeraria dei re, ha due sale, ciascuna con una fila centrale di colonne e decorazioni con ritratti di animali dipinti in rosso, azzurro, giallo e nero.

Le spesse pareti di mattoni crudi della Deffufa occidentale mantengono freschi gli spazi cerimoniali interni nel feroce calore del deserto nubiano.

DISPERSIONE LINGUISTICA

LE MIGRAZIONI DEI BANTU (ca. 1000 a.C.)

NEL CONTESTO

LUOGO
Africa centrale e meridionale

PRIMA
ca. 3500 a.C. Nel delta del Niger, fra la Nigeria e il Camerun, vive una popolazione proto-Bantu.

ca. 3500-2500 a.C. Piccoli gruppi di Bantu cominciano a spostarsi al di fuori del territorio d'origine.

DOPO
ca. 1000-500 a.C. I Bantu si insediano in Africa centrale.

ca. 600 a.C. A Meroe sul Nilo ha inizio la produzione di ferro.

ca. 200 a.C. I Bantu si espandono in Africa sudorientale.

ca. 300-500 a.C. Vivono dei Bantu nel KwaZulu-Natal e nella zona del fiume Limpopo in Sudafrica.

1200-1400 ca. Si insediano dei Bantu nella regione dei grandi laghi dell'Africa centro-orientale.

Le migrazioni dei popoli Bantu dal delta del Niger attorno al 1000 a.C. furono tra i più importanti spostamenti di popolazioni nella storia dell'Africa; trasformarono la parte centrale e meridionale del continente, diffondendo la fusione del ferro e migliori tecniche agricole e facilitando uno scambio di conoscenze, da cui emersero tradizioni artistiche e artigianali comuni.

Unità linguistica

Come indicatore di identità, il termine "Bantu" non denota un'etnia precisa, ma un particolare insieme di gruppi linguistici diffusi in Africa occidentale, centrale, orientale e meridionale. Oggi coloro che parlano lingue bantu, circa 100-150 milioni di persone, vivono soprattutto nella Repubblica Democratica del Congo, nella Repubblica del Congo (e specialmente nella capitale Brazzaville), in Uganda, Kenya, Tanzania, Malawi, Zimbabwe ed Eswatini (ex Swaziland).

> [Le migrazioni Bantu non furono] dovute a vagabondaggi nomadi senza meta né a conquiste militari organizzate.
>
> **Gamal Mokhtar**
> ***General History of Africa*, 1981**

Punto di partenza

Stando alle fonti orali, linguistiche e archeologiche, il gruppo proto-Bantu viveva nel bacino dei fiumi Benue e Cross, fra la Nigeria orientale e il Camerun occidentale. Secondo gli studiosi, la trasformazione da una precaria economia di caccia e raccolta a una vita più stanziale consentita dall'agricoltura e dall'allevamento provocò un significativo aumento della popolazione, che costrinse alcuni gruppi Bantu ad allontanarsi dal territorio d'origine, alla ricerca di nuove terre su cui insediarsi. Non vi sono testimonianze di un esodo di massa simultaneo, né fu seguita una rotta prestabilita, se non uno spostamento generale in direzione sud.

La migrazione dal delta del Niger cominciò a prepararsi verso il 2000 a.C. A giudizio di molti storici, la distruzione della foresta pluviale dell'Africa centro-occidentale, dovuta a un

Cfr. anche: Gli esseri umani escono dall'Africa 20-21 ▪ La migrazione dei Masai 98-99 ▪ La tratta degli schiavi transatlantica 116-121

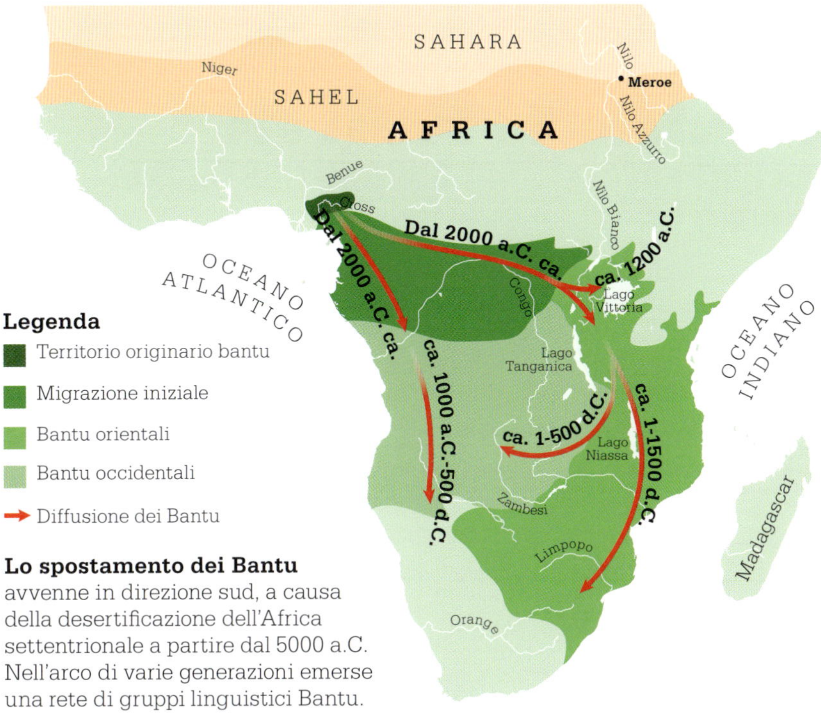

Lo spostamento dei Bantu avvenne in direzione sud, a causa della desertificazione dell'Africa settentrionale a partire dal 5000 a.C. Nell'arco di varie generazioni emerse una rete di gruppi linguistici Bantu.

cambiamento climatico avvenuto circa 2.500 anni fa, diede nuovo impulso alle migrazioni dei Bantu. Secondo altre ipotesi, proprio le attività agricole dei gruppi bantu causarono la perdita delle foreste e la necessità di spostamento.

Diffusione culturale

Le migrazioni dei Bantu dimostrano come l'interazione umana faciliti l'ascesa delle culture. Le espansioni non si realizzarono tramite guerre e conquiste. I gruppi Bantu furono in grado di adattarsi ai nuovi ambienti e riuscirono a introdurre innovazioni, come la fusione del ferro e la terracotta decorata. Le connessioni tra le comunità africane alimentarono la diffusione di idee artistiche, pratiche religiose, abitudini alimentari, usanze legate alla parentela, sviluppo di vocabolario e sintassi. In Africa orientale influenzarono i sistemi sociali e politici, introducendo il concetto di classi d'età, in cui persone di età simile superano nello stesso momento le varie fasi della vita, ognuna di solito caratterizzata da una cerimonia di iniziazione.

A poco a poco, dal gruppo originario emersero lingue secondarie (Bantu proto-occidentale e proto-orientale). I Bantu proto-occidentali si insediarono tra i fiumi Sangha, Ubangi e Congo-Lualaba, e in seguito occuparono nel sud-ovest le praterie dell'Angola e della Namibia. I Bantu proto-orientali attraversarono la zona del monte Kilimangiaro in Tanzania, arrivando in Mozambico e raggiungendo in seguito l'Africa sudorientale. Verso il 1200 alcune popolazioni di lingua bantu si spostarono nella regione dei grandi laghi degli attuali Ruanda, Burundi e Uganda. ■

Ferro, agricoltura e artigianato

I Bantu furono innovatori nella fusione del ferro e crearono insediamenti dell'Età del ferro in tutta l'Africa sub-sahariana, consentendo anche ai popoli con cui entrarono in contatto di fabbricare utensili migliori. Secondo alcuni studiosi, i gruppi Bantu acquisirono la tecnica di lavorazione del ferro nei territori d'origine, mentre secondo altri l'appresero verso il 600 a.C. dopo le interazioni con il regno di Meroe (odierno Sudan). Gli utensili e le armi di ferro erano molto superiori a quelli di rame e bronzo. Gli agricoltori impiegavano attrezzi di ferro per coltivare anche terreni sassosi, e gli artigiani li usavano per decorare ceramiche e metalli più teneri con intricati disegni e scanalature. I gruppi di cultura simile usavano decorazioni e disegni analoghi, perciò gli antropologi sono in grado di distinguere i frammenti di vasi Bantu da quelli di altri gruppi.

Le scanalature sul volto stilizzato di questo guardiano di rame, della popolazione Bakota (Kota) del Gabon, sono tipiche dell'arte Bantu.

LA CITTÀ PIÙ RICCA DELL'ANTICHITÀ

ANTICHI NAVIGATORI FONDANO CARTAGINE (814 a.C.)

NEL CONTESTO

LUOGO
Cartagine (Tunisia)

PRIMA
1550-1350 a.C. Le città fenicie di Tiro, Sidone, Beirut e Byblos prosperano sotto l'amministrazione egizia.

1200-800 a.C. Liberatesi del dominio straniero, le città-stato fenicie istituiscono stazioni commerciali in tutto il Mediterraneo e sulla costa nordafricana.

DOPO
580-265 a.C. Le dispute per i territori della strategica isola di Sicilia causano ripetute guerre fra Cartagine e i Greci.

264-146 a.C. Cartaginesi e Romani si contendono la supremazia nel Mediterraneo combattendo le tre guerre puniche.

146 a.C. I Romani conquistano Cartagine, distruggono la città e ne massacrano gli abitanti.

Fra l'VIII e il II secolo a.C. la città-stato di Cartagine, nei pressi della moderna Tunisi, dominò il Mediterraneo occidentale e al suo apogeo fu la città più ricca dell'antichità. Cartagine era una cultura africana multietnica fondata dai Fenici, abili navigatori e costruttori di imbarcazioni, originari di una serie di città-stato costiere, fra cui Tiro e Sidone, nel moderno Libano, sulla costa orientale del Mediterraneo. Verso il 1200 a.C. questi marinai solcavano il Mediterraneo alla ricerca di argento, rame e stagno, offrendo in cambio vetri fenici, tessuti, ceramiche, vino e utensili di metallo. Il nome Fenici, dal greco *Phoínikes* (gente della porpora), si riferisce alla produzione di una redditizia tintura rosso porpora estratta dai murici, gasteropodi marini, e in seguito usata per le vesti dell'élite dominante romana.

Mito di fondazione

Una versione della leggenda della fondazione di Cartagine fu inserita dal poeta latino Virgilio nell'*Eneide*. Nell'814 a.C. la principessa fenicia Elissa, da Virgilio chiamata Didone, fu costretta a fuggire da Tiro quando suo marito venne assassinato dal

Evoluzione dell'alfabeto

Ai Fenici si attribuisce, attorno al 1050 a.C., l'invenzione di un alfabeto di 22 lettere che si diffuse in tutto il Mediterraneo e lungo le rotte egee fino a Creta e alla Grecia. Il sistema di scrittura, composto da caratteri lineari semplificati, derivava probabilmente da un precedente alfabeto pittorico tratto dai geroglifici egizi, forse elaborato attorno al 1400 a.C. nell'Egitto centrale da popolazioni di lingua semitica.

L'alfabeto fenicio, che comincia con le lettere *alef*, *bet*, *gimel* e *dalet*, fu la base dell'antico alfabeto greco, precursore a sua volta della scrittura latina oggi diffusa. Per esempio, la lettera latina "a" deriva dalla lettera greca alfa, a sua volta tratta dall'*alef* fenicio. Quest'ultimo segno traeva origine dal geroglifico indicante una testa di bue e si usava per indicare il colpo di glottide, suono prodotto in gola.

Cfr. anche: Antico, Medio e Nuovo Regno in Egitto 24-29 ▪ Il regno nubiano di Kerma 30-31 ▪ I Romani e l'Africa 38-39 ▪ Il cristianesimo raggiunge l'Africa 48-51

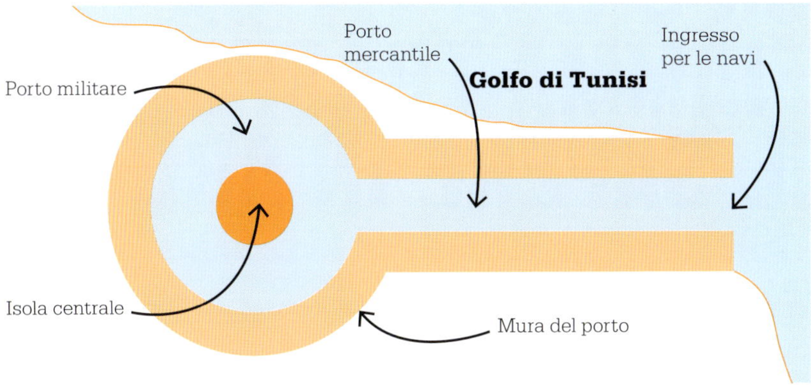

Il porto militare circolare di Cartagine, detto *cothon*, aveva ormeggi per 220 navi da guerra ed era gestito dall'ammiragliato, con sede sull'isola centrale. L'adiacente porto mercantile si apriva verso il mare.

fratello di lei, Pigmalione, re di Tiro. Dopo un lungo viaggio per mare, la flotta attraccò sulla costa nordafricana, dove Didone contrattò con un sovrano berbero, Iarba, la possibilità di costruire Qart Hadasht (Cartagine), ossia Città Nuova.

Impero marittimo

Situata strategicamente sulla costa nordafricana nell'insenatura riparata del golfo di Tunisi, Cartagine divenne un crocevia di commerci tra Africa ed Europa. I navigatori cartaginesi si approvvigionavano di stagno, rame e argento lungo le consolidate rotte mercantili, e per preservare il proprio dominio sul Mediterraneo occidentale affondavano le navi concorrenti. Nel III secolo a.C. l'impero cartaginese si estendeva ormai fino alla costa atlantica del Marocco e possedeva insediamenti in Sardegna, Corsica, Sicilia, Malta, Spagna e Baleari. Gli storici definiscono i Fenici gli intermediari fra varie culture del mondo antico. In tutto il Mediterraneo, la lingua punica e la relativa scrittura venivano ampiamente usate per i commerci.

Nel III secolo a.C. Cartagine aveva forse 500.000 abitanti, perlopiù di origine africana. Alcuni discendevano dalle popolazioni della valle del Nilo, Cusciti ed Egizi, mentre altri erano di origine fenicia, e il loro numero fu incrementato dai profughi provenienti da terre fenicie conquistate da invasori. La città era cinta da un'imponente cerchia di mura lunga 37 km, che racchiudeva strade con edifici alti sei piani e templi sfarzosi decorati di metallo, legno e marmo, con colonne rivestite di oro e lapislazzuli. Sovrastava i quartieri residenziali una cittadella sopraelevata, la *Byrsa*, con teatri, biblioteche e bagni pubblici. Vi erano caserme per 20.000 soldati, scuderie per 4.000 cavalli e stalle per 300 elefanti.

La città incrementava la propria ricchezza con l'agricoltura, esportando uva, olive e verdure coltivate in appezzamenti urbani irrigati da canali, nonché grano prodotto nei fertili campi al di fuori della città. Come testimoniano le scoperte archeologiche di gioielli d'oro di origine egizia datati fra 800 e 700 a.C., la manifattura del vetro e dei metalli evidenziava influssi libici, berberi, greci, nubiani ed egizi. Migliaia di scarabei e amuleti dello stesso periodo riportano immagini di divinità come Anubi, Maat, Bastet e Amon. Colonne e statue presenti nelle rovine della città onorano la dea Tanit e il suo compagno Baal Hammon, divinità importate dalla Fenicia che costituivano il fondamento della religione cartaginese.

Conflitto e crollo

Dal VI al III secolo a.C., tra Cartagine e i rivali navigatori greci si combatterono conflitti navali per il dominio della Sicilia, situata tra la costa nordafricana e l'Italia meridionale. Dal 264 a.C. Cartagine radunò un esercito, formato da guerrieri libici, numidi, fenici e di origine mista punica-nordafricana, per sfidare la potenza di Roma nelle tre guerre puniche, conclusesi nel 146 a.C. con il crollo cartaginese. ▪

I pendenti in pasta di vetro raffiguranti teste umane erano tipici dei vetrai cartaginesi. Questo esemplare risale al III o IV secolo a.C.

UN'UNICA VIVIDA FIAMMA TRASFORMA IL SAPERE IN ARIA

LA BIBLIOTECA PERDUTA DI ALESSANDRIA (ca. 300 a.C.)

NEL CONTESTO

LUOGO
Egitto

PRIMA
ca. 331 a.C. Alessandro Magno fonda Alessandria d'Egitto.

ca. 307 a.C. Il governatore di Atene Demetrio Falereo, dopo essere stato deposto, si rifugia ad Alessandria.

305 a.C. Il generale Tolomeo I Sotere, succeduto ad Alessandro Magno come sovrano dell'Egitto, fonda l'ultima dinastia del Paese.

DOPO
ca. 240 a.C. Callimaco compila un catalogo della grande biblioteca.

639 Il califfato islamico invade l'Egitto, aprendo la strada all'unificazione musulmana dell'Africa settentrionale.

1517 Il sultano ottomano Selim I sconfigge i Mamelucchi, sovrani dell'Egitto dal 1250; il suo impero diventa uno dei più potenti del mondo.

Callimaco, studioso greco alla corte alessandrina, nei *Pínakes* (Tavole) elenca l'**intero contenuto della biblioteca**.

↓

Compila un elenco di tutti i rotoli, **classificandoli per materia**, per esempio medicina, storia, diritto, matematica.

↓

Il suo elenco, oggi perlopiù perduto, è il **più antico esempio di catalogo di biblioteca** che si conosca.

↓

I *Pínakes* **costituiscono la base dei sistemi bibliografici** del mondo mediterraneo per secoli a venire.

Attorno al 300 a.C., il sovrano dell'Egitto Tolomeo I Sotere avviò la creazione di una biblioteca che avrebbe ospitato una copia di ogni libro del mondo. La grande biblioteca di Alessandria che ne derivò conteneva forse mezzo milione di rotoli di papiro. Su suggerimento di un suo consigliere, Demetrio Falereo, per conservarli Tolomeo costruì un centro culturale, il *Mousêion* (Museo). La sede e le sue collezioni furono ampliate dal figlio Tolomeo II Filadelfo, che vi istituì anche la biblioteca reale. Vi si conservavano tutti i rotoli scritti ad Alessandria o portati da fuori, e le raccolte crebbero tanto che in prossimità del tempio di Serapide si edificò una biblioteca satellite, il Serapeo. Insieme, il Museo, la biblioteca reale e il Serapeo costituivano la grande biblioteca di Alessandria.

Biblioteca in fiamme

Della biblioteca non rimane nulla, e la mancanza di reperti archeologici ha suscitato varie leggende sulla sua scomparsa. In verità non vi fu «un'unica vivida fiamma»; si ritiene invece che il primo a causare danni sia stato Giulio Cesare, che nel 48 a.C., in visita ad Alessandria, diede il suo appoggio alla regina d'Egitto Cleopatra nella guerra civile contro il fratello

Cfr. anche: Antico, Medio e Nuovo Regno in Egitto 24-29 ▪ I Romani e l'Africa 38-39 ▪ La conquista musulmana dell'Egitto 58-59

La biblioteca di Alessandria non fu distrutta da un incendio, come in questo dipinto del 1876, bensì da decenni di conflitti e di trascuratezza.

Tolomeo XIII, con cui la sovrana divideva il trono. Tolomeo, le cui navi erano ormeggiate nel porto, assediò Cesare nel palazzo reale. In inferiorità numerica, questi ordinò di dare fuoco alle navi, ma l'incendio si propagò ai moli e poi ad altre zone della città. Ciò nonostante, le fonti parlano di distruzione di testi, non di un'intera biblioteca, lasciando supporre che l'incendio voluto da Cesare abbia distrutto solo una parte delle raccolte.

La biblioteca fu incendiata di nuovo attorno al 391 d.C. per mano del vescovo di Alessandria, Teofilo. Quando l'imperatore romano Teodosio I ordinò la distruzione dei templi pagani della città, Teofilo guidò una folla di cristiani in tumulto a demolire il tempio di Serapide con l'annesso Serapeo, dopodiché ordinò di costruire una chiesa sulle rovine.

Non è chiaro se la biblioteca reale e il museo siano sopravvissuti dopo il IV secolo. In seguito alla conquista islamica di Alessandria, a quanto si narra nel 640 il generale Amr ibn al-As chiese al califfo Omar che cosa fare della grande collezione della biblioteca. Secondo un resoconto dell'autore cristiano del XIII secolo Gregorio Barebreo, Omar rispose: «Se contraddicono il Corano, sono empi; se non lo contraddicono, sono superflui». Amr allora usò i rotoli come combustibile per le stufe dei bagni pubblici della città. In realtà, la biblioteca andò incontro a un lento declino. Man mano che i fragili rotoli si disintegravano e non venivano sostituiti, né si acquistavano nuove opere, gli studiosi persero interesse. Ma la reputazione della raccolta alessandrina permase, e l'idea di riunire il sapere continua a vivere nelle biblioteche moderne. ■

L'uccisione di Ipazia

Nel 415 la filosofa Ipazia rimase vittima di un'aggressione e venne uccisa ad Alessandria da una turba di cristiani. La sua morte segnò la fine della tradizione pagana della città e dei suoi studi di astronomia, scienza e filosofia. La biblioteca stessa era dedicata a divinità pagane. Poco si sa della vita di Ipazia. Suo padre Teone, matematico, astronomo e filosofo, era il direttore del *Mouseîon*. Ipazia ricevette una solida istruzione umanistica e scientifica e in seguito, all'incirca fra il 395 e il 408, diresse la scuola filosofica. Insegnante dotata di talento e di carisma, Ipazia fu anche molto vicina a Oreste, governatore romano di Alessandria, ma questi era impegnato in un'aspra contesa con il vescovo Cirillo, che sovvertiva di continuo la sua autorità. Nella comunità cristiana si diffusero dicerie secondo cui Ipazia, pagana, avrebbe impedito la riconciliazione fra Oreste e Cirillo. Molti studiosi incolpano Cirillo della morte di Ipazia, poiché il vescovo avrebbe potuto fermare gli aggressori.

Ipazia fu trascinata giù dal carro e condotta in una chiesa, dove fu denudata e picchiata a morte da fanatici cristiani.

CARTAGINE DEVE ESSERE DISTRUTTA

I ROMANI E L'AFRICA (146 a.C.)

NEL CONTESTO

LUOGO
Cartagine (Tunisia)

PRIMA
814 a.C. Secondo la leggenda, Cartagine viene fondata dalla principessa fenicia Elissa, in esilio dalla città di Tiro.

580-265 a.C. Cartagine contende ai Greci il dominio sulla Sicilia.

241 a.C. Roma crea in Sicilia la sua prima provincia, dopo averne espulso i Cartaginesi.

DOPO
30 a.C. Dopo la morte dell'ultima sovrana, Cleopatra VII, l'Egitto cade in mano ai Romani.

203 d.C. Settimio Severo, primo imperatore romano di origine africana, amplia e fortifica la parte meridionale del territorio nordafricano in mano a Roma.

698 L'invasione musulmana di Cartagine pone fine al dominio romano e cristiano sulla città.

Nel III secolo a.C. Roma avviò la sua crescita esponenziale da città a impero, ampliando inizialmente i suoi domini con la conquista della penisola italiana. In seguito prese di mira Cartagine, sulla costa nordafricana. Fondata dai Fenici provenienti dalle coste del Mediterraneo orientale, Cartagine era allora la città portuale più ricca del mondo antico. Nel suo entroterra sorgevano le città di Utica e di Ippona e la pianura di Zama, e Cartagine era abitata da berberi delle tribù indigene Mauri, Massesili e Massili.

Esperti artigiani, mercanti e navigatori, i Punici, come venivano chiamati, avevano istituito una talassocrazia, ossia un impero marittimo con avamposti disseminati in tutto il Mediterraneo occidentale. Il loro dominio sui commerci, con scambi di beni che andavano dal grano all'oro, suscitava inimicizie. Nel 264 a.C. Roma avviò una serie di campagne militari per rovesciare Cartagine, un conflitto che durò oltre un secolo, con vittorie provvisorie e perdite devastanti per entrambe le parti.

Il primo imperatore romano nato in Africa, Settimio Severo, della città libica di Leptis Magna, è qui raffigurato con la moglie e due figli in un medaglione datato attorno al 200 d.C.

Le guerre puniche

Tre conflitti, definiti guerre puniche, sono ricordati principalmente per le battaglie terrestri condotte dal formidabile generale cartaginese Annibale, il cui esercito, appoggiato da elefanti da guerra e dalla cavalleria berbera, marciò dalla Spagna verso l'Italia, attraversando i Pirenei e le Alpi e sconfiggendo ripetutamente le legioni romane. I cavalieri berberi, dopo essere passati dalla parte di Roma, diedero il loro contributo alla sconfitta di Annibale nella battaglia di Zama del 202 a.C.

Nei 50 anni successivi Cartagine, ormai meno potente, cedette a Roma i

Cfr. anche: Antico, Medio e Nuovo Regno in Egitto 24-29 ▪ Antichi navigatori fondano Cartagine 34-35 ▪ La biblioteca perduta di Alessandria 36-37 ▪ Il cristianesimo raggiunge l'Africa 48-51 ▪ Gli europei arrivano in Africa 94-95

Terenzio

Nella sua breve vita, il commediografo romano africano Terenzio scrive solo 6 opere teatrali, fra il 166 e il 160 a.C., ma lascia un retaggio letterario che perdura ancora oggi.

Publio Terenzio Afro, per usare il nome romano completo, nasce nel 195 o nel 185 a.C. in una famiglia berbera nordafricana di Cartagine. Un senatore romano conduce Terenzio schiavo a Roma, ma ne coglie il talento letterario, lo istruisce e lo affranca. Il giovane autore crea testi latini ammirati per l'eleganza, la chiarezza e la moralità e usati come ausilio didattico nelle scuole romane.

A quanto pare, durante il Medioevo, in monasteri e conventi sacerdoti, suore e scribi imparavano il latino copiando e recitando le commedie di Terenzio. Questo autore teatrale è l'inventore della commedia di costume, che satireggia i rapporti famigliari o la loro mancanza e mette in luce le debolezze umane. Le sue opere influenzeranno Shakespeare e il commediografo francese Molière. Dopo il 159 a.C. non si sa più nulla della vita di Terenzio. Intorno ai 30 anni scompare dopo un viaggio in Grecia.

propri territori in Corsica, Sardegna e Spagna e fu costretta a siglare un patto di non aggressione. Tuttavia, lo statista romano Catone il Censore, visitando la città nel 157 a.C., vide nella ricchezza e nella potenza dei Cartaginesi un pericolo continuo. «Cartagine deve essere distrutta» divenne la sua frase abituale, ripetuta al termine di ogni suo discorso in Senato. Nel 146 a.C., dopo l'ultima guerra punica, Roma distrusse la città e ne massacrò gli abitanti.

Provincia romana

Cartagine e i suoi territori divennero una produttiva provincia romana, che tempo dopo fu definita «granaio dell'impero». Utica ne fu la capitale, i berberi Mauri vennero insediati nel regno di Mauretania, i Massesili e i Massili nel regno di Numidia. Cartagine fu ricostruita come città romana nel 44 a.C. Pur in presenza della schiavitù, la tolleranza razziale consentiva ai berberi di offrire contributi alla cultura generale. Fra la letteratura berbera di epoca romana vi è per esempio *L'asino d'oro*, l'unico romanzo latino completo ancora esistente, scritto da Apuleio (ca. 124-ca. 170 d.C.), originario della Numidia.

A partire dal II secolo d.C., quando nella provincia si diffuse il cristianesimo, raggiunsero posizioni di preminenza altri berberi, fra cui tre papi, Vittore I, Milziade e Gelasio I, che guidarono la Chiesa rispettivamente nel II, IV e V secolo. Due berberi, Tertulliano, nato a Cartagine attorno al 155, e Agostino, nato a Tagaste nel 354, furono tra i grandi padri della Chiesa, i teologi che posero le fondamenta intellettuali del cristianesimo occidentale. ▪

Colonia romana riprodotta in un mosaico del II secolo, proveniente da Oudna in Tunisia; vi sono raffigurati buoi che arano, pecore, capre, un pozzo, uliveti, pernici e una caccia al cinghiale.

IMPERO ED ESPA

1-800

NSIONE

I secolo d.C. — In quella che oggi è l'Etiopia emerge come Stato unificato **il regno di Axum**.

I secolo d.C. — **Il cristianesimo raggiunge Alessandria d'Egitto**, dove si crea il primo nucleo di fedeli in Africa.

II secolo — Nell'Africa settentrionale dominata dall'Impero romano **si diffonde il cristianesimo**.

200 ca. — **Si incrementano i commerci con carovane di cammelli** fra il Sahel occidentale e l'Africa settentrionale.

300 ca. — In Africa occidentale **emerge** la potenza dei **Soninke**, il cui impero, il Ghana, perdurerà fino all'XI secolo.

330 ca. — Re Ezanà di Axum adotta il **cristianesimo come religione ufficiale** del suo impero.

Nei primi secoli dell'era volgare, i due più potenti imperi africani furono l'Etiopia e l'antico Ghana, che si arricchirono grazie all'incremento dei commerci. Axum si sviluppò a partire da un regno situato sull'acrocoro dell'Africa orientale, fra le attuali Etiopia ed Eritrea, diventando una prospera potenza mercantile. Stabilì legami con i regni nilotici di Egitto e Kush e nel 350 conquistò quest'ultimo. Al pari di questi suoi partner commerciali, Axum era un regno fertile, dove la ricchezza era generata in particolar modo dall'agricoltura, ma vi erano anche ricchi giacimenti naturali di ferro, estratto da miniere assai produttive.

Dal III al VI secolo Axum prosperò, giungendo perfino a dominare i commerci fra il Mediterraneo, l'Arabia e l'oceano Indiano.

Anche l'impero del Ghana, emerso in Africa occidentale attorno al 300, per creare ricchezza riuscì a sfruttare sia l'agricoltura, sia i giacimenti di ferro.

I Soninke del Ghana, fondatori dell'impero, erano sempre stati mercanti, ma a partire dal VII secolo il loro impero prosperò grazie ai commerci con l'Africa settentrionale, dominata dagli arabi. I sovrani del Ghana accumularono enormi ricchezze, specialmente con la compravendita di sale e oro.

Commerci transahariani

Il Ghana trasse beneficio dai crescenti commerci transahariani, che mettevano in collegamento l'Africa occidentale e settentrionale (e per estensione l'Arabia). I mercanti attraversavano il deserto con carovane di cammelli carichi di prodotti, viaggiando per oltre due mesi per raggiungere i crocevia mercantili nordafricani.

Tuttavia, gli scambi non riguardavano soltanto merci (sale e oro, stoffe, vetro, conchiglie, avorio, noci di cola), ma anche schiavi africani, venduti dai regni dell'Africa ai mercanti arabi, e il più delle volte trasferiti in Arabia.

Influssi islamici

Lo sviluppo delle rotte commerciali transahariane era legato alla diffusione dell'islam nel continente. I primi musulmani arrivarono in Africa nel 615, quando un gruppetto che fuggiva dalla persecuzione alla Mecca (nell'attuale Arabia Saudita) si rifugiò nell'Etiopia cristiana.

Quasi trent'anni più tardi, nel 642, un esercito arabo guidato da Amr ibn al-As conquistò l'Egitto, e

350 ca.
Axum conquista Meroe, capitale della Nubia, che sarà sostituita da tre regni cristiani.

390-660
Risalgono a questo periodo **i Vangeli di Garima in Etiopia**, i più antichi manoscritti cristiani completi e illustrati.

639-642
Le truppe arabe conquistano l'Egitto e stabiliscono la capitale a Fustat. È la prima ondata di conquiste arabe in Africa.

652
Fra Egitto e Nubia viene siglato il **trattato di Baqt**, che dà inizio alla tratta degli schiavi transahariana.

VIII secolo
Le città-stato swahili sulla costa orientale dell'Africa cominciano a prosperare grazie ai commerci con gli arabi.

711
Un esercito guidato dal berbero Tariq ibn Ziyad conquista l'Hispania (Spagna e Portogallo) **fondando al-Andalus**.

campagne militari successive propagarono ulteriormente l'islam in Africa.

Le conquiste consentirono agli arabi di espandere le rotte mercantili del Sahara, che a loro volta contribuirono a diffondere la fede islamica. Le nuove "città di pietra" swahili sulla costa orientale dell'Africa (città-stato come Kilwa e Mogadiscio) furono costruite dagli arabi per i loro commerci. In queste città si costruirono moschee per i mercanti arabi e i convertiti locali.

Nel 711, quando i "mori" musulmani nordafricani conquistarono l'Hispania (Spagna e Portogallo), la diffusione dell'islam mediante conquiste si estese dall'Africa verso l'Europa. Questo territorio, poi chiamato al-Andalus, prosperò sotto il loro dominio fino alla conquista del 1492.

Diffusione cristiana

Nei primi secoli dell'era volgare, l'islam non fu l'unica religione abramitica a raggiungere l'Africa. I più antichi centri cristiani nel continente furono l'Egitto, Cartagine, la Nubia e l'Etiopia.

Secondo la tradizione, la Chiesa copta fu fondata ad Alessandria d'Egitto nel I secolo dall'evangelista san Marco. All'epoca l'Egitto, Cartagine e gran parte della costa nordafricana facevano parte dell'Impero romano, che in alcuni periodi perseguitò i cristiani. Una martire cristiana nordafricana fu Perpetua, una cartaginese messa a morte nel 203 per essersi rifiutata di adorare un dio pagano.

L'Africa rivestì un ruolo importante nello sviluppo del cristianesimo. Fu il luogo di nascita del primo monastero cristiano, costruito su un'isola del Nilo, e dei Vangeli di Garima, i manoscritti cristiani completi e illustrati più antichi del mondo, realizzati dai fedeli in Etiopia. Il primo papa africano, Vittore I, detenne la carica dal 189 al 199.

Nel IV secolo il cristianesimo raggiunse Axum e verso il 330 fu adottato come religione ufficiale dal re Ezanà. Nel VI secolo questa religione si era ormai diffusa anche in Nubia, portata da mercanti cristiani e dai missionari inviati nella zona dall'Impero bizantino.

Il cristianesimo si sarebbe successivamente consolidato in Etiopia, sopravvivendo anche alla fine dell'impero di Axum e proseguendo con le due grandi dinastie etiopiche fino all'epoca moderna. Nonostante l'ondata di conquiste islamiche in Africa settentrionale, anche la Nubia sarebbe rimasta cristiana per altri sette secoli. ■

IL TERZO GRANDE REGNO DEL MONDO

L'IMPERO MERCANTILE DI AXUM (100-800 ca.)

NEL CONTESTO

LUOGO
Etiopia, Eritrea

PRIMA
ca. VIII secolo a.C. Sull'acrocoro fra Eritrea ed Etiopia settentrionale emerge il regno di D'mt.

DOPO
1137 ca. In Etiopia sale al potere la dinastia Zagué, che ripristina il cristianesimo e costruisce chiese rupestri.

1270 Yekuno Amlé fonda la dinastia dei Salomonidi, che governa l'Etiopia fino al 1974.

1530 Guidati da Ahmad al-Ghazi, i musulmani attaccano l'Etiopia e conquistano gran parte del Paese.

1855 L'imperatore Teodoro II riunifica l'Etiopia e avvia la modernizzazione del Paese.

1974 Hailé Selassié I, ultimo imperatore, viene deposto da un colpo di Stato militare e muore l'anno successivo.

Il regno di Axum (Aksum), incentrato sull'acrocoro etiopico, emerse dall'unione di vari territori verso il I secolo d.C. e raggiunse l'apice della sua potenza mercantile fra il III e il VI secolo. Nel III secolo, il profeta persiano Mani lo definì il terzo dei quattro grandi regni del mondo, dopo la Persia e Roma e prima della Cina.

Alcuni dettagli delle origini di Axum provengono dal mercante e viaggiatore greco del VI secolo Cosma Indicopleuste (Cosma navigatore del mar indiano). Trovandosi ad Adulis, porto marittimo fondamentale di Axum, fu incaricato dal gover-

Cfr. anche: Il cristianesimo raggiunge l'Africa 48-51 ▪ La conquista musulmana dell'Egitto 58-59 ▪ Gli ebrei etiopici 74 ▪ Le chiese rupestri dell'Etiopia 84-85 ▪ Il sultanato di Ifat 93 ▪ L'Etiopia sfida il colonialismo 226-227 ▪ Il movimento rastafariano 253

La rete mercantile di Axum aveva collegamenti con l'Egitto a nord, con la costa dell'Africa orientale e con l'Arabia meridionale. La prosperità dei commerci è testimoniata dal ritrovamento di monete del regno perfino in India.

Legenda

Regno di Axum

Rotte mercantili

natore di tradurre antichi testi greci incisi su un trono. In seguito, Cosma inserì una parte della traduzione nel suo libro *Topografia cristiana* (547). Secondo il testo, Axum divenne un regno grande e potente sotto la guida di un "re pagano", che dominava territori estesi dall'attuale Etiopia fino allo Yemen in Arabia meridionale. Gli studiosi ritengono che tale re fosse Zoskales, menzionato nel *Periplus Maris Erythraei* (Navigazione nel mar Rosso), un diario di bordo scritto nel I secolo da un mercante egiziano di lingua greca, che indicò anche Adulis come importante centro per la compravendita dell'avorio.

Commerci, grano, ferro

Axum si trovava nella posizione ideale per sfruttare le redditizie rotte mercantili: nell'entroterra poteva stabilire rapporti commerciali con le vicine potenze di Nubia ed Egitto (dal 30 a.C. provincia romana), mentre attraverso il porto di Adulis era in grado di dominare il mar Rosso meridionale e gli scambi fra il Mediterraneo, l'Arabia e l'oceano Indiano, fino all'attuale Sri Lanka. In tal modo, Axum esportava merci originarie dell'Africa e dell'Arabia meridionale, tra cui avorio, rame, ottone, oro, incenso e mirra, importava olio d'oliva e vino da Roma, e spezie, gioielli e stoffe dall'India.

Pur arricchendosi con i commerci attraverso il mar Rosso, Axum rimaneva principalmente un territorio agricolo. La prosperità risiedeva anche nella capacità dei sovrani di sfruttare l'abilità nell'allevamento manifestata dai nomadi che vivevano nelle zone desertiche fra il mare e la valle del Nilo. Inoltre, gran parte del regno era costituita da terre fertili da cui si ricavava un'abbondante produzione di cereali, soprattutto frumento e orzo. Le eccedenze di agricoltura e allevamento venivano facilmente esportate e costituivano l'ossatura della vita economica del regno.

Axum era anche ricco di giacimenti di ferro e, grazie alle sue tecniche di fusione del metallo (risalenti al 200 a.C. circa), produceva ferro di alta qualità, offrendo agli agricoltori attrezzi che incrementavano la produttività e all'esercito armi che ne accrescevano la potenza militare.

Moneta ed espansione

Axum cominciò a espandere la propria influenza sul mar Rosso a partire dal tardo II secolo, competendo con i regni di Saba e Himyar (nell'attuale Yemen). Con lo sviluppo dei legami commerciali, nel 270, sotto la guida di re Endubis, divenne il primo regno africano a battere moneta. Le monete d'oro, d'argento e di bronzo, di peso stabilito secondo i criteri romani, recavano l'effigie del re e iscrizioni in greco, la lingua dei commerci.

La nuova moneta consentì una maggiore efficienza negli scambi commerciali e nella riscossione dei pagamenti, unificando anche la tas-

> Poi vengono gli indigeni che portano oro in frammenti grandi come piselli [...] e ne depongono uno o due su ciò che gradiscono.
>
> **Cosma Indicopleuste**
>
> **Descrizione di africani orientali che pagano in oro i mercanti di Axum**

sazione. Inoltre, conferì ad Axum una posizione più forte per l'inserimento nei commerci del mar Rosso, dominati da Greci e Romani.

Lontano dal mare, Axum competeva con un'altra potenza mercantile, il regno di Kush, che ruotava attorno alla città di Meroe, nell'attuale Sudan. I commerci di Kush si incentravano sulla valle del Nilo, perciò non costituivano un pericolo per le attività di Axum sul mar Rosso. Tuttavia, la rivalità per le rotte commerciali dell'entroterra sfociò in un conflitto bellico, e sotto la guida di re Ezanà (sul trono dal 320 al 350) nel 350 Axum conquistò Meroe, sostituendosi a Kush come principale potenza mercantile a sud dell'Egitto.

Regno cristiano

Ezanà documentò le sue campagne contro Meroe e altri successi militari su una lastra, detta Pietra di Ezanà. L'iscrizione, redatta in ge'ez (antica lingua etiopica), in greco e in sabeo (lingua dell'Arabia meridionale), registra anche la conversione di Ezanà al cristianesimo. Sebbene questa religione fosse presente in Africa settentrionale già dal I secolo, nel 330 Axum fu il primo regno africano ad adottarla come culto ufficiale.

Assieme alle merci, gli scambi dall'Impero romano portarono ad Axum anche immigrati e nuove idee, tra cui il cristianesimo. Secondo due storici del IV e del V secolo, Tirannio Rufino di Aquileia (romano) e Socrate Scolastico (bizantino), Ezanà fu convertito da un giovane cristiano di nome Frumenzio di Tiro (nell'attuale Libano), che era entrato a far parte della corte di Axum dopo essere sopravvissuto a un attacco alla sua nave presso la costa etiopica. Frumenzio divenne il primo vescovo del regno, e sotto la sua influenza il cristianesimo si diffuse nel territorio. Le motivazioni di Ezanà nell'adottare ufficialmente questa religione erano dovute almeno in parte ai potenziali benefici commerciali derivanti da un maggiore allineamento all'Impero romano, dove nel 313 si era deciso di consentire il culto cristiano. Attorno al 330 le monete di Axum furono le prime a raffigurare la croce cristiana, precedendo in questo lo stesso Impero romano e creando così uno strumento di propaganda per la nuova religione.

Ad Axum si costruirono chiese a partire dal IV secolo, ma inizialmente la pratica del cristianesimo era limitata perlopiù alla corte del re. Nel tardo V secolo la religione si propagò maggiormente nel regno per opera degli evangelizzatori, in particolare dei cosiddetti "nove santi". Erano seguaci del monofisismo, secondo cui Cristo, anziché avere natura sia umana sia divina, è soltanto divino. Questa interpretazione fu condannata nel 451 al concilio di Calcedonia (nell'attuale Turchia) e i suoi aderenti furono costretti a fuggire dall'Impero romano d'Oriente.

Questi evangelizzatori furono accolti dalla Chiesa cristiana di Axum, pure monofisita, e si spostarono in tutto il regno, costruendo chiese (molte delle quali scavate in pareti rocciose, con ricchi dipinti all'interno) e istituendo monasteri, spesso sulla cima di colline e montagne. Ai nove santi si attribuisce anche la

Questa stele di Axum, risalente al IV secolo, reca un'iscrizione in greco che descrive i successi militari e religiosi del re Ezanà, primo sovrano cristiano d'Etiopia.

Abuna Yemata, uno dei "nove santi", è raffigurato a cavallo nella chiesa di Guh del VI secolo a lui dedicata. Scavata nella roccia, è raggiungibile solo con un'arrampicata di quasi 200 m.

La città di Axum

Axum fu fondata attorno al 400 a.C. su un altopiano del Tigré, nell'Etiopia settentrionale. A partire circa dal 100 d.C. fu la capitale del regno di Axum e, insieme al porto di Adulis sul mar Rosso, distante 150 km, il fulcro di un impero mercantile che durò 7 secoli. I re di Axum costruirono palazzi ed eressero sulle proprie tombe delle stele di granito. Le monumentali lastre di pietra venivano fatte arrivare da cave distanti almeno 4 km. Furono erette perlopiù fra il II e il IV secolo, e fra queste vi era un grande obelisco, oggi crollato, alto 33 m e considerato la pietra monumentale in un unico pezzo più grande del mondo. La stele di re Ezanà è alta 23 m, e probabilmente fu l'ultima prima dell'adozione di pratiche funerarie cristiane. Nel 710, quando Adulis fu distrutta da un assalto islamico, Axum rimase isolata ed entrò in declino. L'abitato, oggi di piccole dimensioni, costituisce tuttora la città santa della Chiesa ortodossa etiopica.

Il parco delle stele di Axum contiene quasi 120 obelischi di pietra risalenti al III-IV secolo. Al centro vi è la stele di re Ezanà.

traduzione della Bibbia dal greco alla lingua ge'ez.

Da potente a isolato

Nel VI secolo Axum raggiunse l'apice della ricchezza e dell'influenza. Nel 525, con il pretesto di proteggere dalla persecuzione la popolazione cristiana, re Kaleb invase i regni di Saba e Himyar (nella penisola arabica). I due Paesi divennero vassalli di Axum, portando sotto il dominio del regno entrambe le coste del mar Rosso.

Questa egemonia totale sul mar Rosso ebbe vita breve. Verso il 570 i persiani Sassanidi invasero e conquistarono l'Arabia meridionale, ponendo fine al dominio locale di Axum, ostacolandone le attività mercantili e sospingendo il regno verso un legame più stretto con l'Impero bizantino cristiano, che dominava i commerci nella valle del Nilo. Axum forse fu indebolito anche dalla cosiddetta peste di Giustiniano, epidemia di peste bubbonica che a partire dal 541 investì l'Africa settentrionale, il Medio Oriente e gran parte dell'Europa, causando forse 50 milioni di morti.

All'inizio del VII secolo emerse un nuovo esercito arabo, guidato dal profeta Maometto, che nel 630 aveva ormai portato sotto il dominio musulmano quasi tutta la penisola arabica. Nel 642, quando l'Egitto fu conquistato dalle truppe musulmane, Axum perse influenza sui commerci della valle del Nilo. Durante il regno di al-Walid (sul trono dal 705 al 715), sesto califfo della dinastia musulmana degli Omayyadi, la potenza di Axum si ridusse ulteriormente a causa dei continui assalti islamici, culminati nel 710 con la distruzione di Adulis. Perduto il porto principale, Axum non dominò più il commercio del mar Rosso e rimase tagliato fuori dai contatti con i suoi alleati cristiani bizantini.

> “Ho eretto un trono qui a Shado [Axum] per la potenza del Signore del Cielo che [...] mi ha conferito la supremazia.”
> **Re Ezanà**

Per nutrire la crescente popolazione e produrre colture e bestiame da esportare, il regno aveva fatto grande affidamento sull'agricoltura praticata nelle sue terre fertili. Nell'VIII secolo l'eccesso di coltivazione, la deforestazione e la conseguente erosione del suolo, nonché un clima più arido con precipitazioni irregolari, probabilmente resero il regno più soggetto a siccità e carestie.

Con il declino della potenza e della ricchezza, fra il VII e l'VIII secolo Axum andò incontro a rivolte da parte di popolazioni assoggettate che già godevano di un certo grado di autonomia. In particolare, le tribù nubiane Beja attaccarono le carovane di cammelli di Axum e conquistarono territori per il pascolo del bestiame, negando così al regno l'accesso a rotte commerciali e a risorse agricole.

All'inizio dell'VIII secolo Axum aveva ormai perduto la sua posizione di potenza della zona. La capitale di ciò che rimaneva del regno fu trasferita, forse nel IX secolo, più a sud, nella parte centrale dell'acrocoro etiopico, dove il regno un tempo dominante nei commerci sopravvisse sotto forma di società perlopiù agricola, isolata dal resto del mondo cristiano, ma ancora indipendente. ■

DEVOZIONE E PERSECUZIONE

IL CRISTIANESIMO RAGGIUNGE L'AFRICA (II secolo d.C.)

NEL CONTESTO

LUOGHI
Africa settentrionale, Etiopia, Nubia

PRIMA
146 a.C. Con la terza guerra punica Roma sconfigge Cartagine, stabilendo il proprio dominio sul nord dell'Africa.

46-57 d.C. San Paolo intraprende viaggi missionari nell'area del Mediterraneo settentrionale e orientale.

DOPO
380 Con l'imperatore Teodosio il cristianesimo diventa la religione dell'Impero romano.

428 I Vandali provenienti dalla Spagna invadono l'Africa e distruggono le chiese cattoliche.

642 Le truppe islamiche iniziano a espandersi in Africa settentrionale.

1491 I portoghesi avviano la cristianizzazione dell'Africa centroccidentale nell'ambito della tratta degli schiavi.

All'inizio del II secolo, il cristianesimo si era ormai espanso dalla Palestina verso l'Egitto e la costa nordafricana. Questi territori appartenevano all'Impero romano e vi si adoravano divinità ellenistiche e latine, accanto ad altre locali. L'oppressivo dominio romano indusse molti nordafricani ad abbracciare il cristianesimo come atto di dissenso. Con l'espansione della religione, nacquero varie congregazioni, affiliate a organismi più vasti facenti capo a vescovi.

Dall'Egitto a Cartagine

Fra i primi nuclei del cristianesimo in Africa vi furono l'Egitto, Cartagine, la

Cfr. anche: I Romani e l'Africa 38-39 ▪ L'impero mercantile di Axum 44-47 ▪ Gli ebrei etiopici 74 ▪ Le chiese rupestri dell'Etiopia 84-85 ▪ Gli europei arrivano in Africa 94-95 ▪ L'Etiopia sfida il colonialismo 226-227

Gli imperatori romani si identificano con alcuni dèi pagani e ne **impongono la venerazione**.

→ Molte persone abbracciano il cristianesimo come **atto di dissenso**.

↓ Gli imperatori pagani di Roma **ordinano** ripetutamente **la persecuzione** dei cristiani.

← **La persecuzione alimenta la devozione cristiana in Africa settentrionale.**

Numidia (attuali Algeria orientale e Tunisia occidentale), l'Etiopia e la Nubia, luoghi in cui si svilupparono importanti filoni del pensiero cristiano. In Egitto la Chiesa copta, una delle più antiche congregazioni cristiane, fa risalire la sua fondazione alla predicazione di san Marco ad Alessandria nel I secolo; nel III secolo sant'Antonio introdusse la figura dell'anacoreta (eremita, dedito alla vita religiosa in solitudine); nel IV secolo san Pacomio istituì su un'isola del Nilo il primo monastero cristiano, dando origine al monachesimo cenobitico (comunitario). Cartagine (presso l'odierna Tunisi), che divenne il principale fulcro dell'Africa settentrionale cristiana, nel 155 diede i natali al teologo Tertulliano, che promosse l'adozione del latino come lingua della liturgia. Nel 220, all'epoca della morte di Tertulliano, la Chiesa africana contava fra i 70 e i 90 vescovi.

L'uso del latino anziché del greco fu ratificato da Vittore I, il primo papa africano (all'incirca fra 189 e 199), il quale inoltre stabilì la celebrazione della risurrezione di Cristo la domenica di Pasqua e minacciò di scomunicare i vescovi dell'Asia Minore che avessero continuato a festeggiarla secondo la Pasqua ebraica.

> “Dicono che questo Marco sia stato il primo a partire per l'Egitto per annunciare il Vangelo da lui scritto.”
>
> **Eusebio di Cesarea**
>
> **Vescovo e storico (IV secolo)**

Martiri africani

Finché il cristianesimo non divenne la religione ufficiale dell'Impero romano con l'imperatore Teodosio nel 380, la tolleranza dei Romani verso i cristiani fu interrotta da periodi di ostilità, quando vi furono persecuzioni specialmente sulla scia di calamità naturali e altre disgrazie. I cristiani arrestati che si rifiutavano di abbandonare la loro fede potevano essere messi a morte, ma i giustiziati furono venerati come martiri e il cristianesimo continuò a conquistare nuovi proseliti.

I cristiani nordafricani dovettero affrontare violenze per mano degli oppressori romani. Tra i primi martiri africani vi fu Perpetua, di ventidue anni, messa a morte a Cartagine nel 203 per essersi rifiutata di compiere un sacrificio a un dio pagano. Fu uccisa nell'anfiteatro della città, data in pasto a belve feroci e poi trafitta con la spada. Con lei furono uccisi altri cinque cristiani, tra cui Felicita, schiava di Perpetua.

San Cipriano, vescovo di origine nordafricana, guidò la comunità cristiana di Cartagine durante il regno particolarmente sanguinoso dell'imperatore Decio (249-251). Quando questi emanò un editto che imponeva a tutti i sudditi dell'impero di compiere sacrifici agli dèi, molti cristiani ottennero *libelli* (certificati) in cui si attestava che avevano eseguito l'ordine, mentre altri per

Il ritratto di san Marco dei Vangeli di Garima etiopici, del IV-VII secolo, raffigura il santo sul trono episcopale di Alessandria. Il suo Vangelo è retto dalla coda di un delfino, simbolo della Chiesa.

Affresco della cattedrale di Faras, città dell'antica Nubia, che ritrae la Madonna con Gesù mentre stringe fra le braccia una regina nubiana.

sfuggire alla pena di morte scelsero l'apostasia (abbandonarono pubblicamente la fede).

Quando la persecuzione si placò, san Cipriano convocò un'assemblea dei vescovi per decidere se riammettere i lapsi, ossia gli apostati. Si concordò che quanti avevano rinunciato pubblicamente alla fede sarebbero stati perdonati solo sul letto di morte, mentre i possessori dei *libelli* avrebbero ricevuto il perdono dopo una penitenza. In tal modo, si stabilì l'importante principio secondo cui la Chiesa ha il potere di perdonare peccati gravi come l'apostasia e tale potere è stato concesso ai vescovi da Dio. Da Cartagine continuarono a emergere cristiani eminenti. Uno dei più grandi, sant'Agostino, nato nel 354 a Tagaste, in Numidia, studiò e insegnò a Cartagine. Dopo essersi convertito al cristianesimo a Roma, fece ritorno in Numidia dove istituì un monastero. Nominato vescovo di Ippona (presso l'odierna Annaba, in Algeria) nel 395, elaborò i concetti di peccato originale e di predestinazione, nonché la teoria della guerra giusta.

L'Etiopia cristiana

Il regno di Axum, nell'antica Etiopia, si trovava al di fuori dell'Impero romano, ma nel IV secolo divenne cristiano. Si narra che il cristianesimo vi avesse messo radici in conseguenza di un episodio avvenuto quando il filosofo fenicio Merope compì un viaggio per mare fino in India accompagnato da due giovani cristiani di Siria, Frumenzio ed Edesio. Durante il ritorno, la loro imbarcazione fu attaccata mentre cercava di ormeggiare in un porto etiopico. Rimasero uccisi tutti i presenti a bordo tranne i due ragazzi, che furono risparmiati a causa della loro età. Quando i due siriani furono condotti alla corte del sovrano, re Ella Amida vide nei due giovani delle potenzialità, e nominò Frumenzio tesoriere ed Edesio coppiere. Dopo la morte di Ella Amida, la regina reggente invitò Frumenzio ad aiutarla a governare il Paese fino alla maggiore età del figlio Ezanà, attorno al 325.

Frumenzio si adoperò per la diffusione del cristianesimo in Etiopia, costruendo chiese e incoraggiando i commerci. Ezanà fu il primo monarca di Axum ad abbracciare il cristianesimo. Verso il 330 lo adottò come religione ufficiale e nominò Frumenzio vescovo, il primo del Paese. All'i-

> Se si esclude l'Africa dalla Bibbia e dalla memoria cristiana, si perdono di vista molte scene fondamentali della storia della salvezza.
>
> **Thomas C. Oden**
> **Teologo americano (1931-2016)**

I cristiani in Etiopia oggi

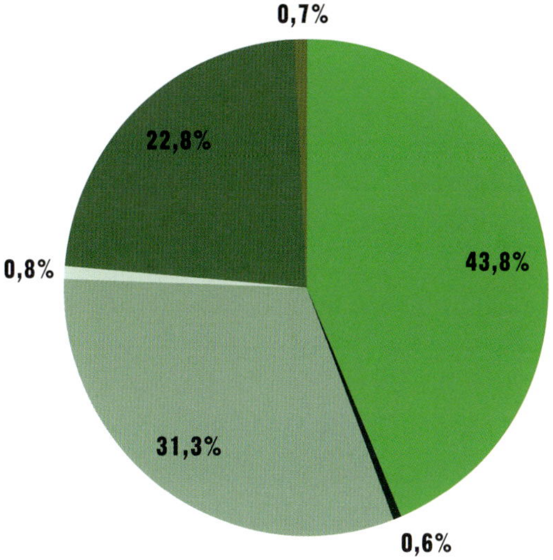

L'Etiopia ha circa 70 milioni di cristiani. Per la maggior parte sono ortodossi etiopici, ramo degli ortodossi orientali che comprendono anche le Chiese copta, eritrea, siriaca, armena e indiana.

Legenda
- Ortodossi etiopici
- Musulmani
- Protestanti
- Indigeni
- Cattolici
- Altri

nizio le monete del regno di Ezanà raffiguravano il disco e la mezzaluna, emblemi di Mahrem, antica divinità di Axum, ma quelle coniate dopo il 330 recavano la croce cristiana e il motto «Possa ciò piacere al popolo». Furono le prime monete al mondo a raffigurare la croce. Analogamente, due libri etiopici, i Vangeli di Garima, che la datazione con il radiocarbonio fa risalire al periodo fra il 390 e il 660, sono i manoscritti cristiani illustrati e completi più antichi che si conoscano.

Splendore nubiano

Nel VI secolo alcuni missionari provenienti da Costantinopoli, inviati dall'imperatrice bizantina Teodora, si recarono in Nubia (fra l'Egitto meridionale e il Sudan settentrionale) introducendo immagini fuorvianti di Cristo e di santi bianchi. I mercanti cristiani di Egitto ed Etiopia avevano già fatto conoscere il cristianesimo nella zona, e i sovrani nubiani accolsero bene i visitatori bizantini.

Nella Nubia emersero tre regni cristiani, Nobatia, Alodia e Makuria, che divennero centri di una splendida cultura cristiana. La cattedrale di Faras e quella di Qasr Ibrim, entrambe in Nobatia, e la cattedrale dalle colonne di granito nella città vecchia di Dongola in Makuria, tutte costruite fra VII e VIII secolo, possedevano ragguardevoli affreschi, mosaici e sculture.

A Qasr Ibrim gli archeologi hanno trovato migliaia di testi giuridici e documenti che indicano un elevato livello di alfabetizzazione in meroitico (lingua dell'antica Meroe), latino, greco, creolo greco, copto, antico nubiano, arabo e turco. Inoltre, hanno scoperto in tutta la Nubia città con case a due piani fornite di impianti per acqua calda e fredda, nonché frantoi pubblici per l'olio.

La Nubia cristiana sopravvisse per sette secoli, resistendo alla conquista islamica che investì l'Africa settentrionale a partire dal VII secolo. Stipulò trattati commerciali con gli eserciti arabi e in seguito ebbe rapporti amichevoli con i califfi Fatimidi in Egitto (973-1171). Solo nel XIV secolo la Nubia si convertì infine all'islam, con molto ritardo rispetto all'Africa settentrionale. ■

Religione indigena

La religione indigena africana è una tradizione spirituale precedente o separata rispetto alle religioni abramitiche (ebraismo, cristianesimo e islam). Rappresenta il 15% dell'affiliazione religiosa in Africa. Si esprime in numerose modalità e riflette varie espressioni culturali del continente, ma sono particolarmente diffusi quattro filoni: la tradizione nilotica di Sudan ed Egitto, la tradizione Dogon di Mali e Burkina Faso, la tradizione Yoruba della Nigeria e la religione Bantu, diffusa in Africa centrale e meridionale. La tradizione nilotica è la più antica religione documentata, registrata sui sarcofaghi e sulle pareti delle piramidi dell'Antico Regno (2575-2130 a.C.). La tradizione Yoruba è l'unico filone a essere praticato in quattro continenti: Africa, America del Sud, America del Nord ed Europa.

Danzatori Dogon mascherati nel Mali eseguono il *dama*, un rito funebre per accompagnare le anime dei morti nel mondo degli spiriti.

GHANA
TERRA DELL'ORO
L'IMPERO DEL GHANA
(300 ca.-XI secolo)

NEL CONTESTO

LUOGO
Africa occidentale

PRIMA
ca. 420 a.C. Nelle *Storie* Erodoto narra dell'oro smerciato con baratto silenzioso sulla costa dell'Africa occidentale.

ca. 100 d.C. I clan Soninke dell'Africa occidentale si uniscono sotto la guida di Dinga Cisse, a cui è attribuita una condizione semidivina.

I-II secolo d.C. Si sviluppano i commerci transahariani grazie all'uso più regolare dei cammelli per il trasporto delle merci nel deserto.

DOPO
1203 I Susu, sudditi dell'impero del Ghana, si ribellano e occupano la capitale Kumbi Saleh.

1240 Sundiata, leggendario "Leone del Mali", distrugge Kumbi Saleh, annettendo nel nuovo impero del Mali ciò che rimane dell'impero del Ghana.

1460-1591 L'impero Songhai si espande, conquista l'impero del Mali e a sua volta prospera grazie ai commerci.

1591 Invasori guidati da Ahmad al-Mansur, della dinastia saadita del Marocco, saccheggiano l'impero Songhai usando armi da fuoco importate dall'Europa.

1957 La colonia della Costa d'Oro conquista l'indipendenza dalla Gran Bretagna. Il primo presidente, Kwame Nkrumah, adotta il nome Ghana, tratto dall'ex grande impero situato più a nord.

A partire dal 200 circa, le **carovane di cammelli** trasportano merci attraverso il Sahara, **incrementando** fortemente i **commerci** fra il Sahel occidentale e l'Africa settentrionale.

Viene fondato il regno di **Wagadu (Ghana)**, che **stabilisce il suo dominio** sulle **rotte mercantili** dell'Africa occidentale.

L'**oro**, estratto da miniere del sud, viene **esportato in cambio di sale**, alimentando la ricchezza e la potenza del Ghana.

Il **Ghana** diventa il **primo impero africano**, con un'influenza che si estende su tutto il Sahel e a nord fino al Mediterraneo.

Gli **assalti** da parte degli **Almoravidi berberi musulmani**, abbinati ad altri conflitti locali, **ostacolano i commerci** e l'impero del Ghana **entra in declino**.

Secondo la tradizione orale, verso il 300 la popolazione Soninke dell'Africa occidentale, che viveva fra gli odierni Stati di Mauritania e Mali, emerse come potenza dominante dell'area. I Soninke, sottogruppo delle popolazioni di lingua Mande che coltivavano la terra già verso il 4000 a.C., divennero esperti della tecnologia del ferro, producendo attrezzi agricoli e armi raffinate che consentirono loro di soggiogare i nemici. Chiamavano la loro nazione Wagadu, ma i mercanti arabi la definivano Ghana, il titolo assegnato dai Soninke al loro re guerriero.

L'impero del Ghana prosperò grazie ai commerci transahariani e raggiunse l'apogeo fra il IX e l'XI secolo. Fu il primo dei tre grandi imperi dell'Africa occidentale, a cui succedettero quello del Mali e l'impero Songhai. Nel X secolo, il viaggiatore arabo musulmano Ibn Hawqal definì il sovrano del Ghana «il più ricco re sulla faccia della Terra». La posizione strategica lungo le rotte mercantili transahariane da nord a sud consentì al Ghana di dominare gli scambi commerciali, riguardanti principalmente l'oro dell'Africa occidentale e il sale dell'Africa settentrionale.

Attività mercantili

Il commercio transahariano esisteva fin dalla preistoria ed ebbe come pioniere le popolazioni dell'Africa occidentale: Fulani, Bambara, Soninke, Tuareg, berberi e altri gruppi indigeni del Sahel (la zona semiarida fra

Cfr. anche: L'impero mercantile di Axum 44-47 ▪ La conquista musulmana dell'Egitto 58-59 ▪ Origine dell'impero Songhai 75 ▪ Il Ghana si converte all'islam 78-79 ▪ L'impero Kanem 80-81 ▪ L'impero del Mali 86-91

il Sahara e la foresta tropicale), che svolsero un ruolo fondamentale sia nei commerci, sia nello scambio di idee e conoscenze. Dal VII secolo, quando gli arabi invasero l'Africa settentrionale, la domanda di oro e altre merci incrementò gli scambi transahariani.

Per ovviare alle barriere linguistiche, i mercanti usavano il baratto "silenzioso". In un punto designato, depositavano sacchi di sale e altre merci, poi si ritiravano e, al ritmo di un tamburo (*deba*), invitavano i venditori d'oro del Ghana a negoziare uno scambio. I mercanti del Ghana allora esaminavano le merci, lasciavano l'oro in pagamento e si allontanavano. Se l'oro era considerato sufficiente, i mercanti del nord lo prendevano e se ne andavano. Altrimenti le due parti continuavano a negoziare, senza prendere né l'oro né le merci finché non veniva concordato il prezzo.

Beni preziosi

Dalla seconda metà dell'VIII secolo l'oro alimentò la potenza del Ghana. Sebbene i sovrani Soninke non avessero il possesso diretto di tutte le miniere d'oro più a sud, la loro egemonia sulle principali rotte mercantili transahariane garantiva introiti costanti. Le rotte erano ormai ben consolidate, e i mercanti consideravano il Ghana un luogo sicuro per gli affari.

L'oro del sud passava per i centri mercantili del Ghana, arrivando poi sulla costa nordafricana fino a porti quali Algeri e Tunisi, da dove veniva spedito attraverso il Mediterraneo in Europa, in Medio Oriente e da qui in India, dove era molto richiesto. L'oro che rimaneva nel Maghreb veniva fuso per realizzare monete e gioielli.

Le lastre di sale, estratte perlopiù da manodopera schiava in miniere attorno a Taghaza nel Sahara, venivano trasportate a sud con carovane di cammelli fino a Walata, poi con asini verso le città dell'impero del Ghana. Il sale era preziosissimo in Africa occidentale, poiché ve ne era ben poco disponibile in natura e, per insaporire e conservare gli alimenti nel clima caldo, era necessario in gran quantità. Nel Medioevo i mercanti dell'Africa occidentale pagavano il sale con un peso equivalente di oro.

Tramite le rotte transahariane si vendevano anche stoffe, vetro, conchiglie, pellami, avorio, rame, noci di cola ricche di caffeina provenienti dalle foreste pluviali dell'Africa occidentale, nonché schiavi, che potevano essere delinquenti, debitori, prigionieri di guerra oppure vittime di rapimenti. La rotta che conduceva a nord fino a Bengasi in Libia divenne famigerata per la tratta degli schiavi.

Dominio sui commerci

Tutti i mercanti che attraversavano l'impero del Ghana dovevano versare dazi. Nell'XI secolo il geografo musulmano Abu Ubayd al-Bakri scrisse che il governo riscuoteva un *dinar* d'oro

Per attraversare il Sahara si usavano i dromedari. Il viaggio durava circa 70 giorni, ma i mercanti ricavavano grandi profitti dalla vendita di oro, avorio, sale e schiavi.

I *dinar* d'oro, come questa moneta (970), epoca della dinastia musulmana berbera degli Almoravidi, venivano coniati nel Maghreb e in Iberia.

Giacimenti segreti

Per mantenere il loro monopolio, i Soninke tenevano nascosta ai mercanti musulmani l'ubicazione dei giacimenti auriferi. L'oro veniva raccolto dalle popolazioni della savana e della foresta a ovest e a sud; i giacimenti più grandi si trovavano a Bambuk, nella valle del fiume Senegal, a Bure sull'alto Niger, nella regione di Lobi sul fiume Mouhoun e nei territori Akan sulla Costa d'Oro. Migliaia di operai estraevano l'oro da miniere poco profonde, oppure separavano mediante lavaggio i granuli dalle ghiaie dei fiumi portate in superficie dalle piene. I primi visitatori arabi commentarono che si poteva raccogliere a manciate come sabbia.
L'oro veniva perlopiù esportato in Europa, in Medio Oriente e in India a causa della domanda di monete, gioielli e oggetti vari, fra cui piatti, calici e manoscritti miniati. Non sono state trovate tracce di ornamenti d'oro dei sovrani del Ghana. Che sia stato fuso o trafugato, l'opera degli orafi africani di questo periodo è andata perduta.

(circa due settimane di paga) per ogni asino carico di sale che entrasse nell'impero e due *dinar* per ogni carico in uscita. Gli introiti delle tasse si usavano per pagare i funzionari, garantire la sicurezza delle rotte commerciali e mantenere un vasto esercito di circa 50.000 soldati.

I re del Ghana limitavano il commercio dell'oro dichiarando illegale detenere o possedere pepite e consentendo ai sudditi di smerciare soltanto polvere d'oro. Inoltre, imponevano dazi e pedaggi ai regni assoggettati, tassavano colture e bestiame, e con l'espansione dell'impero incrementavano la propria ricchezza mediante i bottini di guerra. I sovrani divennero ricchissimi, e in Africa settentrionale, in Europa e nell'intero mondo islamico si diffuse la reputazione dell'impero quale favolosa terra dell'oro.

La ricchezza mercantile accrebbe il prestigio del Paese e offrì ai suoi sovrani l'accesso a beni di lusso, come rame, cavalli, perline e stoffe di pregio, portati dai mercanti arabi provenienti da nord. Inoltre, tale ricchezza promosse lo sviluppo di grandi città accessibili tramite il fiume Niger, fra cui Kumbi Saleh, Gao e Djenné. Sebbene pare che nei primi tempi la capitale dell'impero sia stata spostata più volte, almeno dall'XI secolo si ritiene sia stata Kumbi Saleh.

> Alla porta del padiglione vi sono cani di ottima razza [...]. Attorno al collo portano collari d'oro e d'argento, tempestati di sferette degli stessi metalli.
>
> **Abu Ubayd al-Bakri**
> ***Libro delle strade e dei regni,***
> **1067-1068**

Kumbi Saleh era il crocevia delle rotte mercantili che andavano dalle miniere d'oro del sud alle stazioni commerciali del nord. Una rotta verso Fez si dirigeva a nord-ovest attraverso i monti dell'Atlante, un'altra verso nord attraversava il Sahara tramite Taghaza e Sijilmasa. Da Fez proseguiva verso i porti del nord. A est di Kumbi Saleh, altre rotte proseguivano fino al Cairo in Egitto.

Opulenza dei sovrani

Al-Bakri, che viveva in al-Andalus (odierna Spagna), non visitò mai il Ghana, ma raccolse informazioni tramite i mercanti e nel *Libro delle strade e dei regni* (1067-1068) si soffermò a lungo sulla ricchezza dell'impero. Osservò che il re, Tunka Manin, salito al trono nel 1063, portava collari d'oro e d'argento ornati di pietre preziose, assieme a un alto copricapo decorato d'oro e avvolto in un turbante di cotone fine.

Narrò di come il sovrano tenesse udienze in un padiglione a cupola, circondato da 10 cavalli con gualdrappe di stoffa ricamata in oro. Alle sue spalle stavano 10 paggi recanti spade e scudi decorati d'oro, mentre i principi alla destra del re indossavano splendidi abiti e portavano i capelli con fili d'oro nelle trecce. Nessuno sa con certezza chi fossero gli orafi del Ghana, ma probabilmente erano abili artigiani locali che producevano manufatti nel caratteristico stile dell'Africa occidentale, influenzato dai disegni geometrici dell'arte islamica. Secondo al-Bakri, la residenza del sovrano si componeva di varie abitazioni a cupola racchiuse da un muro e attorniate da case, pure a cupola, per la nobiltà (compresi gli "stregoni", autorità religiose), mentre nei boschetti circostanti erano collocate le tombe dei re. Al-Bakri, anziché Kumbi Saleh chiamava la capitale "Ghana", e la descrisse circondata da pozzi d'acqua dolce e campi irrigati in cui si coltivavano verdure assortite. Inoltre, scrisse che era costituita da due città distinte: una per il re e il suo seguito, e un altro insediamento musulmano con moschee e botteghe speciali per gli alimentari, sebbene non siano state trovate rovine che corroborino questa descrizione.

L'islam in Africa

I musulmani nordafricani erano arrivati inizialmente per i commerci, ma poi cominciarono a insediarsi come mercanti a Kumbi Saleh e in altre città dell'impero, accelerando così il processo di islamizzazione. Sebbene i re del Ghana mantenessero la propria religione, altri membri della classe dirigente delle città e delle stazioni commerciali lungo le rotte transaha-

I minatori estraggono l'oro da un pozzo presso Kouremale, sul confine tra Guinea e Mali. All'epoca dell'impero del Ghana i pozzi non erano profondi e producevano pochi grammi d'oro ciascuno, perciò nei giacimenti se ne scavavano a migliaia.

riane furono tra i primi a convertirsi. Tra questi vi fu War Jabi, re del Tekrur, nazione sul fiume Senegal a ovest del Ghana, il quale accolse la nuova fede nell'850. Gli arabi in seguito definirono il Tekrur «terra dei musulmani neri». Senza dubbio, la conversione all'islam migliorava i rapporti con i mercanti dei centri musulmani di Fez, Tripoli, il Cairo e altrove. I sovrani del Ghana, pur praticando la loro tradizionale religione africana, riconoscevano anche l'importanza di mantenere stretti legami con il mondo islamico. Accolsero i mercanti islamici e assoldarono musulmani come interpreti, scribi (con l'uso della scrittura araba) e amministratori per la gestione dell'impero.

Vari musulmani istruiti ottennero posizioni di alto livello nel governo, prestando servizio come sovrintendenti ai commerci e alla tassazione. Poiché questi uomini acquisirono ed esercitarono sempre maggiore influenza, la presenza dell'islam nella regione si incrementò. Secondo al-Bakri, alla metà dell'XI secolo nella parte settentrionale musulmana di Kumbi Saleh, che ormai contava una significativa popolazione islamica, erano state costruite almeno 12 moschee.

L'oro degli Akan, estratto dall'epoca dell'impero fino a oggi, ha prodotto oggetti splendidi come questo pendente degli Ashanti del XIX secolo, ma di quel periodo non sono rimasti manufatti.

Tuttavia, a causa di rivalità commerciali e divergenze religiose, le tensioni fra le due culture crescevano. I musulmani disapprovavano le libertà godute dalle donne del Ghana, che dominavano i mercati, influenzando l'economia attraverso la fissazione dei prezzi e la distribuzione dei prodotti, e in generale rivestivano una posizione sociale, economica e politica più elevata rispetto alle donne di altri luoghi. Successivamente, lo studioso musulmano Ibn Battuta osservò criticamente che le donne dell'Africa occidentale si vestivano in maniera libera e parlavano a maschi non loro parenti senza coprirsi il volto, come invece era richiesto alle donne musulmane.

Declino dell'impero

Nel 1054 gli Almoravidi, alleanza musulmana fra tribù berbere devote, conquistarono Sijilmasa, località settentrionale sulla rotta mercantile transahariana, poi Audaghost, nel nord dell'impero del Ghana. Nel corso dei decenni successivi una siccità prolungata ridusse la fertilità dei terreni, e all'interno e attorno all'impero emersero conflitti che ostacolarono i commerci, poiché i mercanti temevano per la propria incolumità durante i viaggi. Secondo alcune fonti, nel 1076 il condottiero almoravide Abu Bakr ibn Omar saccheggiò Kumbi Saleh. Se sia davvero successo non è chiaro, ma la potenza dell'impero si ridusse costantemente. Nei successivi 150 anni i regni assoggettati si staccarono dal Ghana, e per evitare il caos politico le rotte mercantili transahariane si spostarono più a est. Entrambi gli eventi alimentarono l'ascesa dell'impero del Mali, che sarebbe stato il successore del Ghana. ■

“

Quattro volte ascese Wagadu.
Grande città, splendente
alla luce del giorno.
Quattro volte cadde Wagadu.
E scomparve
alla vista umana.

Dall'epica *Dausi* dei Soninke

”

ABBIAMO ESPUGNATO ALESSANDRIA

LA CONQUISTA MUSULMANA DELL'EGITTO (639-642)

NEL CONTESTO

LUOGO
Egitto

PRIMA
I secolo d.C. Il cristianesimo arriva in Egitto. Alessandria, con Antiochia in Siria, diventa un fulcro della nuova religione.

619 I Sassanidi occupano l'Egitto; 10 anni dopo, un'alleanza con l'imperatore Eraclio riconduce l'Egitto nell'Impero bizantino.

DOPO
655 I musulmani vincono la "battaglia degli alberi delle navi" contro la flotta bizantina per il dominio sul Mediterraneo.

970 Il califfato dei Fatimidi fonda al Cairo la moschea al-Azhar, che diventa un importante centro di cultura islamica.

1154 I crociati cristiani conquistano la fortezza egiziana di Ascalona, sulla costa della Palestina. È la prima seria minaccia all'Egitto musulmano.

Attorno al 610 il profeta Maometto iniziò a ricevere rivelazioni divine, che lo indussero a predicare l'islam, nuova religione incentrata su un unico Dio. Maometto invitò la popolazione della Mecca ad abbandonare il culto politeistico, minacciando una punizione divina per quanti si fossero rifiutati. Questo sviluppo suscitò l'ira di molti appartenenti alla tribù dei Quraysh (Coreisciti), il cui potere politico e religioso ruotava attorno alla gestione dei templi politeistici. Alcuni seguaci di Maometto furono torturati e perfino martirizzati, specie se di basso rango sociale, altri fuggirono. Con la prima emigrazione, avvenuta nel 615, circa 80 musulmani varcarono il mar Rosso in direzione dell'Africa per cercare asilo nel regno cristiano di Axum, situato nell'Etiopia settentrionale.

Alle frontiere dell'islam

Nel 639, quando i musulmani tornarono in Africa, erano un esercito che si opponeva al dominio dell'Impero bizantino sull'Egitto, Paese ricco gra-

Il **profeta Maometto**, "ultimo messaggero dell'unico vero Dio", **attira seguaci** ma incontra anche opposizione, con attacchi ai musulmani da parte di **forze armate**.

→

Le vittorie del profeta in Arabia **unificano le tribù arabe** sotto il dominio islamico e rafforzano la **potenza militare** araba.

↓

L'islam si diffonde con **ulteriori conquiste militari** e tramite le **rotte mercantili** dal Medio Oriente verso l'Africa settentrionale e orientale.

←

L'influsso dei **mercanti musulmani** e il **fervido proselitismo** di religiosi e studiosi creano una **presenza duratura dell'islam** in Africa.

Cfr. anche: L'impero mercantile di Axum 44-47 ▪ Il Ghana si converte all'islam 78-79 ▪ L'impero Kanem 80-81 ▪ L'impero del Mali 86-91 ▪ Fondazione della Grande Moschea di Djenné 92 ▪ Il sultanato di Ifat 93

La primissima moschea in Africa fu quella di Amr ibn al-As, conquistatore musulmano dell'Egitto. Edificata nel 642 al centro di Fustat, è stata in seguito notevolmente ristrutturata.

zie ai commerci e alle risorse naturali. L'obiettivo dell'invasione era consolidare le precedenti vittorie in Siria, rendendo difficile un'eventuale ritorsione bizantina con attacchi dall'Egitto. Maometto era un dotato stratega militare, che abbinava la guerra al proselitismo. Alla sua morte nel 632, con i suoi seguaci aveva ormai conquistato la Mecca, e l'islam si era diffuso in tutte le tribù della penisola arabica. Nel 634, quando Omar ibn al-Khattab succedette ad Abu Bakr quale califfo (guida suprema politica e religiosa dell'islam), le tribù arabe erano unite sotto la guida islamica.

I musulmani in Africa

A guidare l'invasione dell'Egitto fu l'abile condottiero Amr ibn al-As, il cui piccolo esercito di 4.000 soldati occupò inizialmente Farama (Pelusio), il primo porto sul delta del Nilo, poi, con l'arrivo di rinforzi costituiti da circa 12.000 uomini, si spostò verso l'entroterra. Nel 641 i musulmani sconfissero le truppe bizantine a Eliopoli (a nord dell'attuale Cairo), poi sopraffecero la grande fortezza di Babalyun, poco più a sud dell'odierna capitale. Quindi l'esercito arabo marciò su Alessandria, situata sulla costa del Mediterraneo. La resa dei bizantini nel 642 lasciò l'intero Egitto in mani musulmane. Amr mantenne il dominio sulle terre da lui conquistate, diventando emiro (governatore) dell'Egitto. Adottò molte strutture dell'amministrazione bizantina, snellendone alcune parti e lasciandone intatte altre. Fondò una nuova città, Fustat (oggi nella parte vecchia del Cairo), che divenne la prima capitale dell'Egitto sotto il dominio musulmano, creò varie sedi di guarnigioni militari ma, al di fuori di Fustat, non vi furono insediamenti arabi su vasta scala.

> Amr ibn al-As li assediò per un certo tempo nella fortezza di Babalyun e li combatté intensamente giorno e notte.
>
> **Ibn Abd al-Hakam**
>
> **Storico arabo (803-891)**

Tra il 647 e il 709, le vittorie musulmane in Africa settentrionale e l'espansione dei commerci attraverso il Sahara alimentarono la diffusione dell'islam. Tra i primi a convertirsi vi furono i berberi del Sahara e i mercanti sudanesi, che assieme a religiosi e studiosi musulmani promossero la nuova fede. In Africa occidentale il primo sovrano a convertirsi fu il re del Tekrur nell'850, seguito poi da altri. Nei secoli successivi nacquero e crollarono imperi, e le potenze europee colonizzarono il continente, ma l'islam perdurò ed è ancora la religione dominante della parte settentrionale dell'Africa. ■

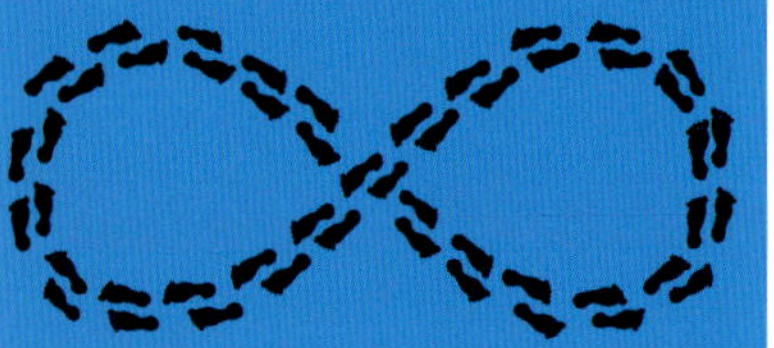

IL VIAGGIO INFINITO

LA TRATTA DEGLI SCHIAVI TRANSAHARIANA (652)

NEL CONTESTO

LUOGHI
Africa, Medio Oriente

PRIMA
ca. 430 a.C. I Garamanti, nomadi nordafricani, catturano etiopi da vendere come schiavi ai Romani.

639 L'esercito arabo entra in Egitto e nel 642 lo sottrae al dominio bizantino.

DOPO
1250 Soldati schiavi in Egitto depongono l'ultimo sovrano degli Ayyubidi e fondano il sultanato dei Mamelucchi.

1444 Dalla Mauritania, in Africa occidentale, arrivano i primi schiavi condotti in Portogallo.

1909 In Africa orientale viene proibita la schiavitù.

1962 Arabia Saudita e Yemen aboliscono la schiavitù.

2010 Emergono notizie di centinaia di schiavi in zone remote dello Yemen nordoccidentale.

La schiavitù era un aspetto importante della società araba molto prima che nel VII secolo emergesse l'islam. Quando gli arabi proprietari di schiavi divennero musulmani, portarono avanti questa tradizione consolidata. Dopo la morte del profeta Maometto nel 632, l'impero islamico si espanse rapidamente. Secondo la legge islamica, non era consentito rendere schiavi altri musulmani (sebbene in realtà talvolta avvenisse), così inizialmente gli schiavi venivano acquisiti con le guerre combattute alle frontiere dell'impero. Il trattato di Baqt del 652, negoziato fra gli arabi presenti in Egitto e un vicino regno nubiano, richiedeva che i nubiani fornissero ogni anno 300 schiavi; l'accordo contrassegna l'inizio della tratta transahariana.

Da tempo le società africane avevano a loro volta una tratta degli schiavi, alimentata dalla richiesta di manodopera, e gli schiavi costituivano un bene fondamentale. Con l'estensione dell'influsso islamico in Africa settentrionale, i mercanti musulmani itineranti cominciarono a comprare schiavi lungo una frontiera commerciale che si snodava lungo il margine meridionale del Sahara, dal

La schiavitù nel mondo musulmano

I mercanti musulmani portavano dall'Africa schiavi, che poi rivendevano nei mercati delle province dell'impero islamico. Diversamente dalla tratta transatlantica, in Oriente vi era richiesta soprattutto per donne e bambini. Un uomo musulmano poteva avere al massimo quattro mogli, ma un numero illimitato di concubine. I ragazzi venivano addestrati per il servizio militare o come domestici, e i più promettenti potevano fare carriera. Poiché nell'amministrazione e per la sorveglianza degli harem si usavano spesso eunuchi, il cui prezzo era elevato, i ragazzi potevano anche subire la castrazione, e nove su dieci morivano per la mancata riuscita dell'operazione. I figli degli schiavi venivano integrati nella società musulmana e sostituiti da nuove importazioni. Se dimostravano fedeltà, ricevevano anche incarichi ufficiali. Potevano sposare persone nate libere e non subivano limitazioni dovute alla loro origine famigliare.

Cfr. anche: La conquista musulmana dell'Egitto 58-59 ▪ La tratta degli schiavi transatlantica 116-121 ▪ L'abolizionismo in America 172 ▪ La tratta degli schiavi di Zanzibar 204-205 ▪ La diaspora africana oggi 314-315

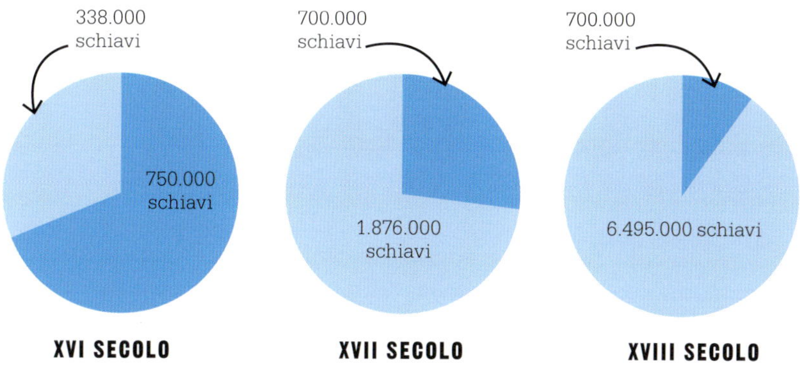

La tratta degli schiavi transahariana predominò nel XVI secolo, ma nel XVII e nel XVIII verso il continente americano fu esportato un numero maggiore di schiavi.

Legenda
- Tratta degli schiavi transahariana
- Tratta degli schiavi transatlantica

Bornu nella parte occidentale fino al mar Rosso, e fino a Malindi sull'oceano Indiano in Africa orientale. Acquistavano gli schiavi in cambio di prodotti di provenienza estera, con cui di solito si garantivano la preminenza nei mercati locali.

Sebbene le testimonianze siano scarse, si ritiene che in quasi 1.000 anni (650-1600) abbiano attraversato il Sahara forse 5 milioni di schiavi, con un flusso medio di circa 5.000 l'anno. Il viaggio era così lungo e l'acqua tanto scarsa che tre schiavi su quattro morivano durante il tragitto.

Tratta transatlantica

Alla fine del XV secolo, gli europei cominciarono a imbarcare schiavi in Africa occidentale. Inizialmente continuò a predominare la tratta orientale. Nel XVI secolo partirono dall'Africa poco più di 1 milione di schiavi: circa tre quarti attraverso il Sahara verso l'Arabia, il resto oltre l'Atlantico verso i Caraibi e l'America del Nord e del Sud. Fra il XVII e il XVIII secolo, quando il trasporto transatlantico aumentò vertiginosamente, la quota della tratta orientale si ridusse. Nel XVII secolo sulle rotte transahariane furono venduti circa 700.000 schiavi, mentre al di là dell'Atlantico ne furono trasportati quasi 2 milioni, perlopiù dall'Africa occidentale verso l'America del Nord e del Sud. Nel XVIII secolo oltre quattro quinti degli schiavi furono condotti oltre Atlantico, mentre nel XVI secolo erano stati circa un quarto. Fra il XVII e il XVIII secolo la tratta transahariana rimase stabile, mentre quella transatlantica aumentò di oltre 4 milioni di persone.

Nel XIX secolo, quando gli abolizionisti avviarono la campagna per porre fine alla tratta degli schiavi transatlantica, quella orientale raggiunse il livello più alto, con un traffico di 1,2 milioni di schiavi attraverso le rotte transahariane. Per soddisfare le variazioni di provenienza della domanda, si spostò il baricentro geografico. Nell'ultimo decennio del XIX secolo le pressioni politiche finalmente riuscirono a soffocare anche la tratta orientale, ma il crollo del mercato degli schiavi esterno rafforzò quello interno, dove il fiorente commercio di prodotti quali avorio e oro e il passaggio a esportazioni agricole mantennero viva quasi fino alla Prima guerra mondiale la domanda di schiavi per lavorare la terra e trasportare merci attraverso l'Africa. ▪

Mercato degli schiavi arabo (1888) di Ferencz Franz Eisenhut. Quest'arte "orientalista" distorceva la cultura araba, ritraendola come primitiva in confronto alla società occidentale.

IL POPOLO DELLA COSTA

ASCESA DELLE CITTÀ-STATO SWAHILI (700-1500 ca.)

NEL CONTESTO

LUOGO
Africa orientale

PRIMA
40-70 d.C. Un mercante greco-romano nel *Periplus Maris Erythraei* descrive navi dell'Africa orientale.

100 ca. In Africa orientale il popolo Haya fonde il ferro.

600 ca. Le comunità fondate su agricoltura, pesca e lavorazione del ferro avviano i commerci attraverso l'oceano Indiano.

DOPO
1498 La rotta di Vasco da Gama conduce all'invasione portoghese della costa dell'Africa orientale.

1698 Gli arabi dell'Oman si impadroniscono della costa swahili.

1828-1886 I sultani di Zanzibar commerciano in schiavi e avorio.

1884-1919 La costa viene colonizzata in seguito alla spartizione dell'Africa da parte degli europei.

Da millenni i navigatori sfruttano i prevedibili venti monsoni per spingere le proprie navi attraverso l'oceano Indiano. Le più antiche spedizioni tracciarono rotte per i commerci, che nell'VIII secolo cominciarono a prosperare fra le città costiere dell'Africa orientale e i villaggi dell'Arabia e dell'Asia.

Lungo i 3.000 km di costa fra la Somalia e il Mozambico sono sparsi i resti di circa 400 insediamenti, che furono poi definiti città-stato swahili, fra cui l'isola di Pate e Gedi sulla costa del Kenya, Mogadiscio in Somalia, le isole di Zanzibar e Kilwa al largo del litorale della Tanzania. I primi abitanti di queste comunità erano agricoltori e pescatori, discendenti dai popoli di lingue bantu dell'Africa occidentale, che a partire dal 1000 a.C. nell'arco di un millennio si spostarono attraverso il continente. Con il tempo avviarono scambi commerciali con la città di Grande Zimbabwe, situata nell'interno del

La Grande Moschea di Kilwa, con cupole di corallo e calcare e colonne ottagonali, è la più ampia ancora esistente sulla costa. Fu costruita nel X o XI secolo.

Cfr. anche: Le migrazioni dei Bantu 32-33 ▪ I Romani e l'Africa 38-39 ▪ Il commercio dell'oro in Mozambico 108-109 ▪ La tratta degli schiavi di Zanzibar 204-205 ▪ La costruzione del canale di Suez 215 ▪ La spartizione dell'Africa 222-223

> Kilwa è una delle città più belle e ben costruite del mondo.
> **Ibn Battuta**
> ***Viaggi in Asia e in Africa*, 1353**

continente, per portare sulla costa a scopo di esportazione le ricchezze della regione dei grandi laghi della Rift Valley, in Africa orientale. Oro, rame, avorio, sale e ferro grezzo per le armi venivano spediti via mare verso Oman, India, Cina e Cambogia.

Dato che i monsoni cambiano direzione ogni sei mesi, i mercanti dovevano trascorrere lunghi periodi in città estere in attesa del vento che li riportasse in patria. Questi prolungati periodi di scambi culturali e religiosi contribuirono a creare una cultura swahili ibrida, con prevalenza della fede musulmana. A partire dal IX secolo giunsero coloni dall'Arabia e dal Golfo Persico.

Ascesa delle città di pietra

Si ritiene che il sultanato di Kilwa sia stato fondato nell'XI secolo da Ali ibn al-Hassan Shirazi, un africano discendente da una famiglia persiana. Le "città di pietra", come furono definite, raggiunsero l'apogeo nel Medioevo. I commerci finanziavano le magnifiche case e moschee costruite con blocchi di pietra corallina prelevati dal fondo marino, con una fusione architettonica di influssi africani e orientali. Le case più sfarzose avevano anche cinque piani, con sale per ricevimenti, camere da letto, bagni e latrine interne.

Ibn Battuta, studioso ed esploratore berbero marocchino, visitò Kilwa nel 1331 e definì la popolazione con un termine arabo, *sawahil*, ossia "gente della costa", da cui il termine swahili. Alla fine del XIX secolo gli archeologi studiarono il palazzo reale di Kilwa, detto Husuni Kubwa e risalente al XIII o al XIV secolo, scoprendo resti di oltre 100 stanze.

Rovine rivelatrici

Dal XVI secolo le invasioni da parte dei portoghesi causarono il declino delle città-stato swahili e ne distrussero gran parte del patrimonio architettonico. Quando la zona passò sotto il dominio degli omaniti, il sultanato di Zanzibar divenne una stazione commerciale in cui si vendevano schiavi per il lavoro nelle piantagioni di spezie. Oggi gli scavi archeologici nella regione si incentrano sulle origini africane, spesso ignorate dai ricercatori di epoca coloniale, fra cui in Tanzania 13 antiche fornaci che avrebbero prodotto il miglior ferro disponibile al mondo. Monete swahili coniate nel XII secolo sono state scoperte nell'Australia settentrionale, a indicare come marinai swahili avessero raggiunto queste terre molto prima dell'arrivo del capitano Cook nel 1770. ■

Le porte delle città di pietra avevano elaborate decorazioni in ottone e battenti di legno con splendidi intagli.

Poesia swahili

Sebbene migliaia di manoscritti swahili preservati in scrittura araba risalgano al XVII secolo, la tradizione orale della poesia è molto più antica. Canti e ninne-nanne che ancora fanno parte della cultura sono tratti dai *tendi*, poemi epici che spesso avevano 5.000 quartine o più ed erano cantati davanti a un pubblico. Uno dei più noti è *L'epica di Liongo*, poema di 232 strofe su Fumo Liongo, un personaggio eroico le cui lotte per rivendicare i propri diritti sono radicate nella cultura swahili. Kenneth Simala, esperto di letteratura swahili, ipotizza che il vero Fumo Liongo fosse un capo vissuto in qualche periodo fra il IX e il XIII secolo, guerriero e poeta e autore della sua stessa epica. Simala ritiene le gesta eroiche del poema un riflesso della turbolenta storia della costa orientale e le interpreta come messaggio del passato che segna la nascita dell'identità swahili.

MAESTRI DI OGNI ARTE E INDUSTRIA

I MORI IN AL-ANDALUS (711)

NEL CONTESTO

LUOGHI
Spagna, Portogallo

PRIMA
415 Nella penisola iberica si insediano i Visigoti, cristiani germanici.

632 In Arabia muore il profeta Maometto. Si diffonde l'islam, la religione da lui fondata.

639 L'impero islamico si espande in Africa settentrionale.

DOPO
1492 Dopo la riconquista cristiana dell'Iberia, la Spagna avvia un lungo periodo di espansione oltremare. Cristoforo Colombo sbarca in America dopo un viaggio finanziato dalla Corona spagnola.

1609 Un regio decreto espelle dalla Spagna i discendenti dei *moriscos*, musulmani convertiti al cristianesimo.

Nella primavera del 711 Tariq ibn Ziyad, governatore di Tangeri, in Marocco, salpò con una flotta superando lo stretto tra l'Africa settentrionale e l'Hispania, nome con cui i Romani definivano la penisola iberica. Tariq guidava un grande esercito africano sotto il vessillo del potente califfato omayyade, l'impero islamico con sede a Damasco. Il particolare affioramento roccioso dove sbarcò la flotta fu definito Monte di Tariq, in arabo Jabal Tariq: Gibilterra. Ebbe così inizio il dominio dei Mori sull'Iberia (Spagna e Portogallo).

L'esercito di Tariq rapidamente sconfisse e uccise il re Roderico, so-

Cfr. anche: La conquista musulmana dell'Egitto 58-59 ▪ Il Ghana si converte all'islam 78-79 ▪ I Mori nell'Inghilterra dei Tudor 104-107

vrano dei Visigoti, e sfruttò il risultante vuoto di potere. Nel corso del successivo decennio, l'esercito dei Mori dell'Africa settentrionale portò a termine la conquista dell'Hispania. Nelle successive generazioni, la provincia di al-Andalus sarebbe diventata il gioiello occidentale del mondo islamico, fulcro di una cultura raffinata.

Fazioni contrapposte

Il termine "mori" deriva dai Mauri, nome con cui i Romani definivano gli abitanti del regno berbero di Mauretania (Marocco e Algeria).

All'epoca della conquista dell'Iberia, il termine si riferiva a un diversificato gruppo etnico nordafricano. Alcuni discendevano dai berberi, una popolazione indigena del Maghreb (Africa settentrionale), altri dagli arabi giunti con l'espansione degli Omayyadi di Siria.

Nel 750, quando il califfato omayyade crollò, al-Andalus si trovava nella morsa di fazioni arabe e berbere in lotta fra loro. Un giovane principe di nome Abd al-Rahman, fuggito da Damasco prima del crollo, nel 755 giunse in al-Andalus, fu ben accolto e rapidamente assunse il potere. Il fatto che fosse per metà berbero, nell'Iberia multiculturale dei Mori lo rese una forza unificatrice. Abd al-Rahman e i suoi successori consolidarono al-Andalus fondando il prospero e cosmopolita emirato (e poi califfato) di Cordova.

Capitale intellettuale

Al-Andalus raggiunse l'apogeo nel X secolo. Il Paese era noto per l'apertura culturale ed era un luogo in cui cristiani ed ebrei potevano praticare la loro religione. I non musulmani non erano considerati del tutto uguali ai musulmani e dovevano pagare una tassa speciale, ma molti di loro prosperarono e apportarono contributi

Gli archi a ferro di cavallo della grande moschea di Cordova sono tipici anche dell'architettura mozarabica, stile elaborato da architetti cristiani che assimilarono gli influssi moreschi.

Tariq ibn Ziyad

Poco si sa di Tariq ibn Ziyad, il generale che guida la conquista musulmana della Spagna, ma secondo gli storici è di origine berbera. Prima di darsi alla carriera militare è un fidato consigliere (e forse prima ancora schiavo) di Musa ibn Nusayr, governatore omayyade dell'Africa settentrionale, il quale lo nomina governatore di Tangeri e nel 711 lo incarica di guidare la conquista musulmana dell'Iberia, pochi chilometri al di là dello stretto.

Tariq e il suo esercito in gran parte berbero di 7.000 uomini sono ben accolti da alcune comunità iberiche, fra cui gli ebrei perseguitati dai Visigoti; si espandono verso nord e nello stesso anno conquistano Toledo, bastione del re visigoto Roderico, non lontano dall'odierna Madrid. Tariq riesce a conservare il potere fino all'arrivo, l'anno seguente, di grandi eserciti arabi che consolidano il dominio degli Omayyadi. Nel 714 il califfo richiama ibn Ziyad e ibn Nusayr a Damasco, dove Tariq muore nel 720, senza essere mai tornato in Iberia né in Africa settentrionale.

culturali significativi. Cordova divenne famosa come capitale intellettuale dell'Europa, attraendo i migliori ingegni dell'epoca, musulmani, ebrei e cristiani.

Nel X secolo, il califfo al-Hakim II costruì la biblioteca più vasta del mondo, che a quanto si narra conteneva circa 400.000 volumi. Finanziandoli con la sua tesoreria, il califfo invitò a studiare a Cordova studiosi provenienti dall'Egitto e da Baghdad, splendida capitale del califfato abbaside che stava vivendo la sua epoca aurea.

Lo scambio di conoscenze e idee in città consentì progressi significativi in scienze, astronomia e matematica. Il chirurgo del X secolo Abu al-Qasim al-Zahrawi, per esempio, fu autore di libri di testo di medicina che si usavano ancora nella Londra del XVII secolo, mentre il suo contemporaneo Maslama al-Majriti, che a Cordova istituì una scuola di matematica e astronomia, calcolò per la prima volta con precisione le dimensioni del Mediterraneo.

> Voglio la Granada araba, quella che è arte, che è tutto quanto mi sembra bellezza ed emozione.
> **Isaac Albéniz**
> **Compositore spagnolo (1860-1909)**

Nel XII secolo l'astronomo e matematico Jabir ibn Aflah (in Europa chiamato Geber) pubblicò un'importante critica all'*Almagesto* di Tolomeo ed elaborò un teorema di trigonometria sferica. In filosofia ibn Rushd (noto in Europa come Averroè) scrisse eminenti compendi e commentari alle opere di Aristotele e alla *Repubblica* di Platone e fu autore di trattati sullo studio filosofico della religione.

Fratture nella stabilità

Nell'XI secolo, una lotta di potere tra il califfo e alcuni cortigiani innescò un periodo di guerra civile, definito *fitna*, che perdurò dal 1009 al 1032. Al-Andalus si frammentò in una serie di feudi e città-stato in lotta fra loro definiti regni di *taifa*, che divennero pedine nella lotta per il predominio fra la cristianità a nord e gli imperi musulmani del Marocco. I regni cristiani approfittarono di questo decentramento per lanciare attacchi mirati e riconquistare la penisola iberica, mentre sia gli Almoravidi che gli Almohadi, dinastie berbere giunte al potere in Marocco, nel tentativo di consolidare al-Andalus annetterono i regni di *taifa*.

Le potenze cristiane avevano cercato di scacciare i Mori dalla penisola iberica da quando questi si erano impadroniti del territorio. La *Reconqui-*

Abu Abdallah Muhammad XII nel 1492 consegna le chiavi di Granada ai sovrani cattolici di Aragona e Castiglia. Dopo la perdita della città, l'emiro si trasferì dalla Spagna al Marocco.

sta fu sanguinosa e lunga, una lotta durata otto secoli e caratterizzata da alti e bassi. Nel XIII secolo l'ondata era ormai inarrestabile: Cordova fu conquistata dalle truppe cristiane nel 1236, seguita da Siviglia nel 1248.

L'emirato di Granada era l'unico dominio dei Mori rimasto nella penisola. Per i successivi 250 anni la dinastia dei Nasridi di Granada tenne a bada sia i cristiani, sia le potenti dinastie marocchine, alleandosi alternativamente agli uni e alle altre. Questa politica ebbe un successo sufficiente a consentire la prosperità di Granada. Come Cordova nel X secolo, la città divenne un crocevia di cultura incentrato sul palazzo dell'Alhambra.

Dopo la conclusione

Alla fine del XV secolo, il dominio dei Mori su Granada non poteva durare più a lungo. Gli appelli per un aiuto militare dal Marocco, ormai a sua volta indebolito, non ebbero esito.

Nel gennaio del 1492 la regina Isabella di Castiglia e re Ferdinando d'Aragona, che con il loro matrimonio e con il governo congiunto avevano unificato il territorio cristiano della Spagna, accettarono la resa di Abu Abdallah Muhammad XII (in Europa chiamato Boabdil), segnando la fine del dominio islamico sulla penisola iberica e preparando la scena per l'epoca aurea della Spagna, che avrebbe dato vita a uno dei più vasti imperi della storia.

Dopo la riconquista, in Spagna i Mori furono costretti a convertirsi al cristianesimo, a emigrare o ad affrontare la pena di morte. Molti di loro, le cui famiglie vivevano nella penisola da quasi otto secoli, rimasero in Spagna, anche se per il regno cattolico la loro lingua e le loro usanze rappresentavano un affronto. Musulmani ed ebrei che in segreto praticavano la loro fede dovevano vedersela con l'Inquisizione, organismo giudiziario istituito allo scopo di contrastare l'eresia. Gli inquisitori facevano uso della tortura per estorcere confessioni, e tra le pene vi era la morte sul rogo. I tentativi di cancellare la cultura moresca dalla penisola non ebbero un successo completo. Lo spagnolo e il portoghese contengono numerosi termini arabi, e alcuni dei più bei monumenti della Spagna, come l'Alhambra di Granada e l'Alcázar di Siviglia, sono di origine moresca. La grande moschea di Cordova, commissionata nel 785 da Abd al-Rahman I sul luogo di una chiesa visigota e forse di un tempio romano, dopo la conquista spagnola della città assunse la funzione di cattedrale cristiana, ma rimane un monumento magnifico del periodo moresco e oggi è considerato patrimonio dell'umanità. ■

L'influsso dei Mori

I Mori lasciarono un influsso duraturo sulla cultura della penisola iberica, mentre il loro sapere e le loro invenzioni diedero un contributo significativo al mondo intero.

Medicina
I medici introducono l'anestesia per inalazione, gli antisettici e le suture chirurgiche.

Matematica e scienze
Gli astronomi migliorano il computo del tempo e inventano l'*azafea*, sorta di astrolabio.

Filosofia
Le traduzioni di testi greci e commentari ad Aristotele influenzano la filosofia europea.

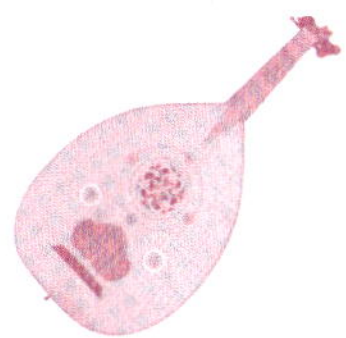

Musica
L'introduzione del liuto (*'ud*) a 5 corde conduce alla musica tradizionale spagnola incentrata sulla chitarra, come il flamenco.

Cibi
Arance, limoni, zafferano, riso e spezie fra cui coriandolo e cumino vengono adottati dalla cucina spagnola.

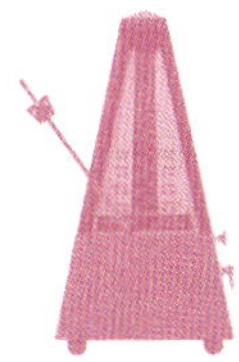

Invenzioni
Fra le altre vi sono il metronomo, gli orologi meccanici a pesi e ad acqua e una meridiana polare.

> Ecco le chiavi del paradiso.
> **Abu Abdallah Muhammad XII**
> **alla resa di Granada**

FEDE E
COMME

800-1510

RCI

869-883
Gli schiavi africani danno vita alla rivolta degli Zanj, ispirata dall'ideologia musulmana kharigita di Ali ibn Muhammad.

IX secolo
Nel **primo riferimento documentato agli ebrei etiopici**, Eldad Hadani afferma di essere discendente della perduta tribù di Dan.

XI-XV secolo
La città di Grande Zimbabwe, fondata sui commerci, funge da capitale dell'impero Munhumutapa.

1075
La regina Hawwa è **il primo sovrano musulmano del ricco impero Kanem**, situato nell'odierno Ciad.

1100 ca.
Il declinante **impero del Ghana si converte all'islam** sotto il dominio dell'alleanza militante degli Almoravidi.

1187 ca.
Vengono costruite (da angeli, secondo la leggenda) le **chiese cristiane rupestri** di Lalibela in Etiopia.

XIII secolo
Viene costruita la Grande Moschea di Djenné, che diventerà il principale centro di cultura islamica dell'Africa occidentale.

1235
Nella battaglia di Kirina le truppe di Sundiata Keita sconfiggono i Susu, segnando la **nascita dell'impero del Mali in Africa occidentale**.

L'Africa medievale registrò l'ascesa e il declino dei più famosi imperi del continente: alcuni islamici, altri cristiani, altri ancora aderenti a religioni indigene. In questo periodo in Africa occidentale emersero gli imperi del Ghana, del Mali e Songhai, nello Zimbabwe l'impero Munhumutapa.

I successi in campo culturale e architettonico garantiscono a questi imperi un posto nella storia del mondo. Mansa Musa del Mali, per esempio, assoldò un architetto per progettare il palazzo di Madagou, la moschea di Gao e la moschea Djinguereber di Timbuctù, la più grande città dell'impero del Mali. Nel 1491, Askia Muhammad si impadronì dell'impero Songhai e trasformò Timbuctù in un centro di studio e di cultura islamica. Oba Ewuare, sovrano dell'impero di Benin nel XIII secolo, costruì un palazzo con celebri placche di bronzo che narrano la storia del suo territorio.

Dal Ghana al Mali

Uno degli imperi più vasti e duraturi del periodo fu quello del Mali. Il suo predecessore, l'impero del Ghana, alla fine dell'XI secolo cominciò a declinare in seguito all'avvento degli Almoravidi, alleanza islamica militante. Verso il 1100 il Ghana si convertì all'islam, ma nel corso del secolo successivo dovette affrontare siccità e conflitti intestini. L'impero fu messo definitivamente in ginocchio nel 1203, quando la sua capitale fu conquistata dai Susu. Nel 1230, questa popolazione aveva ormai esteso a tutta la regione il proprio dominio, che però si rivelò di breve durata.

L'impero del Mali nacque alla metà del XIII secolo, quando il suo primo sovrano, Sundiata Keita, sbaragliò i Susu nella battaglia di Kirina del 1235.

Governato dalla capitale Niani, l'impero si espanse acquisendo il dominio sulle medesime rotte mercantili, un tempo in mano all'impero del Ghana, e accumulando così ingenti ricchezze provenienti dai territori conquistati.

Religioni principali

Al suo apogeo nella prima metà del XIV secolo, l'impero del Mali aveva circa 20 milioni di abitanti. In questa epoca aurea divenne un faro luminoso dell'islam in Africa, e molti grandi studiosi musulmani dell'epoca e vari discendenti del profeta Maometto seguirono il sovrano Mansa Musa nel viaggio di ritorno in Africa occidentale dopo il suo famoso pellegrinaggio alla Mecca.

1300 ca.
I mercanti swahili **fondano** in Mozambico la stazione commerciale di **Sofala** per la compravendita di oro.

1324
Mansa Musa, sovrano del Mali, **compie lo *hajj* alla Mecca**, facendo sfoggio durante il tragitto della sua enorme ricchezza.

ca. XV secolo
La **popolazione Masai inizia a migrare verso sud**, dal lago Turkana al Kenya.

1418
Una flotta dell'**impero Ming cinese entra in contatto** con l'Africa orientale, scambiando seta e porcellana con pellami.

1440
Sale al potere a Benin il re guerriero **Oba Ewuare**, che costruirà il palazzo reale noto per le preziose placche di bronzo.

1444
Il Portogallo trasporta in Europa **235 schiavi africani**.

1463
Muhammad Rumfa diventa sultano del **regno Hausa di Kano**.

1491
Influenzato dai missionari portoghesi, il re del ManiKongo, Nzinga Nkuwu, **si converte al cristianesimo** e assume il nome di Giovanni I.

L'islam, introdotto in Africa nel 639, continuò ad affermarsi in tutto il continente. Da un'ideologia islamica trasse ispirazione la rivolta degli Zanj negli anni 869-883, quando gli schiavi condotti dall'Africa in quello che oggi è l'Iraq si ribellarono.

L'impero Kanem del Ciad si convertì all'islam nel 1075, mentre nel XIII secolo si convertì il re di Djenné, sovrano di un regno situato sul delta del Niger.

Risalgono al Medioevo molte delle moschee più impressionanti dell'Africa, tra cui la Grande Moschea di Djenné e la Djinguereber nell'impero del Mali, nonché la moschea di Larabanga dell'impero del Ghana.

L'islam non era l'unica religione a diffondersi in Africa, dove in questo periodo si costruirono anche luoghi di culto cristiani, in particolare le spettacolari chiese rupestri dell'Etiopia. Sempre in Etiopia, malgrado la continua persecuzione da parte dei sovrani cristiani del Paese, prosperava una piccola ma tenace comunità di ebrei.

Nel tardo periodo medievale, la diffusione del cristianesimo fu anche l'esito di un crescente contatto tra l'Africa e l'Europa. A partire dalla metà del XV secolo, l'epoca delle esplorazioni condusse in Africa i mercanti portoghesi, e alla fine di tale secolo furono missionari portoghesi a convertire il re del ManiKongo.

Contatti internazionali

Il Medioevo fu un'epoca in cui prosperò il commercio internazionale, con nuovi contatti fra i Paesi più vari. Così avvenne in Africa orientale nel XV secolo, quando una flotta della Cina dei Ming raggiunse i porti di Mogadiscio, Brava e Malindi per commerciare e stabilire relazioni diplomatiche.

In conseguenza sia dei commerci, sia delle conquiste, nel tardo Medioevo molti neri si erano ormai trasferiti in altri continenti. Se la tratta degli schiavi transahariana aveva condotto numerosi africani in Asia, vi erano anche neri liberi che vivevano al di fuori dell'Africa. Con la conquista di al-Andalus da parte dei Mori, molti nordafricani si erano trasferiti in Spagna, ma nei documenti dell'Inghilterra e di altri Paesi europei cominciarono a comparire i "Mori" che viaggiavano sulle navi mercantili provenienti dall'Africa occidentale e settentrionale, oppure dalla Spagna per insediarsi nelle città europee. Qui trovavano un lavoro retribuito, venivano battezzati e si formavano una famiglia, dando origine a generazioni di europei di origine africana. ■

GLI ZANJ SI CHIAMARONO ALLE ARMI

LA RIVOLTA DEGLI SCHIAVI ZANJ (869-883)

NEL CONTESTO

LUOGO
Iraq

PRIMA
689 Gli schiavi Zanj si ribellano ma vengono sbaragliati dalle truppe del califfato omayyade. Nel 694 fallisce una seconda rivolta.

750 Gli Abbasidi rovesciano il califfato omayyade, dando inizio all'epoca aurea dell'islam.

861 L'assassinio del califfo abbaside al-Mutawakkil innesca un periodo di instabilità politica e sociale.

DOPO
1258 L'assedio di Baghdad da parte dei Mongoli provoca il crollo del califfato abbaside.

1600 La fondazione della Compagnia britannica delle Indie Orientali incrementa la tratta degli schiavi in Africa orientale.

1962 A causa delle pressioni britanniche, Arabia Saudita e Yemen finalmente aboliscono la schiavitù.

Per oltre due secoli i mercanti arabi musulmani scambiarono merci con schiavi catturati dai mercanti locali, penetrando più in profondità nel continente africano. Nel IX secolo migliaia di africani orientali di lingua bantu, che gli arabi chiamavano *Zanj*, furono trasportati nell'Iraq meridionale, facente parte dell'impero governato dal califfato abbaside. Le terre attorno ai fiumi Tigri ed Eufrate erano assai fertili, ma in vaste zone le inondazioni rendevano impossibile la coltivazione. I notabili musulmani locali cercavano di bonificare queste aree per consentire l'agricoltura, poiché in tal modo avrebbero conseguito il diritto di proprietà su tali terre, perciò costrinsero gli Zanj a svolgere i lavori massacranti necessari allo scopo: scavare fossati, prosciugare paludi e asportare il sale dal fondo rimasto asciutto.

Risentimento e rivolta

Malnutriti e accalcati in accampamenti sovraffollati, molti Zanj si ammalarono e morirono. I sopravvissuti si animarono di un fiero spirito comunitario e di un forte risentimento verso i padroni musulmani.

Le paludi del sud dell'Iraq erano ardue da affrontare e facili da difendere. In seguito gli arabi costruirono case di canne, ma alla fine furono scacciati da Saddam Hussein, che nel 1990 fece prosciugare le paludi.

Cfr. anche: La conquista musulmana dell'Egitto 58-59 ▪ La tratta degli schiavi transahariana 60-61 ▪ Ascesa delle città-stato swahili 62-63 ▪ La rivolta degli schiavi di Hispaniola 130-131 ▪ La tratta degli schiavi di Zanzibar 204-205

I kharigiti sono una **setta islamica** emersa nel VII secolo.

↓

Ritengono che **chiunque**, perfino uno schiavo, possa prima o poi essere **eletto califfo**.

↓

Tramite **l'ideologia kharigita**, **Ali ibn Muhammad** ottiene il sostegno degli schiavi.

↓

Alcuni storici pertanto considerano la rivolta un **movimento politico** e **religioso**.

Nell'869, lo studioso persiano Ali ibn Muhammad conquistò il loro sostegno riconoscendone i patimenti e promettendo libertà e ricchezza se si fossero uniti a lui in una rivolta. Dopo avere guidato una fallita ribellione in quello che oggi è il Bahrain, nel Golfo Persico, Ibn Muhammad era fuggito a Bassora, prospero porto dell'Iraq meridionale. Era un seguace dei kharigiti, antica setta musulmana, secondo la quale gli schiavi potevano, per merito e devozione, sottrarsi ai patimenti e perfino diventare califfi. Ispirati da questo messaggio, gli Zanj si strinsero attorno a lui.

L'insurrezione, appoggiata anche da altri gruppi scontenti, come i contadini locali e i beduini, si propagò rapidamente a tutto l'Iraq meridionale, coincidendo con un'epoca di disordini e instabilità per l'impero abbaside. Furono inviate truppe imperiali, che però non riuscirono a soggiogare i ribelli, i quali razziavano città e villaggi e poi scomparivano nei canali nascosti e negli alti canneti delle paludi. Altri schiavi africani che facevano parte delle truppe imperiali disertarono e si unirono agli Zanj.

Nell'870 i ribelli avevano ormai costruito una propria città fortificata, al-Mukhtar, in una palude prosciugata circondata da canali. Qui eressero case, palazzi, un carcere e vari mercati e coniarono perfino proprie monete. Ormai padroni dell'Iraq meridionale, nell'871 conquistarono Bassora e si vendicarono sugli abitanti, massacrandone un gran numero e prendendone altri come schiavi. Mentre le truppe del califfo combattevano in Persia, gli Zanj estesero ulteriormente verso nord i propri domini, giungendo a poco più di 100 km da Baghdad, quindi si spinsero a est verso il Khuzestan, zona a nord del Golfo Persico.

L'impero reagisce

Nell'879 al-Muwaffaq, fratello del califfo al-Mu'tamid, dopo aver combattuto in Persia tornò al comando dell'esercito imperiale e lanciò una grande offensiva contro gli Zanj, prima conquistando la loro seconda città, al-Maniah, poi scacciandoli dal Khuzestan.

Nella primavera dell'881, al-Muwaffaq costruì una propria città sul Tigri, di fronte ad al-Mukhtar. Dragò i corsi d'acqua per la navigazione, istituì un blocco e assediò la capitale degli Zanj. Al-Muwaffaq promise libertà e denaro ai ribelli che si fossero arresi, e molti accettarono l'offerta. Tuttavia, per tre anni la capitale resistette. Infine, nell'883, al-Muwaffaq guidò contro gli Zanj un esercito di 50.000 soldati e al-Mukhtar cadde. Ibn Muhammad fu catturato e la sua testa fu portata davanti al califfo. La brutale rivolta era conclusa, ma aveva sconvolto il territorio e indebolito il califfato. I successi della ribellione e il timore di insurrezioni analoghe indussero gli Abbasidi a sospendere la schiavitù per le piantagioni in vaste zone dell'impero. ■

> “[...] avete trattato questi schiavi con arroganza e coercizione [...] con atti proibiti da Allah.”
> **Ali ibn Muhammad**

Schiavi africani vengono scambiati con oro in un mercato musulmano. Illustrazione da *al-Maqamat*, del poeta al-Hariri (1100 ca.). Gli schiavi africani lavoravano nelle case o nelle campagne.

I MIEI ADORATORI, I MIEI DISPERSI

GLI EBREI ETIOPICI (IX SECOLO)

NEL CONTESTO

LUOGHI
Etiopia, Israele

PRIMA
722 a.C. Il regno di Israele cade in mano agli Assiri. Secondo la tradizione ebraica, vanno perdute 10 tribù, fra cui quella di Dan.

ca. 330 d.C. Con re Ezanà il cristianesimo diventa la religione ufficiale dell'Etiopia.

DOPO
XIV secolo L'epica *Kebra Nagast* (Gloria dei re), scritta in ge'ez, narra la leggenda del fondatore etiope Menelik I, figlio di Salomone, re di Giudea, e di Makeda, regina di Saba.

1904 L'ebreo francese di origine polacca Jacques Faitlovitch fonda i gruppi pro-falascià per unire gli ebrei etiopici al mondo ebraico.

1984 Nella "operazione Mosè", con un ponte aereo dal Sudan vengono trasferiti in Israele circa 6.500 ebrei etiopici.

Gli appartenenti al Beta Israel (Casa di Israele), oggi definiti ebrei etiopici, comparvero in documenti scritti nel IX secolo con Eldad Hadani, mercante itinerante, il quale affermò di far parte di una setta ebraica africana discendente da una delle dieci tribù perdute di Israele, quella di Dan.

Secondo Eldad, i suoi lontani antenati partirono da Israele, attraversarono l'Egitto, poi si stabilirono in Etiopia. Oggi gli storici hanno avanzato varie altre ipotesi per spiegare gli ebrei etiopici, mentre alcuni etiopi ritengono che questi israeliti siano discendenti di re Salomone e della regina di Saba.

Isolati e riconosciuti

Per secoli gli ebrei etiopici rimasero isolati dalla comunità ebraica mondiale. Conoscevano solo gli antichi libri della Bibbia ma, diversamente dai rotoli ebraici, la loro Torah (chiamata Orit) era scritta in libri redatti in ge'ez, lingua sacra usata anche dai cristiani etiopici. Noti con il termine spregiativo di *falascià* (emigrati, estranei), questi ebrei furono perseguitati dai sovrani cristiani d'Etiopia e presi di mira dai missionari durante la "zuffa per l'Africa" del XIX secolo.

Donne ebree etiopiche pregano su una collina sopra Gerusalemme in occasione del Sigd, festività che ricorda la trasmissione della Torah. È tradizione celebrare l'evento scalando una vetta.

Dalla metà del XIX secolo, dovendo affrontare sia le minacce alla loro religione, sia gravi carestie, molti ebrei etiopici cercarono di compiere il viaggio verso la terra d'Israele. La loro situazione fu finalmente legittimata nel XX secolo e, in base alla Legge del ritorno, nel 1975 Israele riconobbe loro il diritto di immigrazione. Oggi in Israele vivono circa 130.000 ebrei etiopici. ■

Cfr. anche: L'impero mercantile di Axum 44-47 ▪ Il cristianesimo raggiunge l'Africa 48-51 ▪ Le chiese rupestri dell'Etiopia 84-85 ▪ L'Etiopia sfida il colonialismo 226-227

TUTTI I REGNI OBBEDISCONO AL SUO RE

ORIGINE DELL'IMPERO SONGHAI (890)

NEL CONTESTO

LUOGO
Fiume Niger, Africa occidentale

PRIMA
639 L'islam arriva in Africa in conseguenza delle conquiste arabe, che portano mercanti musulmani sulle rotte commerciali africane.

DOPO
1326 Mansa Musa I del Mali conquista l'impero di Gao.

1464 Sonni Ali sale al trono di Gao, ora piccolo regno, e fonda l'impero Songhai; fra le sue numerose conquiste vi saranno Timbuctù e Djenné.

1493 Una nuova dinastia guidata da Askia Muhammad sale al potere nell'impero Songhai e lo conduce all'apice della potenza.

1591 L'impero Songhai crolla in seguito a incursioni marocchine nelle città principali, Gao e Timbuctù.

La prima casa regnante Songhai fu istituita a Kukiya, su un'isola del fiume Niger. Dal 690 vi regnò la dinastia Zuwa, con una successione di 31 monarchi.

Verso l'890 emerse Gao, altra potente città Songhai, a nord di Kukiya, sulla riva occidentale del Niger. Grazie alla sua collocazione sulle rotte commerciali transahariane, Gao era una potenza politica e mercantile. Lo scrittore arabo del X secolo al-Muhallabi scrisse che il re (*kanda*) di Gao aveva due città: una per lui e il suo seguito, e una per il mercato. Quest'ultima attirava carovane di mercanti da Marocco, Tunisia, Kanem (regno dell'Africa centrale, situato attorno al lago Ciad) ed Egitto.

> Quando un re sale al trono gli vengono consegnati un anello con sigillo, una spada e una copia del Corano.
>
> **Abu Ubayd al-Bakri**
> ***Libro delle strade e dei regni*, 1067-1068**

Regni unificati

Il 15° sovrano di Kukiya, Zuwa Kusoy, fu anche il primo re musulmano della dinastia. All'inizio dell'XI secolo Kusoy trasferì la capitale a Gao. Per motivi ignoti, Kusoy e il *kanda* di Gao unificarono i loro regni, formando così l'impero di Gao, precursore del potente impero Songhai del XV e XVI secolo.

Gli storici non ne conoscono gli esatti confini geografici, ma secondo alcuni il territorio si estendeva per oltre 1.500 km da un'estremità all'altra, fra gli attuali Mali, Niger e Ciad. Altri sette regni dichiararono fedeltà all'impero e si assoggettarono al suo dominio. L'impero di Gao prosperò per circa tre secoli, poi nel 1326 fu sconfitto da Mansa Musa, sovrano del Mali, e incrementò ulteriormente l'estensione e la ricchezza di questo impero dell'Africa occidentale. ■

Cfr. anche: L'impero del Ghana 52-57 ▪ La conquista musulmana dell'Egitto 58-59 ▪ L'impero Kanem 80-81 ▪ L'impero del Mali 86-91

STRAORDINARIA CIVILTÀ AFRICANA

LA CITTÀ DI GRANDE ZIMBABWE (XI-XV SECOLO)

NEL CONTESTO

LUOGO
Africa meridionale

PRIMA
300-650 Nella zona si insediano allevatori di bestiame Gokomere e Ziwa.

700 ca. In Africa meridionale si aprono miniere di rame e oro.

890 ca. Comincia a prosperare il più antico regno in questo territorio, Mapungubwe.

DOPO
1450 ca. La nuova città di Khami diventa la capitale della dinastia secessionista Torwa.

1629 I portoghesi costringono il sovrano *mutapa* a siglare un trattato di vassallaggio.

1871 Karl Mauch saccheggia la città di Grande Zimbabwe.

1980 Dopo quasi un secolo di colonizzazione britannica, la Rhodesia del Sud indipendente assume il nome di Zimbabwe.

1986 Le rovine della città diventano patrimonio dell'umanità per l'Unesco.

Fra le rovine più significative dell'Africa subsahariana vi è una fortezza di pietra in cima a una collina, affacciata su un luogo cinto da mura che, nel Medioevo, ospitava una popolazione equivalente a quella della City di Londra. Dall'XI al XV secolo la città di Grande Zimbabwe, il cui nome deriva dal Bantu *zimba we bahwe* (case di pietra), fu il cuore del vasto impero Munhumutapa, esteso su territori degli attuali Zimbabwe, Zambia, Mozambico e Sudafrica. Fra XII e XIII secolo sotto il dominio di un *mutapa*, l'equivalente locale di un Cesare, l'impero consolidò la propria egemonia sulla zona.

> Fu la civiltà che rappresentò l'apogeo delle popolazioni di lingua bantu in questa parte dell'Africa.
> **Stan Mudenge**
> **Politico dello Zimbabwe (1941-2012)**

Gli abitanti di questo territorio erano Shona, popolazione di origine Bantu: allevatori di bestiame e agricoltori, che nella stagione secca estraevano ferro, rame, stagno e oro dai fiumi del nord. La posizione di Grande Zimbabwe, sulla strada più breve fra i mercati della costa orientale e i giacimenti auriferi, consentì lo sviluppo di una potenza fondata sul commercio di avorio, metalli, e soprattutto oro. Piatti *céladon* cinesi, vetro del Medio Oriente, ciotole della Persia e monete arabe, tutti oggetti scoperti in questo sito, rivelano i contatti della città attraverso l'oceano Indiano. A metà del XV secolo, in declino come capitale, la città fu costantemente depredata delle ricchezze che caratterizzavano il modo di vivere degli Shona, ma gli storici fanno paragoni con i Mapungubwe della regione Shashi-Limpopo, pure fiorente grazie al commercio dell'oro.

Prodezze edilizie

Con massicce mura di pietra, in certi punti spesse 7 m, nell'XI secolo l'acropoli di Grande Zimbabwe in cima alla collina fu la prima a essere edificata allo scopo di ospitare la famiglia reale. Fra XIV e XV secolo, nella

Cfr. anche: Ascesa delle città-stato swahili 62-63 ▪ Gli europei arrivano in Africa 94-95 ▪ Changamire Dombo e il suo esercito di "distruttori" 152-153

Le maestose mura ricurve della cerchia principale di Grande Zimbabwe sono in blocchi di granito squadrati, uniti senza malta.

valle fu aggiunta una grande cinta muraria, lunga 278 m e alta 20, che attorniava le abitazioni dove vivevano forse 18.000 persone. La caratteristica torre conica rappresentava probabilmente un deposito di grano, a simboleggiare il dovere del sovrano di nutrire il popolo. Gli 8 kmq del sito erano un tempo occupati da casette di mattoni crudi con il tetto di paglia, all'interno e all'esterno delle mura.

Visitando la città nel 1531, Vicente Pegado, capitano portoghese di stanza nella guarnigione di Sofala sulla costa, la definì «una fortezza fatta di pietre di dimensioni strabilianti». È indicativo della natura dell'archeologia colonialista il fatto che gli studiosi del XIX e del XX secolo, responsabili di questi scavi, attribuissero le magnifiche strutture a una civiltà araba o fenicia assai precedente. Si presumeva che i pilastri in legno di cedro fossero stati importati dal Libano. Più di recente, i campioni datati con il radiocarbonio hanno stabilito che gran parte della città fu costruita nel Medioevo con materiali locali.

Declino della città

La perdita di prestigio di Grande Zimbabwe fu forse causata da un eccesso di coltivazione per nutrire il consistente numero di abitanti, nonché dal calo della produzione di oro. Seguirono secoli di colonizzazione prima che lo Zimbabwe, divenuto indipendente, assumesse nel 1980 il nome dell'antica città. Oggi sulla bandiera del Paese compare l'immagine di uno degli uccelli in steatite ritrovati nel sito. ■

Gli orafi dell'Africa meridionale

In Africa meridionale, i reperti archeologici indicano l'estrazione di enormi quantità d'oro. Si ritiene che nel Medioevo gli abitanti della zona avessero estratto 43 milioni di tonnellate di minerale aurifero, producendo 700 tonnellate di oro puro. In un luogo di sepoltura in cima a una collina presso la città di Mapungubwe, centro di potere simile a Grande Zimbabwe, sono stati scoperti splendidi resti di manufatti d'oro. Considerati all'inizio dei ninnoli sopravvissuti a secoli di saccheggi, rivelano al contrario le tecniche raffinate degli orafi dell'Africa meridionale, che lucidavano l'oro per aumentarne la lucentezza e usavano martelli per ridurlo in lamine sottili, poi usate per "placcare" metalli come ferro e bronzo e rivestire poggiatesta, mobili, statue, scuri d'arme e punte di freccia. Gli artigiani creavano in oro anche ornamenti e gioielli, realizzando fili per catenine. Il filo d'oro più sottile ornava tessuti per l'élite della corte, che portava stoffe di damasco, raso e seta, alcune decorate con rose d'oro.

Questo rinoceronte dorato, abbastanza piccolo da stare in mano, è stato trovato con altri manufatti d'oro nelle tombe reali di Mapungubwe. Risale al XIII secolo.

SIAMO GENTE DEL DESERTO

IL GHANA SI CONVERTE ALL'ISLAM (1076-1103)

NEL CONTESTO

LUOGO
Africa occidentale

PRIMA
IV secolo d.C. Secondo la tradizione orale, emerge l'impero del Ghana.

639-709 Dopo la conquista musulmana dell'Egitto, ulteriori vittorie islamiche in Nordafrica favoriscono la diffusione dell'islam.

IX secolo I berberi Sanhaja dell'Africa nordoccidentale si convertono all'islam ed espandono i propri territori.

DOPO
1147 Il califfato dei berberi Almohadi conquista Marrakesh, capitale degli Almoravidi, la cui potenza entra in declino.

1203 Il regno dei Susu, guidato da Sumanguru, occupa la capitale del Ghana, Kumbi Saleh.

1240 Sundiata Keita rade al suolo Kumbi Saleh e incorpora nell'impero del Mali ciò che rimane del Ghana.

Dal IX secolo al principio dell'XI, in Africa occidentale l'impero del Ghana fu all'apice della sua potenza. La sua enorme ricchezza derivava dai dazi imposti all'oro proveniente dalle regioni meridionali e occidentali, che nella capitale Kumbi Saleh e altrove veniva scambiato con altre merci, soprattutto sale, trasportato verso sud dalle carovane nordafricane.

Le rotte mercantili attraverso il Sahara erano guidate dai Sanhaja, confederazione di nomadi berberi comprendente anche i Gudala della costa atlantica. Fra 1035 e 1036 il capo dei Gudala, Yahya ibn Ibrahim, compì lo *hajj* alla Mecca e constatò come la forma di islam praticata dal suo popolo fosse troppo permissiva.

Un islam più rigido

Attorno al 1040, ibn Ibrahim incaricò Abdallah ibn Yasin, zelante studioso islamico della tribù marocchina Jazula, di insegnare il vero islam ai Gudala. Questi ultimi però erano scontenti delle rigide riforme imposte da Yasin e alla morte di ibn Ibrahim si ribellarono, costringendo Yasin a fuggire con i suoi seguaci. Lo studioso costituì con Yahya ibn

Gli **Almoravidi, rigida comunità islamica**, diventano una formidabile potenza militare e conquistano importanti **crocevia mercantili transahariani**.

Secondo alcuni studiosi, gli Almoravidi **saccheggiano la capitale del Ghana**, Kumbi Saleh, e costringono l'impero a convertirsi all'islam.

Secondo altri storici, la **conversione** del Ghana **all'islam è graduale** e semplicemente accelera durante l'epoca degli Almoravidi.

Cfr. anche: L'impero del Ghana 52-57 ▪ La conquista musulmana dell'Egitto 58-59 ▪ L'impero Kanem 80-81 ▪ L'impero del Mali 86-91 ▪ Fondazione della Grande Moschea di Djenné 92 ▪ Il sultanato di Ifat 93

La moschea di Larabanga, nell'attuale Ghana, fu costruita in terra battuta e travi di legno nel 1421 e in seguito restaurata. È meta di pellegrinaggio per i musulmani africani.

Omar, capo dei Lamtuna, la tribù più potente dell'Africa nordoccidentale, l'alleanza degli Almoravidi, e insieme unificarono i Sanhaja. Ispirati da un'ideologia islamica militante, gli Almoravidi ben presto si rivelarono una formidabile dinastia combattente che conquistò il Marocco, si riversò a sud attraversando il Sahara e occupò anche la Spagna meridionale.

Sfida al Ghana

Nel 1054-1055 gli Almoravidi conquistarono due città importanti delle rotte mercantili transahariane: Sijilmasa, nell'Africa nordoccidentale, e Audaghost, nel nord dell'impero del Ghana. Verso il 1056, quando Yahya morì in battaglia, il suo posto fu preso dal fratello Abu Bakr. Dopo aver consolidato il Sahara nordoccidentale, Abu Bakr guidò le sue truppe verso sud e attaccò i regni assoggettati al Ghana. Secondo alcuni resoconti storici successivi, nel 1076 saccheggiò la capitale del Ghana, Kumbi Saleh. Altri storici contestano la notizia, e non è chiaro se a indurre l'impero a convertirsi all'islam siano stati avvenimenti violenti di questo genere.

Il Ghana aveva già una significativa popolazione musulmana, e il re impiegava scribi e amministratori islamici. Molti mercanti, per favorire la fiducia negli affari con i mercanti musulmani, si erano convertiti all'islam. Quando gli Almoravidi assunsero il dominio sulle rotte commerciali sahariane, il Ghana adottò la fede islamica, volontariamente o sotto costrizione, un evento che il geografo musulmano del XII secolo Mohammed al-Zuhri colloca un po' più tardi, nel 1102-1103. Assillato dalla siccità e da conflitti locali che ostacolavano i commerci nella zona e fomentavano disordini, l'impero del Ghana perse costantemente potenza e prestigio. Alla metà del XIII secolo emerse l'impero del Mali, che ne prese il posto. ▪

Scultura in argilla (1250-1550 ca.) proveniente da Djenné, nel Mali; ritrae un serpente che si solleva contro un malato, forse riferito al mito di Bida.

La leggenda di Bida

La tradizione orale dell'Africa occidentale usa l'allegoria per narrare la storia dell'impero del Ghana (chiamato Wagadu) e la sua fine. L'impero, che nell'VIII secolo lo studioso persiano al-Fazari definì «la terra dell'oro», possedeva ricchezze enormi. Secondo la leggenda, un serpente nero di nome Bida donò all'impero l'oro, così come la pioggia per la fertilità della terra. In cambio richiese che il Ghana sacrificasse ogni anno una vergine. Durante il regno del settimo sovrano, la bellissima ragazza prescelta per il sacrificio era fidanzata, e il suo promesso sposo era deciso a salvarla. Così massacrò Bida che, con il suo ultimo respiro, maledisse l'impero causando siccità, carestie e miseria. Le terre di Wagadu, un tempo prospere e fertili, divennero desolate e inospitali, e le tribù indigene Soninke a poco a poco se ne andarono. Gli studi sul passato geologico della zona hanno confermato che la savana divenne sempre più arida, ciò che sicuramente contribuì al declino dell'impero.

CROCEVIA DELL'AFRICA, CULLA DELL'ISLAM

L'IMPERO KANEM (1085)

NEL CONTESTO

LUOGO
Ciad

PRIMA
IV secolo a.C. Il popolo So si insedia attorno al lago Ciad. La civiltà So raggiunge l'apice attorno al 700 d.C.

ca. 800 d.C. Mai Dugu fonda la dinastia Dugawa e diventa il primo re del Kanem, sulle rive orientali del lago Ciad.

DOPO
XIV secolo I Bulala invadono il Kanem, costringendo i Seifuwa a spostarsi nel Bornu. I So che vivono nella zona vengono assimilati.

1571 Idris Aluma diventa sovrano del Kanem-Bornu e durante il suo regno l'impero raggiunge l'apogeo.

XIX secolo L'impero Kanem-Bornu è in declino e crolla la dinastia Seifuwa, la più longeva dell'Africa.

1902 Il Bornu viene diviso fra Gran Bretagna, Francia e Germania.

Il dominio sulle rotte mercantili transahariane apporta **ricchezza e potenza**. L'impero Kanem si espande.

→ Dai territori conquistati si prelevano **schiavi**, che vengono **scambiati con beni di lusso** come stoffe, gioielli e cavalli.

↓ Lungo le rotte mercantili, oltre a persone e merci, viaggiano anche le idee, e **l'islam diventa la religione ufficiale dell'impero**.

← **Studiosi e mercanti** del Kanem **si spostano** in altre zone, **diffondendo l'islam**.

L'impero Kanem si estendeva fra Nigeria nordorientale, Camerun nordorientale, Niger orientale, Ciad occidentale e Libia meridionale. Nell'XI secolo, dopo aver adottato l'islam come religione ufficiale, l'impero giunse a dominare le rotte mercantili transahariane e fu importante per la diffusione dell'islam in Africa.

Per gran parte della sua storia predominarono due dinastie, i Dugawa e i Seifuwa. I primi salirono al potere attorno all'800. Il loro regno era modesto: la popolazione costruiva capanne con steli di frumento e conduceva un'esistenza nomade. Nel X secolo, però, il regno divenne più ricco e si formarono insediamenti stabili, fra cui le città di Manan e Tarazaki, dove gli edifici erano in argilla intonacata.

Diffusione dell'islam

Molti sovrani Dugawa erano "re divini" (*mai*) che seguivano una religione tradizionale africana. A metà dell'XI secolo, la situazione iniziò a mutare quando il *mai* Arku guidò conquiste nella regione del Sahara, impadronendosi di territori occupati da profughi arabi, in fuga dalle pressioni politiche in patria. La religione dei profughi, l'islam, ben presto influenzò la corte. La regina Hawwa,

Cfr. anche: L'impero del Ghana 52-57 ▪ La conquista musulmana dell'Egitto 58-59 ▪ La tratta degli schiavi transahariana 60-61 ▪ Gli esordi di Benin 82-83 ▪ L'impero del Mali 86-91 ▪ Gli europei arrivano in Africa 94-95

I Seifuwa riacquisirono il dominio sul Kanem nel XVI secolo, creando l'impero Kanem-Bornu. Qui è raffigurata la corte attorno al 1870.

Trasferimento nel Bornu

Nel XIV secolo la dinastia Seifuwa, indebolita da contrasti interni, entrò in conflitto con la popolazione Bulala, che occupava terre a est dell'impero Kanem, nell'attuale Ciad. Jil ibn Sikuma, re dei Bulala, costrinse i sovrani Seifuwa a trasferirsi a ovest nel Bornu, lasciando il Kanem in mano ai Bulala.
Anziché rischiare ulteriori sconfitte per mano dei Bulala, Ali ibn Dunama, sovrano Seifuwa di un'epoca successiva, consolidò il potere sul Bornu. Nel 1484 stabilì la nuova capitale a Ngazargamu, presso il fiume Yobe, che giunse ad avere 250.000 abitanti.
Alle esigenze religiose provvedevano quattro grandi moschee, ciascuna in grado di contenere 12.000 fedeli, e la città era protetta da un imponente bastione con cinque ingressi. L'impero continuava ad avvalersi delle carovane di mercanti, e la popolazione del Bornu scambiava pelletterie e ceramiche di propria produzione con profumi e merci di origine europea. Come il Kanem in precedenza, anche il Bornu fu un prospero centro di studi islamici.

che succedette ad Arku nel 1067, tra i sovrani del Kanem fu la prima di religione musulmana. Nel 1075, quando salì al potere la dinastia Seifuwa, anche i suoi sovrani seguirono l'islam, compiendo pellegrinaggi alla Mecca, e alcuni studiarono centinaia di libri di questa religione. Nel 1085 l'islam si stava ormai diffondendo rapidamente in tutto il Kanem, adottato sia dai ricchi, sia dai poveri.

A metà del XIII secolo il *mai* Dunama II presiedette a uno sviluppo del Kanem, che divenne una grande potenza della zona, con capitale Njimi. Alla guida di 30.000 guerrieri in groppa a cammelli e di un'enorme fanteria, condusse una campagna militare nel deserto che gli consentì di impadronirsi della regione del Fezzan, Libia meridionale, che comprendeva ambite oasi sahariane, e di ampliare i confini dell'impero verso est e verso nord. A capo delle aree conquistate furono insediati comandanti militari, e le popolazioni sconfitte furono costrette a versare ai sovrani dei tributi, di solito sotto forma di schiavi.

Scambio di merci e di idee

Il dominio sulle rotte mercantili transahariane e i bottini di guerra crearono notevoli introiti per l'impero. Dall'Egitto arrivavano cavalli, metalli lavorati e sale, dall'ovest proveniva avorio, dal sud merci di cotone. L'impero era inoltre fortemente coinvolto nella redditizia tratta degli schiavi. Lungo le rotte mercantili si diffondevano anche idee e si stabilivano contatti con il mondo esterno. Al Cairo, in Egitto, viaggiatori provenienti dal Kanem diedero vita a una scuola che era usata dai pellegrini durante il viaggio di andata e ritorno verso la Mecca. Il poeta Abu Ishaq Ibrahim al-Kanemi, originario del Kanem, fu attivo alla corte della Spagna moresca.

Malgrado i successi sul campo di battaglia e fuori, a causa di conflitti interni ed esterni i sovrani Seifuwa furono costretti ad abbandonare Njimi e a fondare il nuovo regno del Bornu, al margine occidentale del lago Ciad. Qui i Seifuwa mantennero il potere fino al XIX secolo, costituendo la dinastia più longeva del continente. ▪

Le carovane di cammelli trasportavano oro e noci di cola, ma anche schiavi, da e verso l'impero Kanem attraverso il Sahara. Molte di queste rotte commerciali sono tuttora in uso.

CITTÀ SANTA INCANTATA

GLI ESORDI DI BENIN (1180)

NEL CONTESTO

LUOGO
Regno di Benin, Nigeria

PRIMA
I millennio a.C. Gli antenati della popolazione Edo o Bini di Benin iniziano a migrare verso sud, dalla confluenza tra i fiumi Niger e Benue verso le foreste dell'attuale Nigeria meridionale, dove si mescolano alla popolazione indigena Efa.

ca. 500 a.C. Gli Yoruba fondano la città di Ife, che nel tardo I millennio d.C. dominerà la Nigeria sudoccidentale.

DOPO
1440 Sale al trono di Benin Oba Ewuare (il Grande), con il quale la città di Benin diventa la capitale fortificata di un impero in espansione.

1485 ca. A Benin giungono i primi mercanti portoghesi.

1897 Le truppe britanniche saccheggiano la città di Benin e colonizzano il territorio.

L'emergere del regno di Benin in posizione dominante in Africa occidentale è la storia di due dinastie, Ogiso e Oba, le quali nell'arco di tre secoli (all'incirca fra il 900 e il 1200) avviarono un percorso che condusse alla nascita di un particolare e potente impero, in grado, dalla fine del XV secolo, di stabilire legami commerciali con i Paesi colonizzatori europei, in particolare con il Portogallo.

Il regno di Benin ebbe inizio come gruppo di insediamenti prevalentemente agricoli a ovest del fiume Niger. Attorno al 900, per proteggersi reciprocamente contro le minacce esterne e favorire i rapporti commerciali, questi insediamenti strinsero un'alleanza; alcuni crescendo si fusero, andando a formare la città di Benin. A capo del regno vi era l'*ogiso*, che significa «re giunto dal cielo». Secondo la storia orale di Benin, il primo *ogiso* fu Igodo, che diede il nome al primo regno, Igodomigodo.

> Il regno di Owodo, ultimo degli Ogiso, fu una lunga sequenza di malgoverno, insuccessi e incertezza.
> **Jacob U. Egharevba**
> **Storico di Benin (1893-1981)**

Nuove dinastie

Sempre secondo la storia orale, la dinastia Ogiso si concluse al principio del XII secolo, quando Owodo, sovrano debole, fu deposto e cacciato. Il regno fu sostituito da una repubblica guidata da Evian, membro di alto rango del gruppo etnico Efa, il primo a insediarsi nel territorio di Benin. Gli Efa si erano incrociati con gli Edo, immigrati provenienti dalla confluenza tra i fiumi Niger e Benue, i quali erano giunti a dominare la zona.

All'epoca, il regno di Benin era governato da rappresentanti sia degli Efa che degli Edo. I primi amministravano le aree del regno in cui vivevano persone di discendenza Efa, i secondi, tramite l'*edionevbo* (consiglio di capitribù Edo), presiedevano al resto del territorio.

Approssimandosi alla fine del suo lungo regno, Evian cercò di fondare una propria dinastia nominando successore il figlio Ogiamien. La manovra incollerì l'*edionevbo*, che

Cfr. anche: Le città-stato degli Hausa 96-97 ▪ I grandi bronzi di Benin 100-101 ▪ Le donne guerriere del Dahomey 164-165 ▪ La guerra delle donne del 1929 252

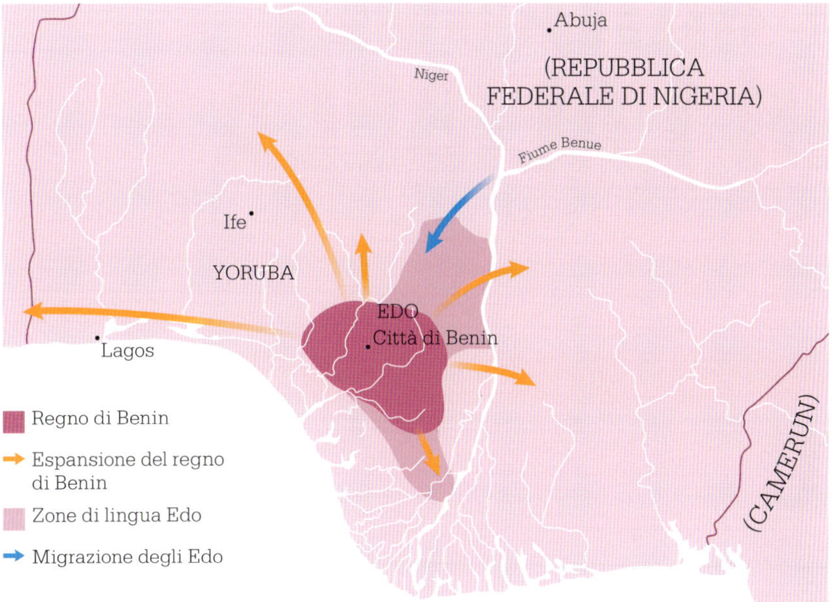

Alla fine del XII secolo attorno alla città di Benin, territorio della popolazione Edo, nacque il regno di Benin, che a partire dal XV secolo si espanse grazie ai commerci.

temeva di perdere la propria influenza. Cercando un sovrano neutrale e più facilmente influenzabile, gli Edo inviarono una delegazione al vicino regno di Ife per chiedere a re Oduduwa di mandare un proprio figlio a governarli. Oduduwa accettò, a condizione che si garantisse l'incolumità del figlio, e inviò nel regno di Benin il giovane principe Oranmiyan, accompagnato da un seguito.

Dopo avere sconfitto in battaglia Ogiamien e i suoi sostenitori, Oranmiyan sposò una donna Edo di nome Erinmwide con cui ebbe un figlio, Eweka. Attorno al 1200 Oranmiyan abdicò, frustrato per l'influenza dell'*edionevbo*. Ritenendo che solo un sovrano immerso fin dalla tenera età nella storia e nella cultura Edo potesse governare efficacemente gli Edo, lasciò il trono a Eweka affinché diventasse primo *oba*, ossia re, di una nuova dinastia.

Da regno a impero

I sovrani Oba consolidarono gradualmente il loro potere, ampliando le frontiere del regno e trasformando la città di Benin in una capitale imponente, con un palazzo reale e un intricato sistema di strade. Inoltre, sfruttarono la posizione del regno di Benin presso il fiume Niger, la costa e altri regni dell'Africa occidentale per creare rotte mercantili per la compravendita di prodotti quali avorio, pepe e pellami. Il dominio degli Oba sulla zona raggiunse l'apice fra il XV e il XVII secolo, quando l'impero si estendeva a ovest fino all'attuale Ghana e manteneva stretti legami commerciali con le potenze marittime europee. ▪

Influsso di Ife su Benin

La storia del regno di Benin e della popolazione Edo è inestricabilmente legata ai vicini Yoruba e alla loro capitale Ife, attorno alla quale dal 700 si sviluppò un regno ricco e predominante nella zona, che raggiunse l'apogeo fra il 900 e il 1200. Al pari della città di Benin, Ife si arricchì grazie ai commerci con altri territori africani e divenne un centro di produzione artigianale di stoffe, legno e metalli, noto in particolare per le sculture di "bronzo" (in realtà di ottone). Nel XII secolo, quando la classe dirigente di Benin dovette affrontare una crisi dinastica, chiese aiuto alla potenza consolidata di Ife e al suo sovrano (*uni*). Il dono di Ife fu un nuovo monarca, l'*oba*, che al pari dell'*uni* era una guida spirituale oltre che politica, in contatto diretto con gli dèi. La predilezione degli *uni* di Ife per le elaborate sculture di metallo entrò a far parte anche della cultura di Benin.

Testa in ottone risalente al XIV secolo, potrebbe raffigurare un *uni* di Ife. Le tecniche di Ife per la fusione dei metalli, specialmente ottone, furono copiate dagli artisti di Benin.

I MIRACOLI DI LALIBELA

LE CHIESE RUPESTRI DELL'ETIOPIA (1187 ca.)

NEL CONTESTO

LUOGO
Etiopia

PRIMA
330 Quando un missionario cristiano converte il re Ezanà, il cristianesimo diventa la religione del regno di Axum (attuale Etiopia).

VIII secolo Gli arabi musulmani conquistano il dominio sulle rotte mercantili del mar Rosso, e il potere di Axum entra in declino.

DOPO
1270 La dinastia Zagué viene rovesciata da Yekuno Amlé, principe degli Amhara, che istituisce la dinastia dei Salomonidi, ritenendosi discendente di re Salomone e della regina di Saba.

1529-1543 Chiese, monasteri e biblioteche dell'Etiopia vengono distrutti durante la guerra fra l'impero etiopico e il sultanato musulmano somalo di Adal.

La città di Lalibela, nel nord dell'acrocoro etiopico, possiede chiese che sono fra le più spettacolari del mondo. Mentre le cattedrali gotiche dell'Europa medievale si protendevano verso il cielo, le chiese monolitiche di Lalibela furono scavate in profondità nella terra.

Biete Ghiorgis (chiesa di San Giorgio) è l'ultima a essere stata costruita. Con pianta a croce, è separata dalle altre, ma vi è collegata da sentieri scavati nella roccia.

Le 11 chiese occupano un'area di 25 ettari. Secondo la leggenda, furono costruite con l'aiuto degli angeli nel corso di un'unica notte durante il regno del re Lalibela (1185-1225 ca.) della dinastia Zagué. Secondo alcuni resoconti, il re si era recato in Terrasanta poco prima della riconquista musulmana di Gerusalemme nel 1187, e ne aveva tratto ispirazione per fondare in Etiopia una nuova Gerusalemme che diventasse meta di pellegrinaggi. La Terrasanta viene ricordata nei nomi di alcune chiese,

Cfr. anche: Il cristianesimo raggiunge l'Africa 48-51 ▪ Gli ebrei etiopici 74 ▪ La città di Grande Zimbabwe 76-77 ▪ Fondazione della Grande Moschea di Djenné 92 ▪ L'Etiopia sfida il colonialismo 226-227

Chiese nelle grotte

Oltre a quelle rupestri, l'Etiopia possiede centinaia di chiese costruite nelle grotte. Secondo le stime degli archeologi, potrebbe avere ben 3.000 chiese scavate nella roccia o nelle grotte, scolpite fra il VI e il XVI secolo. Pareti e soffitti di alcune delle chiese nelle grotte sono riccamente decorati con dipinti raffiguranti apostoli, santi, angeli e personaggi biblici. Alcune contengono croci, salteri e manoscritti decorati. Fra i più noti edifici nelle grotte vi sono la chiesa di Yemrehana Krestos e i monasteri di Ashetan Maryam e Na'akuto La'ab, tutti costruiti in caverne sui monti attorno a Lalibela, e Abuna Yemata Guh, scavata in un'imponente guglia di arenaria sui monti di Gheralta, nella regione del Tigrè a nord. Costruita forse nel VI secolo e contenente pitture murali del XV-XVI secolo, Abuna Yemata Guh può essere raggiunta solo con un'arrampicata di 300 m sulla roccia scoscesa e con una pericolosa camminata lungo una stretta cengia.

Un sacerdote ortodosso etiopico nella chiesa di Abuna Yemata Guh regge un *mäsqäl*, una croce portatile usata per guarigione, benedizione e protezione.

fra cui Biete Golgotha Mikael (chiesa del Golgota e di San Michele) e Biete Lehem (chiesa di Betlemme), e in caratteristiche naturali, come il fiume Yordana (Giordano) che scorre nella zona.

Monumenti grandiosi

Molti storici concordano sul fatto che le chiese siano state costruite nel corso della dinastia Zagué, ma non da un unico re. Gli Zagué salirono al potere nel 1137 nella parte centrosettentrionale dell'acrocoro etiopico, istituendo la capitale a Roha, poi chiamata Lalibela alla morte del re omonimo. Secondo gli storici, le prime chiese della città erano forse palazzi o fortificazioni, poi trasformati in luoghi di culto.

Sette chiese sono nascoste sottoterra, con appena uno stretto varco fra le pareti e la roccia circostante. Le altre quattro, fra cui Biete Medhani Alem (chiesa del Salvatore del mondo), la più grande con 11,5 m di altezza e 33,7 m di lunghezza, e Biete Ghiorgis (chiesa di San Giorgio), danno l'illusione di essere separate dalla roccia, collegate alla terra solo con la base. In realtà sono state ricavate da un unico blocco di pietra (monolito), con il tetto a livello del suolo. Nel deciderne l'ubicazione, gli scalpellini dovevano valutare non solo la posizione delle pareti esterne, ma anche la collocazione di finestre, colonne, grondaie del tetto e doccioni. Si ritiene che gli operai scavassero profonde trincee attorno a grandi blocchi di pietra, e che poi gli scalpellini dessero la forma alla chiesa svuotandone l'interno con martelli e picconi. Furono poi aggiunti canali di scolo per evitare allagamenti, nonché magazzini, catacombe e cunicoli verso altre chiese.

Varie porte e finestre presentano forme e ornamenti nello stile usato ad Axum. Biete Medhani Alem, per esempio, è circondata da un colonnato scolpito che ricorda le stele di Axum.

> È stata scavata nella montagna. Anche le colonne sono state intagliate nella montagna.
>
> **Shihab al-Din**
> **Scrittore arabo del XVI secolo**

Meta di pellegrinaggi

Per la Chiesa ortodossa etiopica, che fa parte delle Chiese cristiane orientali e che fino al 1959 faceva capo alla Chiesa copta d'Egitto (ma da quell'anno è un patriarcato a sé stante), Lalibela rimane un'importante meta di pellegrinaggi. Nella liturgia continua a usare il ge'ez, antica lingua etiopica. È sede di una vasta comunità di sacerdoti e suore. Dal 1978, quando sono state dichiarate dall'Unesco patrimonio dell'umanità, e grazie anche al miglioramento dei trasporti verso questa località, le chiese rupestri sono divenute un'enorme attrazione per il turismo internazionale, ciò che ha assegnato un'altissima priorità alla loro preservazione. ■

IL MALI NON SARÀ MAI SCHIAVO

L'IMPERO DEL MALI (1235-XV SECOLO)

NEL CONTESTO

LUOGO
Africa occidentale

PRIMA
642 Le truppe arabe musulmane si impadroniscono dell'Egitto; 5 anni dopo inizia la conquista del Maghreb (Africa nordoccidentale).

VIII-IX secolo In Nordafrica giungono mercanti e viaggiatori musulmani, seguiti da religiosi che convertono gli africani all'islam.

metà XI secolo L'impero del Ghana in Africa occidentale è invaso dagli Almoravidi, alleanza di tribù berbere musulmane, e va in declino.

DOPO
1590-1600 Dopo una significativa sconfitta a opera delle truppe marocchine, l'impero Songhai si sfalda.

1712 L'impero dei Bambara, con capitale Ségou nell'attuale Mali, si espande inglobando Timbuctù e Djenné.

1818 L'impero dei Bambara entra in declino dopo una sconfitta decisiva contro le truppe musulmane dei Fula.

1861 Omar Saidou Tall fonda nel Mali l'impero Tukulor, che sopravvive solo 3 decenni.

1893 Le truppe francesi conquistano Ségou e un anno dopo Timbuctù. Colonia della Francia dal 1899, fino al 1959 il Mali è chiamato Sudan francese.

1960 Il territorio del Sudan francese diventa la repubblica indipendente del Mali.

Fra l'VIII e il XIX secolo, l'Africa occidentale ebbe tre grandi imperi. Quello del Mali, che nel XIII secolo sostituì l'impero del Ghana, al suo apogeo fu il più grande dei tre e rappresentò un centro fiorente sia per i commerci, sia per la cultura islamica. Al suo declino nel XV secolo, acquisì preminenza l'impero Songhai.

Radici nei Malinke

Nel X secolo erano ormai emersi vari potentati, ognuno retto da un clan nobile dei Malinke. Uno di questi era il regno di Kangabe, presso l'attuale confine tra Guinea e Mali, che all'inizio del XII secolo era governato dal clan Keita e si incentrava sulla città di Niani, sull'alto corso del fiume Niger. Assillato da guerra civile, siccità e difficoltà economiche, nel 1203 l'impero del Ghana infine crollò, quando il regno dei Susu, suo ex vassallo, conquistò la capitale Kumbi Saleh. Il sovrano dei Susu, Sumanguru, ben presto annesse ciò che rimaneva

Questo guerriero di terracotta del XIII-XV secolo è stato rinvenuto presso Djenné. Al suo apogeo, l'impero del Mali aveva un esercito di 100.000 soldati con 10.000 cavalieri.

> Sundiata, ti rendo omaggio;
> re del Mali, il trono dei tuoi
> padri ti attende.
> ***Epica di Sundiata***
> **Poema del popolo Malinke, XIII secolo**

dell'impero e verso il 1230 estese il proprio dominio tirannico sui potentati Malinke, compreso il regno di Kangabe. I Malinke si ribellarono, ma furono rapidamente schiacciati dall'esercito dei Susu.

Secondo la tradizione orale, Sundiata Keita, monarca il cui nome significa "principe leone", radunò un esercito costituito da fanteria e cavalleria e registrò una serie di vittorie contro le truppe di Sumanguru, sbaragliando infine il tiranno Susu nel 1235 nella battaglia di Kirina.

Edificazione dell'impero

Dopo la vittoria di Sundiata, i capitribù Malinke si riunirono a Kangaba per giurargli fedeltà quale loro sovrano e lo denominarono Mari-Djata, "signore leone". Con l'espansione del Mali, Sundiata ricevette anche il titolo di *mansa* (sultano o imperatore), assunto poi anche dai suoi successori.

Sundiata istituì la capitale del Mali a Niani, che mantenne questo ruolo fino al XVI secolo. Dai resoconti degli storici arabi al-Omari e Ibn Khaldun, sembra che questa città molto vasta fosse costituita da case coniche d'argilla con tetti di legno e canne. Situata su importanti rotte mercantili verso l'Egitto e il Maghreb, aveva mercati molto frequentati, con pro-

Cfr. anche: L'impero del Ghana 52-57 ▪ La conquista musulmana dell'Egitto 58-59 ▪ Origine dell'impero Songhai 75 ▪ Il Ghana si converte all'islam 78-79 ▪ Fondazione della Grande Moschea di Djenné 92 ▪ L'anno dell'Africa 274-275

Il personaggio di Simba del musical *Il re leone* è stato messo in relazione con Sundiata, fondatore del Mali, poiché Simba fugge dopo l'assassinio di suo padre ma poi, come Sundiata, ritorna.

dotti provenienti da numerosi Paesi. Ben presto Sundiata ampliò il proprio impero fino a dominare altre importanti rotte commerciali. Conquistò e rase al suolo Kumbi Saleh, ex capitale dell'impero del Ghana. Allargando le frontiere del Mali verso ovest fino al fiume Senegal e verso nord nel Gambia, incorporò fondamentali crocevia mercantili lungo le rotte transahariane, come il principale punto d'arrivo meridionale, la città-oasi di Walata, dove vivevano 2.500 persone. Inoltre, l'impero dominava le vie di comunicazione fra l'entroterra e la costa atlantica, imponendo dazi sul traffico di oro, sale, rame, avorio e schiavi e acquistando merci da rivendere con un significativo profitto. Le terre conquistate erano ricche di risorse naturali e consentirono all'impero di sviluppare un'economia fiorente e diversificata. Si estraevano grandi quantità d'oro dalle miniere meridionali di Bambuk e Bure, che in precedenza avevano arricchito il Ghana, mentre le terre fertili della pianura alluvionale del Niger e della valle del Gambia producevano cereali, tra cui sorgo, miglio e riso. Dai fiumi Sankarani e Niger arrivava il pesce, mentre i pastori delle praterie aride del Sahel fornivano bestiame, carne e pellami.

Alla sua morte nel 1255, Sundiata aveva ormai avviato il Mali sulla strada della grandezza. Il sovrano era rimasto sul trono per 25 anni ed era stato immortalato quale fondatore del Paese nell'*Epica di Sundiata*, poema

Sundiata Keita

Nato attorno al 1210, Sundiata è figlio di Nare Maghan, capotribù dei Keita e sovrano di Kangabe. La leggendaria *Epica di Sundiata*, trasmessa oralmente, racconta che Sundiata nasce disabile, ma grazie alla propria determinazione riacquista l'uso delle gambe. Poiché non vi è un testo definitivo dell'*Epica*, i resoconti sulla giovinezza di Sundiata sono variabili. In quanto bambino malaticcio, forse viene risparmiato e fugge quando Sumanguru, sovrano del regno dei Susu, travolge Kangabe e uccide altri membri della famiglia Keita. Secondo la leggenda, quando Sundiata nella battaglia di Kirina infine sconfigge Sumanguru, questo avviene perché la magia di Sundiata è più potente. Sundiata si rivela un forte condottiero militare e un sovrano saggio e insedia generali a lui fedeli a capo dei 12 regni in cui è suddiviso l'impero del Mali. Stando all'*Epica*, avvera le profezie degli indovini secondo cui avrebbe creato uno degli imperi più potenti mai visti. Muore nel 1255.

Dopo il crollo dell'impero del Ghana, **Sundiata**, principe del regno di Kangabe, conquista i Paesi vicini e **fonda l'impero del Mali**.

L'impero diventa **ricchissimo** grazie alle **risorse naturali** e al dominio sulle **rotte mercantili** transahariane.

Il suo nono sovrano, **Mansa Musa**, fa sfoggio di ricchezza e di devozione musulmana con uno sfarzoso **pellegrinaggio alla Mecca**.

Ritornato con **studiosi islamici**, **architetti** e migliaia di libri, l'imperatore costruisce **moschee**, **biblioteche e università**.

Il Mali diventa noto per la **ricchezza e la cultura** e attira studiosi da tutto il **mondo islamico**.

del popolo Malinke narrato di frequente da generazioni di *griot* (tradizionali cantastorie dell'Africa occidentale).

Decenni irregolari

A Sundiata succedettero tre suoi figli. L'ultimo era Khalifa, definito pazzo da Ibn Khaldun per la sua abitudine di usare i sudditi come bersagli per il tiro con l'arco; ben presto fu deposto e ucciso. Il sovrano successivo fu Abu Bakr, nipote di Sundiata, ma il potere del re vacillava. Attorno al 1285 del trono si impadronì Sakura, funzionario di corte ed ex schiavo.

Sakura, musulmano come i *mansa* prima di lui, si rivelò un sovrano forte e ampliò ulteriormente i confini dell'impero, riaffermandone la posizione di potenza politica dominante della zona. Fu ucciso nel 1308 nel Corno d'Africa durante il rientro dal pellegrinaggio alla Mecca. Tornò al potere la stirpe dinastica Keita e nel 1312, quando salì al trono il nono sovrano del Mali, Mansa Musa, l'impero raggiunse la sua epoca aurea.

Sfarzoso pellegrinaggio

Nel 1324 Mansa Musa, devoto musulmano, partì per il pellegrinaggio alla Mecca con migliaia di assistenti e 100 cammelli carichi d'oro; durante il viaggio distribuì elemosine con munificenza. Lo accompagnava la moglie più anziana, Inari Kanuté, con centinaia di persone del suo seguito. La prima tappa fu il Cairo, dove Mansa Musa trascorse quasi tre mesi e, a quanto si narra, donò al sovrano egiziano al-Malik al-Nasir 50.000 *dinar* d'oro. Storici arabi successivi riferiscono che la devozione e la generosità di Mansa Musa suscitarono negli egiziani una forte impressione.

Lo sfarzoso viaggio dell'imperatore ne incrementò la fama ben oltre le coste dell'Africa e fece conoscere il Mali anche geograficamente, poiché i cartografi europei cominciarono a indicare sulle mappe l'ubicazione del fiorentissimo impero dell'Africa occidentale. La prodigalità delle spese, tuttavia, inondò il mercato del Cairo con tanto oro che in Egitto il prezzo del metallo prezioso si ridusse del 20%, e per un decennio non risalì al livello precedente.

Durante l'assenza di Mansa Musa le sue truppe continuarono ad ampliare l'impero incorporando il grande regno Songhai, che si estendeva per centinaia di chilometri a est del Mali. Durante il viaggio di ritorno dalla Mecca, l'imperatore ne visitò la capitale Gao e ordinò che venisse costruita una moschea. L'altra grande città dei Songhai, Timbuctù, al margine meridionale del Sahara, un'importante stazione commerciale lungo la rotta carovaniera transahariana, in seguito divenne un centro di cultura islamica. Queste acquisizioni incrementarono notevolmente la ricchezza e l'influenza dell'impero del Mali.

Islam e cultura

Alla Mecca, Mansa Musa aveva persuaso il grande sceriffo (*sharif*, "nobile", tradizionale responsabile dei luoghi santi di Mecca e Medina) a consentire che diversi *shurafa'* (plurale di *sharif*, discendenti del profeta Maometto) lo accompagnassero con le loro famiglie nel viaggio di ritorno verso il Mali. Inoltre, il sovrano portò con sé studiosi musulmani, architetti e migliaia di libri. Fra gli esperti da lui reclutati vi era il poeta e giurista andaluso Abu Ishaq al-Sahili, che si dedicò all'architettura e progettò la Djinguereber (grande moschea) e il Madugu, palazzo reale, entrambi

> “Quest'uomo [Mansa Musa] inondò il Cairo con la sua beneficenza. Non lasciò alcun emiro di corte né alcun funzionario pubblico senza il dono di un carico d'oro.”
>
> **Shihab al-Din al-Omari**
> **Studioso siriano, 1327 ca.**

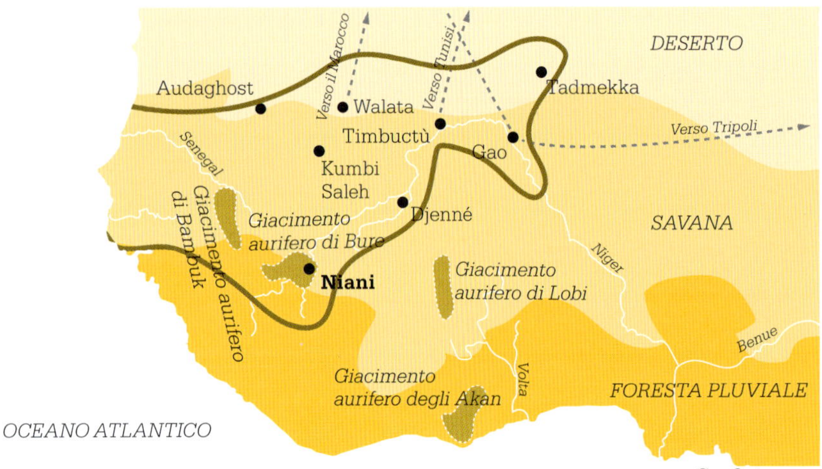

L'impero del Mali al suo apogeo negli anni 1330-1340 era costituito da 12 province sede di guarnigioni militari, con 400 città e villaggi per un totale di circa 20 milioni di abitanti.

Confini del Mali
Vie commerciali

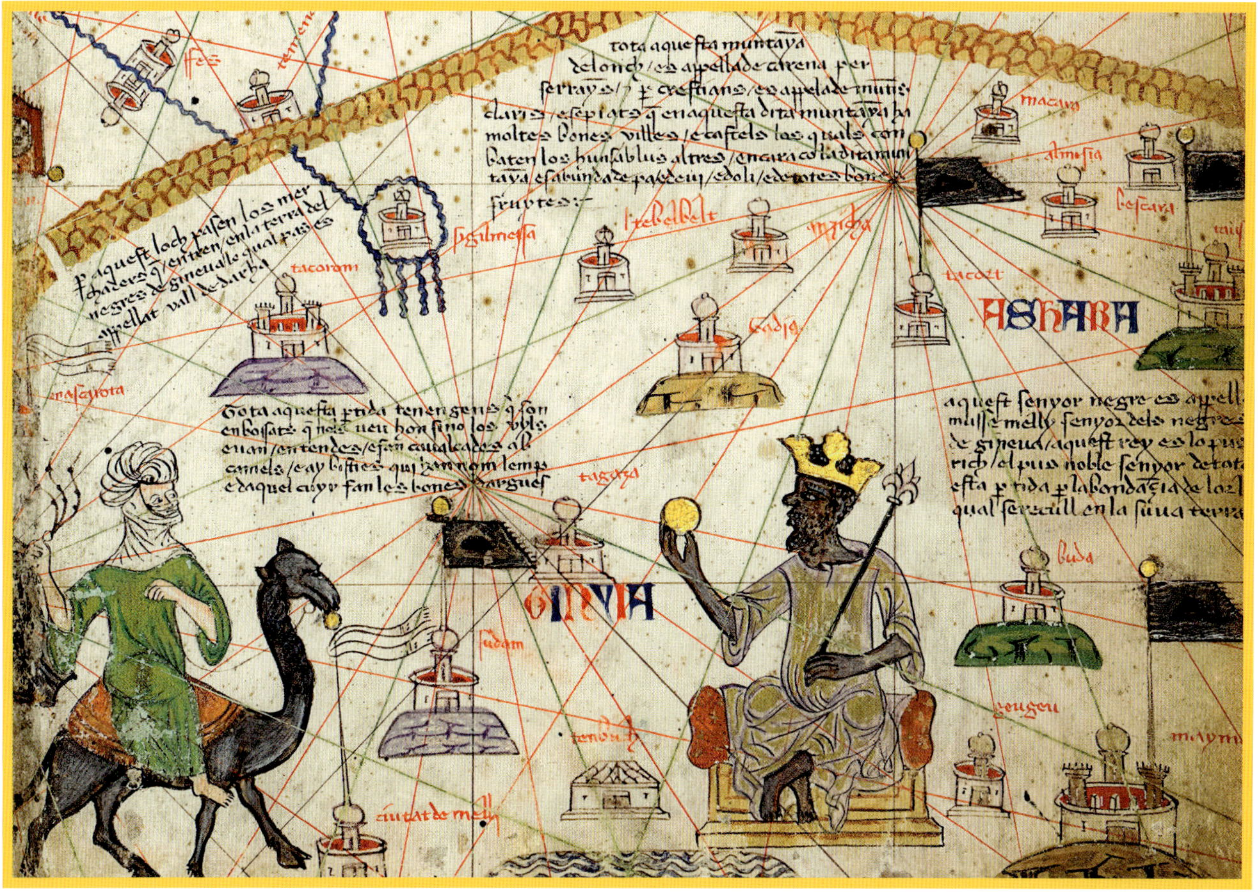

a Timbuctù. Ora dotate delle moschee volute da Mansa Musa, Gao e Timbuctù divennero prosperi centri di studi coranici. La *madrasa* (scuola coranica) di Sankara a Timbuctù aveva la migliore biblioteca dell'Africa e acquisì una reputazione internazionale. Fra le migliaia di libri e manoscritti ospitati da questi centri, molti si sono conservati fino a oggi. Studiosi di tutto il mondo islamico si recavano nel Mali per studiare storia, geografia, medicina e astronomia, mentre i musulmani locali andavano a studiare in altre città, come Fez in Marocco, dedicandosi poi alla cultura e alla religione.

Con Mansa Musa, l'islam cominciò a perdere l'immagine di religione straniera e giunse a essere considerata una fede appartenente anche all'Africa nera. Il pregio dell'imperatore fu quello di rispettare le credenze tradizionali africane e di evitare i conflitti tra i due sistemi di credenze, facendo sì che tutte le ricche tradizioni culturali e religiose del Mali potessero contemporaneamente prosperare.

Declino dell'impero

Mansa Musa morì nel 1337 e gli succedettero vari sovrani di minor valore. Quando i regni vassalli si ribellarono, la potenza economica del Paese cominciò a declinare. I problemi interni erano aggravati dall'arrivo, sulla costa atlantica, di navi mercantili portoghesi, che mettevano in discussione il monopolio del Mali sulle rotte commerciali verso il Mediterraneo. L'impero fu inoltre razziato ripetutamente dai berberi Tuareg nel nord e dal regno di Mossi nel sud.

Con un globo d'oro in mano, Mansa Musa è ritratto al centro delle rotte mercantili africane. Particolare dell'*Atlante catalano*, disegnato nel 1375 da Abraham Cresques di Maiorca.

Il Songhai, uno dei regni ribelli, sfruttò la propria significativa potenza navale lungo i corsi d'acqua del bacino del Niger per conquistare altri territori staccatisi dal Mali; fra XV e XVI secolo si espanse rapidamente, diventando un impero mercantile. Attorno al 1545 l'esercito Songhai occupò Niani, capitale del Mali. Diversamente dal Ghana, il Mali non scomparve, ma perse le province non appartenenti ai Malinke e si ridusse, ritornando ai suoi territori d'origine. ■

CHI PREGA QUI BENEDIRÀ IL TUO NOME

FONDAZIONE DELLA GRANDE MOSCHEA DI DJENNÉ (XIII SECOLO)

NEL CONTESTO

LUOGO
Mali

PRIMA
639-642 Il generale arabo Amr ibn al-As conquista l'Egitto, e l'islam si diffonde nell'Africa nordoccidentale.

850 ca. Djenné diventa un importante centro urbano del Ghana medievale.

XI secolo ca. Viene fondata Timbuctù; legata a Djenné, diventa un centro di cultura e un crocevia commerciale.

DOPO
1327 Viene costruita la Djinguereber, la grande moschea di Timbuctù.

1591 Il crollo dell'impero Songhai causa il declino delle città del deserto in Africa occidentale, compresa Djenné.

1836-1838 Seku Amadu, sovrano dei Massina, che nel 1818 ha conquistato Djenné, costruisce una nuova moschea a est del sito originario.

Djenné, la più antica città dell'Africa subsahariana che si conosca, fu popolata forse già nel III secolo a.C. A partire dal XIII secolo, con la costruzione della Grande Moschea, divenne un importante centro dell'islam, luogo di cultura e di commerci, fondamentale per la diffusione di questa religione nell'Africa occidentale. A testimonianza del suo ruolo culturale vi sono circa 5.000 manoscritti e alcuni potrebbero risalire al XII secolo, su argomenti che vanno dalla storia alla geografia, dall'astronomia alla medicina e alla magia.

La moschea fu fondata da Koi Konboro, 26° sovrano di Djenné, convertitosi all'islam. Secondo la leggenda, un saggio gli suggerì di costruire una moschea per compiacere Dio, e così, con un pubblico atto di devozione, il sovrano trasformò il proprio palazzo in un luogo di culto.

Questo magnifico edificio di mattoni crudi, con una serie di travi di legno inserite nelle pareti, è il più bell'esempio di architettura sudanese-saheliana. Nel XIX secolo la struttura originaria era ormai in rovina, e nel 1907 fu ricostruita dalla corporazione edilizia di Djenné. La moschea rimane tuttora un'icona della coesione comunitaria. Poiché è costruita con il fango, a ogni stagione delle piogge subisce danni, e necessita di continui lavori di riparazione. Nella festività annuale di *Crépissage* (intonacatura), migliaia di giovani uomini si arrampicano sulle pareti, usando le travi di legno come impalcatura, per rivestirle con nuova argilla. Annunciato da canti e danze per tutta la notte precedente, il lavoro ha inizio di primo mattino e viene portato a termine nel giro di poche ore. ■

La Grande Moschea di Djenné, restaurata ogni anno, può essere definita un monumento vivente. Patrimonio dell'umanità per l'Unesco, compare su banconote e francobolli del Mali.

Cfr. anche: L'impero del Ghana 52-57 ▪ La città di Grande Zimbabwe 76-77 ▪ Il Ghana si converte all'islam 78-79 ▪ L'impero del Mali 86-91

MISSIONE PER DIFFONDERE LA LUCE DELL'ISLAM

IL SULTANATO DI IFAT (1285-1415)

NEL CONTESTO

LUOGO
Etiopia

PRIMA
615 Nel regno di Axum (attuale Etiopia) arrivano i primi musulmani, fuggiti dalla persecuzione alla Mecca.

1270 La dinastia dei Salomonidi, i cui re rivendicano una discendenza diretta da re Salomone e dalla regina di Saba, fonda il regno di Abissinia.

1277 Ali ibn Wali Asma attacca lo Scioa, dando inizio a 8 anni di conflitto con la dinastia dei Makhzumidi.

DOPO
1328 Ifat viene conquistato dal re abissino Amda Seyon e diventa un regno tributario.

1991 Si intensifica la guerra civile somala e vengono distrutte molte parti delle infrastrutture storiche di Zeila.

Nei primi secoli dell'islam, la fede si diffuse attraverso immigrati e mercanti al di là del mar Rosso fino alla costa orientale africana e al Corno d'Africa, dove nel Medioevo detennero il potere vari regni musulmani. Uno dei più vasti fu il sultanato di Ifat, che prosperò in alcune parti di quelli che oggi sono Etiopia, Gibuti e Somalia.

Fondamentale per il predominio di Ifat era la sua posizione costiera, incentrata sulla città portuale di Zeila, a cui facevano capo importanti rotte mercantili. Il dominio di Ifat su questi commerci arricchì i suoi sovrani, consentendo loro di ampliare i propri possedimenti.

Regno unificato

In precedenza Ifat era il regno più orientale del sultanato dello Scioa, governato dalla dinastia dei Makhzumidi. Nel 1285 il sultano di Ifat, Ali ibn Wali Asma, depose i Makhzumidi e si impadronì dei loro regni. Quindi soggiogò le regioni del vicino Afar e il regno nomade di Adal, unificando vari territori musulmani in un potente sultanato.

La geografia conferiva a Ifat non solo un vantaggio strategico, ma anche il beneficio di terre fertili sull'altopiano costiero. Tuttavia, i rapporti con il regno cristiano di Abissinia alla frontiera nell'entroterra non erano facili e, nel giro di qualche decennio dalla fondazione, Ifat venne occupato.

Per quasi un secolo resistette agli invasori, ma nel 1415, con la rivolta finale, il sultano Sa'd al-Din venne ucciso a Zeila. Yeshaq I, imperatore d'Abissinia, distrusse il regno e ne annesse i territori. ■

> Questi regni, che appartenevano a sette re, sono deboli e poveri [...] l'autorità di ognuno di essi è isolata.
>
> **Ibn Fadlallah al-Omari**
> **Storico arabo (1301-1349)**

Cfr. anche: L'impero mercantile di Axum 44-47 ▪ La conquista musulmana dell'Egitto 58-59 ▪ Il Ghana si converte all'islam 78-79 ▪ L'Etiopia sfida il colonialismo 226-227

TUTTI GLI UCCELLI VOLANO SULL'ALBERO CARICO DI FRUTTI

GLI EUROPEI ARRIVANO IN AFRICA (1364)

NEL CONTESTO

LUOGO
Africa subsahariana

PRIMA
711 I Mori danno inizio alla conquista dell'Iberia, creando un legame tra Europa e Africa.

1312 Il mercante genovese Lanzarotto Malocello crea un insediamento sull'isola oggi chiamata Lanzarote.

DOPO
1510-1866 Circa 12,5 milioni di africani sono imbarcati su navi europee e americane dirette nel Nuovo Mondo.

1550 I viaggi in Africa del berbero spagnolo Leone Africano inducono gli europei a ridisegnarne le carte geografiche.

1796 Mungo Park cerca di tracciare il corso del fiume Niger per conto dell'Associazione africana britannica.

1884-1900 Con la spartizione dell'Africa le potenze europee ne colonizzano il 90%.

L'arrivo di marinai sulla costa occidentale africana nel XV secolo, e forse già nel XIV, viene normalmente considerato un incontro storico tra africani ed europei, i quali però si erano già incontrati molto tempo prima in condizioni relativamente paritarie. Fin dall'epoca dell'antico Egitto, tre millenni prima, nel mondo mediterraneo vi era una presenza africana. Dopo la conquista di Cartagine nel 146 a.C., le produttive colonie romane in Africa settentrionale furono definite il granaio di Roma. Nell'VIII secolo, l'invasione dell'Iberia da parte dei Mori portò popolazioni nordafricane nell'Europa medievale. Nel XII e nel XIII secolo, i crociati europei riferirono notizie di cristiani africani in Etiopia, e nel XIV secolo si recarono in Europa delegazioni diplomatiche etiopiche.

Carta della costa ovest dell'Africa dall'Atlante Vallard (1547 ca.) vista dall'Europa, con Gibilterra in basso e la fortezza portoghese di São Jorge da Mina in alto a sinistra.

Cfr. anche: I Romani e l'Africa 38-39 ▪ Il cristianesimo raggiunge l'Africa 48-51 ▪ I Mori in al-Andalus 64-67 ▪ L'impero del Mali 86-91 ▪ La tratta degli schiavi transatlantica 116-121 ▪ La spartizione dell'Africa 222-223

Nel 1364 **due navi provenienti da Dieppe, in Normandia**, si avventurano lungo la costa dell'Africa fino a Capo Verde e oltre.

→

Commerciano con le comunità locali, scambiando ninnoli francesi con avorio, ambra, pellami e pepe.

↓

Nel 1383 **i marinai francesi commerciano con la Costa d'Oro** e costruiscono un avamposto in un luogo che chiamano La Mine (miniera).

←

Nel 1666 Villaut de Bellefond **narra questa storia** in base a documenti dell'archivio navale di Dieppe, che però nel 1694 **vengono distrutti** in un incendio.

Nel Medioevo, le reti commerciali locali e internazionali dell'Africa subsahariana si estendevano dalla costa occidentale fino a quella mediterranea, e dalle città-stato della costa orientale verso l'oceano Indiano. Tuttavia, gli europei avevano una conoscenza minima dei vasti imperi africani, e per gli eventuali commerci fra le due aree facevano affidamento su intermediari musulmani. A partire dal X secolo, i mercanti che percorrevano l'entroterra dell'Africa tracciarono rudimentali carte geografiche. Nel XIII secolo, a quanto pare i veneziani raggiunsero Tunisi, e forse degli europei penetrarono a sud del Sahara.

In cerca d'oro

Lo studioso ed esploratore berbero marocchino Ibn Battuta forse stimolò l'interesse per le potenziali ricchezze africane con i suoi *Viaggi in Asia e in Africa* (1353), in cui descrisse la ricchezza accumulata con i commerci dell'oro e del sale di Mansa Musa, re del Mali. Alcuni mercanti normanni di Dieppe forse raggiunsero la costa della Guinea già nel 1364, ma gli unici viaggi per mare verso l'Africa occidentale documentati sono le spedizioni portoghesi del XV secolo, patrocinate dal principe Enrico il Navigatore. La loro missione era trovare rotte marittime verso l'India, acquistare oro e controbattere il dominio musulmano sull'Africa. Le leggere imbarcazioni portoghesi (caravelle) raggiunsero la regione del Senegal nel 1444 e continuarono a compiere viaggi mercantili lungo la costa, prendendo contatto con africani delle aree occidentali, centroccidentali e meridionali del continente.

Nei primi incontri le comunità si rivelarono ospitali ma, con preveggenza, diffidenti verso le intenzioni degli europei. La prima spedizione di ritorno in Portogallo nel 1444 portò polvere d'oro e africani prigionieri. Nel 1471, quando i marinai raggiunsero la costa dell'attuale Ghana, il commercio di oro con la popolazione Akan prosperò al punto che i portoghesi denominarono Mina (miniera) quella che successivamente fu chiamata Costa d'Oro. Nel giro di qualche decennio i portoghesi costruirono una serie di forti e istituirono un monopolio del commercio con l'Africa occidentale, che si protrasse per tutto il XVI secolo. Nel 1498, quando Vasco da Gama doppiò il Capo di Buona Speranza, i portoghesi cercarono di monopolizzare il commercio di oro anche sulla costa orientale, con limitato successo.

Traffico di persone

Nel 1598, quando gli olandesi istituirono le loro prime stazioni commerciali in Africa occidentale, il principale obiettivo europeo era il traffico di schiavi dall'Africa. Prima del 1630, sulle isole di Madeira e Capo Verde e su quelle del golfo di Guinea erano già stati trasportati oltre 100.000 africani, e circa 400.000 verso il continente americano.

Fra il 1652 e il 1713, sulla costa occidentale dell'Africa si combatté una guerra tra Francia, Gran Bretagna e Paesi Bassi per l'istituzione di colonie e stazioni commerciali per la tratta degli schiavi. L'arrivo degli europei in Africa aveva creato collegamenti attraverso l'Atlantico, unendo Africa, Europa e America, ma al prezzo catastrofico di negare all'Africa un percorso di sviluppo indipendente. ■

Statue fra le rovine di un forte portoghese del 1588 in una delle prime colonie a Cacheu, Guinea-Bissau, che fra XVII e XVIII secolo fu una stazione commerciale per la tratta degli schiavi.

GLI UOMINI BLU DEL SAHEL

LE CITTÀ-STATO DEGLI HAUSA (1463)

NEL CONTESTO

LUOGO
Nigeria

PRIMA
V-VII secolo Nel Sahel si sviluppano i primi regni Hausa, tra cui Dala, in seguito Kano.

IX secolo Il geografo musulmano Ahmad al-Yaqubi menziona gli Hausa e la loro ubicazione nel Sahel centrale.

XI secolo L'islam, diffuso da mercanti e missionari, raggiunge gli Hausa.

XIV secolo La potenza mercantile degli Hausa inizia a rivaleggiare con quella dei vicini, gli imperi del Mali e Kanem-Bornu.

DOPO
1804 La terra degli Hausa viene conquistata dai Fulani, musulmani guidati da Usman dan Fodio, che istituisce il califfato di Sokoto.

1903 Il territorio Hausa è incluso nel protettorato della Nigeria settentrionale sotto il dominio britannico.

Nel XV secolo il commercio transahariano, l'abilità della popolazione e l'abbondanza di risorse favorirono l'ascesa delle città-stato degli Hausa, ubicate in quella che oggi è la Nigeria settentrionale, fra il lago Ciad e il fiume Niger al centro del Sahel, la regione semiarida a sud del Sahara. Kano divenne la città-stato dominante, governata dal 1463 al 1499 da Muhammad Rumfa, la cui azione politica pose le fondamenta del futuro impero di Kano.

Le città-stato indipendenti si svilupparono da villaggi cinti da mura (*birni*), abitati da popolazioni indigene o immigrate di lingua Hausa, e si ampliarono con l'incremento dei commerci transahariani. Il territorio degli Hausa era situato sulle rotte mercantili fra il Sahara settentrionale, il Sudan occidentale e le foreste del sud. Seppure indipendenti, dalla metà del XIV secolo le città-stato si unirono a intermittenza in una confederazione non coesa. In tale epoca si manifestò

Secondo il **mito di fondazione degli Hausa**, nella città di Daura arriva Bayajidda, principe di Baghdad.

Al pozzo di Daura il principe **uccide un serpente** che terrorizza la popolazione, poi ne taglia il corpo in **sette pezzi**.

Bayajidda sposa la regina con cui ha un figlio, e Daura diventa il **primo regno Hausa**.

I sei figli di questo primo figlio **fondano le altre città-stato degli Hausa**: Biram, Gobir, Kano, Rano, Zazzau e Katsina.

Cfr. anche: La tratta degli schiavi transahariana 60-61 ▪ L'impero Kanem 80-81 ▪ I Fulani conquistatori 196-197 ▪ "Zik" e la Nigeria indipendente 286-287

I disegni vivaci dell'ottocentesco palazzo dell'emiro a Bauchi in Nigeria riflettono le decorazioni delle porte delle antiche città Hausa cinte da mura.

anche l'influsso di missionari musulmani provenienti dal vicino impero del Mali, che spinsero il sovrano di Kano Ali Yaji (1349-1385) a convertirsi.

Attivi centri mercantili

Le sette città-stato (Hausa Bakwai) erano Biram, Gobir, Kano, Rano, Zazzau, Katsina e Daura, a cui erano collegati vari altri territori esterni. Daura era il fulcro del mito di fondazione degli Hausa, oggi ritenuto risalente soltanto al XVI secolo, poiché riflette l'influsso dell'islam.

Ognuna aveva un *sarkin kasa* (re o sovrano) e un consiglio di anziani. Le sette città erano spesso in competizione fra loro, ma cooperavano nei commerci, ciascuna con un ruolo distinto e una diversa gamma di prodotti, in base alla collocazione geografica e alle risorse naturali.

Biram era la sede del governo, mentre Gobir, sulla frontiera occidentale, difendeva la terra degli Hausa contro le invasioni. Kano e Rano coltivavano cotone e producevano tessuti fini tinti con indaco, che diedero agli Hausa il soprannome di "uomini blu". Kano era inoltre un crocevia mercantile per la compravendita di avorio, oro, cuoio e schiavi, mentre Zazzau era una fonte primaria di schiavi, acquisiti tramite razzie nei territori situati più a sud. Katsina, in una regione agricola, forniva pellami e prodotti agricoli, tra cui miglio e arachidi. Katsina e Daura, essendo le più vicine al Sahara meridionale, vendevano i prodotti degli Hausa direttamente ai mercanti delle rotte transahariane.

L'ascesa di Kano

Il regno di Muhammad Rumfa consolidò la potenza di Kano. Rumfa istituì il mercato di Kurmi, tuttora in uso, e accolse mercanti stranieri e studiosi islamici. Sotto la guida del missionario berbero Muhammad al-Maguili, introdusse anche riforme di ispirazione islamica e costruì un palazzo grandioso e varie moschee. Dopo la morte di Rumfa nel 1499, Kano continuò ad acquisire potenza. Suo nipote Muhammed Kisoki (1509-1565) fondò l'impero di Kano, costituito dal territorio degli Hausa e da altri regni del Sahel. Tuttavia, nel 1804 l'impero degli Hausa, indebolito da conflitti interni ed esterni, cadde in mano ai Fulani, una milizia islamica dell'Africa occidentale, e in seguito entrò a far parte dell'impero britannico. Oggi gli Hausa sono il più grande gruppo etnico dell'Africa subsahariana. ■

La regina Amina di Zazzau

Nata alla metà del XVI secolo a Zazzau, figlia del re Nikatau e della regina Bakwa, Amina è la prima di tre figli. Secondo la tradizione orale il nonno, alla cui corte cresce la bambina, le impartisce un addestramento militare. Nonostante Amina a 16 anni venga nominata *magajiya* (erede al trono), alla morte del padre nel 1566 è incoronato re suo fratello minore Karami. Rifiutando numerose proposte di matrimonio, anche da parte del sovrano di Kano, Amina combatte nell'esercito di Zazzau e si dimostra in grado di guidare gli uomini in battaglia. Nel 1576, alla morte del fratello, diviene regina di Zazzau e, nel giro di tre mesi, intraprende una campagna militare per ampliare il territorio. Come è usanza tra gli Hausa, costruisce mura in terra battuta attorno alle città da lei conquistate. Inoltre, incoraggia i commerci e porta Zazzau al suo apogeo. La regina guerriera muore nel 1610, ma come e dove di preciso non è noto.

VANNO DOVE LI PORTANO GLI ANIMALI

LA MIGRAZIONE DEI MASAI (XV-XVIII SECOLO)

NEL CONTESTO

LUOGHI
Kenya, Tanzania

PRIMA
2000-1000 a.C. Alcuni popoli nilotici, gruppo etnolinguistico a cui appartengono i Masai e i Turkana, scendono dalla valle del Nilo verso l'attuale Sudan del Sud.

500 a.C. Alcuni popoli nilotici migrano verso sud fino all'attuale Kenya.

DOPO
1890-1900 Il virus della peste bovina decima le mandrie dei Masai. La risultante carestia, abbinata alla siccità e a un'epidemia di vaiolo, ne uccide forse il 60%.

1904, 1911 Nei trattati siglati con i britannici i Masai sono costretti a cedere i pascoli settentrionali.

1946 In Kenya viene creato il Parco nazionale di Nairobi su terre tradizionalmente occupate dai Masai.

I Masai conducono una **vita pastorale incentrata sul bestiame**. Le terre sono una risorsa in comune.

↓

Nell'arco di vari secoli, dal Sudan del Sud i Masai **migrano verso sud in cerca di nuovi pascoli**.

↓

Nei loro spostamenti **assimilano o espellono** molti **altri gruppi etnici** e **si disseminano** nella Rift Valley.

↓

Il **bestiame** è considerato un **dono di Dio** e, oltre che per il **sostentamento**, viene usato come **moneta**.

Secondo la loro storia orale, tramandata da una generazione all'altra di popolazioni di lingua Maa, i Masai vivevano nei territori poco più a nord del lago Turkana, in Kenya, oggi costituenti il Sudan del Sud. Fra il XV e il XVIII secolo, forse in risposta all'aggressione del popolo Turkana, gradualmente migrarono verso sud, portando con sé il bestiame. Alla metà del XIX secolo, quando i Masai occupavano la loro area più vasta, si erano ormai disseminati lungo quasi tutta la Rift Valley. Oggi contano circa 1 milione di persone, distribuite principalmente fra Kenya meridionale e Tanzania settentrionale.

Mandriani

Temuti per la cultura guerriera, durante la migrazione in Africa orientale i Masai sopraffecero e assimilarono, oppure espulsero, vari gruppi etnici. Si divisero in sezioni territoriali politicamente indipendenti e caratterizzate da culture diverse (seppure affini dal punto di vista etnico) e stabilirono rapporti con le popolazioni di lingua Bantu degli altopiani circostanti.

Per i Masai la cosa più importante è il bestiame. Un mito narra di come il loro dio supremo Enkai avesse inviato dal cielo i bovini, legati con una corda di corteccia. Pertanto secondo

Cfr. anche: Le migrazioni dei Bantu 32-33 ▪ Le guerre contro gli Xhosa 180-181 ▪ La spartizione dell'Africa 222-223 ▪ La rivolta dei Mau Mau 262-263

I Masai sono pastori seminomadi: conducono il bestiame da un pascolo all'altro entro le loro sezioni territoriali in cerca di erba fresca, acqua e terreni ricchi di salgemma.

i Masai, in quanto dono di Dio, tutti i bovini del mondo appartengono a loro. Storicamente questa convinzione li indusse al furto di bestiame e alla caccia di frodo.

I bovini sono cruciali per la loro vita quotidiana. Il latte e il sangue di mucca soddisfano tradizionalmente le loro necessità nutritive, e in grandiosi riti pubblici spesso si sacrifica una mucca e se ne condivide la carne durante un banchetto in comune. In questa società patriarcale, per gli uomini il bestiame è anche una fonte di ricchezza e di prestigio, e le singole persone, le famiglie e i clan creano e mantengono i legami fra loro tramite lo scambio di capi di bestiame. Mentre gli uomini prendono le decisioni, il ruolo delle donne è sposarsi, fare figli e partecipare alle cerimonie di iniziazione degli uomini. Quando la donna si reca per la prima volta nel territorio del marito (detto *enkang*), la suocera le dona una mucca da latte. Il marito può allora consegnarle una mandria di mucche da latte, che la donna poi trasmetterà a un figlio maschio al raggiungimento della maggiore età.

Scontro fra culture

Dal 1895, quando il Kenya divenne un protettorato britannico, il modo di vivere dei Masai è sempre stato influenzato da sviluppi ambientali, economici e sociali. I coloni europei trasformarono i pascoli comuni in aziende agricole, riducendo il loro territorio. Riserve di caccia e aree protette soppiantarono gli spazi di vita e i pascoli. Più di recente, la crescita dei centri urbani, che offrono occasioni di istruzione e di impiego, ha causato un declino delle usanze tradizionali Masai, tra cui la pastorizia, la circoncisione (specialmente femminile) e la caccia ai leoni, che i guerrieri usavano come prova di coraggio. ■

Ai ragazzi Masai appena circoncisi viene dipinto il volto e per 4-8 mesi dopo la cerimonia viene imposto un abbigliamento nero.

Il sistema delle classi d'età

La società Masai è organizzata per classi d'età, ossia gruppi di maschi che insieme si sottopongono a riti di passaggio per accedere alle varie fasi dell'età adulta. Il primo rito è l'*enkipaata* (cerimonia prima della circoncisione), a cui seguono *emuratta* (circoncisione), *enkiama* (matrimonio), *eunoto* (cerimonia di rasatura del guerriero), *eokoto e-kule* (cerimonia in cui si beve latte), *enkang oo-nkiri* (cerimonia in cui si mangia carne), e infine *olngesherr* (cerimonia per i nuovi anziani). La più importante è la seconda, *emuratta*, l'iniziazione degli adolescenti Masai al ruolo di guerrieri. Prima di tutto il ragazzo deve dimostrare di essere pronto a diventare uomo portando armi pesanti e guidando il bestiame. Quindi viene purificato con acqua fredda e, mentre cammina verso il luogo in cui si praticherà la circoncisione, amici e famigliari maschi gli urlano parole di incoraggiamento (se si tira indietro, viene ripudiato dalla comunità). Quindi gli viene consegnato il bestiame di sua proprietà.

PADRONANZA DI TECNICA E ARTE

I GRANDI BRONZI DI BENIN (XV-XVIII SECOLO)

NEL CONTESTO

LUOGHI
Regno di Benin, Nigeria

PRIMA
XII secolo Gli Yoruba di Ife, in Africa occidentale, iniziano a creare opere d'arte in ottone e altri metalli. Nel XIII secolo le loro tecniche si diffondono nel limitrofo regno di Benin.

1471 Navigatori portoghesi raggiungono la costa dell'Africa occidentale (attuale Ghana) e commerciano con la popolazione locale.

DOPO
1897 Le truppe britanniche saccheggiano la città di Benin.

1938 Il British Museum di Londra restituisce al Benin due corone regali di corallo: è la prima restituzione di oggetti del bottino di Benin.

2020 Si annunciano progetti per la costruzione nella città di Benin di un museo di arte nazionale, che ospiterà la collezione di bronzi della monarchia.

I bronzi di Benin sono sculture intricate create dagli Edo del regno di Benin a partire dal XV secolo. Alla fine del XIX secolo, quando i bronzi furono portati via dai colonizzatori britannici come bottino, in Europa l'arrivo di questi oggetti suscitò scalpore, smentendo l'opinione europea secondo cui gli africani non avevano mai prodotto oggetti d'arte di tale raffinatezza. Da allora i bronzi sono il fulcro di strenui tentativi da parte della Nigeria di farseli restituire dai musei delle ex potenze coloniali.

Una scultura di Benin del XVI secolo ritrae un cavaliere con un ornato copricapo di piume di pappagallo. Nel regno di Benin, l'ottone del Portogallo stimolò la creazione di oggetti metallici.

Una lega da re

Poche opere erano effettivamente di bronzo; la maggior parte era di ottone, lega di rame e zinco. Gli oggetti (placche, insegne regali, teste e figure intere di animali ed esseri umani) venivano realizzati con il metodo della cera persa, trasmesso dalla vicina cultura degli Yoruba. Gli scultori partivano da un modello in cera d'api, che veniva ricoperto con strati di argilla. Riscaldando, la cera fondeva, lasciando uno stampo che veniva poi riempito di metallo fuso. Dopo il raffreddamento del metallo, si rompeva lo stampo portando alla luce la scultura.

L'uso dell'ottone era sotto il controllo dell'*oba*, ossia del re, di Benin ed era riservato alla corte del sovrano. La lega fu usata soprattutto per la realizzazione di centinaia di placche, inchiodate alle colonne di un ampio palazzo reale fatto costruire da Oba

Cfr. anche: Le migrazioni dei Bantu 32-33 ▪ Gli esordi di Benin 82-83 ▪ Gli europei arrivano in Africa 94-95 ▪ La spartizione dell'Africa 222-223

Le placche del palazzo di Benin registravano la vita di corte e i riti, nonché le guerre del regno e i rapporti con Paesi limitrofi e mercanti stranieri, soprattutto portoghesi.

Ewuare, re guerriero sul trono all'incirca fra il 1440 e il 1480. Ewuare conquistò molti Paesi vicini e trasformò il regno di Benin in un impero.

Dal commercio al furto

Verso il 1485, i portoghesi furono i primi europei a prendere contatto con il regno di Benin. I mercanti del Paese offrivano avorio, pepe e stoffe. In cambio, il Portogallo trovò un mercato pronto per i lingotti di ottone, che gli scultori di Benin fondevano per realizzare opere d'arte.

Nel XIX secolo, i buoni rapporti fra il regno di Benin e i mercanti europei cominciarono a mutare. Le principali potenze europee, spinte da rivalità industriali e militari e dal desiderio di creare nuovi imperi, iniziarono a prendere di mira i territori e i prodotti dell'Africa occidentale, con l'esito della spartizione dell'Africa avviata nel 1884. Nel 1897 le truppe britanniche invasero e saccheggiarono la città di Benin, ponendo fine all'indipendenza del regno. Migliaia di oggetti da loro sottratti come bottino comparvero ben presto in musei e in altre collezioni in Occidente, dove per la maggior parte sono rimasti. Secondo alcuni curatori occidentali, i Paesi africani non hanno le risorse per prendersi cura di tali manufatti, mentre la monarchia di Benin, ancora esistente nell'ambito della Nigeria, ha ripetutamente lanciato appelli per la restituzione dei bronzi. ▪

Il saccheggio della città di Benin

Nella seconda metà del XIX secolo i britannici dominavano la costa nigeriana. La loro riluttanza ad accettare le condizioni di vendita deteriorò i rapporti con il regno di Benin. Nel gennaio 1897 una missione commerciale, apparentemente pacifica ma provocatoria, fu attaccata durante il tragitto verso la città di Benin.
I britannici sfruttarono il pretesto per occupare la capitale. I soldati saccheggiarono i templi e asportarono dal palazzo reale oltre 900 placche di ottone. Un militare descrisse un collega ufficiale che «vagava qua e là con martello e scalpello, staccando figure d'ottone e raccogliendo robaccia d'ogni genere». Nell'autunno del 1897, 304 placche di Benin erano già esposte al British Museum, che in seguito ne acquisì altre 203. Alla regina Vittoria furono donati due leopardi d'avorio (simboli del potere regale) con macchie costituite da intarsi di rame. Molti manufatti prelevati dai soldati furono usati come fermaporta o lasciati a impolverarsi su uno scaffale.

Soldati britannici posano circondati da zanne di elefante, sculture di bronzo e vari altri oggetti prelevati durante l'incursione nella città di Benin nel gennaio del 1897.

COMMERCIO, NON CONQUISTA

LA CINA DEI MING IN AFRICA ORIENTALE (1418-1433)

NEL CONTESTO

LUOGO
Africa orientale

PRIMA
II secolo a.C. Emergono le prime testimonianze di contatti e commerci indiretti tra Africa e Cina.

VII secolo d.C. Li Shimin, secondo imperatore della dinastia Tang, unifica la Cina. L'esercito arabo conquista l'Africa settentrionale, dove l'islam inizia a diffondersi.

DOPO
1433 Temendo la potenza degli eunuchi, la Cina sospende i costosi viaggi marittimi e riduce gli scambi internazionali.

1498 Il portoghese Vasco da Gama sbarca in Mozambico ed è il primo europeo a raggiungere l'Africa orientale.

2013 Xi Jinping, presidente della Cina, con la sua politica internazionale di sviluppo di infrastrutture rievoca la "Via della seta" marittima di Zheng.

Fra VII e VIII secolo, l'unificazione della Cina e la conquista araba dell'Africa settentrionale condussero alla formazione dei potenti imperi cinese e islamico, in cui le classi dominanti cercavano di dare una dimostrazione della propria autorità facendo sfoggio di oggetti costosi ed esotici. In tal modo, la domanda di merci africane crebbe.

I rapporti commerciali tra Cina e Africa orientale avevano già quasi 1.000 anni. Fra il IX e il X secolo, i due territori facevano parte di una rete mercantile internazionale che comprendeva anche l'Africa settentrionale, l'Arabia e l'India. I mercanti dell'Africa orientale procuravano dall'entroterra merci come l'avorio, scambiandole poi, di solito tramite mercanti arabi, con porcellane e altri beni di lusso provenienti dalla Cina.

Questa rete commerciale trasportava però anche malattie. Nel 1346 la peste bubbonica devastò gran parte del mondo, e i commerci si ridussero. Ma gli scambi tra Cina e Africa, su iniziativa dell'imperatore Yongle della dinastia Ming, nel XV secolo si rianimarono. Volendo dare una dimostrazione della potenza della Cina e soddisfare la domanda di merci eso-

Gli **esploratori cinesi** guidati da Zheng He raggiungono l'Africa orientale.

↓

Gli esploratori non cercano di **insediarsi**, né di **dominare** o **sfruttare** le società africane, ma vogliono **commerciare da pari a pari**.

↓

I viaggi di Zheng He sono missioni di commercio, non di conquista.

Cfr. anche: Le migrazioni dei Bantu 32-33 ▪ La conquista musulmana dell'Egitto 58-59 ▪ Ascesa delle città-stato swahili 62-63 ▪ Il commercio dell'oro in Mozambico 108-109 ▪ La costruzione del canale di Suez 215

Nel suo quinto viaggio (1417-1419) Zheng He raggiunse l'Africa orientale. La Via della seta fu sotto il dominio dei Mongoli fino al 1350 circa, ma poi le guerre in quei territori favorirono l'uso delle rotte marittime.

tiche, Yongle commissionò una serie di viaggi marittimi verso i "mari occidentali", affidandoli al suo eunuco principale, Zheng He.

I viaggi di Zheng He

Fra il 1405 e il 1415, nelle sue prime quattro spedizioni navali Zheng si recò nel Sudest asiatico, in India e in Arabia. Nel 1415, ritornando in Cina dopo il quarto viaggio, portò con sé una giraffa donata dal re del Bengala, che a sua volta l'aveva ricevuta dal sultano di Malindi (oggi in Kenya). La giraffa somigliava a una leggendaria creatura cinese di buon auspicio, il *qilin*, e in Cina suscitò meraviglia.

Nel 1417 Zheng partì per un quinto viaggio, anche per procurare ulteriori giraffe. Nel 1418 raggiunse l'Africa orientale e visitò Mogadiscio, Brava (entrambe nell'attuale Somalia) e Malindi. La sua flotta imponente era costituita da 317 imbarcazioni, 62 delle quali erano "navi del tesoro" cariche di doni preziosi da parte della Cina. Le apprezzate merci cinesi, tra cui seta e porcellana, furono scambiate con prodotti locali come pellami, gusci di tartaruga e corni di rinoceronte. Nel viaggio di ritorno in Cina, alcuni ambasciatori africani accompagnarono Zheng, recando con sé doni costituiti da avorio, zebre, leoni e giraffe. Con il sesto viaggio di Zheng, fra 1421 e 1422, gli ambasciatori africani furono ricondotti in patria. Zheng tornò in Cina, ma una parte della sua flotta proseguì il viaggio lungo la costa africana, fino all'attuale Mozambico.

Nell'inverno del 1431 Zheng partì per il settimo e ultimo viaggio. La sua flotta fece scalo in almeno 17 porti fra il Champa (odierno Vietnam) e il Kenya, ma Zheng morì a Calicut, in India, nel 1433.

Società africana

La bellezza, la rarità e il prezzo elevato rendevano le ceramiche cinesi simboli di prestigio. A partire dal XIII secolo furono molto richieste dalle élite africane che, per fare sfoggio di ricchezza, le usavano nei banchetti o per decorare le proprie tombe. Nel Medioevo, i commerci tra Cina e Africa orientale contribuirono a rendere la società africana più ricca, ma anche più gerarchica. La possibilità di fare fortuna con l'importazione e la vendita di beni di lusso stimolò la crescita delle classi artigianali e mercantili. Agricoltori e braccianti, invece, non avevano accesso a questa nuova economia, né alla conseguente mobilità sociale, e precipitarono ulteriormente nella povertà.

I cinesi non mantennero una presenza permanente in Africa. Alla morte di Zheng He e dell'imperatore, la Cina pose termine ai viaggi delle "navi del tesoro" verso l'Africa. Tuttavia, in queste zone si stanno ancora portando alla luce testimonianze archeologiche del loro legame con i cinesi, fra cui porcellane e monete Ming risalenti al regno di Yongle. ▪

La giraffa africana donata nel 1415 all'imperatore Yongle fu raffigurata dal pittore Shen Du e celebrata in poesie. Simili animali contraccambiavano i doni di oro, argento e seta.

QUI CRESCIUTI E NUTRITI

I MORI* NELL'INGHILTERRA DEI TUDOR (XVI SECOLO)

*Linguaggio usato nel XVI secolo (v. p. 4)

NEL CONTESTO

LUOGHI
Inghilterra, Scozia, Spagna

PRIMA
1086 Gli Almoravidi dell'Africa occidentale invadono l'Iberia.

1470 Maria Moriana, africana che vive in Inghilterra, diventa libera cittadina dopo essersi opposta alla "vile macchinazione" del suo datore di lavoro per venderla come schiava.

1485 Enrico VII viene incoronato re d'Inghilterra, primo dei Tudor.

1492 I sovrani cristiani Ferdinando e Isabella conquistano Granada, ultimo regno musulmano indipendente in Spagna.

DOPO
1609-1614 Filippo III espelle dalla Spagna più di 300.000 Mori.

Nelle isole britanniche vivono africani da oltre 2.000 anni. Nell'epoca Tudor facevano parte di comunità locali e venivano definiti, fra l'altro, *Moors** (Mori) o *Blackamoores* (Mori neri)*. Nell'Inghilterra del XVI secolo e del principio del XVII – ma anche nel vicino regno di Scozia, governato dagli Stuart – questi africani contraevano matrimoni misti ed esercitavano vari mestieri retribuiti.

Paese libero

Centinaia di documenti parrocchiali dell'epoca indicano che gli africani vivevano in città e villaggi di tutta la Gran Bretagna, da Edimburgo, in Scozia, al Devon, nell'Inghilterra sudoccidentale.

Cfr. anche: I Mori in al-Andalus 64-67 ▪ Gli europei arrivano in Africa 94-95 ▪ La creazione della "razza" 154-157

L'Albo del torneo di Westminster raffigura il trombettiere nero John Blanke. L'Albo fu creato nel 1511 per celebrare la nascita del figlio di Enrico VIII e Caterina d'Aragona.

Le più elevate concentrazioni si trovavano nelle parrocchie di Saint Botolph without Aldgate e Saint Olave and Hart Street, a Londra, e nella parrocchia di Saint Andrews, nella città portuale di Plymouth. Arrivavano in Inghilterra dalla penisola iberica (Spagna e Portogallo) e dall'Africa occidentale e settentrionale, viaggiando con mercanti o aristocratici o a bordo di navi sequestrate da pirati o da corsari (comandanti di navi mercantili private, autorizzati dalla Corona ad aiutare la flotta militare a impadronirsi di imbarcazioni nemiche). Le esperienze di Pero Alvarez, un africano che nel 1490 giunse in Inghilterra dal Portogallo, furono registrate in documenti inglesi. Alvarez negoziò la propria manomissione (liberazione dalla schiavitù) concessa da re Enrico VII, dopo di che ritornò in Portogallo, dove il sovrano portoghese gli riconobbe la nuova condizione giuridica.

Africani a corte

Come per i cittadini bianchi, la situazione degli africani "locali" e di origine straniera dipendeva dalla loro estrazione e da quella del loro datore di lavoro. Negli strati superiori della società alcuni africani lavoravano come servitori domestici, musicisti

Henrie Anthonie Jetto

Nato nel 1569 o nel 1570, il piccolo proprietario terriero Henrie Jetto (da *jet*, "giaietto", nel senso di "nero") compare per la prima volta in documenti inglesi al momento del battesimo nel 1596, all'età di 26 anni. Jetto vive nella tenuta del politico inglese Henry Bromley, dove lavora come giardiniere. Nel 1608 ha ormai messo da parte denaro sufficiente ad acquistare una piccola proprietà, e si definisce "Jetto di Holt". Sposa Persida, una cameriera, con la quale ha cinque figli. La condizione di piccolo proprietario terriero è significativa. All'epoca questo rango (*yeoman*) richiedeva il possesso di terre per un valore superiore ai 40 scellini e offriva il diritto di far parte della giuria nei processi e di votare nelle elezioni locali. Jetto inoltre sa leggere e scrivere: nel 1626 redige il proprio testamento, indicando la moglie come esecutrice, primo esempio di testamento africano in Inghilterra che si conosca. Jetto muore nel 1627, ma i suoi discendenti, con il nome di Jetter, vivono ancora oggi nel Worcestershire.

> [...] è mia volontà che i miei figli non ricevano la loro parte fino al decesso di mia moglie, a meno che non abbiano la ventura di sposarsi.
>
> **Henrie Jetto**
>
> **Estratto dal suo testamento, 1626**

Il *Ritratto di donna moresca* fu dipinto attorno al 1550 da un artista italiano della scuola di Paolo Veronese. All'epoca, nelle famiglie ricche d'Europa erano spesso presenti africani, alcuni dei quali rivestirono anche incarichi a corte.

o dame di compagnia, altri erano abili mercanti. La Mora iberica Catalina de Motril giunse in Inghilterra nel 1502, facendo parte del seguito di Caterina d'Aragona, mentre John Blanke, che nel 1507 viveva a Londra, prestava servizio fra i regi trombettieri. Blanke svolse la sua funzione al funerale di Enrico VII e all'incoronazione di Enrico VIII, e il nuovo re gli raddoppiò la paga.

Elisabetta I, che succedette a Enrico VIII, aveva un "piccolo Moro favorito", mentre il suo primo ministro Robert Cecil si avvaleva di un servitore africano di nome Fortunatus, sepolto nel 1602 a Westminster. La pratica di avere a corte dipendenti africani fu assunta anche dai dignitari stranieri, tra cui il principe del Portogallo don Antonio che, stando ai documenti, dimorava con «Katherin la negra».

Anche nella Scozia del XVIII secolo vivevano e lavoravano africani. Fra il 1500 e il 1505 "Peter il Moro" era assoldato come musicista e cerimoniere alla corte del re Giacomo IV, e due "ragazze moresche" ("Margaret la nera" e "Elene la nera") lavoravano come assistenti. Una di queste donne svolse forse il ruolo di "dama nera" nella "giostra del cavaliere furioso per la dama nera", un torneo svoltosi alla corte scozzese nell'estate del 1507 e del 1508.

Cittadini inglesi

Importanti drammaturghi inglesi dell'epoca elisabettiana, fra cui William Shakespeare, Christopher Marlowe e Ben Jonson, inserirono africani nelle loro opere teatrali, forse a testimonianza della natura multietnica di alcune parrocchie londinesi dell'epoca. Compaiono africani nell'*Otello* e nel *Mercante di Venezia* di Shakespeare, sebbene le opere siano ambientate in Italia e non in Inghilterra.

Alcuni personaggi neri fittizi del periodo sono diventati caricature esotiche, ma è importante non applicare la percezione razziale del XVIII secolo agli africani dell'Inghilterra cinquecentesca. Tre documenti redatti alla fine dell'epoca Tudor, che secondo alcuni storici forniscono indizi di razzismo poiché delineano un progetto per deportare degli africani, non si fondavano su leggi o indirizzi politici. Si tratta di due lettere, scritte nel luglio del 1596, che recano la firma

> [...] ultimamente sono stati condotti nel Regno diversi Mori, e vi sono qui già troppe persone di tal genere.
>
> **Lettera al sindaco di Londra**
>
> **Firmata dalla regina Elisabetta I, 1596**

di Elisabetta I, e di un proclama non firmato. Tuttavia l'estensore effettivo non fu la regina, bensì un politico inglese caduto in disgrazia, Thomas Sherley, con alcuni complici che lavoravano per conto di un opportunista trafficante di schiavi di Lubecca, Casper van Senden.

La macchinazione di van Senden fallì perché gli africani erano stati "cresciuti e nutriti" in Inghilterra. In altri termini, molti di loro erano cittadini "naturali" o "domiciliati", nati in Inghilterra o giunti a considerare il Paese la loro dimora permanente, ed erano stati accolti nella Chiesa anglicana e battezzati. Per esempio, Mary Fillis, "Mora nera", fu battezzata nel 1597 a Saint Botolph without Aldgate a Londra. I documenti parrocchiali indicano che viveva con la sarta Millicent Porter. La Fillis era giunta in Inghilterra circa 14 anni prima con suo padre, «Fillis di Morisco, Moro nero, cestaio e fabbricante di badili». Altri africani erano stranieri naturalizzati, a cui erano concessi alcuni diritti.

Relazioni diplomatiche

Alla fine del XVI secolo, in Inghilterra giunsero vari diplomatici africani, tra cui l'ambasciatore del Marocco Abd el-Ouahed ben Messaoud ben Mohammed Anoun, che vi trascorse sei mesi per negoziare un'alleanza contro la Spagna. L'ambasciatore e altri dignitari nordafricani parteciparono ai festeggiamenti per l'anniversario dell'incoronazione della regina Elisabetta.

Le trattative commerciali e militari con l'Africa proseguirono con il successore di Elisabetta, Giacomo I. Nell'ambito dei negoziati diplomatici, a Londra si stabilirono due principi dell'Africa occidentale: Walter Annerby, del regno di Kaabu (Guinea-Bissau), che fu battezzato nel 1610, e John Jaquoah, del regno di Cestos (Liberia), battezzato nel 1611.

Questa insegna araldica realizzata in Germania nel 1521 raffigura Eva von Schonau, donna nera e prima moglie di Jacob von Reinach. Nell'Europa cinquecentesca gli stemmi gentilizi erano un diffuso simbolo di prestigio.

La successiva storia coloniale britannica, unitamente alle attività corsare di John Hawkins e Francis Drake, patrocinati da Elisabetta I negli anni '60 del XVI secolo allo scopo di scambiare schiavi africani con merci provenienti dal continente americano, induce a presumere che gli africani nell'Inghilterra dei Tudor fossero emarginati, ma le testimonianze dicono una cosa diversa. Durante la rivolta del primo maggio del 1517, quando una folla inglese in tumulto aggredì degli "stranieri", non sembra fossero presi di mira gli africani. Anzi, quelli giunti in Inghilterra erano ben integrati nella società, svolgevano vari lavori retribuiti ed erano battezzati, si sposavano e venivano sepolti come qualunque altro cittadino. ■

Africa ed Europa hanno stretti **rapporti**.

↓

I contatti iniziano **ben prima del XVIII secolo** e **non cominciano con la schiavitù**.

↓

In epoca Tudor **in Inghilterra e in Scozia** vivono persone di origine africana.

↓

Queste persone fanno parte della storia africana e britannica.

LA RICERCA DI UN ELDORADO AFRICANO

IL COMMERCIO DELL'ORO IN MOZAMBICO (1505)

NEL CONTESTO

LUOGO
Mozambico

PRIMA
1300 ca. I mercanti swahili in Mozambico fondano Sofala per il commercio dell'oro.

1498 Le navi guidate da Vasco da Gama raggiungono per la prima volta la costa del Mozambico.

DOPO
1698 Le truppe del sultanato dell'Oman si impadroniscono del forte Jesus, fondamentale base portoghese in Kenya. Il commercio portoghese è costretto a spostarsi più a sud.

1823 Una siccità nell'Africa sudorientale obbliga a chiudere i principali mercati dell'oro in Mozambico.

1861 I portoghesi ripristinano il commercio dell'oro nelle città di Zumbo e Manica in Mozambico.

1975 Il Mozambico consegue l'indipendenza dal Portogallo.

L'oro si estraeva nell'entroterra africano almeno dall'XI secolo, in un mercato dominato dallo Zimbabwe. La produzione era affidata perlopiù a donne contadine, che integravano il reddito estraendo l'oro mediante lavaggio delle sabbie dei fiumi, o scavando alla ricerca di quarzo contenente il metallo prezioso. Le scaglie d'oro venivano conservate in astucci e portate per lo smercio alle fiere che erano state istituite poco dopo lo sviluppo dell'estrazione di oro nella zona, e che con il tempo divennero istituzioni permanenti.

La colonia portoghese del forte São Caetano a Sofala, in Mozambico, fu fondata dal governatore Pêro de Anaia allo scopo di dominare il mercato dell'oro.

Fra l'XI e il XV secolo le città sulla costa orientale dell'Africa si ingrandirono e prosperarono, diventando sedi di mercati permanenti. Fra gli abitanti di lingua Bantu si erano insediati viaggiatori musulmani e si era così sviluppata una particolare cultura swahili, dalla Somalia a nord fino al Mozambico a sud, con il contributo di mercanti di tutto l'oceano Indiano.

Commerci ed esplorazioni

Le popolazioni swahili si procuravano l'oro commerciando con i regni dell'entroterra, poi lo vendevano ai mercanti stranieri provenienti dal mar Rosso, dal golfo Persico, dall'India, dal Madagascar e dalle isole Comore. La stagione commerciale coincideva con i monsoni, da ottobre a marzo. I mercanti arrivavano con i sambuchi (imbarcazioni a vela arabe) carichi di merci quali chiodi di garofano, pepe, zenzero, gioielli e perle. Venivano ad acquistare oro per monete e gioielli, ma finivano per partire portandosi via anche pellami, gusci di tartaruga e avorio.

I portoghesi comparvero per la prima volta sulla costa nordafricana nel 1415, quando conquistarono il porto di Ceuta, in Marocco, segnando così l'inizio dell'impero del Portogallo. In seguito, nel 1498, una piccola flotta

Cfr. anche: Le migrazioni dei Bantu 32-33 ▪ Ascesa delle città-stato swahili 62-63 ▪ La città di Grande Zimbabwe 76-77 ▪ Gli europei arrivano in Africa 94-95 ▪ La successione del ManiKongo 110-111 ▪ L'anno dell'Africa 274-275

Il fiume Zambesi veniva usato per il trasporto di merci con imbarcazioni da Zumbo verso lo Zimbabwe e lungo l'affluente Luangwa verso lo Zambia.

La fondazione di Zumbo

Lo Zambesi, il più lungo fiume africano con foce a est, è facilmente navigabile per oltre 300 km. Pertanto, verso la fine del XVII secolo i mercanti portoghesi e indiani cercavano occasioni commerciali risalendo il fiume. Nel 1715 fondarono Zumbo, stazione commerciale in Mozambico, nel punto in cui lo Zambesi incontra uno dei suoi principali affluenti, il Luangwa. Zumbo, garantendo l'accesso a zone poco sfruttate, attirava numerosi mercanti. La popolazione aumentò velocemente, così come gli introiti commerciali. Nel 1749 la città era forse il più prospero insediamento portoghese in Africa orientale. Alla fine del secolo, però, aveva ormai perso il suo vigore mercantile.
La siccità e l'instabilità locale avevano reso sempre più rischioso il trasporto di merci verso Zumbo, e molti mercanti si trasferirono altrove.
Dopo il 1830, una siccità ancora più grave costrinse i mercanti ad abbandonare Zumbo, che non riaprì per altri 30 anni.

guidata dall'esploratore portoghese Vasco da Gama andò alla ricerca di una rotta marittima verso l'India circumnavigando l'Africa. I portoghesi erano interessati al pepe nero dell'India, che all'epoca si vendeva letteralmente a peso d'oro. Dopo aver doppiato il capo di Buona Speranza (nell'attuale Sudafrica) e aver risalito la costa orientale del continente, da Gama constatò l'intensa attività delle città portuali, che imbarcavano sulle navi grandi quantità di oro.

Insediamenti portoghesi

Decisi a monopolizzare i commerci nell'oceano Indiano, sulla costa orientale i mercanti portoghesi crearono insediamenti, e poi colonie. Poco dopo il loro arrivo sul litorale del Mozambico, presero a spostarsi verso l'entroterra per visitare le fiere dell'oro. Nel 1505 fondarono l'insediamento del forte São Caetano a Sofala, presso la moderna città di Beira, che divenne la base portoghese per il commercio dell'oro. Dopo un fallito tentativo di conquistare le miniere d'oro di Manica, a sud del fiume Zambesi, fra il 1569 e il 1575, nel XVII secolo i portoghesi mantennero la loro presenza alle fiere dell'oro e ne preservarono stabilmente il commercio fino al XIX secolo. Fra il 1823 e il 1836, in Mozambico una siccità diffusa in tutta l'Africa sudorientale provocò gravi problemi. In quest'area le siccità erano frequenti, ma questa fu tanto grave da distruggere la base economica del territorio. Vennero meno i commerci, l'estrazione dell'oro e la normale produzione artigianale. Manica e Zumbo, probabilmente le due più importanti fiere dell'oro della zona, cessarono l'attività. ■

L'isola di Mozambico, lungo la costa settentrionale del Paese, fu rivendicata da Vasco da Gama nel 1506 come stazione commerciale e luogo di rifornimento per le navi portoghesi dirette in India.

IL NOSTRO REGNO VA PERDUTO

LA SUCCESSIONE DEL MANIKONGO (1506)

NEL CONTESTO

LUOGHI
Angola, Congo

PRIMA
1390 ca. Tramite alleanze matrimoniali, vari gruppi etnici fondano il regno del ManiKongo, il cui territorio poi si amplia mediante conquiste.

1482 Quando alla foce del fiume Congo arriva l'esploratore Diogo Cão, si stabilisce un primo contatto con i portoghesi.

1490 Su richiesta del re Nzinga Nkuwu nel ManiKongo giunge il primo gruppo di missionari.

DOPO
1678 La capitale del ManiKongo, Mbanza Kongo, viene distrutta e il regno si suddivide in territori più piccoli.

1913-1914 Una fallita rivolta contro i portoghesi accelera la fine del regno, che viene assorbito nella colonia dell'Angola.

Il re del ManiKongo **consegue e detiene il potere** con il sostegno di potenti fazioni (*makanda*).

↓

Le fazioni **creano stirpi dinastiche di sovrani**.

↓

Le stirpi sono **interrotte da lotte di successione** alimentate da fazioni rivali.

↓

Le ripetute **crisi di successione** indeboliscono il regno del ManiKongo e lo espongono allo sfruttamento europeo.

Alla fine del XV secolo, il ManiKongo (re del Congo) era di gran lunga il regno più vasto dell'Africa centroccidentale. Era governato dal quinto sovrano del Paese, Nzinga Nkuwu, che aveva anche legami commerciali, culturali e religiosi con il Portogallo. A determinare la storia del ManiKongo furono questi legami e le ripetute lotte per la successione al trono. Nel 1491, Nzinga Nkuwu e suo figlio Mbemba Nzinga si convertirono al cristianesimo, assumendo il nome di Giovanni I (João, in onore di re Giovanni II del Portogallo) e di Afonso. Nel 1506, quando Giovanni I morì, Afonso divenne il sesto sovrano, dopo avere sconfitto a Kitima il fratellastro non cristiano Mpanzu. Afonso tracciò un collegamento fra

Cfr. anche: Il cristianesimo raggiunge l'Africa 48-51 ▪ La regina Nzinga sfida il Portogallo 140-145 ▪ La spartizione dell'Africa 222-223 ▪ L'anno dell'Africa 274-275

la sua vittoria e Santiago Matamoros (San Giacomo uccisore di Mori), simbolo del trionfo cristiano sui Mori musulmani della penisola iberica. Avendo promosso il successo in battaglia come evento di ispirazione divina, Afonso configurò il suo regno come moderno Stato cristiano. Costruì chiese, adottò il cattolicesimo come religione ufficiale, arginò le credenze religiose indigene, istituì scuole per la formazione di una classe elitaria e mandò i propri figli e i figli dei nobili a studiare in Portogallo.

Commercio e religione

Afonso vide l'occasione di modernizzare il regno con lo scambio di merci e idee con i portoghesi. Malgrado l'adozione del cristianesimo e delle usanze portoghesi, il suo rapporto con il Portogallo si deteriorò, specie a causa della tratta degli schiavi. Afonso possedeva schiavi, ma erano costituiti da prigionieri di guerra. Quando i mercanti di schiavi estesero l'attività a tutte le classi sociali, il sovrano rimase inorridito da ciò che considerava un'espansione indiscriminata della schiavitù. In una lettera inviata nel 1526 al re portoghese Giovanni III, si lamentò della tratta degli schiavi e poi stabilì un meccanismo per regolamentare chi potesse essere ridotto in schiavitù. La manovra però non riuscì ad arrestare la tratta degli schiavi clandestina, né a impedire al Portogallo di sfruttare la tratta al di fuori del ManiKongo.

Nel 1539, un appello di Afonso a papa Clemente VII affinché ponesse un freno alla tratta degli schiavi, fu seguito nel 1540 da un tentativo portoghese di assassinare il re mentre assisteva alla messa di Pasqua. Due anni dopo, Afonso morì senza essere riuscito a realizzare la sua visione di una società cattolicizzata e moralizzata.

Lotte intestine e declino

La crisi di successione che seguì alla morte di Afonso fece capire quanto il regno fosse stato indebolito dalle rivalità locali e dallo sfruttamento commerciale portoghese. Nel 1543, ad Afonso succedette il figlio Pietro I, che però fu deposto due anni dopo dal nipote di Afonso, Diogo I. Pur continuando a favorire la diffusione del cristianesimo, Diogo espulse molti portoghesi, da lui considerati una minaccia. Alla sua morte nel 1561 gli succedette Afonso II, che nel giro di un anno fu assassinato, probabilmente con la collusione del Portogallo.

Le divisioni che continuarono a caratterizzare la successione al trono resero vulnerabile il ManiKongo. Nel 1665 il re António I Nvita a Nkanga rimase ucciso nella battaglia di Mbwila contro i portoghesi. Un'ulteriore crisi di successione provocò una guerra civile, e lo sfaldamento del regno consentì ai portoghesi di espandere la tratta degli schiavi. Anche se, in seguito, le fazioni rivali avrebbero concordato una rotazione per la nomina del sovrano, il regno aveva ormai perduto gran parte della sua potenza. Il desiderio di modernità e di espansione culturale di Afonso I aveva anche creato le condizioni che poi causarono il declino del ManiKongo. ■

Un crocifisso in ottone, realizzato nel ManiKongo nel XVI-XVII secolo, ha un'iconografia cristiana ma presenta elementi africani, tra cui il Cristo nero e quattro figure indigene più piccole.

L'incoronazione di un nuovo re del ManiKongo è raffigurata in questa incisione del XVIII secolo, epoca in cui il regno era meno potente ma più stabile.

SCHIAVITÙ E RIBELLIO

1510-1700

NE

1510
Re Ferdinando di Spagna autorizza una **spedizione di 50 schiavi africani** a Hispaniola.

1518
L'imperatore Carlo V approva **l'invio di schiavi** dagli scali portoghesi dell'Africa occidentale al Nuovo Mondo.

1521
Gli schiavi che lavorano in una piantagione di canna da zucchero a Hispaniola si ribellano: è **la prima rivolta organizzata** in America.

1526
In America del Nord arrivano i primi schiavi africani, nella baia di Winyah, nell'odierna Carolina del Sud.

1570 ca.
Gaspar Yanga guida un'**insurrezione di schiavi** in Messico.

1600 ca.
In Africa occidentale **i regni Akan competono per la supremazia** mentre i portoghesi invadono il territorio ricco d'oro sulla costa del golfo di Guinea.

1610-1620
Gli olandesi **entrano nella tratta degli schiavi** transatlantica, seguiti dalla Gran Bretagna negli anni '20, dalla Francia negli anni '50 e dalla Danimarca negli anni '70 del XVII secolo.

Esaminando la storia della schiavitù nel XVI e XVII secolo, l'Africa e la sua popolazione non furono solamente sfruttate dai colonizzatori europei. L'Africa è un luogo con una ricca storia di lotte di potere e contrapposizioni, incarnate dalla resistenza e dalla capacità di comando della regina Nzinga di Ndongo e Matamba (nell'attuale Angola), che nella prima metà del XVII secolo per 30 anni fermò gli invasori portoghesi, e dalla regina Nanny dei cimarroni (fuggiaschi), che in Giamaica guidò incursioni per liberare gli schiavi africani.

Dei 12,5 milioni di africani catturati e trasportati in America fra 1510 e 1866, 10,7 milioni sopravvissero al viaggio. All'arrivo venivano messi a lavorare nelle piantagioni in cui si coltivavano canna da zucchero, tabacco e cotone per soddisfare la crescente domanda in Europa. Le condizioni di lavoro erano brutali, ma gli schiavi riuscirono a preservare la propria umanità tramite la fede, la tradizione e la creazione di nuovi rapporti con persone provenienti da altre parti dell'Africa. Contro ogni aspettativa, diedero origine a una diaspora africana forte e influente in tutto il continente americano, con tradizioni che hanno resistito a oltre tre secoli di schiavitù.

Ricerca di libertà

Gli schiavi africani dell'intero Nuovo Mondo lottarono coraggiosamente contro gli oppressori. La rivolta degli schiavi di Hispaniola nel 1521, verificatasi poco dopo l'importazione dei primi africani da parte degli spagnoli per il lavoro nelle piantagioni in espansione sull'isola, segna l'inizio di secoli di ribellioni.

I lavoratori neri formavano comunità coese, che trascendevano cultura e lingua nel desiderio di sfidare i padroni e recuperare la libertà. In Brasile coloro che sfuggivano alla cattura si avvantaggiavano delle estese foreste e del terreno montuoso della colonia portoghese creando accampamenti isolati detti *quilombo*, organizzati secondo modelli di governo africani.

In Messico gli africani in cerca di libertà, guidati da Gaspar Yanga, dal loro insediamento sugli altopiani lanciarono feroci attacchi contro gli spagnoli. Nel 1609, una campagna militare spagnola per sopraffare i ribelli fallì, e nel 1618 questi africani ex schiavi ottennero il diritto di fondare nello Stato messicano di Veracruz una propria città libera. Inizialmente chiamata San Lorenzo de los Negros, nel 1932 mutò nome in Yanga.

1619
Arrivano schiavi a Jamestown, in Virginia, per il lavoro nella **prima piantagione permanente** dell'America del Nord.

1622
La regina Nzinga **negozia un trattato di pace** con i portoghesi, aprendo la strada alla propria **ascesa al potere** nell'odierno Angola.

1655
Quando le truppe inglesi sottraggono la **Giamaica** alla Spagna, molti schiavi africani si rifugiano sulle montagne, dove **creano comunità di cimarroni**.

1678
In Brasile Zumbi dos Palmares diventa l'ultimo re del *quilombo* omonimo: fino alla sua cattura nel 1694 guida una **campagna di resistenza** contro il Portogallo.

1680
Viene fondato l'**impero Ashanti** con l'unificazione di vari regni Akan sotto il dominio di questa popolazione.

1684
Nello Zimbabwe il sovrano dei Rozvi Changamire Dombo e il suo esercito **respingono** con successo **i portoghesi** nella battaglia di Maungwe.

1684
François Bernier pubblica in forma anonima un saggio in cui **distingue quattro razze**. I colonialisti occidentali in seguito sfruttano le sue idee per "giustificare" **il razzismo e la schiavitù**.

Nel 1655, quando l'Inghilterra sottrasse la Giamaica agli spagnoli, sull'isola si crearono comunità indipendenti di schiavi fuggiaschi. Ancora oggi in Giamaica e in altre zone dei Caraibi e dell'America latina esistono comunità di questi cosiddetti cimarroni.

Difesa dell'Africa

Frattanto, in Africa occidentale la regina Nzinga era decisa a mantenere liberi i propri territori dal dominio portoghese. Alternando alleanze militari, accordi di pace e guerriglia, durante tutto il suo regno riuscì a tenere a bada i portoghesi, malgrado la loro potenza militare nettamente superiore, e trasformò il regno di Matamba in un fiorente crocevia mercantile. La forte volontà e l'astuzia politica della regina erano insostituibili, e dopo la sua morte il Portogallo si impadronì rapidamente della zona, ma Nzinga rimane un simbolo di resistenza anche per gli angolani moderni.

Più a nord, nell'attuale Ghana, Boamponsem, sovrano del regno Akan di Denkyira, approfittò della presenza portoghese nel golfo di Guinea per vendere oro e schiavi in cambio di armi da fuoco. Questo sovrano, potente ma impopolare, alla fine fu sconfitto da una coalizione di regni Akan guidata da Osei Tutu, che nel 1680 unificò questi regni dando vita all'impero Ashanti. Con il sacro sgabello d'oro come simbolo di pace e unità, l'impero prosperò per altri due secoli, all'inizio grazie alla capacità di comando di Tutu, poi alla ricchezza procurata dall'oro. Era ricco d'oro anche l'impero dei Rozvi, fondato attorno al 1684 nell'attuale Zimbabwe. Quando i portoghesi cercarono di impadronirsi delle miniere aurifere della zona, furono prontamente respinti da un esercito definito Rozvi ossia "distruttori", guidati da Changamire Dombo.

Il concetto di razza

Nel 1684 il medico francese François Bernier fu il primo a classificare le popolazioni in base all'origine geografica e alle differenze fisiche, suddividendole in quattro "razze" e indicando il colore nero della pelle quale caratteristica essenziale degli africani subsahariani. Scienziati successivi non solo raggrupparono le popolazioni in base al colore della pelle, ma vi aggiunsero ulteriori caratteristiche, con l'esito di una gerarchia di razze. La supremazia bianca che ancora permea istituzioni di tutto il mondo trae le sue radici da queste classificazioni, che nacquero per codificare le popolazioni africane e giustificare le finalità coloniali. ■

UNA MACCHIA SULLA STORIA UMANA

LA TRATTA DEGLI SCHIAVI TRANSATLANTICA (1510)

NEL CONTESTO

LUOGHI
Europa, Africa, America

PRIMA
1441 Marinai portoghesi raggiungono l'attuale Mauritania (all'epoca Cabo Blanco) in Africa occidentale.

1461 Il Portogallo costruisce ad Arguin, in Mauritania, il primo forte per rinchiudere gli schiavi procurati dai mercanti musulmani e dai re africani.

1492 Cristoforo Colombo sbarca a Hispaniola e rivendica l'isola per la Spagna.

DOPO
1839 Gli schiavi africani si impadroniscono della nave negriera spagnola *Amistad*.

1866 Salpa l'ultima nave negriera, diretta a Cuba, isola sotto il dominio spagnolo.

2006 La Francia istituisce una giornata nazionale in ricordo delle vittime della tratta degli schiavi, e la Gran Bretagna si scusa pubblicamente per il proprio ruolo.

> Concediamo a te la facoltà di invadere, conquistare, espugnare e soggiogare i Saraceni, i pagani [...].
>
> **Papa Niccolò V**
>
> ***Dum diversas*, bolla papale a re Alfonso del Portogallo, 1452**

In questo murale moderno alcuni schiavi fanno l'ultimo bagno nel fiume Donko Nsuo, nel Ghana, prima di essere caricati sulle navi negriere che li trasporteranno in America.

Fra il XVI e il XIX secolo, con la tratta degli schiavi dall'Africa furono trasportate al di là dell'oceano Atlantico all'America del Nord e del Sud circa 12,5 milioni di persone (non ne conosceremo mai il numero preciso). Fu la più grande e più lunga migrazione forzata del suo genere e modificò il corso della storia in Africa, in America e nei Paesi europei che avevano dato inizio alla tratta principalmente per arricchire la propria economia e soddisfare la domanda dei consumatori.

Al suo apice, la tratta atlantica era dominata da sette Paesi: Portogallo, Spagna, Paesi Bassi, Gran Bretagna, Francia, Danimarca e Stati Uniti. Di solito queste nazioni non si procuravano gli schiavi direttamente, ma li ottenevano da re africani che, fin dagli albori della loro civiltà, riducevano in schiavitù i prigionieri di guerra per le proprie esigenze. A partire dal VII secolo alcuni prigionieri venivano venduti ai musulmani che, con la cosiddetta tratta degli schiavi transahariana, li trasportavano oltre il Sahara verso i territori islamici dell'Africa settentrionale. Al servizio della tratta degli schiavi transatlantica erano i regni situati sulla costa occidentale dell'Africa, come il Dahomey (nell'attuale Benin), i cui mercanti percorrevano lunghe distanze nell'entroterra per rapire altri africani. I prigionieri così soggiogati venivano trasportati spietatamente a piedi verso la costa e consegnati agli europei in cambio di rum, stoffe, utensili e armi da fuoco.

Manodopera gratuita

La tratta nacque nella penisola iberica, con Portogallo e Spagna. Protesa verso l'Atlantico, la penisola era nella posizione ideale per fungere da stazione di partenza. Essendo la zona d'Europa più vicina all'Africa e all'America, era quasi inevitabile che fossero i primi europei a raggiungere queste terre. Infatti, il Portogallo fu il primo Paese a circumnavigare l'Africa, mentre la Spagna diede il via alla colonizzazione dell'America.

I marinai portoghesi cominciarono a esplorare l'Africa a metà del XV secolo. Non si avventuravano nell'entroterra, ma navigavano lungo la costa atlantica, dove scoprirono la preesistente tratta degli schiavi

Cfr. anche: La tratta degli schiavi transahariana 60-61 ▪ Gli europei arrivano in Africa 94-95 ▪ La vita nelle piantagioni 122-129 ▪ L'abolizionismo in Europa 168-171 ▪ La Ferrovia sotterranea 190-195 ▪ L'abolizione della schiavitù in Brasile 224-225

transahariana. Ben presto si diedero al traffico di schiavi, e per ospitarli costruirono forti lungo la costa atlantica dell'Africa. Uno di questi, sull'isola di Arguin al largo della Mauritania, fu terminato nel 1461; un altro, il castello di Elmina nell'attuale Ghana, venne completato nel 1482. Inoltre, per detenervi gli schiavi, occuparono le isole precedentemente disabitate di Capo Verde e São Tomé, a partire rispettivamente dal 1462 e dal 1486.

Alcuni schiavi furono utilizzati a beneficio degli interessi portoghesi in Africa, per esempio come manodopera gratuita nelle piantagioni di canna da zucchero a São Tomé. Altri vennero condotti nella penisola iberica e impiegati principalmente come domestici, perciò nel 1500 vi erano ormai diverse migliaia di africani sia nella capitale portoghese, Lisbona, sia nella città spagnola di Siviglia.

Frattanto, nell'ultimo decennio del XV secolo, dall'altra parte dell'Atlantico la Spagna aveva colonizzato le isole di Hispaniola e Portorico. Nella prima, i colonizzatori aprirono ben presto miniere d'oro e cercarono di costringere gli indigeni dell'isola a lavorarci. Quando però, agli occhi degli spagnoli, la popolazione locale si rivelò troppo debole per questo compito, nel 1509 il governatore dell'isola inviò in Spagna pressanti richieste per ricevere lavoratori migliori.

Inizio della tratta

Nel gennaio 1510 il re di Spagna Ferdinando spedì una lettera al governatore di Hispaniola e un'altra a funzionari della Casa dei commerci di Siviglia. In entrambe confermò la sua decisione di inviare da Siviglia a Hispaniola 50 degli «schiavi migliori e più robusti», e così ebbe inizio la tratta degli schiavi transatlantica.

All'inizio, oltre Atlantico ne furono trasportati pochi, ma nel 1518, quando il successore di Ferdinando, Carlo I (Carlo V, sovrano del Sacro romano impero) approvò l'invio di schiavi al-

La "porta del non ritorno" nella Casa degli schiavi sull'isola di Gorée, in Senegal, era l'ultima che i prigionieri attraversavano prima di salire a bordo della nave negriera.

La cartina indica il passaggio intermedio del triangolo commerciale transatlantico. Gli schiavi africani erano tenuti prigionieri nei forti dell'Africa occidentale, per poi essere trasportati al di là dell'oceano. Le rotte settentrionali di solito conducevano ai Caraibi o negli Stati Uniti, quelle meridionali al Brasile portoghese.

Legenda:

Principali zone per la tratta degli schiavi

Rotte della tratta degli schiavi

Sulle navi negriere gli schiavi stavano ammassati, con spazio appena sufficiente per stare in piedi, come in questo disegno del 1845 della nave brasiliana *Albanez*, a opera dell'ufficiale di marina britannico Francis Meynell.

le colonie spagnole dai porti africani del Portogallo, prese avvio il traffico transatlantico vero e proprio.

Una nave proveniente da Arguin con 79 schiavi raggiunse Portorico nel 1521, una da São Tomé con 248 schiavi sbarcò a Hispaniola nel 1529. I portoghesi imitarono gli spagnoli, inviando nel 1533 una nave da São Tomé con 17 schiavi alla nuova colonia portoghese, il Brasile. Dopo questi viaggi, per i primi 100 anni portoghesi e spagnoli gestirono in esclusiva la tratta. Vi parteciparono però anche corsari di altri Paesi europei (su licenza dei rispettivi sovrani), così come pirati e contrabbandieri. Solo dopo il 1610 entrarono ufficialmente nel mercato i Paesi Bassi, seguiti dalla Gran Bretagna negli anni '20 e dalla Danimarca negli anni '70 del XVII secolo, e infine, un secolo più tardi, dagli Stati Uniti da poco indipendenti.

Triangolo terribile

L'ingresso di altre potenze europee nella tratta degli schiavi transatlantica era chiaramente legato al loro successo nel fondare nuove colonie in America del Nord e del Sud. In seguito a guerre lunghe e sanguinose, varie isole caraibiche cambiarono più volte padrone. Con reciproco vantaggio, le potenze rivali crearono quello che fu definito "triangolo commerciale" dell'Atlantico, i cui effetti si fecero sentire in tutto il mondo.

In cima al triangolo vi era l'Europa, da cui le navi negriere salpavano in direzione sud verso la costa africana, dove offrivano merci e armi in cambio di schiavi. Nel "passaggio intermedio", le navi trasportavano i prigionieri a ovest fino alle loro colonie o ad altri acquirenti in America del Nord e del Sud. Quindi le navi scambiavano il carico umano con prodotti quali zucchero e tabacco e tornavano in Europa a chiudere il triangolo.

Questo sistema apportò grandi ricchezze ai singoli mercanti che, per la maggior parte, erano apparentemente impassibili di fronte alla brutalità del trattare esseri umani come mercanzie. Sulle navi negriere le condizioni erano soffocanti per il clima caldo, la mancanza d'aria e di luce sottocoperta e l'odore fetido di escrementi, sudore e vomito. Gli uomini erano incatenati fra loro e tanto stipati da essere costretti a restare distesi o accovacciati. Le donne avevano più libertà, ma molte venivano stuprate dai marinai. Gli schiavi facevano i loro bisogni lì dov'erano, oppure in vasche comuni in cui spesso cadevano dei bambini.

Il tragitto del passaggio intermedio durava circa due mesi. Le malattie erano frequenti, con focolai di dissenteria, vaiolo, morbillo, influenza e scorbuto. Quasi due milioni di schiavi morirono durante il viaggio e furono

> Devo ammettere [...] di essere stato inizialmente rapito e tradito da qualcuno del mio stesso colore [...] però, se non ci fossero acquirenti, non ci sarebbero venditori.
>
> **Ottobah Cugoano**
> **Scrittore e attivista antischiavista**
> **(1757 ca.-data ignota)**

Sezione trasversale di una nave negriera

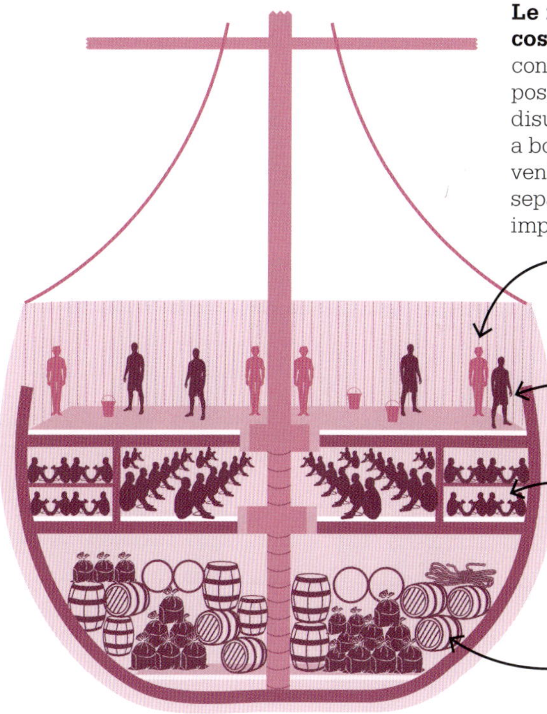

Le navi negriere erano costruite in modo da contenere quante più persone possibile, il che rendeva disumane le condizioni a bordo. Donne e uomini venivano tenuti in zone separate e non esistevano impianti sanitari.

Il rapporto fra membri dell'equipaggio e schiavi sulle navi negriere era normalmente di 1:10.

I prigionieri venivano condotti in coperta in catene per il nutrimento e l'esercizio fisico.

Nella stiva erano ammassati anche 600 schiavi.

Acqua e altre provviste erano conservate nella stiva inferiore.

gettati in mare. Ma i più sopravvivevano e creavano fra loro stretti legami, che però si interrompevano allo sbarco, quando gli africani venivano venduti a padroni diversi. Cudjoe Lewis, sopravvissuto all'ultima nave negriera a raggiungere gli Stati Uniti nel 1860, durante la vecchiaia narrò di quanto fosse doloroso separarsi dai compagni di viaggio dopo 70 giorni trascorsi assieme sull'acqua: un'angoscia assai ardua da sopportare.

Inversione di tendenza

Di fronte a questo trattamento terribile le ribellioni erano frequenti, spesso favorite da marinai schiavi ingaggiati allo scopo di consentire la comunicazione con i prigionieri. Una rivolta del genere ebbe luogo nel 1812 al largo dell'Angola sulla nave portoghese *Feliz Eugênia*. Marinai africani e schiavi tesero un'imboscata all'equipaggio, legarono tutti e fuggirono con le scialuppe. Quando le notizie delle ribellioni si diffusero e si venne a conoscenza degli orrori del passaggio intermedio, l'indignazione pubblica si fece più acuta. Gli oppositori cominciarono a rifiutare i prodotti di questa tratta, con boicottaggi come quello dello zucchero in Gran Bretagna nell'ultimo decennio del XVIII secolo. Nel 1803 la Danimarca fu la prima nazione schiavista a proibire la tratta. Seguirono la Gran Bretagna nel 1807, gli Stati Uniti nel 1808, i Paesi Bassi nel 1826 e il Portogallo nel 1836. Tuttavia, l'osservanza del divieto non era rigida, poiché per altri 30 anni questi Paesi non abolirono del tutto la schiavitù; l'ultima nave negriera "legittima", diretta alla colonia spagnola di Cuba, salpò nel 1866.

In base a testimonianze costituite da libri di bordo delle navi, registri fiscali, diari e lettere private, gli storici stimano che dei 12,5 milioni di africani saliti sulle navi, 10,7 arrivarono in America del Nord o del Sud, mentre gli altri morirono durante il viaggio. Quasi la metà di questi schiavi (5,8 milioni) furono trasportati dal Portogallo principalmente verso il Brasile. La Gran Bretagna ne trasportò 3,3 milioni, la Francia 1,4 milioni, la Spagna 1,1 milioni, i Paesi Bassi poco più di mezzo milione, gli Stati Uniti 305.000, la Danimarca 111.000. Nel 1999 il Benin fu il primo Stato africano moderno a chiedere scusa per il suo ruolo nel trasporto di queste persone. Da allora, altri Paesi hanno espresso rammarico per aver partecipato alla tratta.

Diaspora africana

Prima della tratta degli schiavi transatlantica, la popolazione dell'Africa occidentale aveva interazioni limitate con l'Europa e con le colonie americane. Questo periodo di migrazione forzata e schiavitù, unitamente alla colonizzazione dell'Africa da parte degli imperi europei, creò una nuova diaspora africana, oggi presente principalmente sulle isole dei Caraibi, in America del Nord e del Sud e nei Paesi europei ex schiavisti. ■

> [...] la stiva così bassa che non potevamo stare in piedi ma eravamo obbligati ad accovacciarci [...] giorno e notte erano uguali, il sonno ci veniva negato dallo spazio limitato per il nostro corpo.
>
> **Mahommah Baquaqua**
> **Abolizionista africano (1824-1857 ca.)**

MALATI O SANI, ERA LAVORO, LAVORO, LAVORO

LA VITA NELLE PIANTAGIONI (XVI SECOLO-1888)

NEL CONTESTO

LUOGHI
Stati Uniti, Caraibi, America latina

PRIMA
1425 I portoghesi ricorrono agli schiavi per coltivare canna da zucchero sull'isola di Madeira.

1493 Cristoforo Colombo porta la canna da zucchero a Hispaniola, nei Caraibi.

1510 Gli spagnoli approvano il trasporto di schiavi a Hispaniola. Dal 1512 alcuni lavorano nelle piantagioni.

DOPO
1886 In Texas gli agricoltori neri fondano l'Alleanza nazionale e unione cooperativa degli agricoltori di colore contro le corporazioni dei bianchi.

1891 I raccoglitori di cotone americani neri scioperano, chiedendo salari più alti. In seguito, 9 di loro vengono uccisi in un linciaggio.

2010 Il ministero dell'agricoltura degli Stati Uniti si impegna a versare a 40.000 agricoltori neri 1,2 miliardi di dollari come risarcimento.

Talvolta mi sento un bambino senza madre, lontano da casa.
***Spiritual* degli americani neri**

Negli zuccherifici come questo delle Antille caraibiche, gli schiavi estraevano dalla canna cristalli di zucchero, nonché succhi che, fermentati, producevano rum.

Dall'inizio del XVI secolo fino al 1888 gli schiavi africani e i loro discendenti furono costretti a lavorare nelle piantagioni dell'America del Nord e del Sud. Le grandi aziende agricole, in cui si coltivavano canna da zucchero, tabacco, riso, caffè e cotone, si estendevano su vaste aree dei Caraibi e dell'America latina, specialmente in Brasile. Dall'inizio del XVII secolo si sviluppò un sistema di piantagioni più piccole anche nel sud degli Stati Uniti.

Ascesa delle piantagioni

Gli spagnoli realizzarono le prime piantagioni di canna da zucchero del Nuovo Mondo a Hispaniola all'inizio del XVI secolo, poi imitati dai portoghesi in Brasile. Gli uni e gli altri al principio costrinsero a lavorare per loro le popolazioni indigene, finché malattie e spossatezza decimarono i braccianti. Allora, furono fatti arrivare schiavi africani perché ne prendessero il posto. Con l'aumento della domanda di zucchero in Europa, il numero di piantagioni si espanse costantemente. Queste coltivazioni generavano enormi profitti per i proprietari e per i governi di Portogallo e Spagna che li sovvenzionavano, ma per mantenere a livelli elevati la produzione e gli utili era necessario un numero sempre maggiore di schiavi.

Dalla metà del XVII secolo fino al 1834, quando il Proclama di emancipazione abolì la schiavitù nelle colonie britanniche, si espanse anche l'economia delle piantagioni nei Caraibi, dominata all'inizio dagli olandesi, poi dai francesi e dai britannici. In questo periodo, nel Nuovo Mondo furono trasportati più di 12 milioni di africani, che per oltre il 90% finirono nei Caraibi e in America del Sud, quasi tutti come schiavi nelle piantagioni.

Lavoro micidiale

Fra i quattro quinti di schiavi che, secondo le stime, sopravvissero alle condizioni di orribile sovraffollamento durante il viaggio attraverso l'Atlantico, circa il 30% morì per le nuove malattie che contrassero, mentre molti altri perirono per i rigori del lavoro forzato. Nel 1750, nei Caraibi erano stati ormai trasportati circa 800.000

Cfr. anche: La tratta degli schiavi transatlantica 116-121 ▪ La rivolta degli schiavi di Hispaniola 130-131 ▪ Il Code Noir della Louisiana 166-167 ▪ L'abolizionismo in Europa 168-171 ▪ L'abolizionismo in America 172-179 ▪ L'abolizione della schiavitù in Brasile 224-225

africani, ma la popolazione nera rimaneva stabile a sole 300.000 persone. In molte piantagioni l'aspettativa di vita era di 7-9 anni. Il tasso di mortalità era massimo fra coloro che lavoravano nei campi con il caldo e le dure condizioni nelle tenute dei Caraibi e dell'America latina, ma anche nelle piantagioni di riso delle colonie americane, come la Carolina del Sud e del Nord e la Georgia. Dato che la malaria era diffusissima, restare in piedi per ore nell'acqua in periodi di caldo soffocante era spesso fatale. In una risaia del sud degli Stati Uniti la mortalità infantile raggiunse addirittura il 90%.

Forze di mercato

Nei Caraibi e nell'America latina le piantagioni più grandi avevano spesso centinaia di schiavi, soprattutto uomini, che nel XIX secolo nelle isole caraibiche superavano la popolazione bianca per un rapporto di circa 8 a 1. Nelle Indie Occidentali era normale che i proprietari fossero assenti e che la gestione venisse delegata ad amministratori bianchi o neri liberi. Nel sud degli Stati Uniti le tenute in genere non avevano più di 50 schiavi, con un rapporto più paritario fra uomini e donne, e i padroni erano maggiormente coinvolti nella gestione. Qui, nel 1860 gli afroamericani costituivano circa un terzo della popolazione.

L'economia svolse un ruolo fondamentale nello sviluppo delle piantagioni. Nel XVIII secolo, con l'aumento vertiginoso del consumo, lo zucchero divenne il bene più prezioso nell'ambito del commercio europeo, accrescendo la competizione fra i proprietari, che costrinsero gli schiavi ad aumentare la produzione. Piantare, concimare e tagliare la canna da zucchero erano compiti che toccavano ai più forti e sani. Organizzati in squadre, erano costretti a lavorare anche 18 ore al giorno per l'intera settimana, e senza riposo alcuno. Gli schiavi erano valutati a seconda delle capacità. Nei Caraibi, intorno al 1780 chi sapeva far bollire lo zucchero valeva 150 sterline, 25 volte di più rispetto a uno schiavo anziano. In una piantagione di Antigua 56 persone furono pagate 3.590 sterline (circa 400.000 euro attuali).

Il tabacco e gli schiavi

All'inizio del XIX secolo, prima che si diffondesse la coltivazione del cotone, nel sud degli Stati Uniti molti schiavi lavoravano in piantagioni di tabacco in Virginia e dintorni. Dal XVII secolo, con l'incremento dell'uso del tabacco in Europa, le coltivazioni divennero una componente essenziale dell'economia coloniale americana. Si svilupparono in Virginia, soprattutto nella zona della baia di Chesapeake, da cui era facile spedire il raccolto in Gran Bretagna. Nel corso del XVIII secolo, in queste piantagioni gli africani aumentarono da 100.000 a 1 milione, circa il 40% della popolazione locale. Sebbene dopo il 1775 non vi siano stati portati africani, i figli delle donne nere ne incrementarono il numero.

Prima del forte aumento della domanda, i rapporti fra i proprietari e gli schiavi erano relativamente stretti, e spesso lavoravano fianco a fianco. Essendoci maggiore concorrenza fra coltivatori, arrivarono altri africani. Vi erano sempre più sorveglianti bianchi che gestivano squadre di neri

Mary Prince

Nata schiava a Bermuda nel 1788, Mary Prince viene venduta per la prima volta a 12 anni. Rivenduta 6 anni dopo, è costretta a lavorare nelle saline anche per 17 ore al giorno. Ad Antigua diventa schiava domestica per John Wood, che nel 1828 la conduce a Londra, dove Mary cerca rifugio presso la Chiesa morava e lavora per l'abolizionista Thomas Pringle. La scrittrice Susanna Strickland la aiuta a narrare la dolorosa storia della sua vita, che suscita scalpore nel crescente fervore antischiavista. Non è noto se Mary sia ritornata nei Caraibi, né quando sia morta.

Opera principale

1831 *The History of Mary Prince*

Gli schiavi nel 1885 raccolgono caffè in una piantagione del Brasile, il Paese che importò il maggior numero di africani. L'uso degli schiavi incrementava i profitti dei coltivatori.

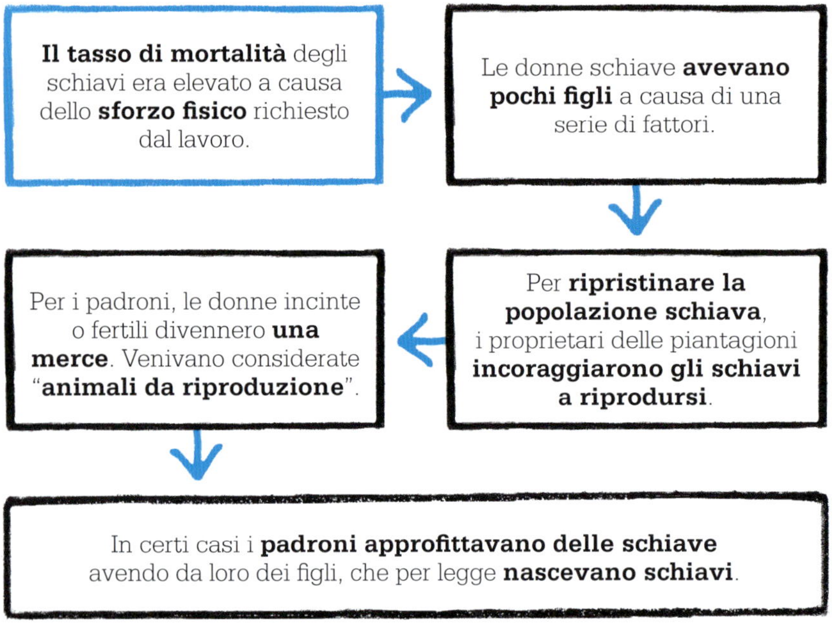

che, per incrementare la produzione, li costringevano a lavorare oltre il limite.

Alla fine del XVIII secolo, quando furono introdotte macchine più efficienti, nel sud degli Stati Uniti le piantagioni di cotone cominciarono a espandersi. Come altrove, l'uso del lavoro forzato degli schiavi per piantare e raccogliere il cotone ai fini della compravendita e dell'esportazione ne garantiva il successo. Il numero di schiavi continuò ad aumentare. Nel 1860, due terzi degli schiavi del Nuovo Mondo lavoravano ormai nel sud degli Stati Uniti.

> Il mio papà veniva usato come si usa un bovino maschio nell'allevamento e veniva ingaggiato a questo scopo da altri proprietari di piantagioni.
>
> **Barney Stone**
> **Americano nero ex schiavo, n. 1847**

Violazioni personali

In America del Nord e del Sud, l'aumento della popolazione di schiavi fu l'esito di una politica intenzionale. Le donne (e talvolta gli uomini) erano fortemente incoraggiate e spesso costrette a riprodursi allo scopo di incrementare i profitti del padrone con l'avvento di una nuova generazione di schiavi, anche se il matrimonio fra gli schiavi era proibito e le famiglie venivano spesso separate. Inoltre, molte donne furono stuprate da proprietari e amministratori delle piantagioni, che lo ritenevano un loro diritto.

Nel sud degli Stati Uniti i bambini nati dallo stupro di schiave nere da parte dei sorveglianti bianchi erano definiti "mulatti", e considerati a loro volta schiavi. Anche se alcuni furono istruiti e affrancati dai padri bianchi, non poterono mai entrare a far parte della società bianca. La mescolanza razziale era più accettabile per spagnoli e portoghesi, ma anche qui e nei Caraibi, come nel sud degli Stati Uniti, tutti i bambini assumevano la condizione giuridica della madre.

Mansioni variabili

Africani e africane erano coinvolti in tutti gli aspetti della produzione agricola e soddisfacevano ogni necessità dei padroni e degli amministratori locali. Alcune donne fungevano da infermiere, sarte e addette alla cucina. Gli uomini che non lavoravano nei campi svolgevano lavori manuali in altre parti delle piantagioni, o nelle fabbriche in cui si lavoravano i prodotti agricoli. Alcuni schiavi venivano anche affittati perché lavorassero per altri in qualsiasi mansione richiesta. I bambini più grandi e gli adulti fragili si occupavano di lavori leggeri come pulire, scacciare gli uccelli o trasportare l'acqua. Quelli piccoli e alcune persone anziane erano esentati dal lavoro. In America latina gli anziani, considerati un onere finanziario, venivano spesso affrancati. Lì

Le cameriere americane nere, come questa donna di New Orleans ritratta nel 1840, portavano un'uniforme elegante ma, come rivelò Mary Prince, venivano picchiate crudelmente.

Gli schiavi neri in Brasile dovevano trasportare i nobili su amache o portantine, talvolta fra una piantagione e l'altra o in città come Rio de Janeiro, qui raffigurata nel 1816.

e altrove i padroni potevano affrancare gli schiavi con un atto pubblico o un testamento, ma nelle colonie e nei vari Paesi le leggi variavano; in alcuni casi si cercava di limitare il numero di quelli affrancati. La Chiesa o le società benefiche potevano comprare la libertà di una persona. Alcuni schiavi erano perfino in grado di acquistarne a loro volta degli altri, ma per la maggior parte la vita era un lavoro infinito.

Trattamento umiliante

Fin da principio gli schiavi furono proprietà dei loro padroni: una volta acquistati, venivano spesso marchiati con l'iniziale del proprietario e ricevevano un nuovo nome. Nel 1661, l'isola di Barbados fu la prima colonia a imporre una legislazione che concedeva al padrone il diritto di soggiogare gli schiavi, considerandoli equivalenti ad «altre merci e beni mobili». Così fecero poi altre isole dei Caraibi, al pari delle colonie americane di Virginia, Maryland, Georgia, Carolina del Nord e del Sud. I proprietari tenevano sotto controllo gli schiavi con punizioni che prevedevano pestaggi, fustigazioni, torture e mutilazioni. Olaudah Equiano, ex schiavo che nel 1789 pubblicò la storia della sua vita, raccontò come agli schiavi venisse posto attorno al collo un gancio pesante, e per piccole trasgressioni venissero aggiunte le catene. Descrisse l'uso di schiacciapollici e mordacchie di ferro e narrò di aver visto un uomo picchiato fino ad avere le ossa fratturate «solo per aver fatto traboccare una pentola». Ad Antigua, fino al 1723, uccidere uno schiavo non era reato. Poiché i proprietari erano anche i legislatori, era impossibile incriminare qualcuno perché maltrattava i braccianti. La

Gli Stati Uniti nel 1860

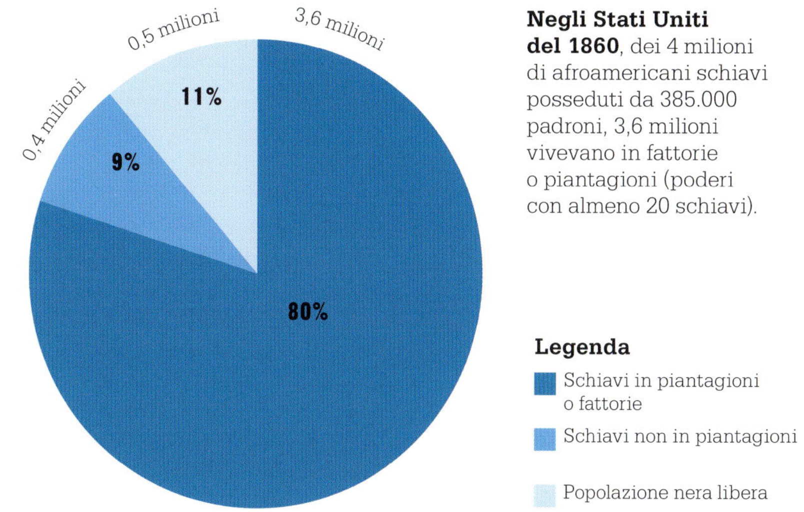

Negli Stati Uniti del 1860, dei 4 milioni di afroamericani schiavi posseduti da 385.000 padroni, 3,6 milioni vivevano in fattorie o piantagioni (poderi con almeno 20 schiavi).

Gli schiavi si radunano nei boschi del Mississippi per una cerimonia serale di sepoltura celebrata da un predicatore nero, in questa scena del 1860 dell'artista americano John Antrobus.

situazione era analoga in tutta l'America del Nord e del Sud.

Nel sud degli Stati Uniti i proprietari temevano insurrezioni, e quando sospettavano rivolte si inasprivano le leggi locali. Le norme venivano fatte rispettare da pattuglie di uomini bianchi, che fermavano ogni schiavo da loro incontrato fuori dalla piantagione; compivano incursioni nelle case e interrompevano le riunioni, cercando qualcosa di sospetto. Se si verificava un'insurrezione o anche se solo la si sospettava, i vigilantes bianchi terrorizzavano, torturavano e uccidevano i neri ritenuti responsabili.

> Nelle piantagioni e nelle fattorie attorno alla nostra piantagione tutte le persone di colore* erano schiave e in gran parte furono terribilmente maltrattate dai padroni.
>
> **Carl Boone**
> **Americano nero ex schiavo**
>
> * Nel 1937 veniva usato il termine *colored* (v. p. 4)

Vita di comunità

Nei Caraibi, in America latina e nel sud degli Stati Uniti gli schiavi in genere vivevano in abitazioni spoglie, capanne o baracche con il pavimento di terra battuta, ammobiliate forse con un letto, un tavolo e una panca. In seguito, nel sud, alcune abitazioni avevano stanze separate per dormire e mangiare, e in almeno due casi (la piantagione Hermitage in Georgia e Boone Hall in Carolina del Sud) i braccianti vivevano in abitazioni di mattoni, mentre gli schiavi specializzati avevano una casa per conto proprio; i domestici, invece, potevano anche vivere nella casa dei padroni. Sebbene gli schiavi avessero scarso tempo libero e poche aree comuni, le privazioni che condividevano generavano un profondo senso di solidarietà e un atteggiamento di resistenza. Molti di loro si opponevano ai maltrattamenti, per esempio spaccando gli attrezzi da lavoro, simulando malattie, trafugando cibo o interpretando in maniera volutamente errata le istruzioni.

Le saltuarie rivolte degli schiavi caraibici (la prima fu a Hispaniola nel 1521) ne ispirarono ulteriori altrove. Stando ai documenti, nei due secoli prima della guerra civile americana del 1861-1865 in America del Nord e

> Dormivamo in un lungo capannone diviso in settori stretti, come le stalle usate per il bestiame. Per letti avevamo soltanto dei tavolacci fissati a pali piantati nel terreno, senza materasso né coperte.
> **Mary Prince**

del Sud avvennero oltre 250 insurrezioni effettive o tentate con la partecipazione di almeno 10 persone.

Molti schiavi cercarono conforto e guida nella religione. In America latina, al loro arrivo gli africani venivano battezzati con il rito cattolico e, sebbene il loro trattamento rimanesse assai duro, i padroni incoraggiavano la formazione di famiglie. Spesso, della vita delle piantagioni faceva parte un culto che comprendeva elementi di islam, cristianesimo ed ebraismo, mescolati a credenze africane. Nel sud degli Stati Uniti alcuni padroni proibirono agli schiavi di frequentare le chiese. Bill Collins, schiavo dell'Alabama, raccontò che la domenica pregavano Dio affinché «trovasse qualche maniera per liberarci». Malgrado la crudeltà nei confronti degli schiavi, altri padroni non ritenevano una contraddizione insistere affinché frequentassero la messa cristiana. Gli *spiritual* emersero dagli inni che gli schiavi ascoltavano, e poi adattavano infondendovi una provocatoria invocazione della libertà. Per mascherare l'evoluzione di questa nuova cultura, comunicata con canti e racconti, si svilupparono lingue e dialetti nuovi.

Abolizione della schiavitù

Il Proclama di emancipazione del 1834 abolì la schiavitù nelle colonie britanniche. Le piantagioni introdussero alcune forme di apprendistato, ma molti africani preferirono guadagnarsi da vivere coltivando e vendendo i propri prodotti. In America latina l'emancipazione avvenne nel corso del XIX secolo. Quando i vari Paesi combatterono contro il dominio spagnolo, molti schiavi si unirono agli eserciti e, una volta raggiunta l'indipendenza, fecero pressioni per ottenere la parità di diritti. Nel sud degli Stati Uniti il destino degli ex schiavi fu spesso molto peggiore. Migliaia di neri fuggiti o affrancati dalla schiavitù negli anni della guerra civile non riuscirono a trovare un lavoro retribuito e morirono di fame, o perirono nelle epidemie di vaiolo e colera. Molti si rifugiarono nelle retrovie dell'esercito nordista, in "campi per fuggiaschi" insalubri, di cui alcuni erano ex accampamenti per gli schiavi e aumentavano il senso di disperazione. Spesso l'unico modo per andarsene era accettare di tornare a lavorare nelle piantagioni appena abbandonate. Per numerosissimi di coloro che furono emancipati nel 1865, dopo la vittoria dell'esercito nordista, la libertà ebbe un prezzo terribile. ■

Questa capanna spoglia di Green Hill, piantagione di tabacco e frumento in Virginia, è uno dei 17 edifici in legno e pietra in cui nel XIX secolo vivevano 81 schiavi al servizio di Samuel Pannill.

Questa scena nuziale, risalente al 1820, occulta la durata, spesso breve, delle unioni celebrate con il salto della scopa. La tradizione traeva forse origine da usanze degli Akan dell'Africa occidentale.

Salto della scopa

L'espressione "salto della scopa", che in inglese indica un matrimonio informale, emerse in Gran Bretagna nel XVIII secolo, ma è nota soprattutto per una cerimonia diffusa tra gli schiavi americani del XIX secolo.
Per le coppie di schiavi, il rito di saltare sopra una scopa era un metodo per ufficializzare l'unione. La scopa simboleggiava il fatto di spazzare via gli spiriti maligni e i brutti ricordi del passato e rappresentava la speranza di sopravvivere a un futuro incerto. Anche se il padrone autorizzava, o talvolta rendeva obbligatori, i rapporti sessuali fra schiavi, il matrimonio legittimo era proibito poiché gli schiavi non avevano diritti civili. I padroni spesso dividevano le famiglie e ne vendevano separatamente i componenti.
Nel 1865, quando negli Stati Uniti fu abolita la schiavitù, molti americani neri si affrettarono a legalizzare i matrimoni. La cerimonia del salto della scopa rimase per onorare un'orgogliosa tradizione degli schiavi.

LA PRIMA RIBELLIONE IN AMERICA

LA RIVOLTA DEGLI SCHIAVI DI HISPANIOLA (1521)

NEL CONTESTO

LUOGO
Caraibi

PRIMA
1492 Cristoforo Colombo rivendica per la Spagna l'isola di Ayiti e la chiama Hispaniola.

1496 Viene fondata Santo Domingo, prima capitale spagnola nel Nuovo Mondo.

1512 I primi africani fuggiaschi, detti cimarroni, fondano comunità con gli indigeni Taino.

DOPO
1697 Hispaniola viene divisa tra Francia e Spagna. I francesi prendono Saint-Domingue (oggi Haiti), gli spagnoli il resto (oggi Repubblica Dominicana).

1791 Si ribellano gli schiavi di Saint-Domingue, sotto il dominio francese.

1804 Haiti proclama l'indipendenza dalla Francia.

1844 La Repubblica Dominicana ottiene l'indipendenza da Haiti.

Hispaniola, la seconda più grande isola caraibica, situata a ovest di Cuba al centro del mar dei Caraibi, fu colonizzata dagli spagnoli e in seguito dai francesi. Fu poi sede della rivoluzione haitiana, la prima rivolta di schiavi del mondo ad avere avuto successo, con il raggiungimento dell'indipendenza di Haiti nel 1804. Ma molto tempo prima vi fu la ribellione del 1521, una dimostrazione di che cosa fossero in grado di conseguire gli schiavi.

Nel 1492, quando Cristoforo Colombo sbarcò a Hispaniola, l'isola era abitata da circa 400.000 indigeni Taino. Colombo rivendicò l'isola per la corona di Spagna, istituendone così la prima colonia. In seguito, gli spagnoli insediatisi nell'isola costrinsero i Taino a lavorare nelle miniere d'oro e nel-

Schiavi che coltivano canna da zucchero a Hispaniola, 1550 ca. All'epoca erano 20-30.000, mentre 7.000 cimarroni continuavano a sfidare gli spagnoli.

Cfr. anche: La tratta degli schiavi transatlantica 116-121 ▪ La vita nelle piantagioni 122-129 ▪ L'insurrezione degli schiavi in Messico 132-135 ▪ I cimarroni giamaicani 146-147 ▪ L'abolizionismo in America 172-179 ▪ La rivoluzione haitiana 184-189

Le leggi sugli schiavi del 1522

Agli schiavi non è permesso possedere armi.

Agli schiavi non è permesso recarsi in altre proprietà.

Si prevedono pene severe per chi cerca di fuggire.

Non è permesso aiutare i fuggiaschi.

Gli schiavi sono incoraggiati ad accoppiarsi e a formare famiglie.

le piantagioni di canna da zucchero. Nel 1510, i decessi dovuti a malattie e al trattamento brutale avevano ormai ridotto di quasi il 90% la popolazione Taino. Per rimediare all'acuta carenza di manodopera, il re spagnolo approvò il trasporto di schiavi dall'Africa occidentale alle nuove colonie, un'attività che ebbe inizio nel 1518.

Rivolta contro il sistema

Gli schiavi condotti nelle colonie spagnole erano originari perlopiù dell'Africa nordoccidentale, ma provenivano da culture differenti e parlavano lingue diverse. Pur lavorando fianco a fianco, per loro era difficile comunicare e organizzare qualche sorta di insurrezione. Molti si ribellarono individualmente, sottraendosi ai padroni con la fuga verso le zone disabitate delle montagne. Tuttavia, con il crescere della popolazione schiava gli africani cominciarono a discutere su come organizzarsi e ribellarsi contro i coloni.

Nel 1521 Diego Colombo, figlio di Cristoforo e governatore di Hispaniola, presiedeva una piantagione di canna da zucchero alla periferia della capitale Santo Domingo, dove ebbe inizio la ribellione. L'organizzazione della rivolta è stata attribuita a Maria Olofa e Gonzalo Mandinga, due dei primi cimarroni, ossia schiavi fuggiaschi in cerca di libertà. I ribelli costruirono armi con bastoni appuntiti e si impadronirono di machete usati per il raccolto della canna da zucchero.

La vigilia di Natale del 1521, mentre i padroni festeggiavano, 20 ribelli si organizzarono e si misero in marcia in direzione ovest dal fiume Nigua verso il villaggio di Azua, invitando lungo la strada altri schiavi africani ad abbandonare le piantagioni e a unirsi a loro. Quando intervenne la cavalleria spagnola per soffocare prontamente l'insurrezione, i ribelli non poterono competere con i soldati a cavallo muniti di spade e armi da fuoco. I sopravvissuti fuggirono verso le colline rocciose, ma furono catturati nel giro di cinque giorni. Ciò nonostante, i ribelli erano riusciti a liberare una dozzina di schiavi Taino e a uccidere nove spagnoli.

> “[...] muoiono, o meglio vengono uccisi, allo scopo di estrarre e procurare oro ogni giorno.”
>
> **Antonio de Montesinos**
> **Frate domenicano spagnolo (1475-1545 ca.)**

Le conseguenze

La rivolta degli schiavi del 1521 fu la prima del suo genere e mise in agitazione il governo spagnolo. Appena 10 giorni dopo l'inizio della ribellione furono approvate leggi sugli schiavi per mantenere l'ordine pubblico ed evitare che si ripetessero ulteriori insurrezioni. Le leggi ponevano restrizioni ai neri che vivevano a Hispaniola, schiavi o no. I ribelli che fossero fuggiti dai loro padroni sarebbero stati assoggettati a severe punizioni, come il taglio di un piede e, in caso di seconda trasgressione, la morte. Tuttavia, le leggi promuovevano anche il matrimonio fra schiavi affinché formassero famiglie, riducendo così, si sperava, la probabilità di future ribellioni e incrementando l'entità della manodopera.

Anche se Haiti, sul lato occidentale di Hispaniola, combatterà per l'indipendenza e la conquisterà solo 283 anni dopo, la rivolta del 1521 fece comprendere alle autorità che gli schiavi erano in grado di organizzarsi e di combattere per la libertà. ■

SANGUINOSA RIVOLTA NELLE PIANTAGIONI

L'INSURREZIONE DEGLI SCHIAVI IN MESSICO (1570)

NEL CONTESTO

LUOGO
Messico

PRIMA
1428 Gli Aztechi occupano il Messico centrale e fondano un potente impero.

1517 L'esploratore spagnolo Francisco Hernández de Córdoba sbarca sulla penisola dello Yucatán, nel Messico orientale.

1521 Gli schiavi africani di una piantagione dell'isola di Hispaniola danno inizio alla prima rivolta di schiavi in America.

DOPO
1835-1836 Il Texas si ribella e si stacca dal Messico, creando una repubblica che nel 1846 entra a far parte degli Stati Uniti.

1846-1848 Le dispute territoriali provocano una guerra con cui gli Stati Uniti acquisiscono vaste zone del Messico nordoccidentale.

Dagli anni '20 del XVI secolo fino allo scoppio della guerra di indipendenza messicana nel 1810, in Messico furono trasportati circa 250.000 africani per il lavoro nelle piantagioni di canna da zucchero, nelle miniere d'argento, negli allevamenti di bestiame e per la servitù domestica. Durante i tre secoli di schiavitù africana, nel Paese si registrarono oltre 100 ribellioni e complotti, fra cui la rivolta di maggior successo, guidata da Gaspar Yanga nel 1570 in una piantagione di canna da zucchero nella regione di Veracruz.

L'afflusso di schiavi era in parte causato da un calo della popolazione indigena, la cui entità nel Messico centrale scese da oltre 27 milioni del

Cfr. anche: La vita nelle piantagioni 122-129 ▪ La rivolta degli schiavi di Hispaniola 130-131 ▪ Comunità di resistenza degli schiavi brasiliani 136-139 ▪ I cimarroni giamaicani 146-147

Gaspar Yanga e i suoi compatrioti festeggiano la libertà; dipinto del Museo regionale di Palmillas a Yanga, già San Lorenzo de los Negros, città libera fondata da Gaspar Yanga.

1519 a poco più di 1 milione nel 1605, in conseguenza dell'eccesso di lavoro e di malattie come il vaiolo introdotte dai conquistatori spagnoli. Dal 1521, quando prese forma la Nuova Spagna, l'imperatore e sovrano di Spagna Carlo V autorizzò l'uso degli africani per sostituire i lavoratori indigeni. Era la colonia più vasta e, oltre all'odierno Messico, comprendeva buona parte dell'America centrosettentrionale, il nord dell'America meridionale e varie isole dei Caraibi e del Pacifico.

Breve compassione

Nel 1519, l'arrivo del *conquistador* Hernán Cortés a Veracruz, il principale porto d'accesso alla costa del golfo, segnò l'inizio del trasporto di schiavi in Messico da parte della Spagna. Nel 1521, dopo la conquista della capitale azteca Tenochtitlán, con lo sviluppo dell'attività mineraria e delle piantagioni, la domanda di manodopera crebbe rapidamente, raggiungendo l'apice fra il 1580 e il 1650.

Carlo V, influenzato dalla Chiesa cattolica che ricercava conversioni, all'inizio favorì un trattamento compassionevole degli schiavi. Ad alcuni fu consentito di comprarsi la libertà, mentre si incoraggiava la manomissione (liberazione mediante atto pubblico o testamento). Agli uomini africani veniva anche permesso di sposare donne indigene, garantendo così che i figli nascessero liberi. La Chiesa sosteneva il matrimonio cristiano e cercava di far sì che venissero legittimati anche i rapporti fra spagnoli e schiave nere, i cui figli erano liberi cittadini ma definiti "mulatti", un termine spregiativo riferito al mulo, ibrido nato da un asino e una cavalla. Il numero di persone di origine africana (libere e schiave) crebbe rapidamente. Malgrado le iniziative della Chiesa, la realtà del lavoro forzato in miniere e piantagioni era brutale, e il tasso di mortalità fra gli schiavi era molto elevato. I padroni non rispettavano le regole sul trattamento compassionevole. Le donne venivano stuprate, di frequente si dividevano le famiglie, e gli schiavi erano spesso puniti ancora più duramente per la "blasfemia" di pronunciare imprecazioni quando venivano frustati.

Rivolta e fuga

Il crescente rancore, unito all'incremento del numero degli schiavi, provocò in tutto il Messico insurrezioni individuali e organizzate. Nel 1537 il primo tentativo di rivolta generalizzata fu sventato quando venne a saperlo il viceré della colonia, Antonio de Mendoza. Un agente confermò che a Città del Messico e nelle miniere circostanti gli africani, guidati

La popolazione afromessicana

Data	Avvenimento	Persone di origine africana in Messico
1580-1650	Raggiunge l'apice l'importazione di schiavi africani in Messico.	45.000 ca. nel 1580 150.500 ca. nel 1650
1810	Ha inizio la guerra di indipendenza messicana, e la schiavitù viene in gran parte abbandonata.	Circa 500-600.000 (10% della popolazione)
2020	Per la prima volta nella storia il censimento messicano comprende una categoria per l'origine afromessicana.	2.576.213 afromessicani o parzialmente afromessicani (2% della popolazione)

> Yanga guidò i ribelli sulle montagne, dove trovarono un luogo inaccessibile in cui stabilirsi. [Per] più di trent'anni Yanga e i suoi seguaci vissero liberi.
>
> **Pérez de Ribas**
> **Missionario e storico spagnolo (1576-1655)**

da un re da loro eletto e appoggiati dagli indigeni, avevano giurato di liberare l'intera popolazione schiava. Il viceré fece arrestare e processare i cospiratori che, dopo aver confessato, furono impiccati e squartati affinché fungessero da monito. Verso la metà del secolo, le tensioni continue e almeno altri due complotti indussero il viceré a introdurre numerose restrizioni riguardanti i neri, sia liberi, sia schiavi. Si introdusse un coprifuoco e si proibì anche la vendita di armi da fuoco, nonché la riunione di tre o più neri senza la presenza di un datore di lavoro o proprietario di schiavi.

Libertà in montagna

Dopo la metà del secolo, il nuovo viceré Luis de Velasco inasprì le restrizioni e formò una milizia civile (la Santa Hermandad), per garantire l'ordine pubblico nella zona. Nel 1553 scrisse che la popolazione di neri e *mestizos* (meticci, di razza mista) «numericamente supera di gran lunga gli spagnoli», soggiungendo che «tutti desiderano acquistare la libertà con la vita dei loro padroni».

Attorno al 1570, un'insurrezione nella piantagione di canna da zucchero Nuestra Señora de la Concepción, nella zona di Veracruz, divenne leggendaria. Era guidata da Gaspar Yanga, considerato un principe africano del Gabon, il quale assieme ai suoi compagni cospiratori uccise 23 spagnoli e poi fuggì sulle montagne, dove costituì un *palenque* (recinto), uno dei vari insediamenti di *cimarrones*, ossia schiavi fuggiaschi, come venivano definiti gli africani in cerca di libertà.

A distinguere dagli altri il *palenque* di Yanga furono il successo, le dimensioni e la longevità. Yanga e i suoi seguaci si armarono di machete, di archi e frecce e delle armi da fuoco che riuscivano a trafugare. Dal loro nascondiglio sicuro progettavano incursioni violente verso le principali strade locali, i poderi e le piantagioni, occasioni in cui si procuravano ciò di cui avevano bisogno per sopravvivere e, se possibile, liberavano altri schiavi. L'asperità del terreno favoriva le attività di guerriglia. Per quasi 40 anni, con il persistere degli attacchi e la costruzione di altri *palenque* da parte di Yanga, queste comunità rappresentarono un grave imbarazzo per i governatori spagnoli della colonia e una fonte di terrore nella regione di Veracruz.

Rivolte più intense

Le insurrezioni aumentarono con l'arrivo di altri schiavi per il lavoro nelle piantagioni in costante espansione e nelle miniere. Nel nord, coloro che fuggivano stipulavano alleanze con gli indigeni locali contro gli spagnoli. Apparentemente incapaci di fronteggiare questi assalti, le autorità imposero pene ancora più severe, comprese la condanna a morte o la castrazione per chi si fosse assentato per oltre sei mesi, ma queste disposizioni ebbero scarso effetto. Verso il 1580, gran par-

La statua di bronzo di Gaspar Yanga dell'artista messicano Erasmo Vásquez Lendechy fu inaugurata a Yanga nell'agosto del 1976.

Radici africane nel Veracruz

La città libera fondata da Yanga nel 1618, oggi di oltre 20.000 abitanti, si trova nell'entroterra dello Stato costiero orientale di Veracruz. La zona era un tempo territorio di schiavi fuggiaschi, con insediamenti che resistettero al dominio spagnolo. Qui la popolazione afromessicana è maggiore rispetto ad altre zone del Messico, e diversi villaggi mantengono nomi africani, come Matamba e Mozomboa. L'antropologo Gonzalo Aguirre Beltrán (1908-1996), cresciuto nel Veracruz, fu il primo a pubblicare ricerche in cui si poneva in risalto la storia dei neri in Messico. La cantante Toña la Negra (1912-1982), originaria del Veracruz, contribuì a innalzare il profilo degli afromessicani rivendicando con orgoglio le proprie radici africane. I carnevali offrono musica *son jarocho*, originaria del Veracruz, che mescola elementi spagnoli, indigeni e africani. Lo stesso vale per il Festival della negritudine di Yanga, che si tiene dal 1986 e celebra il fondatore e la tradizione africana della città.

Il carnevale di Coyolillo, che celebra le tradizioni afromessicane, ebbe origine quando gli schiavi africani ottennero un unico giorno di riposo e lo usarono per mascherarsi.

te della colonia al di fuori di Città del Messico era in rivolta.

Vittoria nel Veracruz

Negli ultimi decenni del XVI secolo, nella regione di Veracruz le attività di guerriglia dei cimarroni si intensificarono, e gli incursori salvarono altri schiavi, attaccando perfino le case degli spagnoli per liberare i servitori domestici. Per i viaggiatori, la strada principale che conduceva dal porto di Veracruz a Città del Messico non era sicura, poiché i cimarroni intercettavano spesso i carri carichi di merci provenienti dalla costa del golfo.

Nel 1609 il viceré Luis de Velasco assegnò un contingente militare al capitano Pedro González de Herrera, a cui ordinò di ripristinare l'ordine pubblico nella regione. Per provocazione, Yanga mandò un gruppo di cimarroni a infastidire le truppe spagnole al loro arrivo e inviò uno spagnolo catturato a trasmettere le sue condizioni di pace: autogoverno e libertà in cambio di collaborazione nella regione, e riconsegna di eventuali schiavi africani del luogo che fossero fuggiti verso questa zona. Al rifiuto di Herrera, si scatenò una battaglia in cui entrambe le parti subirono pesanti perdite. Yanga e i suoi abbandonarono l'insediamento, che gli spagnoli incendiarono, ma ben presto sulle montagne crearono un altro *palenque* e le incursioni nel territorio proseguirono. Nove anni dopo, nel 1618, le due parti finalmente si accordarono secondo le condizioni poste da Yanga. Il trattato garantiva agli ex schiavi la libertà di vivere nei *palenque* e dava vita alla città libera di San Lorenzo de los Negros, che nel 1932 assunse il nuovo nome di Yanga. Era il primo insediamento di schiavi liberati in America del Nord.

Indipendenza e libertà

Nel XVII e nel XVIII secolo, nella colonia si registrarono rivolte di minore entità e fughe quasi continue, che per molti costituirono una via precaria ma efficace verso la libertà. Alla fine del XVII secolo, in Messico l'arrivo di schiavi africani si ridusse; alla fine del XVIII secolo le persone di origine africana avevano perlopiù un lavoro, ma di solito in condizioni dure e con bassa retribuzione. Dal 1810 al 1821 le persone di origine africana si unirono ai loro compatrioti per combattere contro il dominio spagnolo nella guerra di indipendenza messicana, entrando poi a far parte del nuovo Stato con la sua particolare miscela di razze e culture. La Repubblica del Messico abolì la schiavitù nel 1829 e fu il secondo Paese del continente americano a prendere il provvedimento; il primo era stato Haiti nel 1804.

Nel 1871 Yanga fu dichiarato eroe nazionale, e poi fu definito *El primer libertador de las Américas*. Tuttavia, molti storici tendevano a trascurare la ricca storia dei neri in Messico, concentrandosi piuttosto sulle persone di origine bianca e indigena. Solo in epoca relativamente recente i messicani hanno cominciato a esaminare e a celebrare le loro radici africane. Il censimento del 2020 è stato il primo in cui si sia potuta dichiarare la propria origine africana. ■

> Io sono mulatta*
> e orgogliosa di avere
> il sangue dei neri
> che mi scorre nelle vene.
>
> **Toña la Negra**
> **Cantante messicana (1912-1982)**

*Linguaggio usato nel 1945 (v. p. 4)

VILLAGGI DI GUERRIERI

COMUNITÀ DI RESISTENZA DEGLI SCHIAVI BRASILIANI (1570)

NEL CONTESTO

LUOGO
Brasile

PRIMA
1444 I portoghesi acquistano schiavi lungo la costa della Guinea, portandoli a lavorare in Europa come servitù domestica.

1470 I portoghesi sbarcano sulle isole di São Tomé e Príncipe nel golfo di Guinea, dove creano piantagioni in cui lavorano schiavi africani.

1500 Gli esploratori portoghesi scoprono e rivendicano il Brasile; 30 anni più tardi inizia il trasporto di schiavi africani.

DOPO
1822 Il Brasile proclama l'indipendenza dal Portogallo.

1888 La principessa reggente del Brasile abolisce la schiavitù, emancipando circa 700.000 persone.

All'inizio del XVI secolo, alle proprie colonie i portoghesi aggiunsero il Brasile. Inizialmente usarono la terra per la coltivazione, specialmente di canna da zucchero per i mercati europei. L'effetto congiunto di fertilità del suolo, tecniche avanzate di lavorazione e crescente domanda causò una forte espansione economica. Negli anni '20 del XVII secolo, il Brasile produceva 14.000 tonnellate di zucchero l'anno e dominava il mercato nel mondo occidentale. La produzione di zucchero richiedeva grandi quantità di manodopera. Prima dell'arrivo di schiavi africani in Brasile, i portoghesi facevano lavorare gli indigeni prigionieri, ma le malattie mortali introdotte dai colonizzatori devastarono la popolazione locale; negli anni '60 un'epide-

Cfr. anche: La rivolta degli schiavi di Hispaniola 130-131 ▪ L'insurrezione degli schiavi in Messico 132-135 ▪ I cimarroni giamaicani 146-147 ▪ La rivoluzione haitiana 184-189 ▪ L'abolizione della schiavitù in Brasile 224-225 ▪ I movimenti dei neri in Brasile 240-241

Il nord-est del Brasile era la zona più redditizia per la produzione di zucchero, specie il capitanato (prefettura) di Pernambuco, raffigurato in questa cartina del 1647, e la limitrofa Bahia.

mia di vaiolo causò la morte di 30.000 indigeni. Nel 1570 i portoghesi cominciarono a far arrivare un gran numero di schiavi africani, e così ebbe inizio una storia di angherie e di resistenza che in Brasile trova eco ancora oggi.

Fuga dalla brutalità

Nel 1600, in Brasile erano ormai arrivati circa 50.000 africani, che avevano superato gli indigeni come principale fonte locale di manodopera. Gli africani si trovavano alla mercé dei padroni bianchi. Fustigazioni e marchiature erano diffuse, e talvolta i braccianti morivano per mano dei padroni. La legge portoghese comminava la pena di morte ai proprietari di piantagioni che uccidessero gli schiavi, ma raramente la norma veniva applicata. Vi furono anche numerosi casi di schiavi che uccisero i sorveglianti o i proprietari delle piantagioni. Fra i motivi addotti in tribunale vi erano i pestaggi continui e i limitatissimi diritti fondamentali al nutrimento e al riposo.

Dagli annunci pubblicati sui giornali dai padroni che cercavano i loro lavoratori, risulta evidente come gli schiavi talvolta provassero a fuggire, specialmente nelle zone rurali. Per la maggior parte si trattava di uomini africani, che di solito scappavano da soli avendo in mente una destinazione precisa, per esempio la casa di un parente affrancato. La fuga era di solito temporanea, poiché questi uomini non andavano oltre le immediate vicinanze prima di essere catturati.

In considerazione del costo dovuto alla perdita di manodopera, i proprietari delle piantagioni talvolta erano

Le **principali attività economiche** del Brasile (agricoltura e miniere) **richiedono un gran numero di schiavi.**

↓

Alcuni schiavi **fuggono** e fondano **insediamenti** permanenti detti ***quilombo***.

↓

I *quilombo* sorgono in **giungle** fitte e su **montagne** inaccessibili, dove sono più facilmente difendibili.

↓

I *quilombo* diventano **società complesse**, in certi casi con una **vasta popolazione**, un **re** e un **esercito**.

↓

Verso i *quilombo* vengono attratti molti fuggiaschi, che così ne accrescono la popolazione e la forza.

In un manifesto del 1852 si offre una ricompensa per la cattura di un giovane fuggiasco, fornendo dettagli del suo aspetto e delle sue capacità, fra cui la cucina e il giardinaggio.

concilianti con i fuggiaschi di ritorno, applicando solo punizioni moderate e offrendo qualche riparazione dei torti, ma le fustigazioni, l'incarcerazione e le torture erano frequenti.

Nascita dei *quilombo*

Gli schiavi talvolta cercavano di fuggire verso insediamenti detti *quilombo* (forse dal termine che nella lingua della popolazione Mbundu dell'Angola significa «villaggio di guerrieri»), oppure *mocambo* (termine Mbundu per dire «nascondiglio»). Come i cimarroni in Giamaica, i fuggiaschi costruivano i villaggi nella giungla fitta o su montagne remote, luoghi non facilmente accessibili. Nel caso del Brasile gli unici abitanti vicini erano gli indigeni, che perlopiù accettavano la presenza dei *quilombo*.

Le zone con molti schiavi, come il nord-est, avevano la massima concentrazione di *quilombo*. Il più grande e famoso di questi era Palmares, fondato nel 1597. Tra il 1630 e il 1654, durante l'occupazione del Brasile nordorientale da parte degli olandesi, Palmares crebbe rapidamente, poiché gli scontri fra le due potenze coloniali limitavano la loro capacità di frenare l'espansione dell'insediamento. Palmares divenne una confederazione di dieci *quilombo*, il più grande dei quali aveva palizzate, fossati, torri di avvistamento e trappole nascoste. La popolazione era composta da schiavi nati in Africa e in Brasile, da indigeni e da alcuni bianchi.

Palmares subì almeno 40 attacchi da parte delle truppe portoghesi e olandesi. Alcuni scontri inflissero pesanti perdite agli eserciti coloniali, ma gli assalti si fecero sempre più intensi. Nel 1695 un contingente coloniale di 6.000 soldati distrusse Palmares.

Nuove esigenze

Nel XVIII secolo, le isole francesi e britanniche dei Caraibi cominciarono a produrre canna da zucchero per l'Europa settentrionale e orientale. Alla metà del secolo, il Brasile era ancora il terzo maggior produttore di zucchero del mondo ma, in seguito alla scoperta di oro nella regione delle Minas, l'economia del Paese si era spostata dal nord-est al sud-est. Nel 1763 la capitale brasiliana passò da Salvador, nella regione di Bahia, a Rio de Janeiro, nel sud-est. La nuova capitale prosperò, specialmente dopo l'arrivo della corte portoghese, che vi si rifugiò nel 1808, subito prima che le truppe di Napoleone invadessero Lisbona.

Le fattorie e le miniere brasiliane richiedevano una grande quantità di schiavi, e di conseguenza anche il numero di fuggiaschi crebbe. In seguito alla scoperta di oro, la stessa necessità di manodopera si sviluppò nella regione di Goiás, nel Brasile centrale, e alla fine del XVIII secolo, quando decollò l'allevamento di bestiame, in quella meridionale di Rio Grande do Sul. Furono trasportati schiavi anche nella zona di San Paolo, nel sud-est, che divenne un centro di coltivazione del caffè.

Quando la produzione di oro declinò, il governo rigenerò l'agricoltura del nord-est. La regione di Grão Pará e Maranhão, oltre che di canna da zucchero, divenne un centro di produzione di cotone e riso. Il marchese di Pombal, ministro del governo portoghese, fece arrivare 12.000 schiavi per le coltivazioni. Fra il 1734 e il 1816, nella zona emerse un gran numero di *quilombo*: nel Grão Pará e Maranhão esistevano oltre 80 insediamenti del genere.

Zumbi dos Palmares

Nato nel Quilombo dos Palmares attorno al 1665, Zumbi dos Palmares è l'ultimo re di questo *quilombo*, eletto nel 1678 quando il sovrano precedente, Ganga Zumba, viene avvelenato perché ha accettato di giurare fedeltà al re portoghese in cambio di un riconoscimento giuridico. Zumbi guida efficacemente la comunità, opponendosi all'esercito coloniale, organizzando incursioni e cercando di negoziare con i portoghesi. Ma nel 1694, durante un assalto condotto da 2.000 bianchi e indigeni con armi da fuoco e frecce, Zumbi viene tradito e catturato.
I portoghesi lo decapitano e lo mutilano, esibendone la testa nella città di Recife. Palmares fu distrutto l'anno seguente.
In Brasile Zumbi è un personaggio leggendario.
Dal 1978 il 20 novembre è *Dia nacional da consciência negra* (Giornata nazionale della coscienza nera), che dal 2003 è una festività per commemorare la morte di Zumbi.

La vita nel *quilombo* fu illustrata dall'artista tedesco Johann Moritz Rugendas, che fra 1822 e 1825 visitò il Brasile. Il *quilombo* più grande, Palmares, ebbe anche 20.000 abitanti.

Spesso i *quilombo* avevano una struttura organizzativa regolare ispirata a modelli di governo africani. I documenti portoghesi attestano l'esistenza di re, capitani e altri capi della comunità. Alcuni avevano un esercito dotato di armi acquistate o rubate; si riteneva che Vila Maria (chiamata anche Quilombo de Sepotuba), nella remota regione occidentale del Mato Grosso, negli anni '60 del XIX secolo avesse un esercito di 200 uomini.

Il problema principale in questi insediamenti era il rapporto numerico fra maschi e femmine. Verso il 1870, a quanto risulta il *quilombo* Manso del Mato Grosso aveva solo 20 donne adulte e 13 bambine su una popolazione di 293 persone. Un'altra difficoltà era produrre cibo a sufficienza per la comunità, specialmente nei *quilombo* della regione delle Minas, dove il suolo scadente rendeva difficile l'agricoltura. Tali questioni inducevano i *quilombolas* a razziare le scorte delle vicine piantagioni e a rapirne le donne, provocando così dei conflitti.

Rifugio per tutti

Con il tempo, i *quilombo* attirarono fuggiaschi di ogni genere, compresi alcuni che cercavano di sottrarsi alla legge. Di conseguenza, gli insediamenti venivano continuamente attaccati dalle autorità governative, che per affrontarli formarono reparti militari speciali. La regione delle Minas creò un reggimento composto da *capitães do mato* (capitani della foresta), mercenari assoldati allo scopo di cercare i fuggiaschi e distruggere i *quilombo*. Il reggimento era composto da soldati bianchi e neri, mentre il 15% era costituito da *forros*, nati schiavi ma poi affrancati. I *capitães do mato* venivano pagati a seconda del numero di *quilombolas* catturati. Nelle zone remote, situate sulle montagne o nella fitta foresta, come nella regione delle Minas Gerais, le incursioni contro i *quilombo* erano costose e si effettuavano a scopo di contenimento più che di distruzione totale.

Furono fondati *quilombo* fino all'abolizione della schiavitù nel 1888. Oggi ne esistono ancora circa 3.000, e la costituzione del 1988 ne sancisce il diritto di proprietà sulla terra che occupano. Tuttavia, molti di questi insediamenti non hanno ricevuto la necessaria certificazione e subiscono nuovamente la pressione delle autorità governative. Nel 2018, quando Jair Bolsonaro si è candidato alla presidenza, la sua campagna elettorale ha promosso gli interessi dell'influente settore agroalimentare del Brasile a spese dei diritti di proprietà delle comunità indigene e dei *quilombolas*. ■

LA SIGNORA DEL TUONO

LA REGINA NZINGA SFIDA IL PORTOGALLO (1626)

NEL CONTESTO

LUOGO
Angola

PRIMA
1444 I portoghesi trasportano in Europa i primi schiavi africani.

1500 ca. Viene fondato il regno di Ndongo in un territorio già facente parte del ManiKongo.

1575 Spostandosi verso sud, i portoghesi fondano la colonia di Luanda, nell'attuale Angola.

DOPO
1671 Lo Ndongo, indebolito dopo la morte della regina Nzinga, è conquistato dai portoghesi e incluso nell'Angola.

1975 Dopo un'efficace insurrezione armata, l'Angola ottiene l'indipendenza dal Portogallo.

> Talvolta la forza è in grado di sopprimere le usanze malvagie di coloro che non usano il raziocinio e non capiscono alcun ragionamento senza una punizione.
>
> **Regina Nzinga**
> **Citata dal missionario italiano Cavazzi da Montecuccolo (1621-1678)**

Nzinga divenne cristiana e fu battezzata nel 1623, prendendo come padrino il governatore portoghese per rafforzare l'alleanza. Era una mossa strategica, ma in età avanzata Nzinga riconfermò la propria fede.

Intrepida guerriera e abile negoziatrice, la regina Nzinga (o Njinga) Mbande di Ndongo e Matamba, nell'attuale Angola, nella prima metà del XVII secolo per tre decenni riuscì a respingere gli invasori portoghesi e i cacciatori di schiavi, nonché i suoi avversari pretendenti al trono. La popolazione Mbundu dello Ndongo, guidata dal padre di Nzinga, *ngola* (re) Kia Samba, difendeva il regno contro l'invasione dei portoghesi fin dall'istituzione della colonia di Luanda nel 1575. Di conseguenza, Nzinga ricevette un addestramento militare già in tenera età e spesso accompagnava il re in battaglia e lo seguiva negli affari di Stato. Queste esperienze le consentirono di capire il valore che i portoghesi assegnavano alla sua patria africana.

Alla fine del XVI secolo, Portogallo e Spagna rivendicavano vasti territori in America. Inoltre, le due potenze europee percorrevano la costa dell'Africa da nord e da ovest spostandosi nell'entroterra in una corsa ad accaparrarsi le risorse, soprattutto minerarie, e a procurarsi la manodopera, sotto forma di schiavi, per le colonie americane. Già dalla metà del XV secolo i portoghesi scambiavano merci, tra cui armi da fuoco, con esseri umani. La loro avanzata nel continente alla ricerca di persone da ridurre in schiavitù apparve inarrestabile, finché nella tratta degli schiavi entrarono Paesi Bassi e Inghilterra.

Pericolo crescente

Dal 1461, il Portogallo aveva già costruito vari forti mercantili lungo la costa dell'Africa occidentale, ma l'arrivo di olandesi e inglesi nella prima metà del XVII secolo costrinse i mercanti di schiavi portoghesi ad abbandonare il monopolio e a cercare altre zone da sfruttare. Iniziarono così a spostarsi verso sud, raggiungendo il

Cfr. anche: Gli europei arrivano in Africa 94-95 ▪ Le città-stato degli Hausa 96-97 ▪ La successione del ManiKongo 110-111 ▪ La tratta degli schiavi transatlantica 116-121 ▪ Changamire Dombo e il suo esercito di "distruttori" 152-153

territorio Mbundu, che a quanto si diceva possedeva miniere d'argento. Indebolito dal conflitto con i portoghesi, che avevano assoldato gli Imbangala (guerrieri mercenari) per farsi aiutare nelle incursioni per catturare schiavi, il nuovo re degli Mbundu, *ngola* Mbande, nel 1622 mandò la sorella Nzinga a rappresentare gli interessi del regno di Ndongo a una conferenza di pace convocata dai portoghesi. Nzinga ben presto capì come un'alleanza con i portoghesi, per quanto rischiosa, potesse rivelarsi utile, poiché avrebbe consentito agli Mbundu di rifornirsi di armi.

Ascesa al potere

Al primo incontro a Luanda, colonia portoghese a ovest dello Ndongo, Nzinga sapeva che, per ottenere condizioni favorevoli nel negoziato, si doveva presentare al governatore portoghese da pari a pari. Vedendo che solo il governatore aveva una sedia, Nzinga ordinò a una sua cameriera di mettersi a quattro zampe per fungere da sedile per lei. Nell'ambito dell'accordo di pace che seguì, Nzinga si convertì al cristianesimo e fu battezzata con il nome portoghese di Ana de Sousa. Inoltre, persuase suo fratello dell'opportunità di convertire anche l'intera popolazione. In cambio, i portoghesi accettarono di porre termine alle incursioni per catturare schiavi nello Ndongo.

Nel 1624 *ngola* Mbande morì in circostanze sospette, lasciando libero il trono per l'ambiziosa sorella. Consapevole della minaccia costante costituita dalle tribù limitrofe, sempre pronte a razziare e attaccare lo Ndongo nella speranza di acquisire maggiore prestigio agli occhi delle potenze europee, la nuova regina si affrettò a consolidare l'accordo con i portoghesi. In tal modo si garantì un alleato potente per combattere i propri nemici africani.

La sua ascesa al trono non fu però esente da contrasti e non venne accolta con favore ovunque. Molti suoi sudditi ritenevano che le donne non fossero adatte a governare, e poiché la madre della regina era stata schiava del padre, di cui non era la prima moglie, Nzinga non era considerata un'erede legittima. La regina controbatté l'argomentazione affermando che, essendo figlia di suo padre, diversamente dai suoi sfidanti era discendente in linea diretta del re.

I rapporti con i portoghesi si deteriorarono quando questi appoggiarono le rivendicazioni al trono da parte di uno dei principali rivali di Nzinga, Hari, che venne insediato come sovrano fantoccio dello Ndongo, con il nome portoghese di Felipe I. Nzinga fu costretta a fuggire, rifugiandosi presso gli Imbangala, che nel 1619

> Per questi e altri tradimenti mi sono rifugiata nei *matos* [boschi], lontano dai miei territori.
>
> **Regina Nzinga**
> **Lettera al governatore generale dell'Angola, 1655**

La regina Nzinga

Secondo la leggenda, Nzinga Mbande è destinata a una posizione di potere: nasce attorno al 1582 con il cordone ombelicale attorcigliato al collo, e il suo nome deriva dal termine Kimbundu *kujinga*, che significa "torsione". Sopravvissuta a questo pericolo, la futura regina sarebbe stata di sicuro una combattente. Prediletta dal padre, re dello Ndongo, fin dalla tenera età viene istruita nelle arti della diplomazia, del governo e della guerra. Inoltre, due missionari in visita le insegnano a leggere e scrivere il portoghese.

Dopo la morte del padre e poi del fratello, e in assenza di un chiaro successore, Nzinga prende possesso del trono dello Ndongo. Sconfigge gli altri pretendenti, poi per decenni difende il suo territorio contro i portoghesi e altri invasori, alternando alleanze e aggressioni. Nzinga muore serenamente nel 1663, a 81 anni, dopo avere preparato la successione a favore della sorella Kambu (chiamata anche Barbara). Nel moderno Angola il nome di Nzinga è legato alla resistenza e alla liberazione.

avevano abbandonato i portoghesi. Nel 1626 dichiarò guerra ai suoi ex alleati: fu l'inizio di un conflitto che sarebbe durato 30 anni.

Nel 1631 Nzinga divenne anche regina del Matamba, un regno a est dello Ndongo. Con l'aiuto degli Imbangala creò una formidabile forza di combattimento, assoldando questi guerrieri mercenari perché addestrassero i giovani nelle arti marziali e nelle tecniche di guerriglia. Preparò il regno in vista di mesi e forse anni di assedio, accumulando scorte di cibo e altri rifornimenti. Inoltre, rese il Matamba un rifugio per coloro che in altre zone dell'Africa si opponevano alla schiavitù e per i soldati africani reclutati e addestrati dai portoghesi. In cambio, poté impiegare questi fuggiaschi e combattenti per rafforzare il proprio esercito. Frattanto Nzinga proseguì nei tentativi di tacitare quei suoi sudditi che dubitavano, in quanto donna, della sua capacità di governare: spesso si vestiva da uomo e al fronte faceva uso di armi. A poco a poco ottenne il rispetto e il sostegno della popolazione Mbundu.

Alleanza con gli olandesi

Nel 1641 gli olandesi sottrassero Luanda ai portoghesi, costringendoli a ritirarsi nel forte di Massangano. Avendo perduto il sostegno degli Imbangala, Nzinga vide l'occasione di stringere un'alleanza con gli olandesi contro il nemico comune. Così facendo, sperava di recuperare i territori perduti e, potenzialmente, scacciare del tutto i portoghesi dalla zona. La Compagnia olandese delle Indie Orientali aveva già stipulato alleanze con altri regni africani, tra cui il ManiKongo, vicino e rivale di Nzinga, per impadronirsi di vari territori dell'Africa occidentale. Nzinga avviò relazioni diplomatiche con gli olandesi, offrendosi di vendere loro schiavi in cambio dell'aiuto militare.

Inizialmente la coalizione di Nzinga con i Paesi Bassi e il ManiKongo riscosse successo, sancito da un'importante vittoria sui portoghesi nel 1644. Per breve tempo la regina poté riconquistare lo Ndongo, aiutata anche dal reclutamento di ex sudditi a lei fedeli allo scopo di sobillare nel suo ex territorio la ribellione contro Felipe I, il re fantoccio asservito ai portoghesi. Ma nel 1646 questi ultimi riconquistarono la supremazia, e Nzinga e le sue truppe furono nuovamente costrette a ritirarsi. A quanto si racconta, venne catturata la sorella della regina, in possesso di documenti essenziali che rivelavano le alleanze stipulate da Nzinga e i suoi futuri piani di battaglia.

Fine del conflitto

Nel 1647, Nzinga e i suoi alleati olandesi assediarono i portoghesi a Massangano, ma la vittoria fu di breve durata. I portoghesi controbatterono l'anno seguente, rafforzati da un apporto di truppe provenienti dal Brasile, e gli olandesi, gravemente indeboliti, si ritirarono dal conflitto

Nzinga guidò le truppe in battaglia durante l'intero suo regno, sfidando coloro che ritenevano le donne incapaci di governare. Era abile nel maneggiare le armi e spesso indossava abili maschili.

Quando i portoghesi la tradiscono, la regina Nzinga **fonda un nuovo regno nel Matamba** e compie varie mosse per rafforzarlo contro i nemici.

- **Manda i giovani** in *kilombo* (milizie comunitarie) ad **addestrarsi nelle arti marziali** e tecniche di guerriglia.
- **Recluta schiavi fuggiaschi e soldati africani** che hanno disertato dall'esercito portoghese.
- Stipula un'**alleanza con gli olandesi**, a loro volta in guerra contro il Portogallo.
- Usa la sua perdurante influenza per incoraggiare gli ex sudditi a **fomentare la ribellione** nello Ndongo.

dopo avere stipulato un accordo di pace con i rivali europei. Lasciata a cavarsela da sola, Nzinga si ritirò nel Matamba, ma non si arrese. I suoi tentativi di impedire un'invasione portoghese proseguirono ancora per otto anni e, malgrado la superiorità di forze, le truppe del Portogallo fecero fatica a impadronirsi dei suoi territori.

Nel 1656, dopo vari anni di negoziati, Nzinga stipulò un regolare trattato con i portoghesi, ponendo finalmente termine alla guerra. Questi accettarono di riconoscerla come sovrana del Matamba e dello Ndongo, ma dopo decenni di conflitto i territori erano in gran parte devastati e necessitavano di un rinnovamento e di una ristrutturazione.

Nzinga rivolse la propria attenzione al Matamba, cercando di farne un potente impero commerciale. Aprì le frontiere ai mercanti e ai trafficanti di schiavi portoghesi, consentendo loro l'accesso all'entroterra africano e traendo profitto dal loro uso del territorio per il trasporto e la compravendita del bottino. Ben presto la regina ebbe il predominio su varie rotte mercantili redditizie, ma continuò ad accogliere ex schiavi nella speranza di incrementare la popolazione del regno, decimata da decenni di guerra.

Madre dell'Angola

Dopo la morte di Nzinga nel 1663 il regno precipitò nella guerra civile, poiché gruppi rivali si combatterono per impadronirsi del trono. I portoghesi ne approfittarono, e nel 1671 lo Ndongo entrò a far parte dell'Angola portoghese.

Oggi Nzinga è considerata la "madre dell'Angola", venerata per l'abilità diplomatica e bellica e per la capacità di guidare la sua gente malgrado la continua opposizione alla sua autorità. Pur dovendo adattare la propria identità in modo da apparire più "maschile", dimostrò che una donna poteva guidare il popolo Mbundu, e il Matamba fu governato da donne per circa 80 dei successivi 100 anni. La determinazione di Nzinga nel difendere il territorio contro il colonialismo lasciò un'impronta duratura sulla popolazione dell'Angola, che continuò a combattere per l'indipendenza fino al XX secolo inoltrato. ■

La lotta per l'Angola faceva parte della guerra fra olandesi e portoghesi (1602-1663) per i territori d'oltremare e i commerci. Qui è raffigurato l'assedio di Cochin, in India, del 1656.

SIAMO SIMILI E SIAMO LIBERI

I CIMARRONI GIAMAICANI (1655)

NEL CONTESTO

LUOGO
Giamaica

PRIMA
600 ca. Arrivano gli Aruachi, i primi abitanti della Giamaica che si conoscano, forse da isole situate più a est.

800 ca. I Taino sudamericani, di lingua aruaca, emigrano in Giamaica.

1520-1530 Gli spagnoli sono i primi a trasportare schiavi africani per il lavoro nelle piantagioni caraibiche.

DOPO
1800 I cimarroni di Trelawny deportati vengono trasferiti dalla Nuova Scozia alla colonia di Freetown in Sierra Leone.

1842 I cimarroni si rifiutano di rispettare la legge di ripartizione britannica che intende suddividere i loro territori.

1975 Nanny è la prima e unica donna proclamata eroina nazionale della Giamaica.

Nella Giamaica occupata dagli spagnoli gli **africani** sono schiavi.

↓

Quando gli inglesi invadono la Giamaica, molti africani si **sottraggono alle loro dure condizioni** e **fondano proprie comunità**. Vengono definiti **cimarroni**.

↓

Le comunità di cimarroni sono **fieramente indipendenti** e preservano **l'identità culturale e le tradizioni**; molte esistono ancora oggi.

Nel 1655 una spedizione britannica invase e conquistò la Giamaica, isola caraibica che nel 1494 Cristoforo Colombo aveva rivendicato per la Corona spagnola. Approfittando del caos, molti africani schiavi degli spagnoli fuggirono verso le zone montuose dell'entroterra, dove era difficile rintracciarli. Qui alcuni si unirono ai Taino o agli africani fuggiti in precedenza, altri crearono proprie comunità. I fuggiaschi furono chiamati cimarroni, o in inglese Maroon, dallo spagnolo *cimarrón*, che significa "feroce" o "indisciplinato". Se ne formarono due gruppi principali: quelli dell'entroterra della parte orientale dell'isola erano detti Windward Maroon (cimarroni di sopravento) e per decenni furono guidati dalla straordinaria regina Nanny; invece i Leeward Maroon (cimarroni di sottovento) si insediarono nella regione detta Cockpit, nella Giamaica occidentale. Il loro comandante più noto fu il capitano Cudjoe. Con la crescita degli insediamenti, le scaramucce con la milizia coloniale divennero frequenti.

Cfr. anche: La vita nelle piantagioni 122-129 ▪ La rivolta degli schiavi di Hispaniola 130-131 ▪ L'abolizionismo in America 172-179

I cimarroni attaccavano regolarmente le piantagioni, e il conflitto si intensificò quando le truppe britanniche presero d'assalto gli insediamenti nel tentativo di catturare i fuggiaschi sottrattisi alla schiavitù.

Conflitto e libertà

La prima guerra fra i cimarroni e i britannici ebbe inizio nel 1728 e durò fino alla stipula di trattati di pace nel 1739 e nel 1740. I trattati garantirono ai cimarroni i diritti alla proprietà terriera, alla libertà e all'autonomia. In cambio, alcuni gruppi di cimarroni promisero di aiutare i colonizzatori riconsegnando coloro che fuggivano dalla schiavitù e contribuendo a reprimere i conflitti che mettevano in pericolo la supremazia britannica.

Nel 1795, le dispute territoriali fra i colonizzatori e i cimarroni di Trelawny, a est di Montego Bay, innescarono la seconda guerra fra cimarroni e britannici. Dopo otto mesi di conflitto, in cui i Windward Maroon rimasero neutrali, i cimarroni di Trelawny si arresero e i più furono esiliati in Nuova Scozia, in Canada.

Ciò nonostante, fra XVII e XVIII secolo la tattica di guerriglia dei cimarroni giamaicani aveva offerto loro, in particolare dopo la prima guerra contro i britannici, un certo grado di libertà, di cui altri schiavi non avrebbero goduto per almeno un secolo. Tale libertà richiedeva alcune concessioni, e risulta da testimonianze che i cimarroni aiutarono i britannici a catturare e riconsegnare gli schiavi fuggiaschi e contribuirono a reprimere varie insurrezioni. Per lo più, tuttavia, furono in grado di vivere separatamente dai coloni britannici e di preservare varie pratiche e tradizioni socioculturali dei loro antenati africani (soprattutto Akan), oltre a una certa autonomia politica.

Le comunità oggi

In tutto il continente americano le comunità di ex schiavi continuano a celebrare con orgoglio la loro origine. La Giamaica ha ancora quattro comunità Maroon originarie: Accompong Town, Charles Town, Scott's Hall e Moore Town. Quest'ultima nel 2008 è stata inserita nel patrimonio culturale immateriale dell'Unesco. ■

In costume storico, i cimarroni partecipano al concorso Poolo Booto (bella barca) al festival di Moengo nel Suriname, paese in cui vivono 65.000 discendenti di schiavi fuggiaschi.

Nanny dei cimarroni

Nata nell'attuale Ghana attorno al 1686, Nanny, famosa condottiera dei Windward Maroon, è probabilmente di etnia Akan e fa parte della nazione Ashanti dell'Africa occidentale. Secondo le tradizioni orali, giunge in Giamaica da donna libera, oppure si sottrae alla schiavitù, forse saltando da una nave. Assieme al capitano Quao, guida i Windward Maroon nella prima guerra contro i britannici, offrendo consigli tattici e dimostrandosi una strenua combattente. Nanny è anche una guaritrice a cui si attribuiscono poteri spirituali, da lei utilizzati contro i britannici. Secondo la leggenda, al culmine del conflitto nel 1737, quando la sua gente è prossima alla morte per fame e sul punto di arrendersi, Nanny sogna gli antenati che le dicono di non mollare. Al risveglio si trova in tasca dei semi di zucca, che pianta sulla collina e che in una settimana diventano zucche mature, prezioso alimento per le truppe affamate. Nanny, morta attorno al 1755, è raffigurata sulle banconote giamaicane da 500 dollari.

DAL CIELO SU UNA NUBE DI POLVERE BIANCA

NASCITA DELL'IMPERO ASHANTI (1680)

NEL CONTESTO

LUOGO
Ghana

PRIMA
metà del IX secolo Gli Akan antenati degli Ashanti creano insediamenti ad Asantemanso.

IX-XII secolo Gli Akan stabiliscono solidi rapporti commerciali con gli imperi del Ghana e del Mali.

1471 I portoghesi raggiungono l'attuale Ghana, dove i mercanti offrono armi in cambio di oro.

DOPO
1922 Dopo la Prima guerra mondiale la Società delle Nazioni concede ai britannici parte del Togo, ex protettorato tedesco.

1957 La Costa d'Oro, a cui il presidente Kwame Nkrumah dà il nome di Ghana, è il primo Stato dell'Africa subsahariana ad acquisire l'indipendenza dalla Gran Bretagna.

L'impero Ashanti (o Asante), situato fra gli attuali Ghana meridionale e Costa d'Avorio, per oltre due secoli fu la più grande potenza dell'Africa occidentale. Formatosi nel 1680 dall'unione di vari regni, prosperò grazie all'oro e a un eroe conquistatore di nome Osei Tutu. Secondo la leggenda, proclamandosi *asantehene* (sovrano supremo), Osei Tutu ricevette uno sgabello d'oro disceso dal cielo. Si diceva che, se lo sgabello fosse stato catturato, l'impero Ashanti sarebbe crollato.

Gli antenati degli Ashanti erano gli Oyoko, ramo della popolazione Akan, che alla fine del XVI secolo gradualmente migrarono verso nord dall'insediamento di Asanteman-

Cfr. anche: L'impero del Ghana 52-57 ▪ Gli europei arrivano in Africa 94-95 ▪ La tratta degli schiavi transatlantica 116-121 ▪ La spartizione dell'Africa 222-223 ▪ Il Ghana si proclama indipendente 272-273

Alla cerimonia di insediamento ad Accra nel 2001 il presidente del Ghana John Kufuor indossava uno sfarzoso abito *kente*.

Il tessuto *kente*

Secondo la leggenda Ashanti, il primo re, Oti Akenten, introdusse e diede il proprio nome al tessuto *kente*, divenuto famoso e simbolo di identità africana.
Secondo la tradizione orale Ashanti, i disegni del tessuto furono ispirati dalla tela del ragno Ananse, spirito burlone delle leggende popolari Akan, presente con il nome di Anansi anche nel folclore caraibico. I disegni e i colori simboleggiano alcuni clan e varie qualità. Il rosso, per esempio, rappresenta la passione, il nero indica l'unione con gli antenati, l'oro riflette il prestigio. Cotone e seta tinti, nel passato forniti dai mercanti, vengono intessuti su un telaio stretto e poi cuciti a formare grandi pezze di stoffa.
Portato in origine solo dalla famiglia reale o dai ricchi, oggi il tessuto *kente* è indossato dal ceto medio, compresi gli africani della diaspora (il raion può sostituire la seta), di solito in occasioni speciali, come segno di prestigio. Gli uomini lo portano come una toga romana; le donne sotto forma di abito accompagnato da uno scialle.

so, nel Ghana meridionale. Guidati da Oti Akenten, alla metà del XVII secolo fondarono Kwaman (oggi Kumasi, la seconda più grande città del Ghana). Durante il suo regno, Akenten annesse i territori circostanti e vari altri regni Akan, fra cui Adanse, Asen, Denkyira, Sehwi e Domaa.

Il Denkyira muove guerra

Dopo l'arrivo dei portoghesi nel golfo di Guinea alla fine del XV secolo, i capitribù locali cominciarono a offrire oro e schiavi in cambio di moschetti europei per sostituire gli archi e i giavellotti dei loro eserciti. Il più attivo in questo mercato era Boamponsem, che governò il Denkyira fra il 1650 e il 1694. Questo regno si estendeva dalla costa verso il confine meridionale dell'Adanse, a sua volta situato subito a sud dei territori di Kwaman.

Boamponsem divenne ben presto il più grande importatore di armi da fuoco. Nel 1660 si ribellò contro la sovranità degli Ashanti e si impadronì di vari regni Akan, tra cui l'Adanse, facendo così del Denkyira il più potente regno Akan in questo territorio. Acquisì inoltre il dominio sul corridoio mercantile fra l'entroterra e la costa su cui erano situati i forti degli europei. Il suo regno si estendeva su quasi tutto il bacino fluviale Ofin-Pra, un'area ricca d'oro nel Ghana centromeridionale.

Boamponsem imponeva tributi gravosi ai suoi sudditi e agli altri regni Akan, metteva a morte coloro che non erano in grado di pagare e, quando veniva ucciso un membro della casata reale del Denkyira, istigava sacrifici umani rituali. Il suo successore Ntim Gyakari, ugualmente spietato ma meno abile militarmente, portò avanti questa prassi.

Il popolo si ribella

Sotto il dominio di Gyakari, unitamente a sudditi del Denkyira incorsi nel suo scontento, varie persone dei regni Akan cominciarono a cercare rifugio a Kwaman, allora guidata da Osei Tutu. Da giovane, negli anni '60 e '70, Osei Tutu aveva vissuto nell'Akwamu, confinante regno Akan, di cui ammirava la tattica politica e militare, da lui in seguito adottata. Attorno al 1680, quando il re di Kwaman, Obiri Yeboah, morì, Tutu si trasferì dall'Akwamu a Kwaman, fermandosi lungo la strada al castello di Christiansborg, forte dei danesi, dove offrì alcuni suoi seguaci in cambio di armi. Inoltre, portò con sé un contingente di 300 armati dell'Akwamu. Con queste risorse, si mise

L'impugnatura dorata di un bastone del XIX secolo usato da un cantastorie di corte è un esempio di oreficeria Ashanti. L'oro veniva estratto da miniere e letti di fiumi.

L'*asantehene*, sotto il baldacchino sormontato da un elefante d'oro, accoglie una missione diplomatica britannica nel 1816. La visita coincise con la festa dell'igname, quando si pagavano tributi al re.

a riconquistare i territori Akan che erano andati perduti a vantaggio di Boamponsem.

La riconquista dei regni Akan da parte di Tutu, l'accoglienza da lui offerta ai nemici del Denkyira e il suo rifiuto di versare tributi a Gyakari fecero infuriare il re del Denkyira, che inviò a Tutu dei messaggeri per richiedere una collana di preziose perline (simbolo di sottomissione), oro e la sua moglie favorita. Questi respinse le richieste di Gyakari e, mentre entrambe le parti si preparavano alla guerra, Tutu ottenne l'appoggio di altri regni Akan, che a loro volta si opponevano al versamento di tributi. Attorno al 1699, dopo vari anni di preparativi, la coalizione di regni Akan con Tutu era in netta superiorità numerica rispetto alle truppe del Denkyira. Perfino i servitori domestici avevano abbandonato Gyakari, così come Assensu Kufuor, governatore di Nkawie, una delle città più importanti del Denkyira. Kufuor portò con sé oro, armi e guerrieri per incrementare i ranghi degli Ashanti.

I combattimenti proseguirono per oltre due anni. Inizialmente le truppe del Denkyira respinsero verso nord gli Ashanti, finché si scontrarono con il contingente principale di Tutu a Feyiase, a sud di Kumasi, dove nel 1701 ebbe luogo la battaglia finale. Gyakari rimase ucciso nel combattimento e il suo esercito si ritirò e si disperse. Tutu marciò verso l'indifesa capitale del Denkyira, Abankeseso, e trascorse due settimane a saccheggiare la città e a impadronirsi del suo oro.

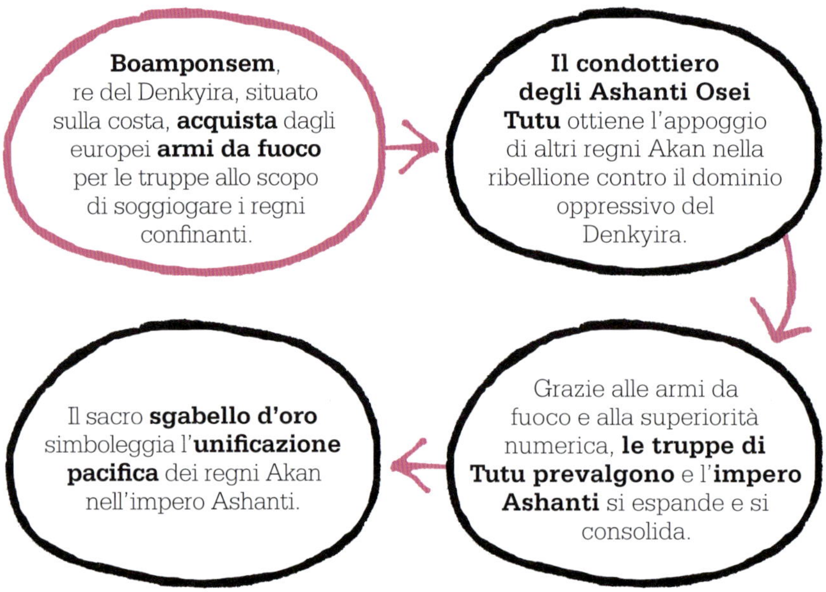

Lo sgabello d'oro

Dopo la guerra fra Ashanti e Denkyira, Tutu cercò di preservare la pace fra i due contendenti e gli altri regni Akan della coalizione. Ordinò ai capitribù di cedere le proprie insegne (sgabelli, spade e lance), che furono poi sepolte nel letto del fiume Bantama. Quindi chiese aiuto all'amico e consigliere *okomfo* (sacerdote) Anokye, il quale, secondo la tradizione orale, pronunciò incantesimi ed evocò lo sgabello d'oro (*sika dwa*), che nel mezzo di una poderosa tempesta discese dal cielo e cadde in braccio a Tutu, per la gioia dei capitribù e del

> Combatteremo! Combatteremo finché sui campi di battaglia cadrà l'ultimo di noi!
> **Yaa Asantewaa**
> **1901**

popolo Ashanti. Lo sgabello simboleggiava l'unificazione e l'autorità di Tutu, nonché l'anima del neonato impero Ashanti. Tutu divenne il primo *asantehene*, titolo di cui in seguito si fregiarono tutti i sovrani Ashanti.

Lo sgabello d'oro rimane il più importante manufatto culturale degli Ashanti, usato da allora per il giuramento di ogni nuovo re. Costituito da oro massiccio, è alto 46 cm, lungo 60 cm e largo 30 cm.

Gli Ashanti lo trattano come un essere vivente e lo "nutrono" perfino con sacrifici in varie festività nel corso dell'anno: a loro parere, se lo sgabello soffre la fame, la nazione Ashanti correrà il rischio di morire. Conservato in un nascondiglio segreto in una foresta sacra, lo sgabello non deve mai toccare il suolo, ed è proibito usarlo per sedersi.

Apogeo e declino

Nel XVIII secolo, con Tutu e i suoi successori, l'impero Ashanti commerciava principalmente in oro e schiavi. Tutu aveva dichiarato di proprietà regia tutte le miniere d'oro, e la moneta dell'impero era la polvere d'oro. Sulla costa della Guinea gli Ashanti fornivano schiavi a britannici e olandesi, di solito in cambio di armi da fuoco. Dopo la morte di Tutu nel 1717 e malgrado un periodo instabile, con l'*asantehene* Opoko Ware (1720-1750) l'impero si espanse raggiungendo all'incirca le dimensioni dell'attuale Ghana. In questo periodo fiorirono l'intaglio del legno, l'oreficeria e la tessitura. Il re incoraggiò questa creatività e i suoi abiti e ornamenti, a testimonianza della prosperità dell'impero, rappresentavano le opere più belle.

Tuttavia, dal 1823 le dispute con la Gran Bretagna per i territori dei regni costieri sfociarono in cinque guerre nell'arco di oltre 70 anni. La quarta guerra (1894-1896) si concluse con una vittoria decisiva per i britannici e con l'esilio dell'*asantehene* Prempeh I alle Seychelles. L'ultimo conflitto fu la guerra dello sgabello d'oro nel 1900, innescata quando il rappresentante britannico, sir Frederick Mitchell Hodgson, minacciò di sedersi sullo sgabello. Guidata da Yaa Asantewaa, la sessantacinquenne regina madre, la rivolta costò circa 3.000 vite umane, di cui 1.000 britanniche e 2.000 Ashanti. Le truppe della regina madre furono sconfitte e i territori divennero colonia della Corona britannica sotto l'autorità del governatore della Costa d'Oro, fino all'indipendenza del Ghana nel 1957. ■

> Per dimostrare che lo sgabello apparteneva non solo al re, ma alla nazione Ashanti, veniva strofinato con un unguento preparato con pezzetti di unghie e di capelli.
> **A. Kyerematen**
> ***The Royal Stools of Ashanti*, 1969**

Gli sgabelli degli Akan

Da secoli gli sgabelli (*dwa*) sono una parte importante della cultura degli Akan, intimamente connessi alle loro credenze e tradizioni orali. Ricavato da un unico pezzo di legno (di solito una varietà bianca e tenera detta *osese*), ha quattro gambe, un sedile ricurvo, una base e un sostegno centrale decorato su cui è inciso un detto tradizionale. Gli sgabelli svolgono varie funzioni. Sono oggetti pratici, su cui sedersi quando si lava o si cucina. Vengono usati nei riti di passaggio (pubertà, matrimonio, morte).
Lo sgabello da donna (*mmaa dwa*) è un potente simbolo di fertilità, mentre quello di un capotribù (*osese dwa*) simboleggia l'autorità. Quelli usati per il giuramento dei nuovi capitribù presentano intricati disegni d'argento o d'oro. Quando muore un capotribù, per onorarlo si strofina sul suo sgabello una miscela di fuliggine e tuorlo d'uovo. Questo "sgabello nero" funge da tempio per l'anima del capotribù e gli consente di rimanere in contatto con la sua gente dall'aldilà.

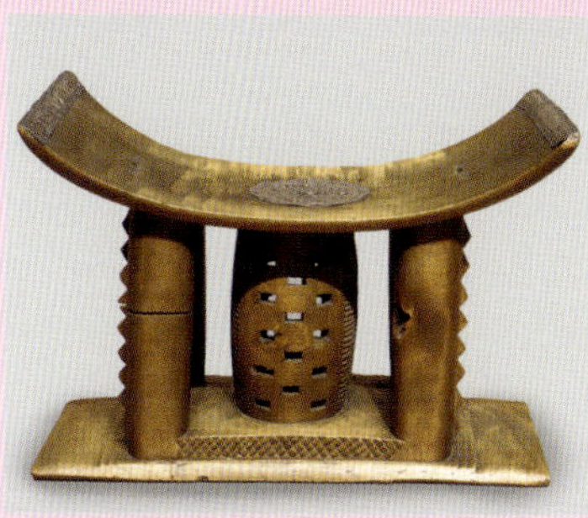

Sgabello da capotribù, con un'insolita forma a cinque gambe detta *kontonkrowie* (arcobaleno circolare); evoca un proverbio Akan sul ruolo del re nell'unire il popolo.

LA ROCCIA INDENNE DALLA ZAPPA

CHANGAMIRE DOMBO E IL SUO ESERCITO DI "DISTRUTTORI" (1684)

NEL CONTESTO

LUOGO
Zimbabwe

PRIMA
1450 ca. Viene fondato il regno dei Mutapa.

1531 I portoghesi fondano una stazione commerciale a Sena, sul fiume Zambesi, e iniziano a trattare con i Mutapa.

DOPO
1830-1840 La popolazione Ndebele fugge dalla terra degli Zulu, arriva nello Zimbabwe e rovescia il governo dei Rozvi.

1889 La Compagnia britannica dell'Africa meridionale ottiene il mandato per colonizzare quella che diventa la Rhodesia del Sud.

1917 Mambo Chuoko, ultimo dei Mutapa, muore in battaglia contro i portoghesi.

1980 Alla guida del partito ZANU, Robert Mugabe vince le elezioni per l'indipendenza e lo Zimbabwe viene riconosciuto a livello internazionale.

Nel XVII secolo, i popoli dell'altopiano dello Zimbabwe erano travolti da guerre civili e dovevano affrontare incursioni di truppe portoghesi che cercavano di sfruttare il commercio dell'oro al centro del continente africano. Tale commercio era dominato da due regni, quello dei Mutapa e quello dei Torwa, costituiti da popolazioni Shona, immigrate nel XV secolo dal territorio di Grande Zimbabwe quando la città era entrata in declino. Verso il 1660, mentre il regno dei Mutapa lentamente perdeva il predominio sul territorio e sulle riserve d'oro, fra gli Shona emerse una nuova potenza guidata da Changamire Dombo, ricco allevatore di bestiame.

Dombo era deluso perché il regno dei Mutapa non era riuscito a impedire le invasioni portoghesi sempre più cospicue, perciò se ne staccò formando un proprio esercito indipendente, da lui denominato Rozvi, ossia "distruttori". L'efficacia di questo esercito fece ottenere a Dombo il titolo di

I resti di mura sagomate nel sito della città di Danangombe risalgono al XVII-XVIII secolo, quando l'impero dei Rozvi era al suo apogeo.

Cfr. anche: La città di Grande Zimbabwe 76-77 ▪ Il commercio dell'oro in Mozambico 108-109 ▪ La regina Nzinga sfida il Portogallo 140-145 ▪ Le guerre contro gli Xhosa 180-181 ▪ L'impero Zulu 198-199

Changamire, ossia "grande sovrano", e negli anni '70 del XVII secolo i Rozvi erano ormai la principale potenza della zona. Scacciarono i Torwa dalla loro base di potere nello Zimbabwe sudoccidentale ed edificarono una nuova capitale, Danangombe.

Grande vittoria africana

Dombo era deciso a liberare il territorio dall'influsso portoghese. Nel giugno del 1684 il suo primo conflitto con le truppe portoghesi e i loro mercenari africani fu la battaglia di Maungwe. Anche se gli archi e le frecce dei Rozvi dovevano confrontarsi con le armi da fuoco europee, l'esercito di Dombo resistette per un'intera giornata. Quella notte Dombo si fece aiutare dalle donne dei Rozvi, che accesero fuochi tutto attorno all'accampamento nemico. Ritenendosi completamente circondati, i portoghesi fuggirono.

Dombo e i suoi "distruttori" avevano compiuto una rara prodezza: sbaragliare un esercito europeo con truppe africane. La loro fama di guerrieri temibili fu colorita dalla fama di "mago" attribuita a Dombo: si diffuse la convinzione secondo cui in battaglia i Rozvi erano in grado di evocare sciami di api e far addormentare i nemici. Quanto alla tattica militare, Dombo forse utilizzava la formazione di battaglia a "corna di bufalo" un secolo prima che divenisse caratteristica dei combattimenti degli Zulu.

Creazione dell'impero

Appoggiato da un esercito permanente abile, disciplinato e ben equipaggiato, Dombo ben presto portò l'intero Zimbabwe sotto il dominio dei Rozvi. Inoltre, continuò a sospingere i portoghesi al di fuori del territorio, distruggendo le loro stazioni commerciali di Dambarare nel 1693 e di Masekesa nel 1695. Dombo morì poco dopo, ma lasciò un sistema di successione e di governo gerarchico più saldo rispetto a quello del regno dei Mutapa. L'impero dei Rozvi, incentrato sulla dinastia Changamire, fino al XIX secolo rimase la più grande potenza dell'Africa meridionale. ▪

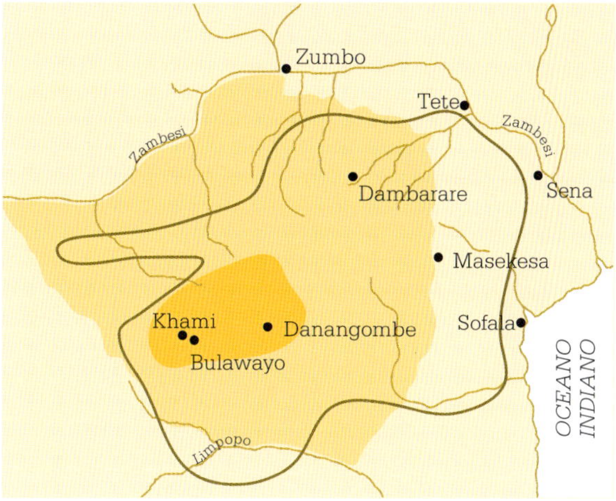

L'impero dei Rozvi emerse nella regione un tempo governata dai *torwa* di Khami, presso l'attuale Bulawayo. Le stazioni commerciali portoghesi di Tete e Zumbo esportavano i loro prodotti via Sofala.

Legenda
- Nucleo dell'impero dei Rozvi
- Confini dell'odierno Zimbabwe
- Confini approssimativi dell'impero dei Rozvi

Changamire Dombo

Poco si sa della nascita e della famiglia di Dombo, abbreviazione di Dombolakonachingwango, ossia «la roccia indenne dalla zappa». Forse discende da un capotribù dei Torwa, mentre i documenti portoghesi dell'epoca parlano di Dombo come di un allevatore di bestiame del regno dei Mutapa. Insediatosi alla guida degli Shona, Dombo si stacca dall'impero dei Mutapa, riesce a scacciare i portoghesi dallo Zimbabwe e sostituisce le dinastie preesistenti con la propria. Al *mambo*, ossia comandante in capo, dei Rozvi si attribuiscono poteri soprannaturali, condivisi con il suo esercito di "distruttori". Secondo la tradizione orale, Dombo sa trasformare una mucca bianca in una rossa, e perfino i soldati portoghesi ritengono che possieda un olio magico in grado di uccidere al contatto. Dopo la sua morte nel 1696 gli succede il figlio, primo di sei discendenti diretti a regnare sull'impero dei Rozvi nei successivi due secoli.

> [Dombo era] un nemico orgoglioso che osò misurare i suoi archi con i nostri moschetti.
>
> **Padre António Conceição**
> **Missionario portoghese, 1696**

LA RAZZA È UN'INVENZIONE UMANA

LA CREAZIONE DELLA "RAZZA" (1684)

NEL CONTESTO

LUOGHI
Europa, Stati Uniti

PRIMA
V-IV secolo a.C. Il medico greco Ippocrate scrive che la geografia influenza l'aspetto e l'indole dei vari popoli.

98 d.C. Lo scrittore romano Tacito afferma che i Germani non sono «contaminati da incroci con gente di altra stirpe».

DOPO
1956 Martin Luther King definisce "blasfemia" la maledizione di Cam. Secondo questo mito pernicioso, al figlio di Noè furono inflitte la pelle nera e la condanna a servire gli altri.

metà anni '70 Alcuni giuristi americani elaborano la teoria critica della razza per opporsi al dominio bianco nella società occidentale e perseguire l'emancipazione razziale.

Il concetto di "razza" com'è inteso oggi si è sviluppato nell'arco degli ultimi quattro secoli, anche se l'argomento dell'etnicità venne discusso nell'antichità greca e romana. Il termine stesso "razza" è italiano e indica persone di origine comune. Entrò nella lingua inglese (*race*) all'inizio del XVI secolo, agli esordi della rivoluzione scientifica, quando gli studiosi, nel tentativo di ottenere una migliore conoscenza del mondo naturale, iniziarono a classificare gli esseri viventi.

Il medico e viaggiatore francese François Bernier fu il primo a pubblicare una classificazione della diversità umana. Nel suo saggio del 1684 *Nouvelle division de la Terre par les*

Cfr. anche: Gli esseri umani escono dall'Africa 20-21 ▪ La tratta degli schiavi transatlantica 116-121 ▪ L'abolizionismo in America 172-179 ▪ Le campagne antirazziste internazionali 306-313

Nella *Nouvelle division de la Terre*, François Bernier **suddivide gli esseri umani in quattro "razze"** in base all'origine geografica e alle caratteristiche fisiche da lui osservate, compreso (per gli africani subsahariani) il **colore della pelle**:

- **la prima razza**, proveniente da Europa, Asia meridionale, Medio Oriente, Africa settentrionale e America;
- **gli africani subsahariani**, il cui colore nero è «una caratteristica essenziale»;
- **la razza dell'Asia orientale e nordorientale**, con Cina, Giappone, Indonesia e Asia interna;
- **i lapponi** (oggi detti Sámi), definiti da Bernier «creature orrende».

différentes espèces ou races d'hommes qui l'habitent raggruppò gli esseri umani in quattro razze diverse in base all'origine geografica e alle caratteristiche fisiche. Per tre di queste attribuì la differente colorazione della pelle a una maggiore o minore esposizione al sole, un'idea che risale all'antichità, ma considerò il colore nero degli africani subsahariani una caratteristica immutabile. Tuttavia, non stabilì una gerarchia razziale e sottolineò come i raggruppamenti si basassero sulle osservazioni delle persone da lui incontrate nei suoi viaggi, che descriveva tuttavia in termini spesso spregiativi.

Quando altri viaggiatori e studiosi cercarono di classificare gli esseri umani in base all'aspetto e alla cultura, le discussioni ruotavano attorno all'origine di tali differenze e alle loro conseguenze sulle capacità intellettive, sociali, politiche e morali di ciascun raggruppamento. Nel XVIII secolo, in Europa emersero due teorie principali sull'origine della razza: il monogenismo (tutti gli esseri umani condividono un'origine comune) e il poligenismo (le razze umane hanno origini diverse).

Uguale origine, ma diversi

I monogenisti cristiani ed ebrei ritenevano perlopiù che tutti gli esseri umani discendessero da Adamo ed Eva. Malgrado questa origine comune, l'influsso delle conquiste coloniali in Africa e in America alimentò la convinzione di una superiorità degli europei rispetto ai popoli indigeni africani e americani.

Nel 1735, il botanico e medico svedese Linneo (Carl von Linné) pubblicò il *Systema naturae*, classificazione di tutti gli esseri viventi in regni, classi, ordini, generi e specie. Raggruppò gli esseri umani (classificati fra gli animali) in quattro tipi in base al conti-

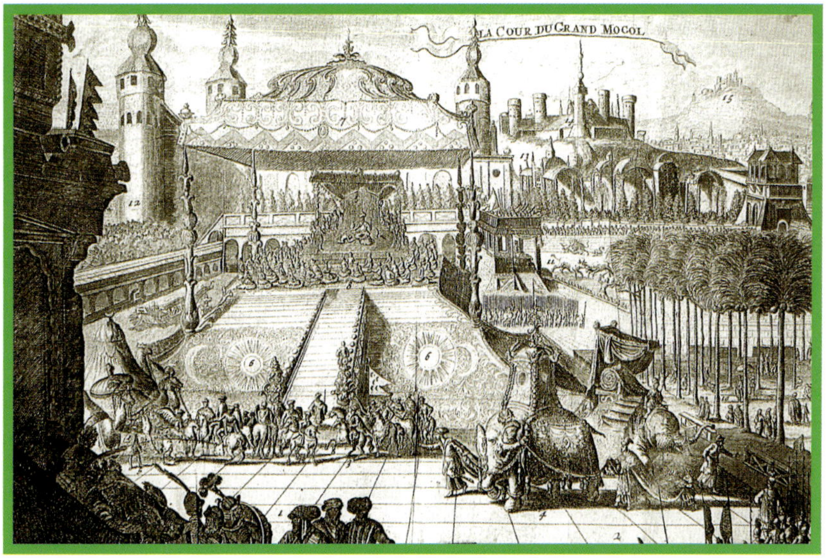

François Bernier scrisse un libro in cui criticava la società dell'India, dove prestò servizio alla corte dell'imperatore Moghul Aurangzeb, qui illustrata da Paul Maret nel 1710.

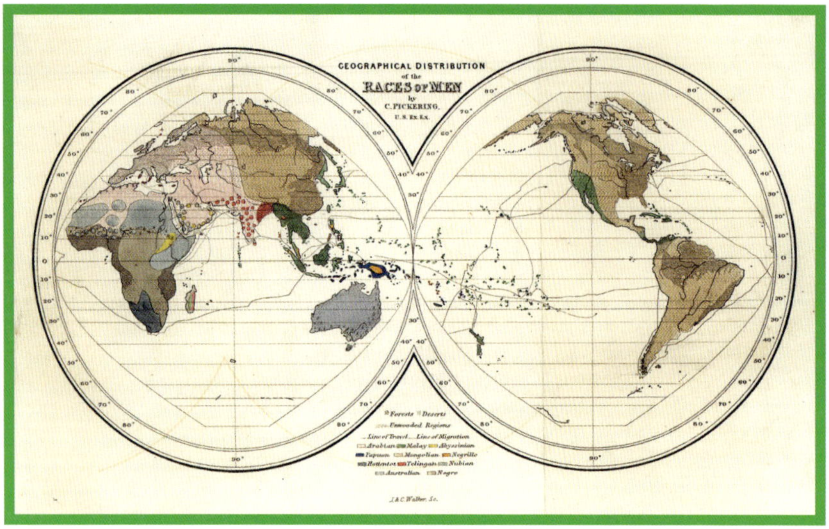

Le razze dell'uomo (1850) dell'etnologo, naturalista e poligenista Charles Pickering comprendeva un planisfero con le razze indicate in vari colori, in seguito riprodotto in questa incisione.

nente d'origine (Europa, Asia, America, Africa) e al colore della pelle.

Nella decima edizione del *Systema naturae* (1758), nell'ambito della classificazione umana, Linneo aggiunse l'aspetto, il temperamento e il sistema di governo dei vari popoli. Per esempio, gli europei erano considerati sanguigni, ingegnosi, con «capelli biondi abbondanti, occhi azzurri» e governati dalle leggi, mentre coloro che erano di origine africana erano ritenuti «indolenti, vagabondi, pigri, negligenti» e retti dall'arbitrio, tutte caratteristiche che implicavano qualche innata inferiorità.

Nel 1787 l'antropologo, naturalista e medico tedesco Johann Friedrich Blumenbach controbatté la concezione prevalente secondo cui i neri sarebbero stati meno intelligenti di altre razze. Scrisse un articolo in cui esaminava la fisiologia e la capacità mentale di persone nere e deduceva che «quanto ad abilità e capacità mentali» sono «non inferiori al resto del genere umano». Inoltre, raccolse le opere di scrittori originari dell'Africa occidentale, tra cui la poetessa Phyllis Wheatley, e fu in corrispondenza con alcuni di tali autori, confermando la propria convinzione secondo cui le loro capacità intellettive erano pari a quelle dei migliori ingegni europei. Ma Blumenbach, che suddivideva gli esseri umani in cinque razze – caucasica, mongola, malese, etiopica (africana) e americana –, era anche convinto che i primi esseri umani fossero stati caucasici bianchi, e in anni successivi questo gli attirò accuse di pregiudizio razziale.

Razzismo scientifico

Contrariamente ai monogenisti, i teorici del poligenismo (o pre-adamitici) sostenevano che la specie umana non avesse un'unica origine. Erano convinti che la differente derivazione spiegasse perché alcune razze risultavano superiori ad altre quanto a intelletto, capacità e moralità. Nel XVIII e XIX secolo si usò questo concetto di differenze innate per giustificare l'ordine sociopolitico, il colonialismo e la riduzione in schiavitù di africani neri nel continente americano.

Il filosofo scozzese David Hume aderì sia al poligenismo, sia al concetto di gerarchia razziale. In una nota a piè di pagina del suo saggio del 1753 *I caratteri nazionali* sostenne la propria convinzione secondo cui i «negri» sarebbero stati «per natura inferiori ai bianchi» e non vi sarebbe mai stata alcuna nazione civilizzata «che non avesse carnagione bianca», commenti in seguito ampiamente citati dai fautori della schiavitù. Negli Stati Uniti, il medico e naturalista Samuel Morton (1799-1851) sostenne che le centinaia di crani esaminati avevano rivelato la massima capacità cerebrale nei caucasici bianchi e la minima nei neri. Questo cosiddetto razzismo scientifico (secondo cui le "prove" avrebbero corroborato la suddivisione degli esseri umani in tipi razziali) impressionò il chirurgo Josiah Nott, che usò la teoria per giustificare il proprio possesso di schiavi neri.

Un celebre avversario del razzismo scientifico fu l'antropologo americano di origine tedesca Franz Boas, che studiò i popoli indigeni e ne riconob-

Franz Boas aveva un grande rispetto per le varie culture. Fra i suoi allievi vi furono la scrittrice americana nera Zora Neale Hurston e la studiosa di antropologia culturale americana Margaret Mead.

> La razza è la figlia del razzismo, non la madre, e non è mai stata una questione di genealogia e fisionomia, bensì di gerarchia.
>
> **Ta-Nehisi Coates**
> **Scrittore americano nero,**
> ***Tra me e il mondo* (2015)**

be il talento. Con una serie di esperimenti, dimostrò che le dimensioni del cranio non variano secondo l'intelligenza, bensì in base all'alimentazione e allo stato di salute. Dal 1899 docente di antropologia alla Columbia University, influenzò una generazione di antropologi. Tuttavia, negli Stati Uniti e altrove il razzismo scientifico perdurò, e avrebbe raggiunto il suo orripilante apogeo con la Germania nazista.

Le teorie di Gobineau

In Europa e negli Stati Uniti, tra gli influssi più perniciosi e duraturi sul modo di pensare collettivo vi fu il *Saggio sulla ineguaglianza delle razze umane*, pubblicato nel 1853 dallo scrittore e diplomatico francese Joseph-Arthur de Gobineau. L'autore sosteneva che il valore intellettivo rendesse superiore la razza bianca e classificava i neri «in fondo alla scala», con un intelletto in grado di muoversi solo «entro un ambito molto ristretto». Inoltre, Gobineau introdusse l'idea deleteria secondo cui la mescolanza delle razze ne avrebbe contaminato la purezza e avrebbe causato il declino delle civiltà. Josiah Nott commissionò la traduzione dell'opera, che fece pubblicare negli Stati Uniti nel 1856 per corroborare ulteriormente le proprie idee favorevoli alla schiavitù.

In Europa, l'asserzione di Gobineau secondo cui l'ideale razziale era l'ariano biondo dagli occhi azzurri, avrebbe avuto conseguenze tragiche. I nazionalisti tedeschi adottarono l'idea e, durante la Seconda guerra mondiale, Hitler la usò per legittimare lo sterminio di massa di ebrei e rom.

Ripensamento radicale

Quando si svelarono gli orrori dell'Olocausto e del programma eugenetico dei nazisti, il razzismo scientifico finì sotto tiro. Nel 1950 l'Unesco condannò i «falsi miti» e le «superstizioni» che avevano costituito una causa diretta della guerra e definì la discriminazione razziale «falsa e non scientifica». Dopo varie revisioni, l'affermazione fu di nuovo pubblicata nel 1978 sotto forma della *Dichiarazione sulla razza e sul pregiudizio razziale* dell'Unesco, secondo la quale tutti i popoli del mondo «possiedono uguali facoltà di conseguire il più elevato livello di sviluppo intellettivo, tecnico, sociale, economico, culturale e politico». Inoltre, la Dichiarazione spiegava come le eventuali differenze tra i risultati di popoli diversi fossero interamente attribuibili a fattori geografici, storici, politici, economici, sociali e culturali. Malgrado il consenso generale a livello accademico sul fatto che le differenze razziali siano costrutti sociali, le questioni riguardanti la "razza" e la diversità umana continuano a generare accesi dibattiti fra gli studiosi e il pubblico in generale. Razzismo e pregiudizi non sono scomparsi e continuano a plasmare molti aspetti della società moderna. ■

Classificazione "unica goccia"

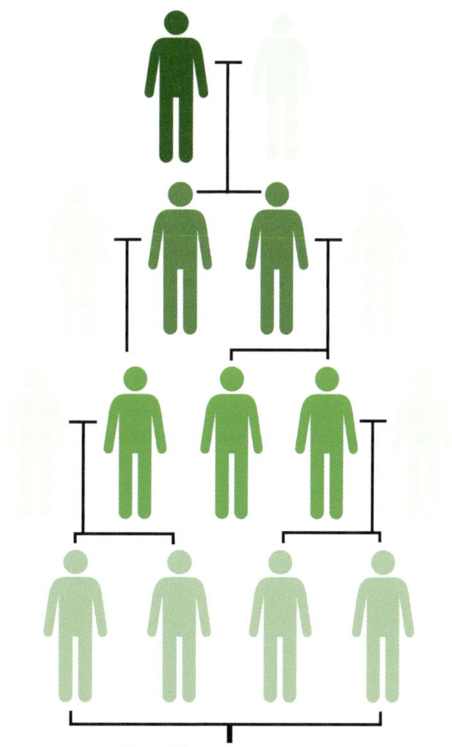

L'idea che la razza abbia una base scientifica e genetica prevalse per secoli. Ora soppressa, la "regola dell'unica goccia" adottata da alcuni Stati americani all'inizio del XX secolo significava che chiunque avesse un antenato africano venisse classificato come nero, indipendentemente dal colore della pelle, dalle esperienze o dal proprio senso di identità razziale.

RIVOLUZI
E RESIST
1700-1900

ONE
ENZA

1724

Il Code Noir della Louisiana esprime **leggi per regolamentare la schiavitù**.

1772

Durante la prima guerra caraibica, che si conclude nel 1773, i **Garifuna difendono il loro territorio** sull'isola di Saint Vincent.

1779

In Africa meridionale hanno inizio le prime **guerre** di frontiera **tra i coloni olandesi e gli Xhosa**. Nel 1795 nella disputa entrano i britannici, ma il conflitto si concluderà soltanto nel 1878.

1787

Un gruppo di **"neri poveri" di Londra** salpa in direzione della **Sierra Leone**, nell'ambito di un progetto di insediamento stilato dal naturalista britannico Henry Smeathman.

1789

Olaudah Equiano pubblica la sua autobiografia, *L'incredibile storia di Olaudah Equiano*. Il libro diventa un **testo fondamentale del movimento abolizionista**.

1791

Gli schiavi di Saint-Domingue (oggi Haiti) **iniziano una rivolta armata, conquistando l'indipendenza** nel 1804.

1804

Un **movimento di risveglio islamico** tra i Fulani conduce a un *jihad* contro i regni Hausa dell'Africa occidentale, e nel 1809 nasce il califfato di Sokoto.

1807

In seguito a intense pressioni da parte di attivisti bianchi e neri, **la Gran Bretagna abolisce la tratta degli schiavi transatlantica**.

Nel 1700, ormai poche comunità africane erano indenni dalla crescente tratta degli schiavi transatlantica. La minaccia continua di incursioni violente per la loro cattura e la partecipazione di altri africani al traffico di esseri umani avevano un forte effetto destabilizzante. Frattanto, coloro che arrivavano in catene nel Nuovo Mondo dovevano affrontare la realtà brutale della degradazione della loro umanità.

Il trattamento degli schiavi africani era in totale contrasto con le idee illuministiche di libertà e umanità diffuse nell'Europa e nell'America del XVIII secolo, che evidentemente non contemplavano l'umanità nera. Gli africani erano disumanizzati e assoggettati a un duro lavoro nelle piantagioni. Erano trattati come proprietà altrui, un principio che nel 1724 divenne legge nel territorio francese della Louisiana, dove il Code Noir limitava le libertà fondamentali degli schiavi e comminava pene brutali per chi ne avesse violato le regole.

Resistenza

La tratta degli schiavi transatlantica e la sua controparte in Africa orientale, con il fulcro a Zanzibar, fecero nascere un'ideologia razzista, secondo cui i neri sarebbero stati meritevoli di una vita di servitù. Le potenze europee sfruttarono il pregiudizio per giustificare il colonialismo e le guerre di conquista, come quella contro gli Xhosa, quando olandesi e britannici competevano per il loro territorio nell'Africa meridionale. Tuttavia le guerre non si vincevano facilmente. Dal 1779, gli Xhosa tennero testa agli europei per quasi un secolo, mentre i loro vicini Zulu inflissero ai britannici una serie di sconfitte devastanti. In Africa occidentale, dopo l'invasione del loro regno da parte delle truppe francesi nel 1890, le donne guerriere del Dahomey combatterono fino alla morte.

Per gli schiavi africani, senza territori da difendere, la resistenza contro l'ideologia razzista assunse altre forme. Vi furono rivolte di schiavi, come l'insurrezione del 1831 guidata da Nat Turner in Virginia e la precedente rivoluzione haitiana, unica ribellione armata di schiavi a concludersi con la libertà per gli africani del Nuovo Mondo. Inoltre, per affrontare i loro oppressori i neri usarono strumenti intellettuali, acquisendo un'istruzione occidentale per dimostrare la propria capacità di ragionare e di scrivere narrazioni efficaci.

Le prime campagne antischiaviste furono guidate da gruppi di quaccheri negli Stati Uniti e in Gran

1818

Il *Mino*, un **reggimento interamente femminile**, entra a **far parte dell'esercito del Dahomey**, incrementando con le proprie capacità di combattimento la potenza militare del regno.

1831

Nat Turner, predicatore della Virginia, sobilla una **rivolta degli schiavi** che ha come esito leggi ancora più oppressive contro gli schiavi negli Stati Uniti.

1833

La Gran Bretagna abolisce la schiavitù, liberando gli africani delle sue colonie.

1865

Gli Stati Uniti **aboliscono la schiavitù** quando la guerra civile si conclude con la sconfitta degli Stati del sud.

1867

Nel distretto di Tati del **Botswana** il colonizzatore tedesco Karl Mauch scopre antiche **miniere d'oro**.

1877

Nel sud degli Stati Uniti vengono introdotte le prime **leggi "Jim Crow"** che applicano la **segregazione razziale**.

1884-1885

Quando gli Stati europei procedono alla **spartizione dell'Africa** e delle sue risorse, i rappresentanti dei Paesi africani non vengono consultati.

1896

Nella battaglia di Adua **l'esercito etiopico sconfigge l'Italia**, costringendo i colonizzatori europei a riconoscere l'indipendenza dell'Etiopia.

Bretagna, ma alla fine del XVIII secolo si facevano sentire anche attivisti neri, fra cui l'abolizionista britannico Olaudah Equiano, che scrisse un libro molto venduto sulla propria vita da schiavo, e in seguito Frederick Douglass, che nel corso della guerra civile americana divenne consigliere del presidente Abraham Lincoln.

Verso la libertà

Nel 1807, la Gran Bretagna proibì la tratta degli schiavi transatlantica. Fu seguita da altri Paesi, tra cui gli Stati Uniti nel 1808, ma per abolire completamente la schiavitù ci vollero ancora molti anni. La resistenza proseguì, spesso con atti di provocazione morale come la Ferrovia sotterranea, che dal 1831 aiutò numerosi schiavi americani a fuggire verso gli Stati non schiavisti del nord e il Canada. La guerra civile americana (1861-1865) si combatté per la questione della schiavitù, che venne infine abolita quando gli Stati schiavisti del sud furono sconfitti. Il Brasile continuò a sfruttare gli schiavi fino al 1888, ma anche in seguito per molti africani liberi non vi era altra scelta che lavorare per gli ex padroni senza essere pagati.

L'abolizione della schiavitù suscitò un nuovo interrogativo: come aiutare i neri che con la tratta erano stati trasportati altrove? Alla fine del XIX secolo, i tentativi dei filantropi britannici di insediare i "neri poveri" di Londra nella colonia della Sierra Leone in Africa occidentale furono contestati, ma la Società americana per la colonizzazione considerò il rimpatrio un'opzione valida. Nel 1867 aveva ormai trasferito in Liberia circa 16.000 americani neri. Negli Stati Uniti, durante il periodo della Ricostruzione si cercò di garantire agli americani neri i diritti civili, che però nel sud furono presto sconfessati dalle cosiddette leggi "Jim Crow", con cui si legittimava la segregazione razziale.

Una nuova Africa

La conferenza di Berlino del 1884-1885 spartì l'Africa tra le potenze europee rivali, e nel 1900 il 90% del continente (escluse Liberia ed Etiopia) era sotto il dominio europeo. Si tracciarono confini artificiali, configurando un sistema di Stati nazionali moderni che comprendevano gruppi etnici disparati, e la lotta contro il colonialismo proseguì. Non tutte le reazioni al colonialismo comportavano una resistenza armata. Il nuovo ordine mondiale offriva occasioni, tra cui una regolare istruzione, che nel XX secolo avrebbero consentito agli intellettuali africani di perseguire il fine della decolonizzazione. ■

NON SIAMO MAI STATI SCHIAVI

I GARIFUNA (XVII-XVIII SECOLO)

NEL CONTESTO

LUOGO
Saint Vincent

PRIMA
Prima del XV secolo
Gli antenati degli amerindi caraibici migrano dall'America del Sud e si insediano sulle isole dei Caraibi, tra cui Saint Vincent.

XVI secolo I colonizzatori europei trasportano nei Caraibi i primi schiavi africani.

DOPO
1871 Un censimento ufficiale a Saint Vincent rivela che sull'isola, su un totale di 40.000 abitanti, rimangono solo 431 Caribi e Garifuna.

XXI secolo In Honduras vivono oltre 40.000 persone di origine Garifuna; altre grandi comunità sono in Belize, Guatemala, Nicaragua e Stati Uniti.

Nel XVII secolo le potenze europee, tra cui Francia e Inghilterra, fecero a gara per conquistare le isole caraibiche. Gli amerindi che i colonizzatori incontrarono nelle Piccole Antille, compresa Saint Vincent, si definivano Kalliponam o Kallinago, ma gli europei li chiamarono Caribi. Molte isole furono conquistate, ma non Saint Vincent, grazie all'asprezza del territorio, all'abilità dei Caribi nel combattimento e alla loro capacità di sfruttare le divergenze tra francesi e inglesi. Frattanto, vari schiavi scampati a naufragi o fuggiti da altre isole cominciarono a

A Saint Vincent si stabiliscono rapporti tra **schiavi africani fuggiaschi** e **indigeni amerindi** e si crea un nuovo **gruppo etnico**, i Garifuna.

↓

Approfittando del **conflitto tra britannici e francesi** per il dominio sull'isola, i Garifuna combattono per **difendere il loro territorio**.

↓

Malgrado la **sconfitta** per opera dei britannici e l'**espulsione** da Saint Vincent, i Garifuna **fondano fiorenti comunità** sulle isole vicine e sulla costa dell'Honduras.

↓

I Garifuna non sono mai stati schiavi.

Cfr. anche: La vita nelle piantagioni 122-129 ▪ La rivolta degli schiavi di Hispaniola 130-131 ▪ I cimarroni giamaicani 146-147 ▪ L'abolizionismo in Europa 168-171 ▪ La rivoluzione haitiana 184-189

Prima e seconda guerra caraibica

Nel 1763, quando Saint Vincent fu ceduta dai francesi alla Gran Bretagna, fra i coloni britannici e i Garifuna crebbero le tensioni, che sfociarono in una ribellione e nel 1772 diedero inizio alla prima guerra caraibica. I Garifuna erano guidati da Joseph Chatoyer, che nel 1773 siglò un trattato di pace, il primo stipulato fra britannici e una popolazione indigena caraibica. L'accordo suddivideva Saint Vincent in aree per i britannici e per i Garifuna, ma poi i colonizzatori tentarono nuovamente di impadronirsi dell'intera isola. Ulteriori ribellioni culminarono nella seconda guerra caraibica, scoppiata nel 1795. Le truppe francesi appoggiarono i Garifuna, di nuovo guidati da Joseph Chatoyer, che però morì nel marzo del 1795. Indeboliti dal decesso di Chatoyer e dal venir meno del sostegno francese, i Garifuna furono definitivamente sconfitti un anno dopo, nel giugno del 1796.

> La sopravvivenza dei Caribi neri, con la loro particolare cultura ancora intatta, è la più grande testimonianza dello spirito tenace dei loro predecessori.
>
> **Christopher Taylor**
> ***The Black Carib Wars*, 2012**

insediarsi a Saint Vincent e a mescolarsi ai Caribi, assorbendone la lingua e la cultura. Nel 1700 questo gruppo, denominato Garifuna (il nome da loro adottato, che significa «mangiatori di manioca»), o Caribi neri, ormai predominava sui Caribi amerindi.

Dispute e conflitti

Nel 1719, sulla costa occidentale di Saint Vincent i francesi fondarono un insediamento che provocò ulteriori dispute con i britannici per il dominio sull'isola. Nel 1763, dopo la sconfitta della Francia nella guerra dei Sette Anni, la Gran Bretagna annesse Saint Vincent, assegnando un territorio a Caribi e Garifuna. I colonizzatori erano attratti dalle ricche zone di produzione di canna da zucchero sotto il dominio dei Garifuna, che adesso si sentirono in pericolo. I britannici furono ripetutamente respinti e il conflitto provocò in definitiva la prima guerra caraibica (1772-1773), nella quale la Francia si schierò con i Garifuna. La guerra si concluse con uno stallo e una pace che garantiva ai Garifuna un territorio in cambio del riconoscimento del dominio britannico.

Nel 1779 la Francia conquistò l'isola, ma alla fine della guerra di indipendenza americana nel 1783 la restituì alla Gran Bretagna. Sebbene a Saint Vincent venissero confermati i diritti dei coloni francesi, la loro animosità verso i britannici permase, così come quella dei Garifuna. Nel 1795 una rivolta congiunta, armata dalla Francia, provocò la seconda guerra caraibica (1795-1796), conclusasi con la vittoria delle truppe britanniche.

Espulsione e sopravvivenza

La Gran Bretagna attuò il progetto, preparato da tempo, di espellere da Saint Vincent tutti i Garifuna, imprigionandone oltre 4.000 nella vicina isola di Balliceaux. Nel luglio del 1797 i Garifuna furono deportati sull'isola di Roatán, possedimento spagnolo al largo dell'Honduras. Solo circa 2.000 vi giunsero, mentre gli altri morirono durante il viaggio oppure a Balliceaux. A loro volta, gli spagnoli ne trasferirono gran parte in zone situate attorno al golfo di Honduras, e da lì i Garifuna si diffusero negli attuali Belize, Guatemala e Nicaragua.

Oggi lungo la costa dell'America centrale vi sono ancora molti abitanti di origine Garifuna. Numerosi altri sono emigrati negli Stati Uniti, dove formano una comunità di almeno 100.000 persone. Mantengono la loro lingua caraibica e un forte senso di orgoglio per la loro cultura, che comprende musica, danza e storie orali tramandate da una generazione all'altra. ▪

Un uomo Garifuna celebra il Mese della cultura africana a Tegucigalpa, in Honduras, nel 2018. I Garifuna sono una delle principali minoranze etniche dell'Honduras.

ECCEZIONALI PER CORAGGIO E FEROCIA

LE DONNE GUERRIERE DEL DAHOMEY (1708)

NEL CONTESTO

LUOGO
Benin

PRIMA
1600 ca. I Fon dell'Africa occidentale fondano il regno del Dahomey, nella parte meridionale dell'attuale Benin.

1645 Sale al trono Houegbadja, primo re del Dahomey.

DOPO
1892-1894 Si combatte la seconda guerra tra Francia e Dahomey. Le *Mino*, spazzate via dalle armi da fuoco francesi, si disperdono e il re viene deposto.

1904 Viene ufficialmente abolito il regno del Dahomey.

1958 I francesi creano come colonia autonoma la Repubblica del Dahomey, che nel 1960 ottiene l'indipendenza.

1975 La Repubblica del Dahomey prende il nome di Benin.

1979 Muore Nawi, considerato l'ultimo guerriero del Dahomey.

Sono avvolte nel mistero «le donne più temute della storia», che nel XIX secolo gli europei presenti nella zona soprannominarono «amazzoni del Dahomey», dal nome delle spietate guerriere della mitologia greca. Le *Mino* (che nella locale lingua dei Fon significa «nostre madri») erano soldatesse di prima linea per il regno del Dahomey, situato in una parte dell'attuale Benin.

Non si sa quando o perché sia stato istituito questo reggimento militare femminile, ma si ritiene che la regina Hangbe, salendo al trono nel 1708, avesse creato una guardia del corpo femminile. Tuttavia, essendo usanza che soltanto gli uomini portassero la corona del Dahomey, il regno di Hangbe, durato appena quattro anni, fu cancellato dalla storia quando la regina fu deposta dal fratello minore Agaja, e alcuni storici dubitano perfino dell'esistenza di tale sovrana.

> La guerra è la nostra grande amica, senza la quale non vi sarebbero né stoffe né braccialetti; andiamo in guerra, per vincere o morire.
> **Attribuito alle donne guerriere del Dahomey**

Lotta fino alla morte

Qualunque fosse l'origine delle *Mino*, le testimonianze indicano che entrarono a far parte dell'esercito del Dahomey nel 1818, in seguito all'ascesa al trono di re Ghezo. La potenza militare era essenziale per la prosperità del Paese: consentì a Ghezo di smettere di versare tributi al regno di Oyo degli Yoruba e di intraprendere campagne militari annuali per catturare prigionieri da vendere come schiavi.

Reclutate vergini, alcune di appena 9 anni, le *Mino* si addestravano a essere forti, insensibili al dolore e spietate, in grado di uccidere i nemici mediante una rapida decapitazione. Malgrado le sofferenze, prestare servizio in questo reggimento elitario offriva alle donne prestigio e privilegi, tra cui l'accesso alle scorte di tabacco e alcol, il diritto di possedere fino a 50 schiavi a testa e la possibilità di influenzare la linea politica assumendo posizioni di preminenza nel Gran Consiglio del regno.

Cfr. anche: La regina Nzinga sfida il Portogallo 140-145 ▪ I cimarroni giamaicani 146-147 ▪ La spartizione dell'Africa 222-223 ▪ La guerra delle donne del 1929 252 ▪ Ascesa del femminismo nero 276-281

Ruoli delle donne guerriere del Dahomey nel XIX secolo

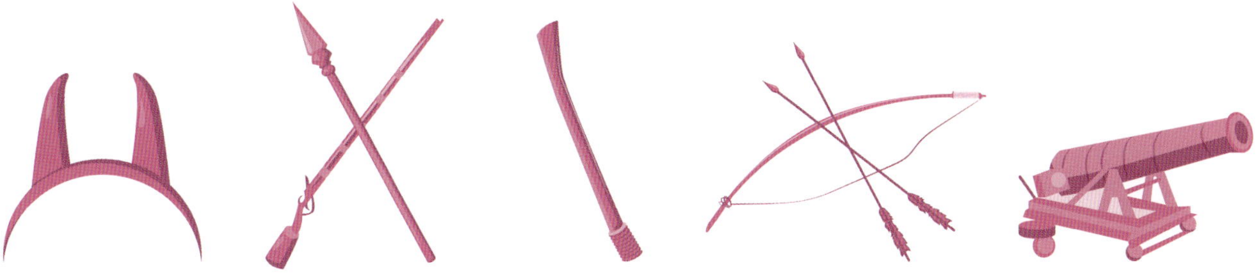

Cacciatrici (Gbeto): era la prima unità delle *Mino*, formata per la caccia agli animali. Le donne portavano corone di ferro con corna di antilope.

Fuciliere (Gulohento): armate con un lungo fucile o una lancia e una spada corta, costituivano gran parte del reggimento.

Falciatrici (Nyekplohento): erano una banda selezionata di guerriere temibili, che portavano un'unica arma da taglio affilata e pesante.

Arciere (Gohento): erano guerriere giovani e di talento, in grado di scagliare con l'arco frecce uncinate e avvelenate.

Artigliere (Agbalya): usavano vecchi cannoni e moschetti di grosso calibro e di breve gittata.

Alla metà del XIX secolo, Ghezo aveva ampliato l'esercito con l'inclusione di forse 6.000 guerriere, che sferravano attacchi prima dell'alba ai villaggi nemici alla ricerca di prigionieri. Raramente venivano sconfitte, ma nel 1851 e nel 1864 non riuscirono a conquistare la vicina città di Abeokuta (insediamento degli Egba). Frattanto i Paesi europei, dotati della potenza di fuoco delle armi moderne, avevano preso di mira l'Africa occidentale. Nel 1890 Béhanzin, ultimo re del Dahomey, affrontò le truppe francesi nella prima guerra contro la Francia, in cui le *Mino* furono falciate dalle armi da fuoco e sgominate. La seconda guerra segnò la rapida fine del reggimento e anche del regno, che divenne una colonia francese. Le *Mino* furono le ultime ad arrendersi, fedeli alle loro convinzioni: «Io sono una lupa, nemica di tutti i nemici del re, e se non vinco sono pronta a morire». ▪

Ritratto delle guerriere del Dahomey pubblicato nel 1891 dal periodico francese *Le Petit Journal*. Nel 1894, quasi tutte le *Mino* erano state ormai uccise dalle truppe francesi.

GLI SCHIAVI NON DEVONO POSSEDERE NULLA

IL CODE NOIR DELLA LOUISIANA (1724)

NEL CONTESTO

LUOGO
Louisiana, Stati Uniti

PRIMA
1661 Nella colonia britannica di Barbados viene istituito il primo codice giuridico per gli schiavi.

1682 René-Robert Cavelier, signore di La Salle, rivendica il territorio della Louisiana per la Francia.

1685 Nei possedimenti dei Caraibi viene introdotto il primo Code Noir francese.

1719 In Louisiana arriva il primo gruppo di schiavi africani.

DOPO
1729 A Natchez, nel Mississippi, gli schiavi della Louisiana si uniscono alla rivolta degli amerindi.

1848 Nelle colonie francesi viene abolita la schiavitù; il Code Noir è abrogato.

2001 Il parlamento francese riconosce che la schiavitù è un crimine contro l'umanità.

Spagna, Portogallo, Paesi Bassi e Gran Bretagna introducono nei **territori coloniali** codici di leggi per gli schiavi.

↓

I codici intendono costituire un **fondamento giuridico** per la schiavitù e per il **mantenimento dell'ordine pubblico** fra gli schiavi.

↓

In realtà, i codici **trattano gli schiavi come proprietà** e ne **limitano le libertà fondamentali**.

↓

I codici **regolamentano la vita** non solo degli schiavi, ma anche dei neri liberi.

Fondato sul codice giuridico per gli schiavi dei territori francesi dei Caraibi adottato nel 1685, il Code Noir del 1724 fu promulgato da re Luigi XV di Francia per il territorio nordamericano della Louisiana. Il codice fu modificato nel 1763, quando la Francia cedette la Louisiana alla Spagna, ma rimase in gran parte in vigore fino al 1803, anno in cui gli Stati Uniti acquistarono la Louisiana e ne abrogarono alcune leggi. Si componeva di 60 articoli, che offrivano al governo coloniale francese un quadro giuridico per la schiavitù. Nelle colonie francesi d'America gli schiavi erano molto più numerosi degli europei bianchi e nel 1732 costituivano circa il 65% della popolazione totale della Louisiana. Il Code Noir era ritenuto necessario per mantenere un ordine gerarchico rispetto alla popolazione schiava e per tutelare il più grosso investimento della colonia: la

Cfr. anche: La tratta degli schiavi transatlantica 116-121 ▪ L'abolizionismo in America 172-179 ▪ La Ferrovia sotterranea 190-196 ▪ La guerra per abolire la schiavitù 206-209 ▪ L'epoca aurea della ricostruzione 210-213 ▪ Jim Crow 216-221

> Proibiamo ai nostri sudditi bianchi di entrambi i sessi di contrarre matrimonio con i Neri*, pena un'ammenda e altra punizione arbitraria.
> **Code Noir della Louisiana**

*Linguaggio usato nel 1724 (v. p. 4)

manodopera gratuita. La forza lavoro non pagata era essenziale, fra l'altro, per lo scavo di canali di scolo, la costruzione di argini e la coltivazione.

Gli effetti del codice

Sebbene fosse difficile applicare il Code Noir nell'intera colonia, nel complesso il codice ebbe effetti concreti sulla vita degli schiavi. Le leggi francesi sulla schiavitù offrivano agli schiavi maggiori diritti rispetto alle equivalenti legislazioni britannica e olandese. Il Code Noir proibiva ai padroni di costringere gli schiavi a sposarsi contro la loro volontà. Inoltre, stabiliva che gli schiavi dovessero ricevere dai padroni in misura adeguata alimentazione, vestiario e sostentamento. I padroni non potevano né uccidere né mutilare gli schiavi, e neppure infliggere loro punizioni eccessive. Tutto ciò era in netto contrasto con le analoghe leggi britanniche, che concedevano ai padroni piena autonomia. Inoltre, secondo il Code Noir non si potevano separare i gruppi famigliari per la vendita, altra differenza con i codici britannico e spagnolo, che consentivano invece di dividere le famiglie. Il Code Noir fece sì che in certe zone il numero di neri affrancati fosse maggiore rispetto al sistema britannico: in Louisiana il 13,2%, in confronto allo 0,8% del Mississippi.

Ciò nonostante, il Code Noir era assai restrittivo per gli schiavi e per i neri liberi. Proibiva il matrimonio interrazziale e la coabitazione in concubinato; non erano consentiti incontri sociali di schiavi di piantagioni diverse; agli schiavi era proibito possedere armi di qualsiasi genere ed era loro perfino imposto di essere battezzati dalla Chiesa cattolica. Poiché in Francia la religione di Stato era il cattolicesimo, era un mezzo per frenare la diffusione del protestantesimo degli imperi rivali britannico e olandese. Le pene per la violazione delle norme erano straordinariamente severe, in particolare per coloro che cercavano di fuggire: prevedevano la fustigazione, la marchiatura e perfino la morte. ■

Vendita di schiavi assieme a terreni e quadri a un'asta a New Orleans nel 1842. Gli abolizionisti cercarono di porre fine alla degradazione degli schiavi e alla loro compravendita.

Le leggi britanniche

Diversamente dal Code Noir francese, in Gran Bretagna per gli schiavi non c'era una legislazione comune, ma ogni colonia stabiliva le proprie norme. Nell'impero britannico, il primo codice del genere fu istituito nel 1661 sull'isola caraibica di Barbados.
Molti altri codici del periodo si ispirarono al modello di Barbados, per esempio quello adottato in Giamaica nel 1664, poi copiato dalla Carolina del Sud nel 1691, e in seguito da varie altre colonie nordamericane.
Secondo i britannici, gli schiavi erano per natura barbari, selvaggi e sfrenati, e le leggi erano necessarie per tenere sotto controllo queste persone, considerate beni di proprietà.
Diversamente dal Code Noir francese, le leggi britanniche concedevano ai padroni il diritto di punire, torturare e perfino uccidere gli schiavi.

NON SONO UN UOMO E UN FRATELLO?

L'ABOLIZIONISMO IN EUROPA (XVIII-XIX SECOLO)

NEL CONTESTO

LUOGO
Europa

PRIMA
1772 Una storica sentenza nota come Caso Somersett stabilisce che nessuno schiavo può essere condotto a forza in Inghilterra e venduto all'estero.

DOPO
1824 L'attivista antischiavista britannica Elizabeth Heyrick pubblica *Immediate not Gradual Abolition*, in cui chiede la fine immediata di ogni forma di schiavitù e respinge le riforme graduali.

1833-1834 La Gran Bretagna abolisce la schiavitù nelle colonie. Indennizza i padroni per la perdita delle "proprietà".

1839 Il quacchero Joseph Sturge e lord Henry Brougham fondano la Società antischiavista britannica e internazionale per opporsi alla schiavitù in tutto il mondo.

Nel XVIII secolo, il coinvolgimento dell'Europa nella tratta degli schiavi transatlantica era notevolmente aumentato. La Gran Bretagna usava manodopera schiava nelle sue 13 colonie nordamericane prima della guerra d'indipendenza (1775-1783) e nei Caraibi, e la tratta era considerata fondamentale per la prosperità del Paese. Anche Francia, Spagna e Portogallo nel continente americano possedevano colonie che facevano affidamento sulla tratta degli schiavi, mentre altre nazioni, come i Paesi Bassi, traevano notevoli profitti dalla compravendita di prodotti realizzati grazie al loro lavoro.

Dalla fine del XVIII secolo, in questi Paesi iniziò a svilupparsi un

Cfr. anche: La tratta degli schiavi transatlantica 116-121 ▪ L'abolizionismo in America 172-179 ▪ Fondazione della Sierra Leone 182-183 ▪ L'abolizione della schiavitù in Brasile 224-225

L'immagine di un uomo supplicante accompagnata dal motto *Non sono un uomo e un fratello?* era riprodotta su oggetti di propaganda degli abolizionisti come questo medaglione di Wedgwood.

movimento di opposizione alla tratta degli schiavi, anche se potenti interessi cercavano di controbatterlo. In Gran Bretagna e negli Stati Uniti il movimento era guidato dai quaccheri e da altre confessioni religiose, come i metodisti, che si opponevano alla schiavitù per motivi religiosi e morali. Vi era una significativa collaborazione fra i movimenti abolizionisti di Stati Uniti e Gran Bretagna, ed era normale che gli attivisti si spostassero fra i due Paesi per partecipare a convegni e tenere cicli di conferenze.

I principali abolizionisti

Nel 1787, in una libreria dei quaccheri a Londra si costituì la prima associazione britannica, la Società per l'abolizione della tratta degli schiavi. I membri erano perlopiù quaccheri, sebbene Granville Sharp e Thomas Clarkson, presidente e segretario, fossero anglicani. Otto anni prima Sharp, attivista e avvocato, aveva istituito un precedente giuridico con il Caso Somersett, in cui un giudice aveva stabilito che il diritto alla libertà aveva la precedenza sul diritto alla proprietà, rendendo così illegale sul suolo britannico la vendita dello schiavo citato in giudizio, James Somersett. L'associazione organizzò raduni e conferenze e dibatté in tribunale casi specifici di schiavitù. Clarkson, autore dell'influente saggio del 1785 *È legittimo rendere schiave altre persone contro la loro volontà?*, interpellò William Wilberforce, eminente parlamentare abolizionista.

I mali della schiavitù

Per le strade d'Europa la schiavitù era meno evidente che nelle colonie, sebbene città britanniche come Londra, Liverpool e Bristol dal XVII secolo costituissero dei centri finanziari per la compravendita di schiavi, e nei loro cantieri si costruissero navi negriere che poi, nei viaggi di collegamento con le colonie, facevano scalo in queste città. Per far sì che i mali della tratta degli schiavi risultassero comprensibili alla popolazione europea, insensibile alla schiavitù o non pienamente consapevole dei suoi orrori, gli abolizionisti realizzarono e distribuirono immagini di schiavi, allo scopo di indurre l'opinione pubblica a considerarli creature di Dio, meritevoli di dignità umana. A loro giudizio, era necessario suscitare negli europei un modo diverso di considerare gli schiavi, altrimenti vi sarebbero state poche speranze di indurre la popolazione ad appoggiare la causa abolizionista contro una prassi tanto radicata nella struttura della società.

Una delle immagini più vivide a emergere fu quella dello schiavo supplicante: un uomo nero in ginocchio con le mani incatenate sollevate verso il cielo e la didascalia: «Non sono un uomo e un fratello?». Realizzato nel 1787 da tre ignoti quaccheri per la Società per l'abolizione della tratta degli schiavi, all'inizio l'emblema venne riprodotto su medaglioni del ceramista britannico Josiah Wedgwood, eminente abolizionista. L'immagine incarnava argomentazioni religiose, etiche, intellettuali e giuridiche contro la schiavitù, ma la figura supplicante intendeva anche fare appello alla vanità personale, come se l'emancipazione fosse stata una gentile con-

Nel 1787 **viene creato un emblema** per la Società per l'abolizione della tratta degli schiavi.

↓

Esprime il **dovere cristiano** di riconoscere la **comune umanità** degli schiavi e porre termine alla tratta.

↓

Pone l'interrogativo: «Non sono un uomo e un fratello?»

L'avvocato abolizionista Granville Sharp (al centro) nel 1767 ottiene la libertà di Jonathan Strong, che era stato rapito dai suoi ex padroni in una strada di Londra e rivenduto come schiavo.

cessione da parte dei bianchi e non un diritto umano fondamentale, e la schiavitù non fosse stata un vero e proprio abominio a cui porre termine.

Strumento efficace

Nei convegni venivano spesso lette narrazioni di schiavitù vissuta, resoconti di ex schiavi che ne rendevano noti gli orrori e davano slancio al movimento abolizionista. Uno dei primi abolizionisti neri britannici a pubblicare una simile narrazione fu Olaudah Equiano, che dopo essersi comprato la libertà avviò in Gran Bretagna una campagna per l'abolizione. Il suo memoriale, *L'incredibile storia di Olaudah Equiano*, o *Gustavus Vassa, detto l'Africano* (1789), che divenne un testo influente per il movimento abolizionista, descriveva vividamente il suo rapimento in Africa occidentale, gli orrori della traversata atlantica e la sua vita brutale di schiavo nelle colonie britanniche. Il libro vendette moltissimo e nel 1794 era stato già tradotto in russo, tedesco e olandese.

Le narrazioni di schiavitù vissuta non erano le uniche opere antischiaviste redatte da ex schiavi. Un collega di Equiano, Ottobah Cugoano (che divenne un esponente di spicco dei Figli dell'Africa, la comunità abolizionista nera di Londra), attinse alla sua profonda conoscenza della Bibbia per scrivere *Pensieri e sentimenti sul perfido e malvagio traffico della schiavitù e commercio della specie umana* (1787). Oltre a smentire le argomentazioni di chi attribuiva alla schiavitù una giustificazione divina, il libro dava una dimostrazione delle capacità di ragionamento dell'autore, smascherando così la menzogna secondo cui i neri sarebbero stati incapaci di ragionare, e pertanto non del tutto umani. Cugoano spedì il libro al re Giorgio III e a politici di primo piano, fra cui Edmund Burke, il quale esprimeva avversione per la schiavitù ma, anziché la loro emancipazione immediata, sosteneva la necessità di un migliore trattamento degli schiavi.

> La schiavitù è un male di prima grandezza [...] ed è contraria a ogni autentico principio del cristianesimo, eppure viene praticata da uomini di questa religione.
>
> **Ottobah Cugoano**
> **Pensieri e sentimenti sul perfido e malvagio traffico della schiavitù, 1787**

Libertà, uguaglianza, fratellanza

In Francia il primo gruppo antischiavista fu la *Société des amis des noirs*, costituita a Parigi nel 1788. L'abolizionismo francese attingeva agli ideali dell'Illuminismo, che avrebbero ispirato la rivoluzione francese dell'anno seguente: tutti gli uomini hanno un diritto naturale alla libertà e ogni vita umana possiede uguale dignità. Fra i membri dell'associazione vi era l'aristocratico Gilbert du Motier, marchese di La Fayette, che poi redasse la *Dichiarazione dei diritti dell'uomo e del cittadino* e che durante la rivoluzione americana aveva combattuto al fianco del generale George Washington.

Tuttavia, secondo molti sostenitori della rivoluzione francese, questi ideali non potevano estendersi agli schiavi, poiché la loro emancipazione avrebbe distrutto l'economia del Paese. Inoltre, alcuni illuministi, tra cui il filosofo tedesco Immanuel Kant, ricaddero nell'argomentazione secondo cui i valori dell'Illuminismo non si applicavano agli africani perché di razza inferiore.

Ad Haiti, la più ricca colonia francese, nel 1791 gli schiavi guidati da Toussaint Louverture diedero avvio a una rivoluzione contro i bianchi proprietari di piantagioni, sconfiggendo anche l'esercito francese mandato a respingerli. Nel 1794, il successo della ribellione costrinse la Francia a dichiarare l'abolizione della schiavitù, che fu però ripristinata da Napoleone nel 1802, nell'ambito del suo tentativo di riacquisire il dominio sulle colonie. Tuttavia la rivolta haitiana aveva scosso la fiducia degli schiavisti di tutto il mondo, così come altre ribellioni avvenute nelle colonie britanniche di Giamaica e Saint Lucia.

Abolizione in vista

Gli anni dell'abolizionismo cominciarono a dare risultati quando vari Paesi in successione introdussero leggi che limitavano la tratta degli schiavi. In Gran Bretagna decine di migliaia di persone firmarono petizioni, e nel 1791 William Wilberforce presentò il primo disegno di legge per l'abolizione della tratta. Anche se la proposta fu respinta con 163 voti a 88 e le guerre contro la Francia bloccarono temporaneamente il movimento abolizionista britannico, Wilberforce ripresentò ogni anno il disegno di legge e continuò a sensibilizzare l'opinione pubblica.

Ebbero un impatto anche i boicottaggi dei prodotti realizzati con manodopera schiava, come lo zucchero dei Caraibi. Nel 1791 un opuscolo dell'abolizionista William Fox, che invitava ad acquistare zucchero proveniente da India e Indonesia, vendette 70.000 copie in quattro mesi. Si stima che l'anno successivo in Gran Bretagna 400.000 persone boicottassero lo zucchero caraibico.

Nel 1807 la Gran Bretagna approvò la Legge di abolizione della tratta degli schiavi, che proibiva a ogni nave britannica e a ogni suddito britannico di parteciparvi e incaricava la marina militare di pattugliare i mari. Quattro anni dopo la Spagna imitò l'esempio britannico, mentre Svezia e Paesi Bassi seguirono rispettivamente cinque e sei anni dopo. Malgrado tutte queste proibizioni, nelle colonie proseguirono le incursioni per la cattura di schiavi e la compravendita, anche se la flotta britannica pattugliò per molti anni l'Atlantico in cerca di navi negriere e liberando i prigionieri. Alcuni Paesi che l'avevano abolita, quando i loro mercanti proseguirono questo traffico, semplicemente guardarono dall'altra parte. Sebbene gli abolizionisti avessero vinto la battaglia per proibire la tratta degli schiavi, nel corso del XIX secolo almeno un milione di africani furono ridotti in schiavitù e trasportati illegalmente oltreoceano, e a quanti erano già schiavi nelle colonie europee venivano ancora negate la libertà e la parità di diritti. Su entrambi i lati dell'Atlantico gli abolizionisti si posero come obiettivo l'abolizione della schiavitù stessa. Ormai impazienti, anziché una riforma graduale cominciarono a richiederne la cessazione immediata. ■

L'abolizionista francese marchese di La Fayette (a sinistra) aveva combattuto nella guerra di indipendenza americana, aiutato da James Armitage (a destra), schiavo nero che spiava i britannici.

> Non avrei mai sguainato la spada per la causa dell'America se avessi immaginato che lì avrei trovato una terra di schiavitù!
> **Marchese di La Fayette**

Gli illuministi credono nella **ragione**, nel **progresso**, nella **scienza** al di sopra della religione e nei **diritti naturali** dell'uomo.

Un'idea fondamentale dell'Illuminismo è che **tutti gli uomini hanno un diritto naturale alla libertà**...

... però molti importanti filosofi dell'Illuminismo **non ritengono che questo diritto si applichi agli schiavi africani**.

Per giustificare questa contraddizione, alcuni filosofi fanno uso di **falsa scienza** per sostenere l'**inferiorità razziale** degli africani rispetto agli europei.

CHE COS'È, PER LO SCHIAVO AMERICANO, IL VOSTRO 4 LUGLIO?

L'ABOLIZIONISMO IN AMERICA (1758-XIX SECOLO)

NEL CONTESTO

LUOGO
America del Nord e del Sud

PRIMA
1526 I portoghesi effettuano il primo trasporto transatlantico di schiavi, da São Tomé al Brasile.

1619 Prigionieri africani condotti in America del Nord da soldati britannici vengono venduti come schiavi nell'insediamento inglese di Jamestown.

1640 L'africano John Punch viene condannato alla schiavitù a vita in Virginia: è la prima legittimazione della schiavitù in una colonia inglese.

DOPO
1928 In Sierra Leone viene proibita la schiavitù domestica.

1993 Si costituisce il Gruppo antischiavista americano per sensibilizzare l'opinione pubblica sulla schiavitù nel mondo di oggi.

La **festa dell'indipendenza**, il 4 luglio, **celebra** la Dichiarazione di indipendenza e i **princìpi di libertà e giustizia** su cui furono fondati gli Stati Uniti.

↓

Frederick Douglass, ex schiavo, fa notare che gli schiavi **non hanno né libertà né giustizia**, perciò non possono celebrare la festa dell'indipendenza.

↓

La festa dell'indipendenza **sottolinea il divario** tra **padroni** e **schiavi**.

↓

Douglass domanda: «Che cos'è per lo schiavo il 4 luglio?»

Nel XVI e nel XVII secolo, l'abolizione della tratta degli schiavi transatlantica non veniva nemmeno presa in considerazione. L'unica prospettiva di libertà per gli schiavi era fuggire o sperare che il padrone li affrancasse volontariamente. Nel XVIII secolo alcuni gruppi di quaccheri, che consideravano la schiavitù un male, e altri attivisti, ispirati dall'Illuminismo e dai suoi princìpi di umanità e libertà, intrapresero campagne di protesta contro l'istituto della schiavitù.

In America, i coloni che reclamavano l'indipendenza dalla Gran Bretagna dovevano fare i conti con l'ipocrisia di negare la libertà agli schiavi. All'assemblea dei quaccheri di Filadelfia del 1758, l'influente antischiavista John Woolman sollecitò i suoi correligionari ad affrancare i loro schiavi, sostenendo che «nelle questioni di diritto e di equità il colore di un uomo non conta nulla».

Gli antischiavisti

All'inizio il movimento abolizionista era perlopiù bianco e comprendeva numerose donne che si battevano anche per i diritti femminili e ritenevano vantaggioso abbinare le due cause. Dopo la guerra di indipendenza americana (1775-1783), quando gli Stati nel nord gradualmente proibirono la schiavitù, cominciò a crescere il numero di abolizionisti neri, molti dei quali prima della guerra erano stati schiavi, e perciò la loro lotta aveva una connotazione personale. Il più eminente attivista nero del XIX secolo, Frederick Douglass, per fornire ispirazione alla causa abolizionista rievocò le proprie esperienze.

Fondamentale per il successo del movimento fu la creazione di associazioni antischiaviste con lo scopo di informare l'opinione pubblica ed esercitare pressioni sui politici. La prima americana, la Società per l'assistenza ai negri illegittimamente detenuti in

Cfr. anche: L'abolizionismo in Europa 168-171 ▪ La Ferrovia sotterranea 190-195 ▪ Fondazione della Liberia 200-201 ▪ La rivolta di Nat Turner 202-203 ▪ La guerra per abolire la schiavitù 206-209 ▪ L'abolizione della schiavitù in Brasile 224-225

Frederick Douglass

Nato in schiavitù nel 1818, Frederick Douglass cresce nello Stato del Maryland. Impara a leggere e scrivere quando la moglie del padrone gli insegna l'alfabeto. Nel 1838 si sottrae alla schiavitù con l'aiuto di sua moglie Anna. Fugge a nord, prima a New York, poi a Bedford, nel Massachussetts. Dopo avere descritto con efficacia le sue esperienze a una riunione antischiavista, diventa un eminente oratore abolizionista. Dopo un ciclo di conferenze di due anni in Gran Bretagna e Irlanda, Douglass ritorna negli Stati Uniti e fonda *The North Star*, giornale antischiavista che rivendica anche i diritti delle donne e il suffragio per gli ex schiavi. Durante la guerra civile americana, è consigliere del presidente Lincoln. Entrato in politica dopo la guerra, nel 1872 è il primo americano nero candidato alla vicepresidenza e nel 1889 è nominato console generale di Haiti. Muore nel 1895.

Opera principale

1882 *Life and Times of Frederick Douglass*

schiavitù, si costituì a Filadelfia nel 1775. Ne seguirono molte altre, fra cui nel 1785 a New York la Società per la manomissione e nel 1789 nel Rhode Island la Società per l'abolizione della schiavitù. Le associazioni antischiaviste tenevano riunioni, organizzavano cicli di conferenze e raccoglievano fondi. Come le loro equivalenti in Gran Bretagna, ritenevano di poter giungere all'abolizione della schiavitù rendendone pubblici gli orrori e appellandosi ai princìpi morali dei bianchi. Adottando l'emblema britannico di un uomo inginocchiato in catene, raccolsero fondi fabbricando mercanzie di stampo abolizionista, dalle ceramiche alle tabacchiere.

Inoltre, come in Gran Bretagna, gli abolizionisti incoraggiavano gli ex schiavi a scrivere resoconti da leggere durante i convegni. Questa letteratura modificò la percezione collettiva che vedeva gli schiavi come persone non istruite, così come le poesie di Phillis Wheatley, schiava africana di Boston, nel Massachusetts. In una poesia del 1772 rivolta al conte di Dartmouth, segretario di Stato britannico in America, la Wheatley abilmente paragonò le rivendicazioni americane per l'indipendenza dalla Gran Bretagna ai sogni di libertà degli schiavi. Il re britannico Giorgio III era un noto sostenitore della schiavitù.

La schiavitù persiste

La tratta degli schiavi transatlantica fu abolita dalla Gran Bretagna nel 1807, l'anno seguente dagli Stati Uniti e poco dopo da altri Paesi, tra cui la Spagna e le sue colonie (tranne Cuba) nel 1811 e i Paesi Bassi nel 1814. Tuttavia, la schiavitù in sé e la compravendita di schiavi proseguirono nelle colonie britanniche, compresi i Caraibi, nonché nel sud degli Stati Uniti, dove le piantagioni di cotone e tabacco facevano affidamento sulla manodopera gratuita. Coloro che erano già schiavi rimasero tali, così come i loro discendenti. In tal modo, si garantiva una fonte rinnovabile di manodopera. Il Portogallo, che proibì la tratta in patria nel 1761, la mantenne nella sua colonia del Brasile, dove proseguì ancora per un secolo.

Negli Stati Uniti, secondo i sostenitori, non solo la prosperità del Paese si fondava sulla schiavitù, ma si trattava di un sistema benevolo e paternalistico che rifletteva l'ordine naturale. I fautori di tale sistema consideravano gli schiavi inferiori, e pertanto non degni dei diritti previsti dalla Costituzione degli Stati Uniti.

Nel 1773 la poetessa Phillis Wheatley fu la prima persona di origine africana a pubblicare un libro in inglese. Varie sue poesie criticavano la schiavitù e la disuguaglianza razziale.

Sojourner Truth

Nata in schiavitù con il nome di Isabella Baumfree nel 1797, Sojourner Truth viene affrancata nel 1827, quando lo Stato di New York abolisce la schiavitù. Ispirata da esperienze mistiche, entra a far parte della famiglia del missionario evangelico Elijah Pierson a New York e diventa predicatrice. Patrocina la fratellanza umana e l'abolizione della schiavitù ed è un'esplicita sostenitrice del suffragio femminile. Nel 1843 la Baumfree lascia New York per «viaggiare su e giù per il Paese». Assume il nome di Sojourner Truth (Visitatrice Verità) per simboleggiare il proprio desiderio di diffondere la verità sul Vangelo e sulla schiavitù. Continua a predicare e a battersi fino ai 70 anni e oltre. Nel 1865, quando viene approvato il 13° Emendamento che abolisce la schiavitù, intraprende una campagna per l'abrogazione delle leggi di segregazione. Muore nel 1883 all'età di 86 anni.

Opere principali

1850 *The Narrative of Sojourner Truth*
1851 *Ain't I a woman*

Inoltre, gli ex schiavi avrebbero messo in pericolo la società dei bianchi causando una riduzione dei salari e privando altre persone di un impiego retribuito. Anche coloro che non erano favorevoli alla schiavitù erano preoccupati per come le razze bianca e nera potessero convivere pacificamente quando agli schiavi fosse stata concessa la libertà. La Società americana per la colonizzazione, fondata nel 1816 da un predicatore presbiteriano, proponeva di comprare schiavi e pagare loro il viaggio di trasferimento in Africa, una condotta che era considerata un rimpatrio. La Gran Bretagna aveva già cominciato a insediare alcuni dei suoi ex schiavi dei Caraibi in Sierra Leone, definita «provincia della libertà».

Negli Stati Uniti alcuni antischiavisti, tra cui vari abolizionisti neri, abbracciarono questa idea poiché costituiva un metodo per porre termine alla schiavitù, ma i più la consideravano una deportazione e la negazione di un diritto fondamentale degli schiavi, ossia il diritto di essere cittadini americani liberi.

Un maggiore slancio

Negli anni '20 del XIX secolo, mentre il sostegno alla schiavitù era ancora forte, negli Stati Uniti la campagna abolizionista si intensificò. Gli attivisti facevano circolare petizioni, scrivevano migliaia di opuscoli e tenevano centinaia di conferenze. Per loro era normale spostarsi fra gli Stati Uniti e la Gran Bretagna per partecipare ai convegni antischiavisti. L'abolizionista e suffragetta Sarah Parker Remond, nata in un'eminente famiglia nera del Massachusetts, fulcro del movimento abolizionista americano, effettuò estenuanti cicli di conferenze nei Paesi europei. I suoi discorsi erano tanto influenti, che i politici del sud americano cercarono di vietarle il ritorno negli Stati Uniti.

> Anelavo ad avere un futuro, un futuro di speranza. Essere racchiusi interamente nel passato e nel presente è contrario alla natura umana.
> **Frederick Douglass**

> Se la prima donna creata da Dio fu tanto forte da capovolgere il mondo da sola, queste donne insieme dovrebbero riuscire a capovolgerlo di nuovo e a rimetterlo nel verso giusto!
> **Sojourner Truth**

Nel 1833 la Gran Bretagna approvò la Legge di abolizione della schiavitù, che in effetti pose fine all'acquisto e al possesso di schiavi in tutti i territori britannici. Fu imitata dalla Francia nel 1848, mentre Stati Uniti e Brasile rimasero Paesi importanti in cui ancora la si praticava.

Abolizionista di spicco

Nella seconda metà del XIX secolo, uno degli abolizionisti neri più efficaci fu Frederick Douglass, ex schiavo che negli Stati Uniti era asceso a posizioni influenti. Douglass riconosceva l'opportunità morale di abbinare l'abolizione della schiavitù alla campagna per il suffragio femminile, poiché entrambe facevano appello ai princìpi egualitari esposti nella Costituzione. Ammirava le campagne di Sojourner Truth per l'abolizione della schiavitù e per i diritti delle donne e spesso la incontrò, ma i due litigarono per la convinzione di Douglass di dover ottenere il suffragio per gli uomini neri prima che per le donne.

Oratore dotato, Douglass partecipò al circuito di conferenze antischiaviste in patria e all'estero e affiancò il principale abolizionista americano bianco, William Lloyd Garrison. Da giovane, Douglass aveva lavorato per il giornale di Garrison *The Liberator*, la pubblicazione antischiavista di maggiore tiratura.

Tattiche diverse

Negli anni '30 del XIX secolo, negli Stati Uniti vi erano ormai circa 1.500 organizzazioni antischiaviste, con 100.000 iscritti. Ma la nuova emergenza causata dall'espansione del Paese verso ovest, con la conseguente possibilità di un'estensione della schiavitù, rese impazienti alcuni abolizionisti. La Società antischiavista americana, fondata da Garrison nel 1833, si era impegnata a perseguire l'emancipazione degli schiavi mediante la "persuasione morale", ma Garrison temeva che fosse troppo lenta. Adottando dalla Gran Bretagna il concetto di "immediatismo", denunciò il possesso di schiavi, definendolo un peccato da interrompere. Reclamò l'emancipazione immediata degli schiavi e il suffragio per gli uomini liberi, altrimenti, avvertì, sarebbe scoppiata una guerra razziale.

Douglass, che sosteneva il gradualismo, cominciò a prendere le distanze da Garrison e nel 1847 fondò un proprio giornale, *The North Star*, rivolto specificamente agli abolizionisti neri. Nei primi anni dell'abolizionismo, conquistare e mantenere la superiorità morale era stata una strategia importante. Con il progredire del movimento e l'adozione di tattiche più raffinate, per liberare persone ridotte illegalmente in schiavitù spesso si fece ricorso alle vie legali. Douglass

> Nelle ossa, nei muscoli e nella carne di queste persone è investita la somma di 1.600 milioni di dollari.
> **Sarah Parker Remond**

Sojourner Truth è raffigurata con il riformatore Booker T. Washington (al centro) e allo scienziato G. Washington Carver in un murale che all'università di Hampton celebra le conquiste dei neri.

I quaccheri e alcuni gruppi evangelici furono all'avanguardia nelle argomentazioni morali e religiose contro la schiavitù.

Le associazioni antischiaviste nacquero per formulare strategie, organizzare raduni e interpellare i politici.

Gli ex schiavi scrissero resoconti di prima mano, descrivendo le dure condizioni da loro vissute.

considerava l'azione politica (le pressioni sui politici e l'uso di argomentazioni fondate sulla Costituzione) il modo di procedere più efficace.

Né Douglass né Garrison invocavano l'uso della violenza, ma nella storia generale dell'abolizione della schiavitù anche la ribellione svolse un ruolo, e alcuni abolizionisti, bianchi e neri, sollecitavano un'azione diretta. Una delle prime e più riuscite insurrezioni, sull'isola francese di Saint-Domingue (oggi Haiti), guidata dal generale abolizionista Toussaint Louverture, nel 1804 aveva condotto all'istituzione del primo insediamento di neri liberi al di fuori dell'Africa.

Negli Stati Uniti le ribellioni degli schiavi erano quasi sempre fallite, provocando brutali repressioni. La rivolta di Nat Turner del 1831, durante la quale furono uccisi 55 bianchi, era stata soffocata con forza travolgente. Nondimeno, alcuni abolizionisti come Henry Highland Garnet, la cui famiglia era stata affrancata quando lui era bambino, sostenevano apertamente l'azione diretta. Nel 1843 tenne il "Discorso agli schiavi degli Stati Uniti", in cui sollecitò gli schiavi a reclamare la libertà, se necessario usando la forza contro i padroni.

L'ultima goccia

In risposta alla Ferrovia sotterranea, che aiutava gli schiavi a rifugiarsi negli Stati non schiavisti, la Legge sugli schiavi fuggiaschi del 1850 imponeva la restituzione dei fuggitivi ai loro padroni. Per gli schiavi, uomini e donne, questa legge fu l'ultima goccia: adesso era possibile mettersi al sicuro solo raggiungendo il Canada. All'incirca nello stesso periodo, il memoriale del 1853 *Dodici anni schiavo*, di Solomon Northrup, descrisse con dettagli strazianti come Northrup, nato libero nello Stato di New York, durante una visita a Washington fosse stato rapito e venduto come schiavo per 12 anni. Il libro, recensito su molti

Gli abolizionisti organizzavano picnic comunitari, come questo del 1845 a Weymouth Landing, nel Massachusetts, per attirare sostenitori e raccogliere fondi per la causa.

Il boicottaggio dei prodotti realizzati con manodopera schiava ridusse i vantaggi economici della schiavitù.

Gli attivisti iniziarono a rivendicare l'uso della forza, con ribellioni armate e assalti a beni pubblici.

giornali del nord, alimentò la causa abolizionista. Vendette 30.000 copie in tre anni, e Northrup avviò un influente ciclo di conferenze.

Verso la guerra

Poiché le richieste di rispondere con tutti i mezzi possibili alla Legge sugli schiavi fuggiaschi si moltiplicavano, Douglass, che aveva condannato il discorso di Highland Garnet del 1843, iniziò a mettere in discussione il pacifismo. Nel 1859, quando l'abolizionista bianco John Brown e i suoi sostenitori bianchi e neri assaltarono l'arsenale federale di Harper's Ferry in Virginia, Douglass ne prese le distanze, ma espresse ammirazione per l'audacia e si oppose alle dicerie secondo cui Brown era pazzo. Mentre gli Stati del sud cercavano di tutelare e incrementare i propri interessi schiavistici, la guerra fra nord e sud divenne sempre più probabile. Douglass ora appoggiava l'azione militare: ormai era una questione di rispetto per se stesso. La guerra civile americana (1861-1865) pose fine alla schiavitù in tutti gli Stati Uniti, dato che per il presidente Abraham Lincoln l'abolizione era stata una dichiarata finalità. Il 13° Emendamento alla Costituzione, che aboliva la schiavitù, fu ratificato il 6 dicembre 1865.

Ultimi avamposti

Dopo l'abolizione della schiavitù negli Stati Uniti, nel continente americano gli unici luoghi in cui ancora la si praticasse erano la colonia spagnola di Cuba e l'ex colonia portoghese del Brasile. In entrambi i Paesi il cammino verso l'abolizione fu lento. Circa il 40% degli schiavi condotti nel continente americano erano finiti in Brasile, dove nel 1807 costituivano quasi la metà della popolazione. Dopo l'indipendenza dal Portogallo nel 1825, il potere politico era detenuto dai grandi latifondisti che producevano zucchero, cotone e caffè. La schiavitù era considerata essenziale per l'economia, perciò si perseguì una politica di abolizione graduale. Un lento progresso fu apportato da alcuni interventi legislativi, come la Legge sulla prole libera del 1871, che emancipava tutti i figli nati dopo l'approvazione del provvedimento, e la Legge sui sessagenari del 1885, che emancipava gli schiavi di oltre 60 anni.

Alcuni padroni ignorarono tali leggi, che venivano applicate solo quando si intentavano cause in tribunale. Luis Gama, avvocato abolizionista nero, che da bambino era stato venduto come schiavo, a quanto pare in questo modo liberò oltre 1.000 persone. Fra gli altri abolizionisti neri di rilievo vi fu il poeta simbolista João da Cruz e Sousa, che intraprese una campagna per l'abolizione con interventi sul giornale *Tribuna Popular*.

Il Brasile abolì infine la schiavitù nel 1888, due anni dopo Cuba. Fu l'ultimo Paese occidentale a prendere questo provvedimento. ■

Úrsula di Maria Firmina dos Reis

Articoli di giornale, opuscoli e storie di vita vissuta degli schiavi cercavano di volgere l'opinione pubblica contro la schiavitù, ma anche la letteratura fece la sua parte. Alla metà del XIX secolo, negli Stati Uniti Frances Harper Watkins scrisse poesie per giornali antischiavisti, nonché romanzi e racconti incentrati su razza e classe. In Brasile *Úrsula* di Maria Firmina dos Reis, scrittrice e insegnante afrobrasiliana autodidatta, ebbe un analogo impatto sui lettori. Pubblicata nel 1859, *Úrsula* è una storia d'amore infelice tra due personaggi bianchi, ma con storie parallele di schiavi neri (Túlio, Susana e Antero) coinvolti nel destino dei protagonisti. Questi personaggi neri manifestano emozioni, moralità e opinioni e hanno una vita separata da quella dei loro padroni. Il romanzo sottolineava l'umanità degli schiavi e costringeva i lettori a confrontarsi con la realtà della mancanza di libertà.

I MORTI RISORGERANNO PER SCACCIARE L'UOMO BIANCO

LE GUERRE CONTRO GLI XHOSA (1779-1878)

NEL CONTESTO

LUOGO
Sudafrica

PRIMA
I secolo d.C. Gli antenati degli Xhosa, gli Nguni di lingua Bantu, migrano verso l'Africa meridionale.

1488 Il navigatore portoghese Bartolomeu Dias doppia il Capo di Buona Speranza.

1652 La Compagnia olandese delle Indie Orientali fonda la Colonia del Capo.

DOPO
1909 La Legge per il Sudafrica unifica Colonia del Capo, Natal, Transvaal e Stato libero d'Orange creando l'Unione del Sudafrica, *dominion* britannico dotato di autogoverno.

1961 Il Sudafrica diventa repubblica sotto la guida del Partito Nazionale, formato interamente da bianchi.

1994 Nelson Mandela è il primo presidente del Sudafrica eletto democraticamente.

Dal 1779 al 1878, olandesi e britannici furono quasi di continuo in guerra contro gli Xhosa, agricoltori dell'attuale provincia sudafricana del Capo Orientale, una popolazione che gli europei chiamarono Cafri. Vi furono nove conflitti principali, definiti guerre della frontiera del Capo, o guerre dei Cafri, intervallati da ripetute incursioni, che si conclusero con l'assorbimento dei territori Xhosa nella Colonia del Capo britannica. I primi scontri avvennero quando i Trekboer, agricoltori nomadi di origine olandese, si spostarono verso est nell'Africa meridionale, occupando il territorio degli Xhosa ed entrando in competizione con i pastori locali per il possesso di terre e acqua. Nelle prime tre guerre (1779, 1793 e 1799-1801) combattute fra i coloni

Le truppe britanniche incendiano un villaggio e ne uccidono gli abitanti durante l'ultima guerra contro gli Xhosa, illustrata in un'incisione dell'epoca.

Cfr. anche: Le migrazioni dei Bantu 32-33 ▪ Gli europei arrivano in Africa 94-95 ▪ L'impero Zulu 198-199 ▪ La spartizione dell'Africa 222-223 ▪ Il panafricanismo 232-235 ▪ Nelson Mandela e il movimento anti-apartheid 260-261

L'uccisione del bestiame illustrata nell'arazzo di Keiskamma, che documenta la storia del Capo dall'età della pietra alla fine del XX secolo.

L'uccisione del bestiame degli Xhosa

Nel 1856, la giovane profetessa Nongqawuse affermò di avere incontrato due antenati, che le avevano promesso che, se gli Xhosa avessero rispettato certe condizioni, fra cui la distruzione di bestiame e colture, i defunti sarebbero risorti.
Gli animali degli Xhosa stavano già morendo in gran numero per la contagiosa pleuropolmonite bovina, trasmessa da animali infetti arrivati nel 1853 con una nave europea. Poiché la malattia rimaneva latente per lunghi periodi, il bestiame malato la trasmetteva rapidamente a quello sano. Gli Xhosa attribuivano questa disgrazia alla stregoneria. Sfiniti da decenni di guerra con i britannici e convinti che il bestiame sarebbe morto ugualmente, numerosi Xhosa diedero retta a Nongqawuse. In 13 mesi macellarono 400.000 capi di bestiame, e 40.000 Xhosa morirono di fame. In tal modo, la resistenza degli Xhosa contro i britannici che avevano occupato le loro terre si indebolì ulteriormente.

boeri (ossia "contadini" olandesi) e gli Xhosa, le due parti erano equamente bilanciate: gli olandesi si avvalevano di armi da fuoco e cavalleria, mentre gli Xhosa avevano a loro vantaggio la superiorità numerica, con l'esito di una situazione di stallo.

Occupazione britannica

Nel 1795 i britannici sottrassero per la prima volta la Colonia del Capo agli olandesi, mentre dal 1806 ampliarono i loro territori. Possedevano una potenza militare superiore rispetto agli olandesi e, se necessario, potevano anche far arrivare rinforzi dalla Gran Bretagna o dall'India. Per il combattimento corpo a corpo, in cui si registrava il maggior numero di perdite, facevano affidamento su alleati africani, gli Mfengu del Capo Orientale.

Nel 1812 i britannici espulsero gli Xhosa dal Zuurveld, zona cuscinetto tra i fiumi Gamtoos e Great Fish. Durante un'ulteriore guerra (1818-1819), quando Makana, capo-profeta degli Xhosa, giurò di «trasformare i proiettili in acqua», le truppe britanniche prevalsero di nuovo, dopodiché dichiararono il Zuurveld territorio neutrale, ma insediarono 5.000 coloni britannici lungo il fiume Great Fish.

Sospinti dai britannici al di fuori dei loro territori, per sopravvivere gli Xhosa fecero ricorso a razzie di bestiame lungo la frontiera, incorrendo in una risposta violenta ed efficace da parte britannica fra il 1834 e il 1836.

Un nuovo trattato portò una relativa pace, ma nel 1846 scoppiò un ulteriore conflitto, in seguito al quale i britannici annessero un territorio in precedenza neutrale tra i fiumi Keiskamma e Grande Kei, fondando la colonia britannica dei Cafri. Nel 1850 gli Xhosa scatenarono una feroce ribellione, ma furono di nuovo sconfitti.

> Il colpo di grazia per l'antico modo di vivere degli Xhosa.
> **Mtutuzeli Matshoba**
> **sull'uccisione del bestiame Xhosa del 1856-1857**

Rimedi estremi

Ormai disperati, gli Xhosa fecero ancora più affidamento sulle profezie. Nel 1856 la quindicenne Nongqawuse dichiarò che gli antenati degli Xhosa sarebbero risorti e avrebbero scacciato gli invasori, ma per evocarli gli Xhosa avrebbero prima dovuto distruggere il bestiame e le colture. Molti obbedirono, e la conseguente carestia provocò ulteriori morti e significative perdite di terre a favore dei britannici, paralizzando la resistenza Xhosa per due decenni. L'ultima guerra ebbe inizio nel 1877, quando i britannici avanzarono nel territorio di Gcaleka, a est del fiume Grande Kei, ultimo bastione dell'indipendenza Xhosa, che fu annesso nel 1878.

Negli anni seguenti, gli Xhosa mantennero fieramente le loro tradizioni culturali e assimilarono altre tribù sospinte a ovest dall'espansione degli Zulu. Dopo gli stessi Zulu, oggi gli Xhosa sono il secondo più grande gruppo etnico del Sudafrica. ■

PER MANDARE GLI AFRICANI NEL LORO LUOGO NATIO

FONDAZIONE DELLA SIERRA LEONE (1787)

NEL CONTESTO

LUOGO
Sierra Leone, Africa occid.

PRIMA
XV secolo I portoghesi chiamano Serra do Leão una catena di colline da loro avvistata in Africa occidentale.

1670 I mercanti inglesi creano un "forte per gli schiavi" sull'isola di Bunce, sulla costa della Sierra Leone.

1783 Dopo la guerra di indipendenza americana, i britannici trasportano oltre 14.000 lealisti neri in Gran Bretagna, nelle Indie Occidentali e in Nuova Scozia.

DOPO
1808 La zona della Sierra Leone diventa colonia britannica e base della flotta militare per intercettare le navi negriere.

1896 I britannici colonizzano altri territori, fondando il nuovo protettorato della Sierra Leone.

1961 La Sierra Leone ottiene l'indipendenza dalla Gran Bretagna.

Il Paese africano della Sierra Leone trae origine da una soluzione, sia filantropica che commerciale, alla presenza di schiavi sfollati a causa della guerra e del venir meno della tratta. Alla fine del XVIII secolo, la partecipazione britannica alla schiavitù aveva formato in Gran Bretagna una popolazione africana di forse 15.000 persone, tra cui servitori domestici affrancati e lealisti neri, ossia africani ex schiavi che, durante la guerra di indipendenza americana (1775-1783), avevano combattuto dalla parte britannica. Cercando di sbarcare il lunario per le strade cittadine, perlopiù a Londra, questi "neri poveri" riuscivano a sopravvivere solo grazie agli enti privati di beneficenza.

Sogno infranto

Nel 1786, un gruppo di filantropi e abolizionisti di Londra fondò il Comitato per l'assistenza ai neri poveri, che mirava ad aiutare africani e lascari (marinai indiani sfollati) ridot-

Freetown, capitale della Sierra Leone, fu fondata nel 1792 dai lealisti neri della Nuova Scozia all'estremità di una penisola, affacciata sul più grande porto naturale dell'Africa.

Cfr. anche: La tratta degli schiavi transatlantica 116-121 ▪ I cimarroni giamaicani 146-147 ▪ L'abolizionismo in Europa 168-171 ▪ La spartizione dell'Africa 222-223

I coloni neri liberi della Sierra Leone

Anno	Numero di persone	Provenienza
1787	**Circa 350 "neri poveri"**	Gran Bretagna
1792	**1.200 lealisti neri**	Nuova Scozia, Canada
1800	**550 cimarroni**	Giamaica, via Nuova Scozia
1808-1871	**Oltre 85.000 ex schiavi**	Africa

ti in miseria. Il comitato fu attratto da un ambizioso progetto di Henry Smeathman, naturalista che aveva trascorso un periodo in Africa occidentale, il quale proponeva un insediamento agricolo e commerciale in Sierra Leone, da popolare con africani liberi, trasportati lì dalla Gran Bretagna.

Smeathman morì nel luglio del 1786, ma il comitato e il governo britannico decisero di appoggiare il suo progetto. Nel novembre del 1786, Olaudah Equiano, abolizionista nero e scrittore, fu nominato commissario incaricato di acquisire e distribuire approvvigionamenti ai "neri poveri" che si fossero prenotati per la spedizione. Contrariato per il trattamento riservato agli emigranti e preoccupato perché questi africani venivano costretti a lasciare le loro abitazioni in Gran Bretagna, Equiano criticò il progetto di insediamento, e nel marzo del 1787, gli fu revocato l'incarico.

I progetti di emigrazione proseguirono e il 9 aprile 1787 350 passeggeri neri, più 59 donne bianche, mogli e vedove di uomini neri, salparono alla volta della "provincia della libertà". Circa il 10% morì durante il viaggio, e un altro 30% nel giro di tre mesi dopo l'arrivo in Sierra Leone nel maggio del 1787. Nel 1789 il primo insediamento fu incendiato dagli indigeni Temne. Disorganizzati e privi di guida, i coloni rimanenti si ridussero a circa 60.

Nuove speranze

Nel 1791 Granville Sharp, abolizionista britannico e sostenitore del progetto originario, fondò la Compagnia della Sierra Leone per fondare un nuovo insediamento. Subì le pressioni di Thomas Peters, uno degli oltre 3.000 lealisti neri che erano stati trasportati nella Nuova Scozia, ma che faticavano a sopportare l'aspro clima canadese. Nel 1792 Peters e circa 1.200 lealisti neri migrarono in Sierra Leone. Nel 1800 si unirono a loro circa 550 cimarroni giamaicani (africani neri ex schiavi ribellatisi ai padroni), poi migliaia di africani liberati dalle pattuglie della marina militare britannica.

Gli africani liberi in Sierra Leone si unirono a formare un nuovo gruppo etnico, i Krio (ossia creoli), con sede a Freetown e dintorni. Oggi nel Paese i Krio sono una minoranza, ma la loro lingua, derivata dall'inglese (pure chiamata krio), viene parlata dalla maggioranza. ■

Olaudah Equiano

Noto anche come Gustavus Vassa (nome assegnatogli da un ufficiale della marina britannica), Olaudah Equiano nasce attorno al 1745, probabilmente nell'attuale Nigeria. Da bambino viene catturato, ridotto in schiavitù e condotto nei Caraibi, dove in seguito è acquistato da un capitano della marina e presta servizio a bordo di navi militari britanniche durante la guerra dei Sette Anni (1756-1763). Da giovane mette da parte denaro a sufficienza per comprarsi la libertà e lavora per molti anni come marinaio, con viaggi fino alla Nuova Scozia e all'Artide. Infine si stabilisce a Londra, dove è attivo nel movimento antischiavista. Nel 1789 pubblica la sua autobiografia, *L'incredibile storia di Olaudah Equiano*, che illustra gli orrori della schiavitù da lui subiti e constatati di prima mano. Il libro ha grande influenza sulla campagna che, nel 1807, conduce all'abolizione della tratta degli schiavi britannica. Nel 1792 sposa un'inglese bianca e ha due figlie. Muore nel 1797.

INDIPENDENZA O MORTE

LA RIVOLUZIONE HAITIANA (1791)

NEL CONTESTO

LUOGHI
Saint-Domingue/Haiti, Francia

PRIMA
1521 Gli schiavi di Hispaniola si ribellano contro i colonizzatori spagnoli. È una delle prime insurrezioni di schiavi che si conoscano.

1789 In Francia i rivoluzionari approvano la *Dichiarazione dei diritti dell'uomo e del cittadino.*

DOPO
1825 La Francia ordina al governo di Haiti di versare 150 milioni di franchi in cambio del riconoscimento dell'indipendenza haitiana.

1834 La Gran Bretagna abolisce la schiavitù nelle sue colonie.

1848 In Francia viene di nuovo abolita la schiavitù, che nel 1802 era stata ripristinata per le colonie d'oltremare.

1862 Gli Stati Uniti riconoscono l'indipendenza haitiana.

A partire dal 1791, la rivoluzione haitiana fu un susseguirsi di rivolte di schiavi e di attacchi militari. Ebbe come esito l'abolizione della schiavitù nella colonia francese di Saint-Domingue nel 1793 e la successiva rinascita della colonia nel 1804 quale primo Stato indipendente non schiavista del continente americano: Haiti.

In viaggio per conto della monarchia spagnola, nel 1492 Cristoforo Colombo sbarcò sull'isola di Ayiti e la chiamò Hispaniola. Per tutto il XVI secolo, gli abitanti dell'isola, i Taino, si opposero ai *conquistadores* spagnoli, ma alla fine il micidiale abbinamento fra guerra e vaiolo (portato dalle navi spagnole) sterminò quasi del tutto la popolazione indigena. Gli spagnoli cominciarono a far arrivare prigionieri africani perché lavorassero la terra come schiavi.

Isola divisa

Nel 1697, dopo nove anni di guerra in cui un'alleanza fra Stati europei aveva cercato di contrastare le politiche espansionistiche della Francia, il trattato di Rijswijk cedette la parte occidentale di Hispaniola ai francesi, che la chiamarono Saint-Domingue. Nel corso del secolo successivo, i francesi trasportarono dall'Africa quasi un milione di prigionieri schiavi per farli lavorare nelle piantagioni di canna da zucchero, da poco create e altamente redditizie. Ma le condizioni di vita erano così brutali che, all'inizio della rivoluzione, la popolazione di schiavi contava appena 465.000 persone.

I proprietari terrieri di Saint-Domingue infliggevano agli schiavi alcune delle punizioni più crudeli del mondo: li bruciavano o li seppellivano vivi, li inchiodavano a muri e alberi, praticavano la marchiatura e altre forme di mutilazione. Di conseguenza i "cimarroni", ossia gli schiavi fuggiaschi, fondarono intere comunità sulle montagne e talvolta razziarono e devastarono le colture. Queste bande di fuggiaschi erano tanto temute dai coloni francesi che diversi capi fuggiaschi di alto profilo furono messi a morte. Uno di questi, François Makandal, fu arso vivo sul rogo nel 1758 per avere sobillato una rivolta. Secondo la leggenda, nel momento in cui veniva appiccato il fuoco, si trasformò in una zanzara e volò via.

Nel 1791, quando gli schiavi iniziarono a riunirsi per tramare la ribellione, scoppiarono rivolte generalizzate. La riunione più importante fu una cerimonia *vudu* a Bois Caiman in una

Toussaint Louverture

Nato François Dominique Toussaint da genitori africani, schiavi in una piantagione di Saint-Domingue fra 1740 e 1750, Toussaint Louverture viene affrancato negli anni '70. Ispirato dalla filosofia dell'Illuminismo, e in particolare dall'invocazione di uno "Spartaco nero" che guidasse gli schiavi nella *Histoire des deux Indes* (Storia delle Indie Orientali e Occidentali) del 1777 dell'abate Raynal e di Denis Diderot, Louverture è protagonista della rivoluzione haitiana. Combatte prima per l'esercito spagnolo contro la Francia, poi per i francesi contro spagnoli e britannici, assurgendo al rango di generale dell'esercito francese e proclamandosi nel 1801 governatore generale a vita di Saint-Domingue. Nel 1802, quando i francesi minacciano di ripristinare la schiavitù nella colonia, Louverture e un esercito di soldati neri si oppongono con le armi, ma sono in inferiorità numerica. Per ordine di Napoleone, Louverture è arrestato e deportato in Francia. Viene incarcerato in una fortezza sui monti del Giura, presso il confine svizzero, dove muore di polmonite nel 1803.

Cfr. anche: La tratta degli schiavi transatlantica 116-121 ▪ La rivolta degli schiavi di Hispaniola 130-131 ▪ L'insurrezione degli schiavi in Messico 132-135 ▪ I cimarroni giamaicani 146-147 ▪ I Garifuna 162-163 ▪ Il Code Noir della Louisiana 166-167

Cap-Français, la capitale della colonia, nel 1793 fu incendiata dai rivoluzionari neri e bruciò per giorni. La popolazione bianca abbandonò la città, salpando alla volta degli Stati Uniti e di Cuba.

piantagione di Morne-Rouge il 14 agosto 1791. Era guidata da un ex schiavo e sacerdote *vudu* di nome Boukman Dutty, che sollecitò gli schiavi a muovere guerra ai padroni: «Gettate via l'immagine del Dio dei bianchi che ha sete delle nostre lacrime e ascoltate la voce della libertà che parla al cuore di tutti noi».

Combattenti per la libertà

Alla metà di settembre del 1791, forse 80.000 schiavi erano ormai in aperta ribellione e oltre 1.500 piantagioni di caffè e canna da zucchero erano state distrutte. Oltre a tutto ciò, nel 1793 la Spagna dichiarò guerra alla Francia e alla Gran Bretagna; all'inizio di quello stesso anno i rivoluzionari francesi avevano messo a morte il loro re, Luigi XVI, poi avevano dichiarato guerra aperta contro i britannici. Successivamente tutti e tre i Paesi (Gran Bretagna, Francia e Spagna) lottarono fra loro per il dominio sulla colonia che produceva la canna da zucchero più redditizia del mondo. Sia la popolazione schiava, sia le persone di colore libere, considerarono questa lotta di potere un'occasione per conseguire i loro fini politici e si allearono in vario modo a Gran Bretagna e Spagna.

Fra gli altri, a guidare la ribellione vi era Toussaint Louverture, ex schiavo della piantagione di Bréda. Nel febbraio del 1793, Louverture e altri comandanti si unirono alle truppe spagnole e combatterono contro l'esercito francese. In giugno, mentre alcuni soldati neri combattevano per gli spagnoli e altri per i britannici o i francesi, regnava la confusione. Cercando disperatamente di conquistare la libertà, gli schiavi si ribellarono e incendiarono il porto di Cap-Français. I bianchi residenti in città fuggirono. In risposta, due dei commissari francesi inviati a ristabilire l'ordine pubblico, Étienne Polverel e Léger-Félicité Sonthonax, pubblicarono decreti di emancipazione generale per le zone coloniali su cui avevano autorità.

> Sono nato schiavo,
> ma la natura mi ha conferito
> l'anima di uomo libero.
> **Toussaint Louverture**
> **Rapporto al governo francese, 1797**

Abolizione conseguita

Louverture sollecitò le sue truppe a non accettare come vittoria nulla di meno dell'abolizione totale della schiavitù sull'intero territorio di Saint-Domingue. Nell'agosto del 1793, a Camp Turel pronunciò il suo famoso appello: «Voglio che a Saint-Domingue regnino libertà e uguaglianza.

Mi adopero per conseguirle. Unitevi a noi, fratelli, e combattete con noi per la stessa causa».

Nel 1794, la Convenzione nazionale di Parigi non ebbe altra scelta che abolire la schiavitù in tutto l'impero. Louverture si alleò al generale francese Étienne Laveaux per sconfiggere le truppe britanniche e spagnole. A Laveaux si attribuisce il soprannome di l'ouverture (l'apertura) per Toussaint. Nel 1795, gli spagnoli siglarono il trattato di Basilea con cui cedevano alla Francia non solo la parte occidentale dell'isola, ma anche gli altri due terzi che costituivano la parte orientale, Santo Domingo. I britannici cercarono ripetutamente di strappare alla Francia il dominio sulla colonia fino al 1798, quando il generale britannico Thomas Maitland stipulò un accordo di pace con Louverture. Infervorato dalla vittoria e dall'autorità che si era attribuito autonomamente, Louverture dichiarò: «Ho combattuto a lungo e se costretto posso continuare. Ho affrontato tre nazioni e le ho sconfitte tutte e tre».

Nel luglio del 1801 Louverture, nominandosi governatore generale a vita, emanò una Costituzione per Saint-Domingue, che proclamava: «In questo territorio non possono esistere schiavi e la servitù è abolita per sempre». Inoltre, la Costituzione esprimeva la fedeltà di Louverture verso la Francia, decretando che tutti gli abitanti di Saint-Domingue sarebbero morti «liberi e francesi».

Frattanto, in Francia il primo console Napoleone Bonaparte, salito al potere nel 1799, ricevette freddamente la notizia della nomina assegnatasi spontaneamente da Louverture. Non condivideva l'opinione di quest'ultimo secondo cui i due erano di pari livello, considerando invece il generale un rivale in grado di impedire il ripristino della schiavitù. La risposta di Napoleone fu di mandare a Saint-Domingue il generale Charles Victor Emmanuel Leclerc, suo cognato, per deporre Louverture.

La bandiera haitiana a quanto si narra fu creata nel 1803 quando Dessalines strappò via il bianco dalla bandiera francese. Una donna nera, Catherine Flon (in basso a destra), cucì fra loro il rosso e il blu.

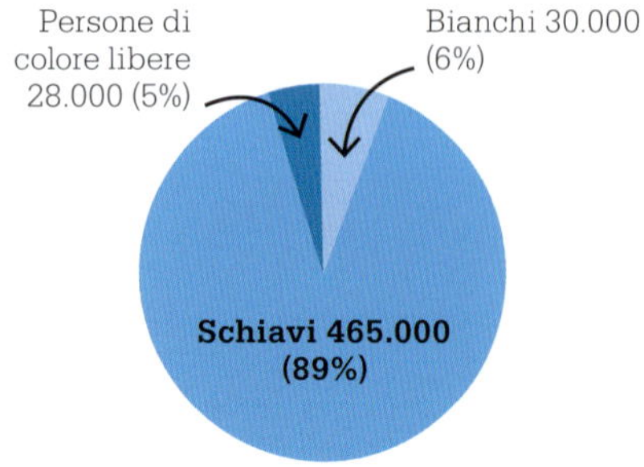

La popolazione di Saint-Domingue attorno al 1791 era costituita sopratutto da schiavi. Questa disparità, unitamente alla crudeltà subita dai neri, rendeva pressoché inevitabile la rivolta.

Ritorsione francese

Alla fine di gennaio del 1802 la spedizione di Leclerc raggiunse Saint-Domingue con un contingente di oltre 20.000 soldati. Prevedendo l'arrivo della flotta francese, il generale nero Henry Christophe ordinò di incendiare Cap-Français. Imperterrito, Napoleone alla fine inviò altri 60.000 soldati per schiacciare i rivoltosi neri. Louverture avvertì il proprio esercito e gli abitanti della colonia che i francesi

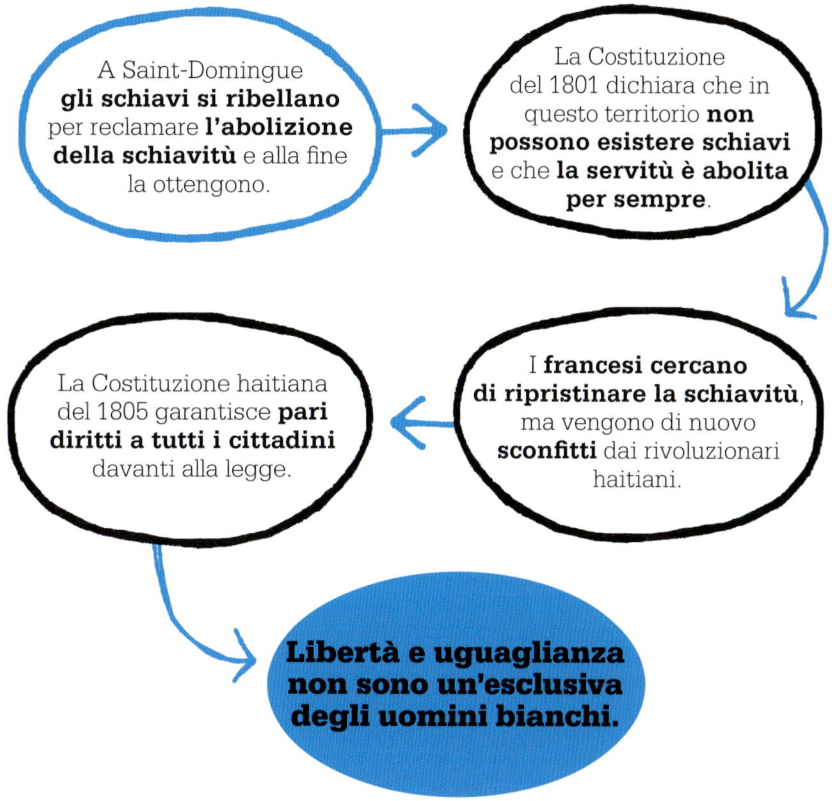

intendevano ripristinare la schiavitù. Ma nell'aprile del 1802, dopo avere espresso promesse in senso contrario, il generale Christophe disertò, passando ai francesi. Ben presto il generale nero Jean-Jacques Dessalines lo imitò, costringendo Louverture ad arrendersi il mese successivo, con l'assicurazione che a lui e ai suoi famigliari sarebbe stata concessa un'amnistia.

Poi, nel maggio del 1802, Napoleone promulgò un decreto che permetteva di istituire nuovamente la schiavitù nell'impero francese. Questo documento da solo bastò a infiammare la resistenza, poiché gli ex schiavi, dopo 11 anni di libertà di fatto, adesso dovevano contemplare la possibilità di essere di nuovo assoggettati alla volontà dei padroni bianchi. A versare olio sul fuoco, in giugno Louverture fu arrestato dall'esercito di Leclerc e deportato. Mentre veniva costretto a salire sulla nave che l'avrebbe trasportato in Francia, a quanto si racconta Louverture pronunciò una delle più famose affermazioni della rivoluzione haitiana: «Deponendo me, non avete fatto altro che abbattere il tronco dell'albero della libertà a Saint-Domingue; risorgerà dalle sue radici, che sono numerose e profonde».

Poco dopo la deportazione di Louverture, Dessalines e Christophe disertarono nuovamente e si unirono ai rivoluzionari. In quanto generali, riassunsero il comando e formarono l'*armée indigène*, il cui motto divenne: «Indipendenza o morte!».

Haiti indipendente

Mentre cercavano di respingere i rivoluzionari neri, le truppe francesi furono decimate da un'epidemia di febbre gialla. Leclerc morì di questa malattia nel novembre del 1802. Il suo vicecomandante, Jean-Baptiste-Donatien de Vimeur, conte di Rochambeau, prese il suo posto e ordinò ai soldati francesi di usare i cani da caccia per scovare e «mangiare i neri».

La tattica di Rochambeau fallì. Nel novembre del 1803, dopo aver perso la battaglia di Vertières, il conte si arrese a Dessalines. L'esercito dei neri si impadronì di Cap-Français, a cui diedero il nuovo nome di Cap-Haïtien. Dessalines e gli altri generali neri proclamarono l'indipendenza dalla Francia di Saint-Domingue, e nel 1804 ripristinarono il nome dell'isola in Haiti (Ayiti).

La rivoluzione haitiana rimane l'unica rivolta armata di schiavi a essersi conclusa con la libertà universale per gli africani del Nuovo Mondo. In epoca moderna, quando si è abituati a vedere Haiti attraverso la lente della povertà e della catastrofe, è importante rendersi conto di come questa rivoluzione avesse messo in discussione i valori dell'Illuminismo europeo, che aveva sostenuto la libertà e l'uguaglianza solo per gli uomini bianchi. Inoltre, il principio su cui si basava l'indipendenza haitiana, ossia che nessun essere umano dovrà mai più essere schiavo, continua a definire le idee politiche contemporanee in merito al significato dell'essere liberi. ■

> “Quale popolo ha mai avuto diritto all'indipendenza più del popolo haitiano?”
>
> **Barone di Vastey**
> **Politico e scrittore haitiano, 1781-1820**

GLI STANCHI VIAGGIATORI
IN FUGA DALLA TERRA DELLA
SCHIAVITÙ
LA FERROVIA SOTTERRANEA (XIX SECOLO)

NEL CONTESTO

LUOGHI
Stati Uniti, Canada

PRIMA
1672 È documentata per la prima volta la presenza di schiavi fuggiaschi che compiono incursioni nelle piantagioni.

1786 George Washington in una lettera lamenta che uno schiavo è fuggito da una tenuta vicina con l'aiuto dei quaccheri.

1793 Il parlamento del Canada Superiore (oggi Ontario) approva la Legge di limitazione della schiavitù, secondo la quale gli schiavi che raggiungono la provincia saranno affrancati.

DOPO
1865 Negli Stati Uniti viene abolita la schiavitù.

2016 Il ministro del tesoro degli Stati Uniti Jack Lew presenta il progetto per raffigurare Harriet Tubman sulla banconota da 20 dollari.

> Sono stata per otto anni capotreno della Ferrovia sotterranea e posso dire ciò che molti capitreno non possono dire: il mio convoglio non ha mai deragliato e io non ho mai perso un passeggero.
>
> **Harriet Tubman**
> **Convegno per il suffragio femminile, 1896**

Una famiglia di quaccheri è raffigurata mentre guida un gruppo di schiavi verso la libertà nel quadro *La Ferrovia sotterranea* di Charles T. Webber del 1893.

Alla metà del XVIII secolo, nel sud degli Stati Uniti la prassi della schiavitù era ben consolidata. Il lavoro forzato nelle piantagioni era divenuto una caratteristica costante, che suscitava scarsa indignazione pubblica e rendeva la schiavitù un aspetto normale della vita. Con il passare del tempo, coloro che erano nati schiavi o erano stati venduti come tali cercarono qualche metodo per sottrarsi alla loro situazione e rifugiarsi negli Stati non schiavisti del nord o nelle colonie britanniche nordamericane (attuale Canada).

Verso la fine del XVIII secolo le fughe si moltiplicarono, e in Gran Bretagna e in tutto il continente americano si intensificarono le richieste di abolizione della schiavitù. Quando il movimento abolizionista prese slancio e crebbe il sostegno ai fuggiaschi, si ampliò anche la rete di persone disposte ad aiutarli a raggiungere la libertà. Negli anni '30 del XIX secolo si cominciò a utilizzare l'espressione "ferrovia sotterranea" per indicare questa rete di percorsi segreti e rifugi sicuri.

Origini

Nel 1831, la prima menzione della Ferrovia sotterranea proviene dal padrone di un fuggiasco che dal Kentucky, superando il fiume Ohio, aveva raggiunto lo Stato dell'Ohio. Il padrone incolpava una "ferrovia sotterranea" di avergli facilitato la fuga.

Negli anni '40 la Ferrovia sotterranea si sviluppò, diventando una rete ben organizzata. I primi tentativi di offrire aiuto, riparo e protezione agli schiavi trassero origine dal desiderio dei quaccheri di aiutarli a raggiungere la libertà, ma la rete di soccorso non era legata alla religione, era semplicemente sostenuta da persone che, con il cuore e con il cervello, ritenevano di fare quanto di meglio possibile per i loro consimili, uomini e donne.

Percorsi verso la libertà

Nel 1793, negli Stati Uniti fu approvata la Legge sugli schiavi fuggiaschi, che obbligava gli Stati non schiavisti a catturare e riconsegnare gli schiavi in fuga. Nel 1850 una legge analoga rafforzò queste regole, imponendo la collaborazione dei funzionari degli Stati non schiavisti. Di conseguenza,

Cfr. anche: La tratta degli schiavi transatlantica 116-121 ▪ I cimarroni giamaicani 146-147 ▪ Il Code Noir della Louisiana 166-167 ▪ L'abolizionismo in America 172-179

il principale capolinea della Ferrovia divenne il Canada. Inoltre, la Ferrovia sotterranea si diramò verso sud per condurre le persone in Messico, dove la schiavitù era illegale, e in isole dei Caraibi che non partecipavano alla tratta degli schiavi.

Le zone del profondo sud, note per essere dei consueti percorsi di fuga, vennero pattugliate dai cosiddetti "acchiappaschiavi" che, se riconsegnavano i fuggiaschi, venivano ricompensati con denaro. Di conseguenza, molti schiavi che fecero uso della Ferrovia sotterranea provenivano dagli Stati situati in prossimità del nord. Virginia e Maryland registrarono numeri elevati di fuggiaschi, mentre negli Stati più a sud, come Alabama e Georgia, era meno probabile che qualcuno riuscisse a conquistare la libertà.

La Ferrovia sotterranea prevedeva numerose "fermate" lungo la via. Molti, per nascondere gli schiavi alla vista mettevano a disposizione la propria casa, talvolta provvista di elaborati sistemi di botole, intercapedini e stanze segrete in soffitte o cantine. In modo analogo si usavano chiese e scuole, e il linguaggio con cui si descrivevano questi luoghi non fece che incrementare la leggenda della Ferrovia. I nascondigli veniva-

Le principali vie di fuga seguite dagli schiavi con la Ferrovia sotterranea erano definite "linee" e conducevano alla libertà nel nord degli Stati Uniti, in Canada, in Messico e nei Caraibi.

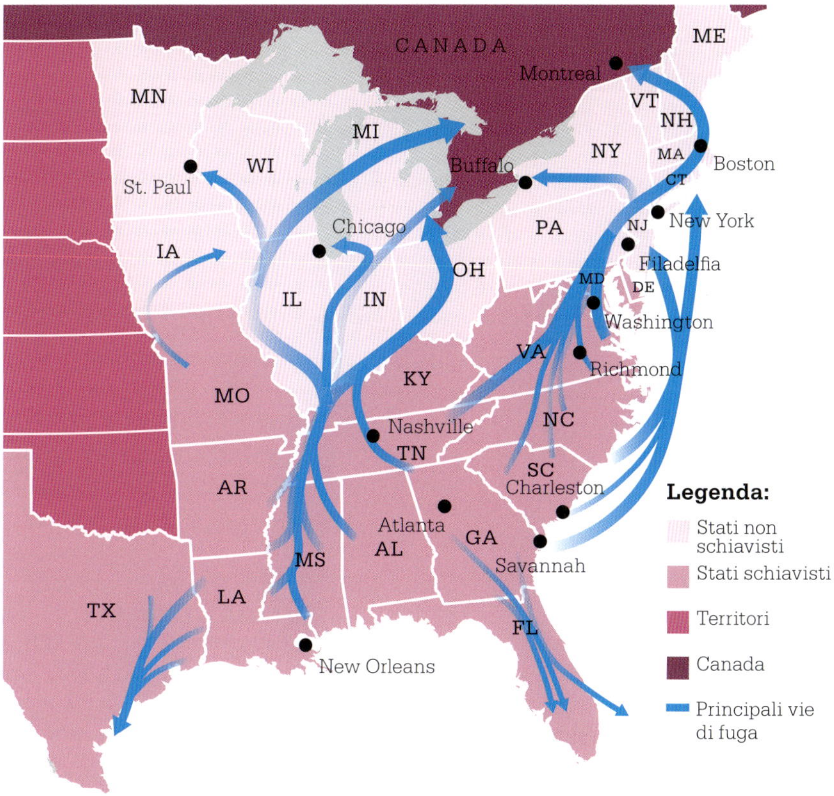

Harriet Tubman

Definita «Mosè del suo popolo», Harriet Tubman nasce in schiavitù fra il 1820 e il 1822 nella contea di Dorchester nel Maryland. Nata Araminta Ross, ha 8 fratelli e sorelle. Attorno ai 12 anni subisce una grave lesione alla testa mentre difende un altro schiavo, dopo di che avrà *trance* e visioni da lei interpretate come una guida da parte di Dio. Sposa un nero libero di nome John Tubman e comincia a usare il nome Harriet. Nel 1849, temendo di essere venduta a un'altra piantagione, fugge sfruttando la Ferrovia sotterranea. In seguito diviene uno dei più noti "capitreno" della rete, guidando verso la libertà, secondo alcune stime, più di 300 persone. Durante la guerra civile presta servizio come infermiera, esploratrice e spia per i nordisti. Al termine del conflitto concentra i suoi sforzi sul suffragio femminile e dona delle terre per aprire un ospizio per neri anziani a Auburn, nello Stato di New York, dove muore nel 1913.

Codice segreto

I sostenitori della Ferrovia sotterranea crearono un loro codice con vari termini ferroviari per mantenere la segretezza. Come mezzo di trasporto le ferrovie erano ancora in fase di sviluppo e la loro terminologia non era ben nota.

Parola in codice	Significato
Agente	Coordinatore che progettava la via di fuga e prendeva contatti.
Bagaglio, carico, passeggero	Schiavo fuggiasco preso in consegna dalla Ferrovia sotterranea.
Capotreno	Guida della Ferrovia sotterranea.
Spedizione	Trasporto degli schiavi da una stazione all'altra.
Paradiso o Terra promessa	Il Canada o altri luoghi in cui gli schiavi avrebbero trovato la libertà.
Carico di patate	Carro con schiavi fuggiaschi nascosti sotto prodotti agricoli.
Ferroviere	Persona che fungeva da capotreno o agente.
Pacco	Schiavo fuggiasco atteso.
Macchinista	Persona che si spostava verso sud per trovare schiavi in cerca di libertà.
Predicatore	Dirigente o portavoce della Ferrovia sotterranea.
Fiume Giordano	Il fiume Ohio, un importante passaggio verso gli Stati non schiavisti.
Pastore	Persona che persuadeva gli schiavi a fuggire.
Stazione o deposito	Rifugio o luogo sicuro.
Capostazione	Persona che nascondeva in casa gli schiavi.
Azionista	Donatore di denaro, vestiario o cibo per la Ferrovia sotterranea.

no spesso indicati come "stazioni" e "depositi", mentre i padroni di casa erano "capistazione".

I "capitreno" della Ferrovia sotterranea erano coloro che guidavano gli schiavi lungo il viaggio verso la libertà. La più famosa in questo ruolo fu forse Harriet Tubman. Nata in schiavitù, nel 1849 fuggì da una piantagione del Maryland, ma poi fece l'impensabile: tornò indietro. Rischiando la cattura e la condanna a morte, tornò 13 volte nel sud per aiutare altri schiavi a fuggire verso la libertà. Seguì i fiumi per spostarsi verso nord, indossando travestimenti e viaggiando a piedi, a cavallo, in barca, in treno o su un carro.

Sistema segreto

Coloro che contribuirono alla realizzazione della Ferrovia sotterranea erano di varia estrazione. Tanto i ricchi quanto i poveri svolsero ruoli significativi nel sostenere la rete di soccorso con donazioni di denaro e rifornimenti.

La Ferrovia sotterranea, oltre a superare le differenze di classe sociale, travalicava anche quelle razziali, poiché offrivano riparo e aiuto sia i neri liberi, sia i bianchi. Se fossero state scoperte, le persone coinvolte avrebbero rischiato punizioni quali multe,

> Avrei fatto violenza al mio concetto del dovere se non avessi sfruttato tutti i mezzi leciti in mio potere per liberare queste persone.
>
> **Thomas Garrett**
> **Abolizionista americano, 1789-1871**

Un murale a forma di trapunta del 2006 rende omaggio a un mito moderno secondo cui i disegni geometrici erano codici inseriti nelle trapunte che, appese all'esterno, indicavano rifugi sicuri o segnalazioni.

reclusione, fustigazione e perfino la condanna a morte.

Sottrarsi alla schiavitù richiedeva varie strategie. Alcuni schiavi fuggiaschi dovevano compiere il viaggio senza capotreno, affidandosi a informazioni e suggerimenti ottenuti con il passaparola. Poiché i giornali non stampavano l'edizione della domenica, il sabato divenne il giorno preferito per la ricerca della libertà: gli eventuali avvisi della fuga avrebbero dovuto attendere il lunedì.

Non solo i capitreno adottavano mascheramenti per tutelare la propria identità, ma anche gli schiavi fuggiaschi spesso ricevevano nuovi abiti e falsi documenti identificativi e adottavano un differente modo di parlare e di muoversi. Una strategia diffusa era prevedere le operazioni in piena notte, e molti capitreno preferivano i mesi invernali, quando il cielo era più buio e la notte più lunga. I fuggiaschi percorrevano 15-30 km di notte fra una stazione e l'altra. Di solito si spostavano a piedi, ma venivano anche trasportati su carri, a cavallo e in alcuni casi in treno.

La comunicazione in codice era un aspetto importante per mantenere segrete le informazioni. I codici venivano usati dai capitreno o dagli schiavi fuggiaschi nelle lettere che inviavano agli agenti per prepararli al loro arrivo, oppure ad amici e famigliari degli schiavi per informarli della fuga. Gli schiavi, inoltre, usavano i codici nelle canzoni per comunicare fra loro. Queste contenevano messaggi segreti da far arrivare allo schiavo per preparare la fuga, comunicare strategie o fornire istruzioni.

Capolinea

Nel 1861, quando scoppiò la guerra civile americana, la Ferrovia sotterranea divenne uno strumento significativo nella lotta dei nordisti contro i sudisti. I capitreno come Harriet Tubman fungevano da attivisti, partecipando a incursioni per liberare gli schiavi dalle piantagioni e reclutarli per i reggimenti nordisti. Inoltre, offrivano sostegno agendo da spie ed esploratori, raccogliendo informazioni, creando mappe delle zone e informando gli schiavi in merito al momento delle incursioni. Collaborarono con i nordisti per distruggere gli arsenali dei sudisti e incendiare le piantagioni, i campi e i magazzini. Inoltre, incendiavano le case di simpatizzanti sudisti.

L'ultimo contingente sudista si arrese nel giugno del 1865. Durante la guerra civile, la Ferrovia sotterranea aveva cessato le operazioni, concentrando la propria attività sull'aiuto all'esercito nordista. Nel dicembre del 1865 gli Stati Uniti ratificarono il 13° Emendamento alla Costituzione, che aboliva la schiavitù. Grazie all'aiuto di innumerevoli uomini e donne che avevano rischiato la vita per portarle in salvo, ben 100.000 persone avevano trovato la via verso la libertà. ■

La chiesa battista di Sandwich nell'Ontario, in Canada, era un rifugio della Ferrovia sotterranea, con gallerie segrete che conducevano alla cantina.

LE SPADE LUCENTI DEI VERSETTI CORANICI

I FULANI CONQUISTATORI (1804)

NEL CONTESTO

LUOGHI
Nigeria, Africa occidentale

PRIMA
XV-XVIII secolo Tra il fiume Niger e il lago Ciad, grazie ai commerci le città-stato degli Hausa prosperano.

1725 I Fulani musulmani proclamano un *jihad* per creare lo Stato islamico di Futa Jallon, nell'attuale Guinea.

1750 ca. Gobir, nel nord, diventa la città-stato più potente degli Hausa.

DOPO
1830-1840 Il califfato di Sokoto si espande al di fuori del territorio Hausa, formando un vasto impero.

1903 Le truppe britanniche sconfiggono il califfato di Sokoto, che viene assorbito nel protettorato della Nigeria settentrionale.

1914 Il califfato entra a far parte del protettorato britannico della Nigeria.

Dal 1804 nei regni Hausa dell'Africa occidentale presero piede vari movimenti di risveglio islamico. Queste lotte rivoluzionarie o *jihad* furono orchestrate da eminenti religiosi musulmani discendenti dalla popolazione di pastori detta Fulani. Scontenti della propria situazione, poiché si consideravano emarginati nelle comunità in cui vivevano, i Fulani desideravano imporre un nuovo ordine sociale e politico fondato sui princìpi islamici. Il religioso musulmano di maggior spicco era Usman dan Fodio che, fondando un nuovo Stato islamico, diede avvio a ulteriori *jihad* e consolidò la posizione dell'islam come religione principale del nord dell'Africa occidentale, mentre nel sud si diffondeva il cristianesimo imposto dagli europei.

Verso il *jihad*

Nella seconda metà del XIV secolo, i profughi musulmani provenienti dal Mali portarono nel territorio degli Hausa la religione islamica. Nel XVIII secolo gli Hausa erano ormai in gran parte musulmani, ma solo nominalmente. Secondo le autorità religiose e i Fulani devoti, i sovrani violavano i princìpi islamici. Per esempio, i re Hausa sottraevano i fondi destinati ai poveri, trascurando così la *zakat*, os-

Un Paese ha la **religione del suo re**. Se il re è musulmano, il suo territorio è **musulmano**.

Ma se il re è **un infedele** il suo Paese è una terra di infedeli.

Nei regni Hausa i sovrani sono infedeli e **trasgrediscono i princìpi islamici**. Dan Fodio è indotto dalla fede a partire…

… e a proclamare un ***jihad***, una guerra santa, per fondare un **nuovo califfato** che riporterà la popolazione al modo di vivere islamico.

Cfr. anche: La conquista musulmana dell'Egitto 58-59 ▪ L'impero del Mali 86-91 ▪ Le città-stato degli Hausa 96-97 ▪ "Zik" e la Nigeria indipendente 286-287

Usman dan Fodio

Nato a Gobir nel 1754 da una famiglia istruita di Fulani, dan Fodio studia matematica, astronomia, i detti e gli atti (*hadith*) del profeta Maometto e la legge islamica (*sharia*). A 20 anni, assieme a suo fratello Abdullahi, già scrive e predica commentando gli insegnamenti del profeta. Alla fine si stabilisce a Degel, città del regno di Gobir, dove fonda una comunità governata secondo i princìpi islamici. In tal modo si contrappone ai sovrani del Gobir, e alla fine proclama un *jihad* contro i regni Hausa. Dopo la guerra, a poco a poco dan Fodio si ritira dalla vita pubblica, lasciando il governo del neonato califfato di Sokoto a suo figlio, Muhammad Bello, e ad Abdullahi. Si ritira a Sifawa, cittadina presso Sokoto, dove continua a scrivere, a insegnare e a promuovere il diritto islamico. Muore a Sokoto nel 1817.

Opera principale

1806 *Chiarimento dell'obbligo per i credenti di compiere l'ègira, nominare l'*imam *e condurre il* jihad

sia l'elemosina rituale che costituisce uno dei pilastri dell'islam.

Dan Fodio e altri religiosi iniziarono a redigere pagine di ammonimenti, diffondendo l'opinione secondo cui una riforma sarebbe stata possibile solo se i musulmani avessero preso il potere. Nel 1788, dan Fodio intavolò una trattativa con Sarkin Gobir Bawa, sovrano del regno Hausa di Gobir (nell'attuale Nigeria settentrionale), e ottenne concessioni, tra cui la libertà di predicare. Tuttavia i sovrani successivi considerarono pericoloso dan Fodio, che nel 1804 fu costretto a fuggire verso i sobborghi di Gobir.

Conquista e conseguenze

Dopo essere stato proclamato *amir al-mu'minin* (comandante dei fedeli), dan Fodio radunò le sue truppe e proclamò un *jihad* contro i regni Hausa, conquistandoli uno dopo l'altro, fino a sconfiggere anche Gobir nel 1808. Un anno dopo fondò il califfato di Sokoto, nella cittadina omonima del regno di Gobir. Tutti gli ex regni Hausa divennero emirati, ossia regioni amministrate ognuna da un *amir* (emiro), comandante che fungeva da rappresentante del califfo dan Fodio, autorità sia politica che spirituale.

Il califfato unificò per la prima volta gli Hausa, che sempre più si mescolarono ai Fulani. I britannici, che al principio del XX secolo si impadronirono di questa zona, incontrarono difficoltà nell'amministrare la colonia, ma considerarono gli Hausa-Fulani una forza stabilizzatrice e ne promossero gli interessi nella Nigeria settentrionale. Gli Hausa-Fulani esercitano tuttora un influsso rilevante sulla politica nigeriana. ■

Fulani musulmani pregano in una moschea di Sokoto nel 2019. Il sultano di Sokoto è ancora una figura rilevante in Nigeria, dove gli Hausa-Fulani sono un terzo della popolazione di ca. 200 milioni.

SU! FIGLI DEGLI ZULU

L'IMPERO ZULU (1816)

NEL CONTESTO

LUOGO
Africa meridionale

PRIMA
1500 ca. I popoli Nguni, fra cui gli Zulu, migrano a sud del fiume Limpopo e si insediano presso l'oceano Indiano negli attuali Sudafrica, Eswatini (ex Swaziland) e Mozambico.

XVII secolo Gli Zulu emergono come forza indipendente fra gli Nguni.

DOPO
1887 La Gran Bretagna annette il territorio degli Zulu, che nel 1897 viene assorbito nella colonia del Natal.

1977 Il governo del Sudafrica fonda il KwaZulu (territorio degli Zulu) per questa popolazione.

1994 Quando Nelson Mandela è eletto presidente del Sudafrica, il KwaZulu si unisce al Natal formando il KwaZulu-Natal.

Gli Zulu presero parte alla migrazione dei popoli Nguni di lingua Bantu verso l'Africa meridionale, avvenuta attorno al 1500. Il nome Zulu significa "cielo" e, secondo la loro religione, gli Zulu sono figli del cielo, discendenti del grande creatore Nkulunkulu. Gli Zulu, da una vita pastorale con unità famigliari allargate passarono a gruppi consolidati guidati da capitribù che radunavano grandi eserciti e accumulavano ricchezze mediante le tasse. I capitribù soggiogarono i territori circostanti, acquisendo una potenza ancora maggiore. Alla fine, tra XVII e XVIII secolo, tutti gli altri capitribù furono sconfitti e si unirono sotto la guida del re Shaka Zulu (1787 ca.-1828). Gli Zulu divennero una nazione importante e andarono a formare l'impero più potente dell'Africa meridionale.

La figura di Shaka Zulu rimane un simbolo di unità e orgoglio per la nazione Zulu. Oggi in Sudafrica gli Zulu sono il più grande gruppo etnico e la loro lingua è la più parlata.

Nel XIX secolo, quando i britannici cercarono di espandere il loro impero in Africa meridionale, incontrarono l'opposizione degli Zulu, sfociata nel 1879 in una guerra. Le truppe Zulu inflissero varie sconfitte devastanti all'esercito britannico. Una simile resistenza prolungata di fronte all'enorme superiorità tecnica avversaria causò una reputazione di eroismo leggendario che riecheggia ancora oggi.

L'identità Zulu

Alla fine del XVIII secolo i capi Zulu, tra cui il re Jama kaNdaba, sua figlia Mkabayi kaJama e il figlio re Senzangakhona kaJama, si diedero a sviluppare la nazione Zulu e la sua potenza militare. Shaka, figlio di Senzangakhona, divenne sovrano nel 1816 e portò avanti molte innovazioni militari di suo padre, tra cui la zagaglia (corto giavellotto dalla lama lunga per i combattimenti corpo a corpo) e lo schieramento d'attacco *impondo zenkomo* (corna di bufalo, v. p. a fronte). Shaka chiamò giovani

Cfr. anche: Le migrazioni dei Bantu 32-33 ▪ Le guerre contro gli Xhosa 180-181 ▪ La spartizione dell'Africa 222-223 ▪ Nelson Mandela e il movimento anti-apartheid 260-261

Nella formazione a "corna di bufalo" degli Zulu, i soldati esperti ("torace") affrontano direttamente il nemico, mentre i combattenti più giovani e rapidi ("corna") lo attaccano dai fianchi e da dietro. I "lombi" finiscono le truppe avversarie.

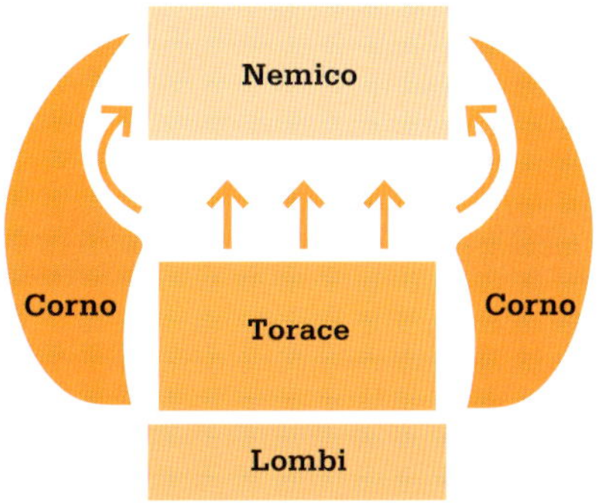

da tutto il regno ad addestrarsi alla tattica militare. Assunsero rilevanza suprema l'inganno e la sorpresa, applicati con spietatezza da Shaka e dai suoi 40.000 guerrieri nel soggiogare sistematicamente i clan circostanti.

Nel 1828 Shaka fu assassinato dai suoi fratelli. Dal 1816, lo sterminio di migliaia di persone e la distruzione di bestiame e colture in una serie di guerre fra gruppi etnici indigeni avevano destabilizzato la zona, costringendo molti Nguni a emigrare. Questo periodo, detto *Mfecane* (anni di disfatta e vagabondaggio), proseguì anche dopo la morte di Shaka e fino al 1840 circa.

Scontro fra imperi

Negli anni '70 del XIX secolo, l'impero Zulu era ormai considerato una minaccia per i progetti britannici di creare una federazione di Stati sudafricani. Nel dicembre del 1878 re Cetshwayo (discendente di Shaka) ricevette un ultimatum impossibile, e ben presto scoppiò la guerra. Il 22 gennaio 1879 si combatterono due battaglie, che sarebbero diventate simboli sia della resistenza africana al dominio bianco, sia della superiorità militare europea. Nella prima, le truppe britanniche e l'esercito Zulu si scontrarono a Isandlwana. Gli Zulu erano comandati da Ntshingwayo kaMahole, veterano che conosceva bene la tattica europea. Il suo esercito annientò i britannici, che persero più di 1.000 soldati. Era la prima volta che un contingente britannico subiva una sconfitta totale per mano di un esercito africano facente uso di tattiche e armi africane.

Nello stesso giorno un reggimento Zulu, guidato da Dabulamanzi kaMpande, fratellastro di Cetshwayo, a Rorke's Drift attaccò un contingente britannico molto più ridotto ma pesantemente armato. Furono massacrati oltre 300 Zulu, ma al di fuori dell'Africa lo scontro fu considerato un esempio eroico della superiorità britannica. Il 4 luglio i britannici conseguirono una vittoria decisiva a Ulundi, capitale degli Zulu, uccidendo spietatamente gli abitanti e distruggendo il *kraal* (sede del re). Di fronte alla resistenza degli Zulu, alcuni europei cambiarono opinione in merito alla presunta inferiorità degli africani, mentre altri lodarono gli Zulu in quanto incarnazione del "nobile selvaggio". Questa condizione simbolica si è consolidata nello spelling internazionale dell'alfabeto, dove Zulu è il termine per indicare la Z, e nella cultura popolare dei bianchi, dove gli Zulu sono stati ritratti come popolazione nobile e coraggiosa, ma in definitiva destinata alla sconfitta in film come *Zulu* (1964) e *Zulu Dawn* (1979). ■

Due ufficiali britannici salvano uno standardo durante la battaglia di Isandlwana; illustrazione del 1881 che sottolinea il coraggio isolato del soldato bianco di fronte all'imponente attacco Zulu.

TERRA DEI LIBERI

FONDAZIONE DELLA LIBERIA (1820)

NEL CONTESTO

LUOGO
Liberia

PRIMA
1462 Gli esploratori portoghesi raggiungono l'attuale Liberia e la chiamano Costa do Pimento.

1819 Il Congresso statunitense approva una legge che autorizza l'istituzione di una colonia africana per i neri ex schiavi e stanzia 100.000 dollari per il finanziamento.

DOPO
1951 La Liberia tiene le prime elezioni a suffragio universale. In precedenza potevano votare solo i maschi discendenti dai liberiani di origine americana.

1989-2003 Due guerre civili causano un enorme spargimento di sangue e una lacerazione del Paese.

2011 Ellen Johnson Sirleaf, rieletta presidente della Liberia, consegue il premio Nobel per la pace per l'impegno nel garantire un ruolo attivo delle donne nella pacificazione.

Il 31 gennaio 1820 la nave *Elizabeth* salpò da New York trasportando 88 americani neri in cerca di una vita migliore in Africa. Si dirigevano verso un continente che era stato presentato come loro patria d'origine, anche se la stragrande maggioranza erano nati in schiavitù in America. Qualcuno sperava di diventare missionario. Per il gruppo di pionieri, il viaggio verso quella che sarebbe diventata la Liberia fu lungo e pericoloso. La *Elizabeth* fece scalo all'isola di Sherbro, al largo della colonia britannica della Sierra Leone, dove un terzo dei passeggeri morì di malaria. Il viaggio era stato organizzato dalla Società americana per la colonizzazione, un'alleanza fra quaccheri ed ex proprietari di schiavi, che consideravano il rimpatrio la soluzione per ovviare alla crescente popolazione di neri liberi, che a loro parere non avrebbero ottenuto pari diritti. In effetti, alcuni neri ritenevano di poter migliorare la propria situazione emigrando, ma i più consideravano il rimpatrio una deportazione. I dissidenti organizzarono proteste e assemblee

Il Senato della Liberia, in un disegno del 1856 di Robert K. Griffin, è la camera alta del parlamento, ispirato al modello americano.

Cfr. anche: L'abolizionismo in America 172-179 ▪ Fondazione della Sierra Leone 182-183 ▪ Il panafricanismo 232-235 ▪ L'anno dell'Africa 274-275

Per ricordare la fondazione della Liberia da parte di americani neri, la bandiera somiglia a quella degli Stati Uniti. Le 11 strisce rappresentano i firmatari della Dichiarazione di indipendenza liberiana del 1847.

per reclamare cittadinanza e diritti nel Paese che aveva reso schiavi i loro antenati. Anche gli abolizionisti neri erano infervorati e si opponevano ai progetti di colonizzazione.

Colonia costiera

Gli agenti della Società impiegarono quasi due anni per procurarsi una striscia di territorio sulla costa occidentale a Capo Mesurado, venduta dal sovrano Zola Duma (re Pietro) in cambio di merci e armi. Gli indigeni Dei e Bassa, che fin dal XV secolo commerciavano con gli europei, si opposero alla cessione delle loro terre.

Nell'aprile del 1822 i coloni finalmente sbarcarono nel territorio del Capo e cominciarono a costruire Monrovia, capitale del nuovo Paese che nel 1824 battezzarono Liberia, dal latino *liber*. I rapporti con le popolazioni indigene rimasero improntati all'ostilità, ma i coloni erano protetti dalle flotte britannica e americana.

Nel 1827, grazie all'attività di agenti di associazioni simili alla Società per la colonizzazione, a popolare le colonie costiere stava ormai arrivando un numero crescente di persone. Nel 1838, al primo territorio si unirono altre due colonie, formando il Commonwealth della Liberia, e altre le imitarono in anni successivi.

Indipendenza precoce

La crescente prosperità della Liberia era alimentata dagli introiti dei dazi doganali imposti ai commercianti britannici e di altri Paesi. Negli anni '40 i britannici si rifiutarono di pagare, e il governo americano respinse la richiesta di aiuto della Liberia. Nel 1846 i coloni optarono per l'autogoverno, e un anno dopo Joseph Jenkins Roberts divenne il primo presidente della Liberia indipendente.

Nel 1867, la Società per la colonizzazione e altre associazioni avevano ormai mandato in Liberia circa 16.000 americani neri, ma nel Paese erano giunte anche altre migliaia di persone liberate da navi negriere. I coloni, definiti americo-liberiani, erano una piccola frazione della popolazione, ma dal punto di vista politico ed economico risultarono dominanti fino al 1980, quando Samuel Doe degli indigeni Krahn conquistò il potere con un colpo di Stato militare. Nel 2005, dopo due guerre civili, Ellen Johnson Sirleaf divenne la prima donna africana a rivestire il ruolo di capo di Stato. ■

> Amo l'Africa
> e non la baratterei
> con l'America.
> **Rosabella Burke**
> **Colona liberiana ed ex schiava, 1859**

Martha Erskine Ricks

Martha nasce schiava nel 1817 nel Tennessee, ma suo padre George compra la libertà di tutta la famiglia. A 13 anni, con i genitori e sei dei suoi fratelli si trasferisce in Liberia, sotto l'egida della Società americana per la colonizzazione. Al pari dei loro compagni di viaggio neri, gli Erskine sognano un'esistenza libera dalla schiavitù in un luogo in cui poter vivere bene. Gran parte della famiglia, però, soccombe alle malattie. Solo Martha e suo fratello Hopkins raggiungono l'età adulta.

Martha sposa Zion Harris e, dopo la morte di questi, Henry Ricks. Nel 1848 si reca negli Stati Uniti e in Gran Bretagna con il primo presidente della Liberia, Joseph Jenkins Roberts. Come altri coloni, Martha pratica l'allevamento e l'agricoltura, ma oggi è ricordata soprattutto come cucitrice di talento. Nel 1892 corona un sogno di lunga data: con l'aiuto di Edward Blyden, ambasciatore liberiano in Gran Bretagna, ha un incontro con la regina Vittoria nel castello di Windsor e dona alla sovrana una trapunta che raffigura una pianta di caffè in fiore. Martha muore in Liberia nel 1901.

SPIRITI BIANCHI E SPIRITI NERI SI SCONTRANO IN BATTAGLIA

LA RIVOLTA DI NAT TURNER (1831)

NEL CONTESTO

LUOGO
Stati Uniti

PRIMA
1619 In Virginia vi è il primo arrivo documentato di schiavi africani.

1739 Un gruppo di 20 schiavi dà vita a un'insurrezione sulle rive del fiume Stono in Carolina del Sud. Rimangono uccisi oltre 20 bianchi.

1822 A Charleston, in Carolina del Sud, il falegname Denmark Vesey progetta di mettere a morte i proprietari di schiavi, ma viene catturato e impiccato.

DOPO
1859 L'abolizionista John H. Brown guida un attacco a Harper's Ferry, in Virginia, impadronendosi dell'arsenale.

1861 Inizia la guerra civile americana, incentrata sul dibattito irrisolto sull'abolizione della schiavitù.

La più violenta rivolta di schiavi della storia americana ebbe luogo nella contea di Southampton, in Virginia, la sera del 21 agosto 1831 e la mattina successiva. Guidata dal predicatore schiavo Nat Turner, l'insurrezione causò la morte di 55 bianchi, uomini, donne e bambini, il più alto numero di decessi in un'unica ribellione.

Turner, predicatore e autorità spirituale per i suoi colleghi schiavi, aveva spesso visioni da lui ritenute messaggi di Dio. Nel 1828 si convinse che una di tali visioni gli avesse indicato di vendicare la schiavitù e guidare una rivolta. Prima di agire attese un altro segno.

Un'eclisse di sole del 1831 fu ritenuta da Turner il segnale giunto a indicare il momento della rivolta. Una settimana dopo, si incontrò nei boschi con un gruppo di schiavi delle piantagioni vicine e pianificò l'in-

Nat Turner e sei sostenitori tennero una riunione segreta nei boschi nella piantagione del padrone di Turner, Joseph Travis, alcune ore prima della rivolta.

Cfr. anche: La vita nelle piantagioni 122-129 ▪ Comunità di resistenza degli schiavi brasiliani 136-139 ▪ L'abolizionismo in America 172-179 ▪ La rivoluzione haitiana 184-189 ▪ La guerra per abolire la schiavitù 206-209 ▪ L'epoca aurea della ricostruzione 210-213

Nat Turner

Nato nel 1800 da genitori schiavi in una piantagione della contea di Southampton in Virginia, Nathaniel ("Nat") Turner è molto intelligente e impara a leggere e scrivere da bambino. Crescendo in una famiglia di religione metodista, trascorre gran parte del tempo libero a leggere la Bibbia. Turner diventa predicatore e pronuncia sermoni per gli altri schiavi. Ritiene di ricevere messaggi da Dio mediante visioni e di essere stato prescelto per liberare il suo popolo dalla schiavitù. A causa delle visioni viene soprannominato "profeta". Nel 1825 ha la visione di un conflitto violento fra bianchi e neri. Tre anni dopo, ritiene di avere ricevuto un messaggio per pianificare una rivolta. Dopo un'eclisse di Sole nel febbraio del 1831, Turner e un gruppo di sostenitori si preparano per l'insurrezione. In quello stesso anno Turner è condannato a morte e viene giustiziato mediante impiccagione l'11 novembre 1831.

Opera principale

1831 *The Confessions of Nat Turner*

surrezione. Gli schiavi intendevano cominciare dalla casa del padrone di Turner, Joseph Travis, uccidendo lui e poi ogni bianco che avessero incontrato, raccogliendo armi nel frattempo.

Il gruppo progettava di impadronirsi degli arsenali della contea a Jerusalem, in Virginia, e poi di proseguire per una cinquantina di chilometri rifugiandosi nella remota palude Great Dismal.

Ribellione e rappresaglia

Il 21 agosto Turner e sei ribelli si spostarono da una piantagione all'altra, armati di scuri, accette e coltelli. Liberando via via gli schiavi, ne reclutarono altri 75 che si unirono all'insurrezione.

La rivolta durò 12 ore, dopo di che fu soppressa da oltre 3.000 fra agenti della milizia statale e civili armati, appoggiati da truppe federali. La milizia catturò e uccise più di 100 ribelli, mentre lo Stato poi ne mise a morte 56. Con il diffondersi della paura fra i bianchi della zona, secondo le stime alcune bande armate attaccarono e uccisero altri 200 neri.

Scappando nei boschi, per più di due mesi Turner riuscì a sfuggire alla cattura, ma il 30 ottobre venne catturato. Fu condannato a morte e impiccato l'11 novembre.

L'influsso di Turner

La rivolta di Nat Turner mandò in frantumi il mito secondo cui gli schiavi sarebbero stati contenti della loro condizione di servitù e troppo passivi per intraprendere una ribellione violenta. In seguito all'insurrezione, inoltre, si adottarono nuove leggi oppressive che vietavano agli schiavi l'istruzione, gli spostamenti e le riunioni.

La Virginia e la confinante Carolina del Nord imposero nuove restrizioni per impedire agli schiavi e ai neri liberi di predicare e di riunirsi per riti religiosi senza sorveglianza da parte dei bianchi. La Virginia emanò una legge per la colonizzazione che cercava di espellere dallo Stato i neri liberi. Inoltre, introdusse una legge di polizia che negava ai neri il processo con la partecipazione della giuria e, nel caso fossero stati ritenuti colpevoli di un reato, li condannava alla vendita e al trasferimento. Nel 1835, per quasi un decennio i legislatori del sud sospesero i dibattiti parlamentari sulla schiavitù, proibendo la lettura di petizioni antischiaviste al Congresso. Gli abolizionisti del nord sfruttarono invece l'insurrezione per intensificare gli sforzi in vista della soppressione dell'istituto della schiavitù. La frattura tra schiavisti e abolizionisti si ampliò fino allo scoppio della guerra civile americana nel 1861. ■

> [...] lo Spirito all'improvviso mi apparve e disse [...] Cristo aveva deposto il giogo da lui portato per i peccati degli uomini [...] io dovevo raccoglierlo e combattere.
>
> **Nat Turner**
> **The Confessions of Nat Turner, 1831**

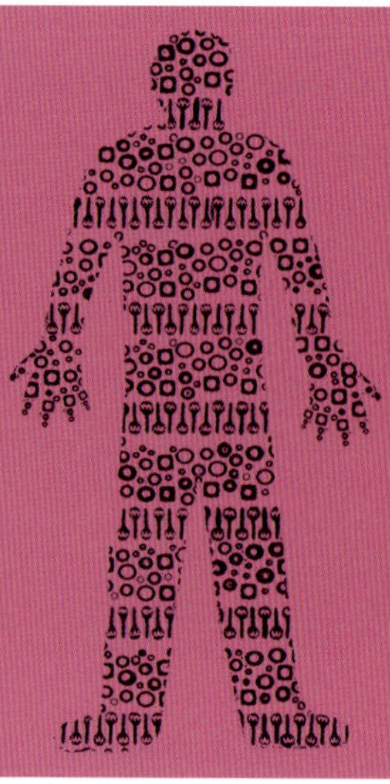

IN CAMBIO DI STOFFE E PERLINE

LA TRATTA DEGLI SCHIAVI DI ZANZIBAR (1840)

NEL CONTESTO

LUOGO
Zanzibar

PRIMA
1503 Zanzibar entra a far parte dell'impero portoghese.

1698 Il sultano dell'Oman espelle i portoghesi e si impadronisce di Zanzibar.

DOPO
1861 Zanzibar diventa un sultanato indipendente.

1873 In seguito all'intervento britannico, il mercato degli schiavi di Zanzibar viene chiuso e nel 1876 viene abolita la tratta degli schiavi, ma sull'isola la schiavitù rimane legittima fino al 1897.

1890 Zanzibar diventa un protettorato britannico.

1909 In Africa orientale viene abolita la schiavitù.

1963 Zanzibar consegue l'indipendenza dalla Gran Bretagna.

Non tutti i mercanti di schiavi sono **europei bianchi.**

Poiché il diritto islamico proibisce di ridurre in schiavitù i musulmani, gli **arabi** omaniti **sfruttano** la **tratta degli schiavi dell'Africa orientale**.

Gli **schiavi africani** vengono trasportati sull'isola di **Zanzibar** e venduti al mercato della capitale.

Zanzibar **prospera** sotto il dominio arabo, perciò **aumenta la domanda di manodopera schiava**.

Zanzibar diventa uno dei **principali crocevia** mondiali della **tratta degli schiavi**.

La tratta transatlantica guidata dagli europei tende a dominare le narrazioni storiche della schiavitù, ma la tratta degli schiavi di Zanzibar ci ricorda chiaramente come la manodopera nera fosse redditizia anche per altre popolazioni, in questo caso per gli arabi musulmani. Alla metà del XIX secolo, l'isola di Zanzibar fu sede di uno dei più grandi mercati di schiavi del mondo nella capitale omonima, la cui città vecchia è oggi denominata Stone Town. All'inizio del XVI secolo l'isola, situata al largo dell'attuale Tanzania, entrò a far parte dell'impero portoghese. La città di Zanzibar, che sorge su un porto naturale, era uno scalo consolidato sulla rotta commerciale dell'oceano Indiano, che collegava fra loro il Sudest asiatico, l'India, l'Arabia e l'Africa orientale. Spezie, seta, avorio e schiavi venivano trasportati attraverso l'oceano con i sambuchi (tradizionali

Cfr. anche: La tratta degli schiavi transahariana 60-61 ▪ Gli europei arrivano in Africa 94-95 ▪ La tratta degli schiavi transatlantica 116-121 ▪ L'abolizionismo in America 172-179 ▪ La guerra per abolire la schiavitù 206-209 ▪ La spartizione dell'Africa 222-223

> La crescente potenza militare dell'Europa pose fine all'espansione islamica, e ora che vi era carenza di schiavi [bianchi] gli arabi musulmani guardavano all'Africa nera.
>
> **Tidiane N'Diaye**
> **Antropologo franco-senegalese**

imbarcazioni arabe con vele latine triangolari). Ma la tratta degli schiavi di Zanzibar decollò veramente solo nel 1698 quando, dopo due anni di assedio, il sultanato di Oman (situato nella parte sudorientale della penisola arabica) strappò l'isola al Portogallo. Nel 1840 il sultano Said bin Sultan trasferì la sua corte da Mascate, in Oman, alla città di Zanzibar.

Commercio orribile

Seguendo l'esempio del sultano, i mercanti omaniti accorsero a Zanzibar, requisendo le terre più fertili per sviluppare la produzione di chiodi di garofano e noci di cocco. Nel 1850, Zanzibar e la vicina isola di Pemba (pure sotto il dominio omanita) erano ormai i due principali produttori di chiodi di garofano del mondo.

Con l'aumento delle dimensioni e della redditività delle piantagioni, la domanda di manodopera a basso costo crebbe sull'isola come in altri Paesi arabi, dove la presenza di schiavi era scarsa. Ben presto le strade di Zanzibar si riempirono di schiavi, e il mercato della città divenne il fulcro della tratta degli schiavi in Africa orientale. Ogni anno migliaia di africani, catturati in una vasta zona dell'est del continente, erano condotti a Zanzibar per la vendita. Venivano trasportati lì dall'entroterra africano, con le carovane e i sambuchi, in condizioni orribili, al punto che molti morivano lungo il tragitto. All'arrivo, i sopravvissuti erano tenuti incatenati in camere sotterranee. Se sopravvivevano per più di tre giorni, venivano venduti al mercato di Zanzibar. Un'altra pratica brutale, presumibilmente una prova di forza d'animo, prevedeva di legare gli schiavi agli alberi e frustarli con rami pungenti. Coloro che riuscivano a evitare di piangere, urlare e svenire venivano venduti sul mercato a un prezzo più elevato.

Grande richiesta

Sebbene molti africani venissero tenuti a lavorare nelle piantagioni dell'isola, come quelle di Hamad bin Muhammad (soprannominato Tippu Tip, dal suono delle scariche di fucili), che possedeva circa 10.000 braccianti schiavi, più di metà veniva esportata verso altri Paesi, fra cui Oman, Arabia, Egitto e Persia. Il diritto islamico proibiva di ridurre in schiavitù i musulmani, perciò la domanda di africani "infedeli" era elevata.

Fine della schiavitù

Zanzibar ottenne l'indipendenza dall'Oman nel 1861, ma solo dopo la guerra con la Gran Bretagna del 1896, che diede inizio a un periodo di dominio britannico, tutti i mercati pubblici di schiavi furono chiusi. Ciò nonostante, questi non ottenevano automaticamente l'emancipazione: dovevano fare domanda di manomissione (libertà dalla schiavitù) attraverso le potenze coloniali.

La storia di schiavitù e imperialismo di Zanzibar continua tuttora a permeare l'isola, con monumenti commemorativi che parlano di un passato su cui riflettere. ■

Al mercato di Zanzibar gli schiavi africani venivano messi in riga e ispezionati dai possibili acquirenti. Dovevano portare un braccialetto recante il nome del mercante.

UOMINI DI COLORE, ALLE ARMI!

LA GUERRA PER ABOLIRE LA SCHIAVITÙ (1861-1865)

NEL CONTESTO

LUOGO
Stati Uniti

PRIMA
1803 La Francia vende la Louisiana agli Stati Uniti, le cui dimensioni in tal modo raddoppiano. Inizia così l'espansione verso ovest.

1820 Il Congresso americano approva il Compromesso del Missouri che proibisce la schiavitù a nord dei 36°30' di latitudine, fuorché nel Missouri.

DOPO
1868 Il 14° Emendamento alla Costituzione americana concede pari diritti civili a tutti coloro che sono nati nel Paese o sono naturalizzati.

1870 Il 15° Emendamento stabilisce che non è consentito negare il diritto di voto per motivi razziali.

Nel 1861, nello Stato schiavista della Carolina del Sud scoppiò la guerra civile americana, l'episodio più violento della storia del Paese. Il conflitto di quattro anni fra Stati nordisti e sudisti lacerò il Paese, ma per la maggior parte degli americani neri fu l'occasione per abolire l'istituto della schiavitù. Nel 1863 Frederick Douglass tenne un discorso a Rochester, nello Stato di New York, sollecitando: «Uomini di colore, alle armi!».

Verso la guerra

In seguito a vari sviluppi degli anni '50, la guerra era divenuta inevitabile. La graduale espansione degli Stati Uniti, con la migrazione verso ovest di coloni bianchi dopo la guerra di indipendenza, minacciava di estendere la schiavitù anche ai nuovi territori,

Cfr. anche: La vita nelle piantagioni 122-129 ▪ L'abolizionismo in America 172-179 ▪ La rivoluzione haitiana 184-189 ▪ Fondazione della Liberia 200-201 ▪ L'abolizione della schiavitù in Brasile 224-225 ▪ Combattenti neri nella Seconda guerra mondiale 254-257

In servizio dal 1863 al 1865, le truppe di colore degli Stati Uniti avevano 175 reggimenti. Nella guerra civile, nell'esercito e nella marina nordisti combatterono 200.000 americani neri.

una prospettiva che faceva inorridire non solo i neri e tutti gli abolizionisti, ma anche gli agricoltori del nord, che temevano la concorrenza di produttori in grado di usare manodopera schiava. Per contrastare la crescente divisione fra nord e sud in merito alla schiavitù, il Congresso approvò diverse leggi a favore degli schiavisti. La Legge sugli schiavi fuggiaschi del 1850 imponeva la loro riconsegna anche negli Stati non schiavisti, mentre la Legge Kansas-Nebraska del 1854 permetteva la schiavitù in questi due Stati, abrogando il Compromesso del Missouri del 1820, che aveva proibito la schiavitù in nuovi territori a nord del confine meridionale del Missouri.

La Legge Kansas-Nebraska apriva potenzialmente le porte a nuovi Stati schiavisti che si stavano formando a ovest e portò alla fondazione del partito repubblicano, un gruppo di politici antischiavisti, tra cui Abraham Lincoln, che si opponevano all'estensione della schiavitù.

Nel marzo del 1857 una cruciale sentenza della Corte Suprema, nota come decisione Dred Scott, mise a nudo la grama realtà della condizione dei neri. Dred Scott e sua moglie Harriet, coppia di schiavi del Missouri, da diversi anni vivevano con la famiglia dei loro padroni nello Stato non schiavista del Minnesota. La sentenza del 1857 stabiliva che, al ritorno nel Missouri, i due non avrebbero avuto il diritto alla libertà, malgrado la dottrina "liberi una volta, liberi per sempre", in precedenza prevalente in quello Stato. Il verdetto dei giudici, con 7 voti a favore e 2 contrari, si fondava sul fatto che i neri non erano e non avrebbero mai potuto essere cittadini degli Stati Uniti, e pertanto non avevano gli stessi diritti dei bianchi, fra cui quello di rivolgersi al tribunale. Dred Scott aveva ricevuto un deciso sostegno da parte degli abolizionisti del nord, e la sentenza condusse a un punto critico le tensioni fra nord e sud.

Nasce la Confederazione

Nel novembre del 1860 Abraham Lincoln divenne il 16° presidente degli Stati Uniti. Nel giro di un mese dall'elezione, la Carolina del Sud, temendo che Lincoln introducesse leggi per abolire la schiavitù, si staccò dall'U-

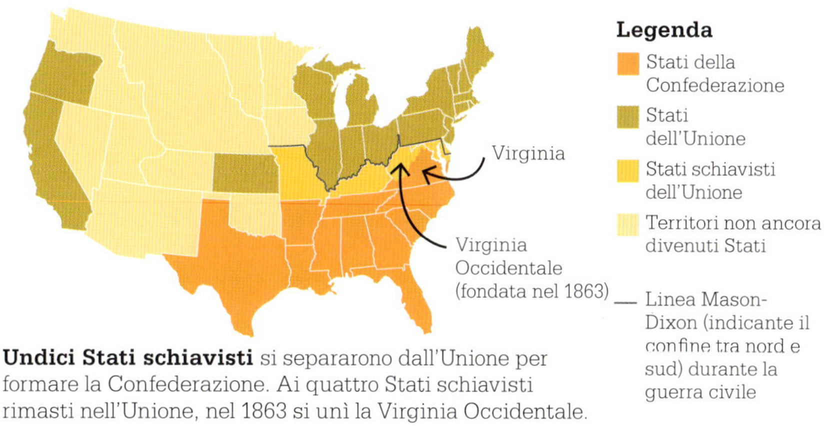

Undici Stati schiavisti si separarono dall'Unione per formare la Confederazione. Ai quattro Stati schiavisti rimasti nell'Unione, nel 1863 si unì la Virginia Occidentale.

nione, e da lì al febbraio del 1861 altri sei Stati schiavisti la imitarono: Mississippi, Florida, Alabama, Georgia, Louisiana e Texas. Insieme formarono la Confederazione, guidata da Jefferson Davis del Mississippi, che in gennaio si era dimesso dal Senato.

Il Paese era sull'orlo della guerra e nell'aprile del 1861, dopo una scaramuccia a Fort Sumter, nella Carolina del Sud, dove le truppe sudiste spararono contro i soldati dell'Unione, Lincoln invitò gli Stati del nord a formare un esercito. Il suo scopo principale in questo momento era ripristinare l'integrità dell'Unione, perciò fornì rassicurazioni, ribadendo che non avrebbe abolito la schiavitù negli Stati in cui già esisteva. Tuttavia, nel giro di qualche giorno alla Confederazione si unirono altri quattro Stati: Virginia, Arkansas, Tennessee e Carolina del Nord. Nell'Unione rimasero quattro Stati schiavisti (Kentucky, Delaware, Missouri e Maryland), a cui si unì la Virginia Occidentale nel 1863, quando si separò dal resto della Virginia.

Nel luglio del 1861 il pericolo di una guerra vera e propria divenne realtà, quando la prima battaglia di Bull Run, in Virginia, si concluse con una sonante vittoria per la Confederazione. A poco a poco, alle truppe dell'Unione divenne evidente che, pur avendo il nord un numero molto maggiore di soldati, non ci sarebbe stata una vittoria facile.

Le reazioni dei neri furono varie. Nel sud, quasi tutti gli schiavi la considerarono una guerra di liberazione. Nel nord, alcuni sostennero di non dover mettere a repentaglio la propria vita senza prima assicurarsi i diritti e i privilegi della cittadinanza. Fin da principio Frederick Douglass, secondo il quale un successo dell'Unione avrebbe donato la libertà agli schiavi, sul suo giornale *The North Star* pubblicò editoriali in cui sollecitava gli uomini neri a formare milizie (bande informali di combattenti) per appoggiare l'Unione. All'inizio, un simile aiuto fu rifiutato da Lincoln, secondo il quale il fatto di armare milizie di neri sarebbe stato incendiario per gli Stati schiavisti fedeli all'Unione.

Il Proclama di emancipazione emanato nel 1863 dal presidente Lincoln **in teoria affranca gli schiavi**.

Però si applica soltanto agli **schiavi degli Stati della Confederazione**, non a quelli degli Stati schiavisti dell'Unione.

La Confederazione è in guerra con l'Unione e **si rifiuta di ratificare** il Proclama.

In realtà, negli Stati Uniti gli schiavi vengono **emancipati solo nel 1865** con il **13° Emendamento alla Costituzione**.

La valorosa prestazione del 54° reggimento di fanteria di americani neri del Massachusetts nella Seconda battaglia di Fort Wagner, luglio 1863, dimostrò il coraggio dei soldati neri.

Nuove strategie

Mentre la guerra entrava nel secondo anno, Lincoln continuò a sollecitare gli Stati ribelli a rinunciare alla secessione. Negli Stati schiavisti dell'Unione, propose un indennizzo ai padroni che avessero liberato gli schiavi e il trasferimento di questi ultimi a Haiti o in Liberia. Ma nell'estate del 1862, non essendo in vista la conclusione della guerra e di fronte alle pressioni degli elementi più radicali del suo partito, Lincoln cominciò a cambiare strategia. In luglio approvò l'arruolamento di soldati neri per ruoli non combattenti, come la costruzione di fortificazioni e la sorveglianza delle linee di rifornimento. Due mesi dopo, incoraggiato dalla vittoria nordista nella battaglia di Antietam nel Maryland, Stato schiavista rimasto nell'Unione, Lincoln emanò il Proclama preliminare di emancipazione, che minacciava di affrancare tutti gli schiavi degli Stati ribelli se questi ultimi non fossero rientrati nell'Unione entro il capodanno del 1863.

Le copie ricordo del Proclama di emancipazione emanato da Lincoln nel 1863 ebbero vasta diffusione. Questa, del 1888, presenta figure allegoriche della Giustizia (a sinistra) e della Libertà.

La guerra proseguì, e l'ultimatum di Lincoln fu ignorato. Alla vigilia di capodanno, gli americani neri di tutto il Paese si radunarono in case e chiese nell'ansiosa attesa di un annuncio da parte di Lincoln. Il 1° gennaio 1863, il presidente emanò il Proclama definitivo: tutti gli schiavi degli Stati ribelli «saranno d'ora in avanti e per sempre liberi». Le truppe nordiste avrebbero liberato gli schiavi nel corso della loro avanzata nel territorio della Confederazione.

Il Proclama non riguardava gli Stati schiavisti fedeli all'Unione, né gli schiavi presenti in territori già conquistati dai nordisti, ma gli americani neri erano esultanti. L'emancipazione era ormai uno scopo dichiarato della guerra e le truppe nordiste erano un esercito di liberazione obbligato a proteggere gli schiavi da loro affrancati. Privata della manodopera gratuita, l'economia degli Stati del sud sarebbe crollata.

Vittoria e abolizione

Lincoln annunciò inoltre che nell'esercito e nella marina dell'Unione sarebbero stati ammessi combattenti neri, seppure in reggimenti segregati, comandati da bianchi. Questi soldati furono pagati notevolmente meno rispetto ai commilitoni bianchi fino al 1864, quando giunse a buon fine la campagna per la parità di salario condotta da Douglass. Convinto che combattere per l'Unione fosse la via verso l'ottenimento della cittadinanza, ora Douglass si impegnò a fondo nel reclutamento di soldati neri per l'esercito e la marina nordisti. Tra gli arruolati vi erano i suoi figli: Charles divenne sergente del 5° cavalleria, Lewis sergente maggiore del 54° fanteria del Massachusetts. Fra 1863 e 1864, grazie all'arruolamento dei neri e a una condotta più aggressiva da parte dei generali nordisti, le sorti della guerra cominciarono a volgere a favore dell'Unione.

Il 31 gennaio 1865 il Congresso approvò il 13° Emendamento alla Costituzione degli Stati Uniti, che aboliva la schiavitù. Il giorno seguente Lincoln firmò l'emendamento, che fu trasmesso agli Stati per la ratifica. Ma non ne vide mai l'esito: il 14 aprile 1865, cinque giorni dopo la fine della guerra, un assassino gli sparò. Lincoln morì il giorno dopo. ■

> La nostra promozione deve essere l'esito dell'impegno e del lavoro delle nostre mani.
>
> **Martin Robinson Delany**
>
> **Primo americano nero ufficiale superiore dell'esercito degli Stati Uniti (1812-1885)**

IL PREZZO DEL DISASTRO DELLA SCHIAVITÙ

L'EPOCA AUREA DELLA RICOSTRUZIONE (1865-1877)

NEL CONTESTO

LUOGO
Stati Uniti

PRIMA
1861 Scoppia la guerra civile americana fra gli Stati non schiavisti del nord e gli Stati schiavisti del sud.

1865 La guerra civile si conclude con la sconfitta del sud. Il 13° Emendamento alla Costituzione sancisce l'emancipazione degli schiavi.

DOPO
1877-1950 Gli Stati del sud adottano le leggi "Jim Crow" di segregazione e discriminazione razziale.

1954-1968 Gli attivisti per i diritti civili chiedono la fine della segregazione razziale e la tutela dei diritti previsti dal 14° e dal 15° Emendamento alla Costituzione.

Nel 1863, quando il presidente Abraham Lincoln emanò il Proclama di emancipazione, affrancando circa 4 milioni di schiavi, i politici diedero inizio a un dibattito su come assimilare nella società gli ex schiavi dopo la fine della guerra. Le precedenti proposte di trasferirli al di fuori degli Stati Uniti erano state abbandonate per ragioni di costo e anche per la crescente opposizione da parte degli abolizionisti neri e di alcuni bianchi.

L'epoca della ricostruzione, il periodo postbellico fra il 1865 e il 1877, fu caratterizzata da iniziative sociali di stampo progressista per gli ex schiavi e dall'approvazione di leggi volte a tutelarne i diritti conquistati con tanta fatica. Al termine della ricostruzione, circa 2.000 americani neri

Cfr. anche: Il Code Noir della Louisiana 166-167 ▪ L'abolizionismo in America 172-179 ▪ Fondazione della Liberia 200-201 ▪ La guerra per abolire la schiavitù 206-209 ▪ Jim Crow 216-221 ▪ Il linciaggio di Emmett Till 268-269

L'approvazione del 15° Emendamento nel 1870. In alto, Frederick Douglass è affiancato da Martin Robinson Delany, primo nero con il grado di maggiore dell'esercito americano (a sinistra), e dal senatore nero Hiram R. Revels.

avevano ormai conseguito una carica pubblica di qualche genere. Allo stesso tempo, però, i proprietari terrieri del sud cercarono di ripristinare i vantaggi economici della schiavitù sfruttando la miseria di molti ex schiavi, che nel sud furono anche bersaglio di tumulti vendicativi.

Divergenza di opinioni

Una questione dibattuta era quali condizioni imporre agli Stati ribelli per la riammissione nell'Unione. L'ala radicale del partito repubblicano proponeva un rigido controllo degli Stati del sud da parte del governo federale, e riteneva che dovesse essere legata a un giuramento di fedeltà all'Unione di almeno il 50% degli elettori del sud. Invece, Lincoln e Andrew Johnson, che divenne presidente dopo l'assassinio di Lincoln nell'aprile del 1865, favorivano un metodo più conciliante che non fosse incostituzionale (la priorità secondo Lincoln) e non suscitasse l'ostilità dei bianchi (la principale preoccupazione di Johnson, che simpatizzava per il sud). Inoltre, i due presidenti e i radicali discordavano su chi dovesse stabilire il tipo e l'entità degli aiuti da offrire agli ex schiavi: i radicali premevano per una gestione a livello federale, mentre Johnson in particolare sosteneva che dovessero essere decisi dai singoli Stati.

Brama di istruzione

Ancora prima della conclusione ufficiale della guerra civile, Lincoln creò l'Ufficio profughi, emancipati e terre abbandonate, noto come Ufficio emancipati. Finanziato dal governo e sostenuto da Chiese e filantropi, forniva cibo, vestiario, assistenza medica e buoni per i trasporti in modo da consentire il ricongiungimento familiare e il reperimento di lavoro. Inoltre, dato che prima della guerra civile in gran parte del sud l'istruzione dei neri era vietata, istituì scuole per tutte le età.

Migliaia di bianchi e neri del nord si trasferirono al sud per aprire scuole e insegnare. Attaccati di frequente dagli abitanti del sud, ostili al miglioramento della condizione degli ex schiavi, gli insegnanti dovettero spesso farsi proteggere dai soldati. Quando mancavano gli aiuti statali, le comunità nere facevano da sole, mettendo assieme le loro scarse risorse per ingaggiare un insegnante e trovare un edificio libero.

Il programma per l'istruzione, una delle iniziative di maggior successo dell'epoca della ricostruzione, nel sud organizzò oltre 1.000 scuole. Alcuni allievi frequentarono poi le università per studenti neri, come quella di Atlanta, istituita dall'Ufficio emancipati nel 1865, la Fisk, fondata a Nashville nel Tennessee nel 1866, e l'Istituto Augusta (in seguito denominato Morehouse), ad Augusta, in Georgia, nel 1867.

Eletto in rappresentanza del Mississippi al Senato americano nel 1870, Hiram R. Revels era pastore della Chiesa episcopale metodista africana, che favorì l'ascesa politica di molti neri.

La ricostruzione secondo i presidenti e i radicali

Ricostruzione secondo i presidenti (Lincoln e Johnson)

Ricostruzione secondo il Congresso (repubblicani radicali)

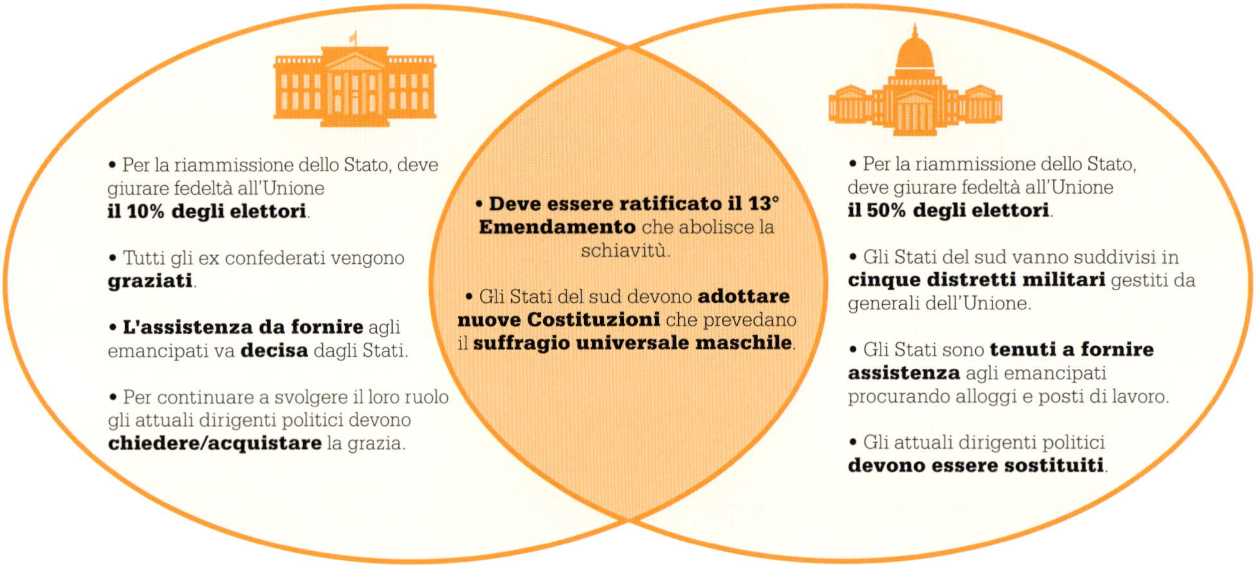

Terre del sud

Inoltre, quando gli emancipati trovavano un impiego, l'Ufficio predisponeva i contratti fra i lavoratori e i datori di lavoro. Durante la guerra, ai sensi delle Leggi di confisca, le terre del sud erano divenute di proprietà dell'Unione. Alcuni repubblicani radicali, come Thaddeus Stevens e Charles Sumner, ritenevano che dovessero essere distribuite fra gli emancipati a titolo di risarcimento. Nel corso della guerra era già avvenuta una parziale redistribuzione delle terre. Nel gennaio 1865 il generale nordista William T. Sherman, la cui strategia militare di "guerra totale" devastò vaste zone del sud, emanò l'Ordinanza speciale n. 15, in base alla quale le terre confiscate nella zona costiera di Georgia, Carolina del Sud e Florida venivano distribuite agli emancipati. Il progetto, che stabiliva che «ogni famiglia riceverà un appezzamento non superiore ai 40 acri [16 ettari] di terreno coltivabile», fu elaborato con l'ausilio di religiosi neri della zona, molti dei quali erano stati a loro volta schiavi. Nel giugno del 1865, 40.000 emancipati della Georgia avevano già ricevuto un terreno e un mulo per ararlo. Nell'agosto del 1865, nell'ambito di un progetto di amnistia per il sud, il presidente Johnson abrogò la disposizione relativa ai "40 acri e un mulo" e restituì le terre agli ex proprietari. Per sostituire la schiavitù, i proprietari terrieri del sud furono lesti a introdurre il sistema economico della mezzadria, in base al quale affittavano agli emancipati e ad alcuni bianchi poveri dei piccoli appezzamenti di terreno in cambio di una parte del raccolto, di solito almeno la metà. Inoltre, spesso prestavano denaro agli emancipati, con tassi di interesse elevati, per l'acquisto di sementi, attrezzature e animali da lavoro. La mezzadria offriva notevoli vantaggi ai proprietari delle piantagioni, mentre i lavoratori, che si assumevano il rischio di raccolti magri, spesso rimanevano bloccati in un ciclo costituito da lavoro massacrante, debiti e povertà.

Un pastore nero predica in *Congregazione di negri a Washington* (1845). Le Chiese dei neri, che si moltiplicarono dopo la guerra civile, sarebbero divenute un fulcro della lotta per i diritti civili.

Legislazione per i neri

Dopo la guerra civile gli emancipati potevano trasferirsi, stipulare contratti e possedere beni, ma gli Stati del sud, cercando di riconquistare il potere, cominciarono a promulgare codici legislativi che limitavano i diritti degli americani neri. Nel gennaio del 1866, il Mississippi fu il primo Stato a introdurre una legge contro il vagabondaggio, in base alla quale chi non disponeva di un contratto di lavoro poteva essere punito con la reclusione o con una multa. Era consueto che i proprietari di piantagioni pagassero le multe in cambio di lavoro gratuito, in sostanza riportando gli emancipati alla condizione di schiavitù. Nella Carolina del Sud, gli americani neri che lavoravano in settori diversi dall'agricoltura e dalla servitù domestica erano tenuti a pagare una tassa speciale.

Per controbattere l'erosione dei diritti dei neri, i radicali del Partito repubblicano agirono rapidamente, ma furono bloccati da Johnson. Nel 1866 la Legge sui diritti civili, che riconosceva gli americani neri come cittadini degli Stati Uniti con parità di diritti, fu approvata dal Congresso, ma subì il veto di Johnson. Per inserire tali diritti nella Costituzione, nel giugno del 1866 il Congresso approvò il 14° Emendamento, ma tutti gli ex Stati schiavisti, tranne il Tennessee, si rifiutarono di ratificarlo fino al luglio del 1868. Come aveva affermato nel 1865 Frederick Douglass, gli americani neri non avrebbero avuto parità di diritti finché «l'uomo nero non avrà il voto». Nel 1870, alla Costituzione fu aggiunto il 15° Emendamento, che vietava la privazione dei diritti civili «per motivi di razza, colore o precedente condizione di servitù». Tuttavia, le donne ottennero i primi diritti civili solo nel 1920.

> Ricercheremo, a seconda delle occasioni che si presenteranno e delle capacità che si renderanno utili, la nostra collocazione, anche nel campo delle lettere, delle arti, delle scienze e delle professioni.
>
> **Blanche K. Bruce**
> **Discorso al Senato, 1876**

Sebbene agli Stati fosse permesso stabilire dei requisiti, per esempio un livello minimo di alfabetizzazione, il diritto di voto consentì ad alcuni neri di rivestire cariche pubbliche. Fra il 1870 e il 1877, al Congresso furono eletti 17 neri e 2 al Senato: Hiram R. Revels nel 1870 e Blanche K. Bruce nel 1874. Nondimeno, la lotta per i diritti civili non era conclusa, come dimostrarono le nuove restrizioni imposte nel sud a partire dal 1877 e le battaglie per i diritti civili combattute nel XX secolo. ■

Una folla in tumulto attacca una scuola per gli emancipati durante il massacro razziale di Memphis del 1866, quando fra i neri vi furono 46 morti e oltre 70 feriti e 5 donne nere furono stuprate.

Linciaggio

Mentre i politici vagliavano i diritti giuridici degli americani neri, nel sud vi erano tumulti in cui si cercava di imporre con la forza la supremazia bianca, facendo uso di intimidazioni per impedire agli emancipati di votare e infliggendo punizioni orribili a chi era accusato di qualche crimine. I linciaggi (condanne a morte illegali, spesso precedute da mutilazioni) intendevano incutere terrore a tutti i neri, e agli eventuali bianchi disposti ad aiutarli. A partire dal 1877, con l'allontanamento delle truppe nordiste dal sud, il clima di paura si aggravò. I linciaggi attiravano vaste folle di spettatori bianchi, anche più di 2.000 persone. Il loro numero raggiunse il massimo di 292 nel 1892. La giornalista nera Ida B. Wells, che quell'anno perse tre amici per linciaggio, ne denunciò gli orrori, definendolo un crimine nazionale che richiedeva un rimedio nazionale. Ma nel sud, i linciaggi proseguirono per altri 60 anni.

SFRUTTAMENTO DELLA TERRA E DELLE SUE RISORSE

LA CORSA ALL'ORO NEL BOTSWANA (1867)

NEL CONTESTO

LUOGO
Botswana

PRIMA
800 ca. Nel Botswana orientale la popolazione di lingua bantu avvia l'estrazione di ferro e rame.

1800 ca. Arrivano coloni europei nel Botswana, dove verso la metà del secolo la Società missionaria di Londra fonda delle sedi.

DOPO
1870 Dopo la scoperta di un diamante da parte di Erasmus Jacobs, figlio di 15 anni di un agricoltore sudafricano, inizia la corsa ai diamanti; cercatori europei e braccianti del Botswana si spostano verso sud.

1885 Il Botswana diventa un protettorato britannico con il nome di Beciuania; tutti i Paesi africani, tranne Etiopia e Liberia, sono sotto il dominio delle potenze europee.

Da centinaia d'anni prima dell'arrivo degli europei nel continente, gli africani usavano l'oro come bene di scambio. Nel distretto di Tati del Botswana, presso il confine con lo Zimbabwe, l'estrazione di oro a cielo aperto risale al XIII secolo. Si scavavano miniere in vene di quarzo contenenti giacimenti auriferi. Nel 1867, le antiche miniere furono scoperte dal colonizzatore tedesco Karl Mauch.

Corsa all'oro africana

La notizia comunicata da Mauch suscitò entusiasmo in tutto il mondo. Poiché il territorio era conteso fra due tribù locali, i Matabele e i Mangwato, alcuni europei chiesero i diritti di estrazione a una tribù, mentre altri si rivolsero ai rivali, sperando che una concedesse i diritti per irritare l'altra. Pur ottenendo le concessioni che desideravano, non riuscirono a suscitare una guerra tribale.

La notizia delle potenziali ricchezze attirò cercatori da Europa, Australia e America, che diedero vita alla prima corsa all'oro africana. Dato che l'oro era di scarsa qualità, durò soltanto due anni, ma poiché circolavano già notizie di giacimenti diamantiferi a Kimberley, nella provincia del Capo Settentrionale in Sudafrica, la "zuffa per l'Africa" era ormai cominciata. Competendo per le risorse africane, i Paesi europei si affrettarono a fondare ulteriori insediamenti e ad acquisire concessioni minerarie. Il futuro dell'Africa era profondamente mutato. ■

> Fin da principio, la tendenza del capitalismo in Europa fu improntata a concorrenza, eliminazione e monopolio.
>
> **Walter Rodney**
> **How Europe Underdeveloped Africa, 1972**

Cfr. anche: L'impero del Ghana 52-57 ■ La città di Grande Zimbabwe 76-77 ■ La spartizione dell'Africa 222-223 ■ L'espansione economica africana 302-303

ADESSO FACCIAMO PARTE DELL'EUROPA

LA COSTRUZIONE DEL CANALE DI SUEZ (1869)

NEL CONTESTO

LUOGO
Egitto

PRIMA
1850 a.C. Sesostri III è il primo dei faraoni d'Egitto a cui si attribuisce la costruzione di un canale fra Nilo e mar Rosso.

1789 Napoleone occupa l'Egitto e valuta la costruzione di un canale nell'istmo di Suez, ma abbandona il progetto.

DOPO
1875 Gli enormi debiti inducono l'Egitto a vendere alla Gran Bretagna le quote della Compagnia del canale di Suez.

1956 Il presidente egiziano Nasser nazionalizza il canale, innescando la crisi di Suez: truppe britanniche, francesi e israeliane attaccano l'Egitto, poi si ritirano per le proteste internazionali.

2021 Una nave mercantile ostruisce per 6 giorni il canale, bloccando attività valutate a 9,6 miliardi di dollari al giorno.

Il canale di Suez, una delle più note prodezze ingegneristiche del mondo, si estende per 193 km nell'istmo di Suez, in Egitto, collegando il Mediterraneo al mar Rosso. Offre una rotta mercantile diretta fra Europa e Asia ed è pertanto di enorme valore economico per l'Egitto.

La costruzione del canale ebbe inizio nel 1859, quando il diplomatico francese Ferdinand de Lesseps ottenne il consenso da parte del *khedivè* (viceré) d'Egitto, Sa'id Pascià, e fondò la Compagnia del canale di Suez. Sa'id Pascià concesse alla compagnia l'affitto del canale per 99 anni, dopodiché l'Egitto ne avrebbe assunto il controllo. Inoltre, accettò di fornire operai per il lavoro.

La cerimonia inaugurale del canale di Suez si svolse il 17 novembre 1869, presieduta dal *khedivè* d'Egitto Isma'il Pascià. La prima nave ad attraversarlo fu uno yacht imperiale francese.

Lavoro forzato

Uomini e ragazzi egiziani scavarono le prime parti del canale con pala e piccone. Lavoravano in condizioni terribili, con pochissima acqua, ospitati in ricoveri sovraffollati in cui imperversavano le malattie. Era stata loro promessa una retribuzione, che però non si concretizzò mai. Si stima che al canale abbiano lavorato 1 milione di egiziani e ne siano morti 100.000.

Nel 1863, il nuovo *khedivè* d'Egitto Isma'il Pascià vietò l'impiego di lavoro forzato, e allora la Compagnia del canale di Suez fece ricorso a draghe ed escavatori a vapore azionati da europei. Il canale fu reclamizzato come straordinario risultato della potenza e della tecnica coloniali; le fotografie dell'attività di costruzione ritraevano i macchinari imponenti, ma poche raffiguravano i primi operai. ■

Cfr. anche: Antico, Medio e Nuovo Regno in Egitto 24-29 ▪ La conquista musulmana dell'Egitto 58-59 ▪ La spartizione dell'Africa 222-223

SEPARATI MA UGUALI

JIM CROW (1877-1964)

NEL CONTESTO

LUOGO
Stati Uniti

PRIMA
1861 Sette Stati del sud abbandonano l'Unione e creano la Confederazione. Nello stesso anno ha inizio la guerra civile americana e altri 4 Stati abbandonano l'Unione.

1865 Dopo la resa dell'esercito confederato e la fine della guerra civile, in tutti gli Stati Uniti viene abolita la schiavitù.

DOPO
1968 Il Congresso approva la legge sui diritti civili che garantisce a tutti gli americani un accesso equo e paritario agli alloggi.

1968 Il 4 aprile a Memphis, nel Tennessee, viene assassinato Martin Luther King.

2008 Barack Obama è il primo nero eletto presidente degli Stati Uniti. Nel 2012 ottiene un secondo mandato.

Il personaggio di Jim Crow, interpretato dal bianco Thomas D. Rice truccato da nero, diffondeva gli stereotipi razzisti sugli americani neri.

Nel 1828, il commediografo americano Thomas D. Rice mise in scena il suo popolare spettacolo in cui compariva truccato da nero. Il suo ruolo tipico era il personaggio di uno schiavo di nome Jim Crow, a cui Rice attribuiva caratteristiche di ignoranza e pigrizia. Lo spettacolo, rappresentato per la prima volta a Louisville, nel Kentucky, all'epoca divenne il più celebrato del suo genere. Nel 1838 il nome "Jim Crow" (dove Crow significa "corvo" per il colore nero) veniva ormai usato come soprannome spregiativo per gli americani neri; in seguito, designò il sistema di segregazione e discriminazione razziale vigente soprattutto nel sud degli Stati Uniti fra il 1877 e i primi anni '60 del XX secolo.

Fine della ricostruzione

Nel 1865, al termine della guerra civile americana, negli Stati Uniti la schiavitù fu abolita, ma per gli americani neri la lotta per la parità di diritti era tutt'altro che conclusa. Gli ex Stati confederati del sud del Paese cercarono di istituire un nuovo sistema di oppressione razziale, con codici giuridici mediante i quali si sostituiva la precedente legislazione per gli schiavi continuando a opprimere i neri. I codici imponevano agli americani neri contratti di lavoro con scarsa retribuzione e ne limitavano l'attività ai ruoli di servitori domestici e braccianti agricoli. In risposta a questa situazione, fra il 1865 e il 1870 il Congresso repubblicano approvò tre emendamenti costituzionali, definiti "della ricostruzione", che miravano a tutelare i diritti civili dei neri da poco emancipati e a proibire la discriminazione nei riguardi del diritto di voto. Il 7 novembre 1876 la tornata elettorale si concluse con un conteggio di voti fortemente contestato, poiché gli esiti di Louisiana, Carolina del Sud e Florida non erano chiari. All'inizio del 1877, l'incaricato repubblicano Rutherford B. Hayes stipulò un accordo per garantire l'autogoverno nel sud e allontanare le truppe federali, che erano intervenute attivamente in politica a sostegno dei diritti civili e politici degli americani neri. Gli ex Stati confederati, in cui i bianchi si risentivano per la concorrenza da parte dei neri liberi sul mercato del lavoro, reagirono rapidamente istituendo leggi di segregazione, inizialmente sui mezzi di trasporto.

Sentenza della Corte Suprema

Il 7 giugno 1892, quando il calzolaio Homer Plessy salì su un treno a New Orleans, in Louisiana, sapeva che sarebbe stato arrestato. Due anni

Cfr. anche: La guerra per abolire la schiavitù 206-209 ▪ L'epoca aurea della ricostruzione 210-213 ▪ Il panafricanismo 232-235 ▪ La sentenza *Brown* 264-267 ▪ Il boicottaggio degli autobus di Montgomery 270-271 ▪ Il movimento Potere Nero 288-289

Le **leggi di segregazione separano** fisicamente gli **americani neri dall'interazione** con gli americani bianchi.

→

Il 7 giugno 1892, Homer Plessy siede in una carrozza ferroviaria per soli bianchi per **protestare contro queste leggi**.

↓

Processato, Plessy sostiene che la **segregazione trasgredisce** il 14° Emendamento, ossia l'uguaglianza di fronte alla legge.

←

La Corte Suprema stabilisce che la segregazione non è incostituzionale perché offre servizi «separati ma uguali».

prima, lo Stato aveva approvato la Legge sulle carrozze separate per segregare i trasporti pubblici. Plessy, che sembrava bianco ma aveva una bisnonna africana, era stato reclutato da un gruppo locale per i diritti civili perché sfidasse questa legge.

Quando Plessy salì nella carrozza per passeggeri bianchi, un controllore gli domandò se fosse "di colore". Plessy dichiarò di essere nero per un ottavo e si rifiutò di uscire dalla carrozza. Fu prontamente arrestato da un investigatore privato, che era stato ingaggiato dal gruppo per i diritti civili in modo da garantire che Plessy venisse incriminato ai sensi della Legge sulle carrozze separate.

L'atto di disobbedienza civile aveva l'intento di portare davanti alla Corte Suprema questo caso simbolico. Tuttavia, quando si pronunciò nel 1896, la Corte sentenziò che i servizi pubblici per bianchi e neri potessero essere «separati ma uguali». Si aprirono le cateratte: in tutto il sud le leggi di segregazione si estesero ad alloggi, scuole, parchi, ospedali, ristoranti, fontane di acqua potabile e gabinetti pubblici. Su ingressi e uscite vennero posti cartelli "Jim Crow" e i servizi per i neri, anziché "uguali", erano quasi sempre di qualità inferiore, in cattivo stato o del tutto assenti.

Secondo la Costituzione degli Stati Uniti, la discriminazione razziale nei riguardi del diritto di voto era illegale; tuttavia, a partire dal 1890 diversi Stati del sud cercarono di privare del diritto di voto gli americani neri attraverso criteri razziali, per esempio imposte indirette (con un ammontare fisso indipendente dal reddito) ed esami di alfabetizzazione. Per tutelare i bianchi dalle restrizioni, di solito le leggi comprendevano una clausola riferita ai nonni, che esentava l'elettore da ulteriori requisiti per il voto se era discendente di elettori registrati prima della guerra civile. Nel 1904, in Louisiana solo 1.342 neri riuscirono a superare le nuove restrizioni per votare, in confronto ai 130.334 che si erano registrati nel 1896.

> Lo schiavo fu liberato;
> rimase per un breve
> momento al sole;
> poi tornò verso la schiavitù.
> **W.E.B. Du Bois**

Norme del galateo

Le usanze del galateo "Jim Crow" erano regole non scritte che si affiancavano alle leggi di segregazione per scoraggiare le interazioni sociali e sessuali tra gruppi diversi, mantenendo così i neri a un livello inferiore nella gerarchia della società. La violazione delle norme del "galateo razziale" esponeva al rischio di pestaggi o linciaggi. I neri venivano presentati ai bianchi, mai viceversa, e per rivolgersi loro si usava soltanto il nome, senza il cognome, oppure "ragazzo" o "ragazza", indipenden-

> L'arbitraria separazione dei
> cittadini in base alla razza [...]
> non trova giustificazione in
> alcun fondamento giuridico.
> **John Marshall Harlan**
> **Giudice della Corte Suprema, dissentendo dalla sentenza *Plessy contro Ferguson*, 1896**

temente dall'età. Ai bianchi, invece, ci si rivolgeva con titoli di cortesia come "signore" e "signora", oppure con appellativi come "capo" o "capitano". I neri erano tenuti a essere cortesi durante la conversazione con i bianchi, e gli uomini dovevano togliersi il cappello. Inoltre, agli uomini era proibito guardare negli occhi le donne bianche e offrirsi di accendere loro una sigaretta. Le usanze imponevano altresì che bianchi e neri consumassero i pasti separatamente. I neri potevano acquistare pietanze nei ristoranti per bianchi, ma dovevano mangiare fuori.

Un cartello "Jim Crow", in Alabama, indica una sala d'attesa segregata. Nel 1956 una sentenza rese illegale nello Stato la segregazione sugli autobus.

Violenza razziale

Le leggi "Jim Crow" erano applicate in maniera discriminatoria dalle forze dell'ordine, e la violenza da parte dei bianchi rimaneva impunita. La forma estrema di intimidazione era il linciaggio pubblico. Fra il 1882 e il 1968 almeno 3.466 neri furono linciati per avere reclamato i propri diritti civili o perché accusati di omicidio o stupro, sebbene spesso le vittime avessero solamente violato il galateo "Jim Crow" o fossero in concorrenza con i bianchi per il lavoro.

Circa il 90% dei linciaggi avvenne nel sud, e le vittime furono per la maggior parte impiccate. Bande di bianchi violenti, come il Ku Klux Klan (KKK), effettuavano anche incursioni notturne nelle case dei neri, in particolare prendendo di mira i dirigenti politici e comunitari. Gli assalti sfociavano spesso in incendi e linciaggi.

Fondato nel 1865 a Pulaski, nel Tennessee, all'inizio il KKK era un circolo sociale per i reduci sudisti della guerra civile americana, ma poi si sviluppò, diventando un gruppo estremista impegnato a opporsi alle politiche della ricostruzione. Diffusosi entro il 1870 in quasi tutti gli Stati del sud, nel tentativo di ripristinare la supremazia bianca faceva uso di tattiche intimidatorie contro i neri e i loro sostenitori, con incendi dolosi e assassinii. Nel 1871, il Congresso

> Si percepisce sempre questa dualità, americano, negro*; due anime, due pensieri, due lotte inconciliabili.
> **W.E.B. Du Bois**

*Linguaggio usato nel 1903 (v. p. 4)

Nascita di una nazione era un film di propaganda sul KKK che all'inizio del XX secolo istigò una rinascita del razzismo contro i neri.

approvò la Legge sulla terza forza, che rendeva illeciti gli atti motivati dall'odio, e dopo la fine del periodo della ricostruzione il KKK si ridimensionò, ma riprese slancio negli anni '20 del XX secolo.

Movimento per i diritti civili

Abrogare le leggi "Jim Crow" richiedeva numerosi atti individuali di coraggiosa resistenza e la partecipazione di molte persone a proteste di ampio respiro. Nel 1909, a New York fu fondata l'Associazione nazionale per il progresso delle persone di colore (NAACP) su iniziativa dei principali attivisti per i diritti civili, fra cui il sociologo W.E.B. Du Bois e la giornalista Ida B. Wells. L'associazione contestò duramente le leggi "Jim Crow" e i linciaggi, e nel 1917 guidò una delle prime manifestazioni di massa degli Stati Uniti contro la violenza razziale.

Ida B. Wells sfruttò il suo lavoro di giornalista per descrivere la politica razziale negli Stati del sud e condannare i linciaggi. Raccolse dati, identificò le vittime e sui giornali dei neri denunciò i linciaggi. Inoltre, cercò di contestare i mezzi di informazione tradizionali, che falsamente definivano criminali tutte le vittime.

Per attirare l'attenzione sull'ingiustizia della legislazione "separata ma uguale", Du Bois rese popolare l'espressione "linea del colore" (ossia barriera razziale). Nel 1903 diede una definizione di linea del colore indicando come le differenze di razza fossero «la base per negare a più di mezzo mondo il diritto di partecipare secondo le proprie migliori capacità alle opportunità e ai privilegi offerti dalla civiltà moderna». Inoltre, incoraggiò la comunità nera a lottare per la parità di diritti mediante l'agitazione politica e la protesta.

Nel 1954, dopo una causa intentata dall'associazione NAACP, la Corte Suprema dichiarò incostituzionale la segregazione dei bambini bianchi e neri nelle scuole pubbliche. Nel 1956, dopo un anno di boicottaggio degli autobus a Montgomery, in Alabama, la Corte dichiarò incostituzionale anche ogni legge che imponesse posti a sedere segregati sugli autobus.

Dopo un'estate di proteste, nel 1964 il governo americano approvò la Legge sui diritti civili, che bandiva ogni discriminazione razziale. L'anno seguente, in Alabama migliaia di persone marciarono da Selma a Montgomery per contestare gli ostacoli che dovevano affrontare i neri per l'iscrizione alle liste elettorali. La marcia condusse nel 1965 all'approvazione della Legge sul diritto di voto, che rendeva illegittime le prassi discriminatorie in materia elettorale, come gli esami di alfabetizzazione. ■

W.E.B. Du Bois

Nato nel 1868 a Great Barrington, Massachusetts, W.E.B. Due Bois è il primo americano nero a conseguire un dottorato di ricerca all'università Harvard. Nel 1897 è nominato docente di sociologia all'università di Atlanta, Georgia, e per conto dell'ufficio per le statistiche del lavoro studia le famiglie nere della Virginia.

In *Le anime del popolo nero* (1903) Du Bois contesta la convinzione dell'educatore Booker T. Washington, secondo cui gli americani neri avrebbero dovuto accettare la segregazione e progredire tramite l'impegno e l'indipendenza economica.

A suo parere, l'unica via verso l'uguaglianza è l'agitazione politica a favore dei diritti civili e dell'istruzione. In seguito, sottolinea anche la necessità dell'istruzione universitaria per la comunità nera.

A 93 anni Du Bois è invitato a trasferirsi in Ghana, dove muore due anni dopo, nel 1963.

Opere principali

1899 *Neri a Filadelfia*
1903 *Le anime del popolo nero*
1935 *Black Reconstruction*

DIVIDE ET IMPERA

LA SPARTIZIONE DELL'AFRICA (1884-1885)

NEL CONTESTO

LUOGO
Africa

PRIMA
1444 Degli africani vengono catturati e trasportati in Portogallo; inizia così la tratta degli schiavi transatlantica.

1807-1808 Gran Bretagna e Stati Uniti aboliscono la tratta degli schiavi internazionale, ma nelle colonie britanniche e negli Stati Uniti la schiavitù permane.

1860-1870 Gli europei scoprono diamanti e oro in Sud Africa e Botswana, scatenando una corsa a questi beni.

1873 Inizia la terza guerra fra i britannici e gli Ashanti, di cui la Gran Bretagna cerca di occupare il territorio.

DOPO
1956 Il Sudan ottiene l'indipendenza dalla Gran Bretagna, il Marocco e la Tunisia dalla Francia.

1960 Nell'"Anno dell'Africa" 17 Paesi del continente conseguono l'indipendenza.

La conferenza di Berlino (1884-1885) stabilì il destino dell'Africa. I Paesi europei sfruttarono le risorse naturali e imposero quote ai coltivatori, distruggendo l'agricoltura tradizionale.

In seguito alla rivoluzione industriale e alla transizione dal lavoro manuale alla produzione meccanizzata, l'attenzione dell'Europa si distolse dalla tratta degli schiavi, concentrandosi invece sulla ricerca di materie prime per le nascenti industrie. Alla metà del XIX secolo, tutte le principali nazioni europee avevano ormai abolito la tratta degli schiavi internazionale a favore di un "legittimo commercio" di materie prime, prodotti agricoli e risorse naturali. I rappresentanti dei vari Paesi europei perlustrarono l'Africa per garantirsi diritti commerciali e territoriali. In molti casi con i sovrani africani si stipularono trattati ingannevoli che sottraevano loro in via permanente terre e risorse.

Cercando di imporre la propria influenza sulle varie zone, i Paesi europei si scontrarono fra loro. Nel 1885, in Congo re Leopoldo II del Belgio siglò dei trattati con cui istituiva lo Stato libero del Congo come sua proprietà personale. Il re mascherò il proprio tentativo di colonizzazione dipingendolo come missione filantropica. Ma lo sfruttamento del Paese e il sistema

Cfr. anche: La successione del ManiKongo 110-111 ▪ La tratta degli schiavi transatlantica 116-121 ▪ La costruzione del canale di Suez 215 ▪ L'Etiopia sfida il colonialismo 226-227 ▪ L'anno dell'Africa 274-275 ▪ L'espansione economica africana 302-303

di lavoro forzato da lui avviati furono caratterizzati da un'estrema crudeltà e provocarono un enorme numero di morti. La Francia, per controbattere i tentativi di Leopoldo, avviò a sua volta una corsa a questi territori. Anche la Germania mandò una spedizione, creando il panico fra i suoi principali rivali, i cui domini erano già minacciati dall'espansione portoghese e italiana.

Il continente suddiviso

Per alleviare le crescenti tensioni, il 15 novembre 1884 il cancelliere tedesco Otto von Bismarck riunì nella conferenza di Berlino 13 Paesi europei più gli Stati Uniti. L'obiettivo era definire la sfera di influenza di ogni nazione e delineare le regole di ingaggio collettive in merito al continente africano. Gli Stati si spartirono i territori africani senza consultare rappresentanti di alcun Paese dell'Africa. Per ridurre al minimo i conflitti territoriali fra loro, adottarono il concetto di occupazione effettiva, concedendo a ogni Paese il diritto di rivendicare una zona quando vi avesse stipulato trattati, piantato bandiere o insediato dei rappresentanti. In tal modo, il continente fu suddiviso fra Gran Bretagna, Francia, Germania, Belgio, Portogallo, Spagna e Italia. Gli accordi furono raggiunti il 26 febbraio 1885, data che segna l'inizio della colonizzazione dell'Africa.

La carta coloniale dell'Africa indica la ripartizione dei territori fra i Paesi europei. I possedimenti più vasti appartenevano a Gran Bretagna e Francia.

Effetti della colonizzazione

Nel 1900, il paesaggio politico ed economico del continente era ormai mutato drasticamente. Attorno al 1870, soltanto il 10% dell'Africa era sotto il dominio europeo, ma nel 1900 si era passati al 90%. A parte Etiopia e Liberia, quasi tutto il resto era assoggettato agli europei, anche se una parte significativa era governata indirettamente tramite sovrani locali.

Lo sviluppo economico del continente era adesso nelle mani dell'Europa, poiché terre e risorse erano sfruttate a beneficio dei colonizzatori, spesso con notevoli costi umani ed economici. L'Africa divenne fornitrice di materie prime per le fabbriche europee, fungendo allo stesso tempo da mercato per le eccedenze della loro produzione industriale. Sotto il dominio coloniale, gli africani abbandonarono le attività tradizionali per andare a lavorare nelle miniere e in altre imprese gestite dagli europei, provocando in tal modo anche il crollo della produzione locale. La spartizione dell'Africa creò frontiere innaturali che mescolavano etnie e regni precoloniali e dividevano famiglie e gruppi di villaggi. Questi confini vennero poi mantenuti anche quando i Paesi conseguirono l'indipendenza, e provocano tuttora conflitti interetnici. Inoltre, la colonizzazione alterò gli scambi commerciali del continente. Ancora oggi i Paesi africani, inseriti nell'economia mondiale quali fornitori di materie prime anziché di prodotti finiti, commerciano di più con gli ex colonizzatori europei che fra di loro. ■

LA LEGGE AUREA

L'ABOLIZIONE DELLA SCHIAVITÙ IN BRASILE (1888)

NEL CONTESTO

LUOGO
Brasile

PRIMA
1538 Nella provincia di Bahia giunge la prima spedizione documentata di schiavi africani.

1549 Il Portogallo consente ai mercanti di vendere fino a 120 africani a ogni proprietario di piantagione brasiliano. Il provvedimento provoca una enorme importazione di schiavi.

1822 Pietro I è il primo imperatore del Brasile dopo l'indipendenza dal Portogallo.

DOPO
1889 Pietro II viene spodestato da un colpo di Stato militare, e il Brasile diventa una repubblica.

1988 Cento anni dopo l'abolizione della schiavitù in Brasile, circa 5.000 afrobrasiliani sfilano in corteo a Rio de Janeiro per attestare che la liberazione dalla schiavitù non è stata ancora conseguita.

Per 350 anni il Brasile svolse un ruolo fondamentale nella tratta degli schiavi, prima quale colonia più grande e ricca del Portogallo, poi quale impero indipendente. Importò 4,9 milioni di africani, quasi la metà del totale della tratta transatlantica, all'inizio per il lavoro nelle piantagioni di canna da zucchero, poi nelle miniere d'oro e di diamanti e nelle piantagioni di caffè. Nel 1888 fu l'ultimo Paese del continente americano ad abolire la schiavitù.

Nel 1807 la Gran Bretagna pose fine alla tratta degli schiavi transatlantica, ben presto seguita da altri Paesi europei. Il Brasile invece continuò a importare prigionieri, sfruttando i collegamenti diretti che aveva stabilito con l'Africa. Nel 1822, quando conseguì l'indipendenza dal Portogallo, il numero di sostenitori dell'abolizione si ampliò finché, nel 1831, la tratta degli schiavi fu dichiarata illegale.

Tuttavia, dato che il governo era riluttante ad applicare il divieto, molti proprietari di schiavi continuarono. La Gran Bretagna, in quanto principale potenza marittima e a causa

Il Senato brasiliano, davanti a una grande folla, il 12 maggio 1888 approva la legge di abolizione della schiavitù, che entrerà in vigore il giorno dopo.

Cfr. anche: Comunità di resistenza degli schiavi brasiliani 136-139 ▪ L'abolizionismo in Europa 168-171 ▪ I movimenti dei neri in Brasile 240-241 ▪ La diaspora africana oggi 314-315

Alla metà del XIX secolo, come coltura dominante nelle esportazioni brasiliane, il caffè aveva ormai superato lo zucchero. Questo sviluppo favorì la crescita industriale e l'emergere di un ceto medio perlopiù urbano, favorevole all'abolizione della schiavitù.

delle pressioni degli abolizionisti in patria, intervenne sequestrando le navi negriere e attaccando i porti in Brasile e in Africa. L'offerta di manodopera schiava si ridusse e i costi aumentarono, costringendo infine il Brasile ad abolire la tratta nel 1851.

Campagne per l'abolizione

Pur essendo cessata la tratta, gli schiavi brasiliani non erano ancora liberi e continuavano a essere sfruttati. I principali abolizionisti del Paese, fra cui Luis Gama, poeta, giornalista e attivista nero, si pronunciarono ripetutamente, ottenendo un passo avanti verso l'abolizione nel 1871 con l'approvazione della Legge sulla prole libera, che affrancava tutti i figli nati da donne schiave, ma stabiliva anche che questi dovessero lavorare per i padroni dei genitori fino all'età adulta. Nel 1885 fu approvata la Legge sui sessagenari, che liberava tutti gli schiavi di oltre 60 anni.

La spinta definitiva verso l'abolizione giunse da un'inaspettata sostenitrice dell'emancipazione, la principessa Isabella, figlia dell'imperatore Pietro II, che fungeva da reggente durante le regolari assenze del padre all'estero. Nel 1888 Isabella firmò la Lei Áurea, che emancipava i restanti 700.000 schiavi brasiliani. Così facendo, involontariamente Isabella affrettò la fine della monarchia del Paese, che nel 1889 fu spodestata da un colpo di Stato militare appoggiato dagli infuriati proprietari di piantagioni.

"Abolizione inconclusa"

In realtà, per coloro che erano stati schiavi, la vita cambiò poco. Si presero pochi provvedimenti per aiutarli a diventare cittadini a pieno diritto e ad accedere a un impiego, all'istruzione o a una proprietà terriera su cui stabilirsi. Privi di alternative, molti dovettero lavorare gratuitamente per gli ex padroni. Le conseguenze si percepiscono ancora oggi in Brasile, che ha la più grande popolazione di origine africana al di fuori dell'Africa stessa. Gli afrobrasiliani continuano a subire razzismo e discriminazione, e molti continuano a lottare per il diritto all'uguaglianza, celebrando ogni anno il 13 maggio (anniversario della Legge Aurea) la giornata della "abolizione inconclusa". ▪

Luis Gama

Nato nella provincia di Bahia nel 1830 da madre ganaense libera, Luis Gama diviene schiavo all'età di 10 anni per pagare i debiti del padre, un aristocratico portoghese. Dopo essere stato "schiavo domestico" per 8 anni a San Paolo, si arruola nell'esercito, dove studia anche giurisprudenza. Tornato a San Paolo, lavora come impiegato e nel 1859 pubblica un libro di poesie, *Primeiras trovas burlescas* (Prime poesie burlesche), che satireggiano la monarchia, l'aristocrazia e le aspirazioni sociali dei mulatti. Per tutti gli anni '60 e '70 pubblica articoli abolizionisti su giornali e periodici e nel 1872 contribuisce a fondare il partito repubblicano di San Paolo, antimonarchico. Pur non essendo avvocato, ottiene in tribunale l'affrancamento di oltre 500 schiavi brasiliani e nel 1881 istituisce un fondo per l'acquisto della libertà. Muore nel 1882, prima di poter vedere la completa emancipazione degli schiavi da lui difesi.

Opera principale

1859 *Primeiras trovas burlescas*

LEONE CONQUISTATORE D'ABISSINIA

L'ETIOPIA SFIDA IL COLONIALISMO (1896)

NEL CONTESTO

LUOGO
Etiopia

PRIMA
I secolo d.C. Fra l'Etiopia settentrionale e l'Eritrea nasce il regno di Axum, i cui sovrani rivendicano la discendenza da re Salomone e dalla regina di Saba.

1137 La dinastia Zagué sostituisce i sovrani di Axum.

1270 Yekuno Amlé diventa imperatore d'Etiopia, fondando la nuova dinastia dei Salomonidi.

DOPO
1975 Il governo comunista d'Etiopia abolisce la monarchia.

1982-1983 Una carestia devastante in Etiopia causa 1,2 milioni di morti.

1991 Assume il potere il Fronte democratico popolare rivoluzionario etiopico, che nel 1995 vince le prime elezioni multipartitiche del Paese.

L'Etiopia, nota in Europa come Abissinia, alla fine del XIX secolo fu uno dei due soli Paesi africani (l'altro fu la Liberia) a resistere alla colonizzazione delle potenze europee. Gli etiopi si opposero ai tentativi dell'Italia di impadronirsi del Paese. Nel 1869, quando fu inaugurato il canale di Suez che evitava di circumnavigare l'Africa per raggiungere l'Europa, la regione del mar Rosso acquisì un'enorme importanza. La Gran Bretagna, che nel 1882 aveva occupato l'Egitto, appoggiò le ambizioni italiane in Etiopia, se non altro per chiudere la valle del Nilo ai francesi. All'inizio l'Etiopia accolse bene gli italiani, che avevano già colonizzato l'Eritrea, uno sbocco sul mar Rosso che l'Etiopia aveva da tempo perduto. Con un altro Paese cristiano a dominare l'Eritrea, sperava di riguadagnare il vantaggio commerciale. Con la speranza di rafforzare le proprie rivendicazioni sul trono d'Etiopia, anche i sovrani locali corteggiarono l'Italia. Nel 1889 Menelik II divenne impera-

Il successo dell'Etiopia nella battaglia di Adua sconvolse l'Europa. La superiorità numerica dell'esercito etiopico e la qualità delle sue armi ridussero le aspettative di un dominio bianco in Africa.

Cfr. anche: L'impero mercantile di Axum 44-47 ▪ Il cristianesimo raggiunge l'Africa 48-51 ▪ Gli ebrei etiopici 74 ▪ Le chiese rupestri dell'Etiopia 84-85 ▪ La spartizione dell'Africa 222-223 ▪ Il movimento rastafariano 253

Menelik II

Nato Sahle Mariam nel 1844, Menelik II è uno dei più grandi imperatori d'Etiopia. Suo padre è il principe Hailé Melekot, figlio di Sahle Selassié, re della regione semiautonoma dello Scioa. La madre è una serva di palazzo. Diventando imperatore nel 1889, Sahle Mariam assume il nome di Menelik, da Menelik I, leggendario fondatore dell'impero, considerato figlio di re Salomone e della regina di Saba. Menelik II espande l'impero etiopico fin quasi agli attuali confini. Abile diplomatico, con una reputazione incrementata dalla vittoria di Adua, si garantisce armi per l'esercito affascinando gli emissari stranieri.
Manifesta grande interesse per la tecnologia e rimane estasiato quando la regina Vittoria gli manda un fonografo con un messaggio preregistrato.
Menelik crea i primi sistemi telefonici e telegrafici etiopi, costruisce ferrovie e introduce nuovamente una valuta nazionale (il birr).
Muore nel 1913, quattro anni dopo avere subìto un ictus, in seguito al quale funge da reggente la moglie, imperatrice Taitù.

tore. L'Italia gli propose un patto, il trattato di Uccialli, scritto in italiano e amarico (lingua degli Amara, gruppo etnico etiope dominante). L'articolo 17 della versione italiana affermava che Menelik «consente di servirsi del governo di Sua Maestà il Re d'Italia per tutte le trattazioni di affari che avesse con altre potenze o governi», intendendo un obbligo e riducendo così l'Etiopia a un protettorato, mentre il testo amarico diceva semplicemente «può servirsi». Scoprendo la differenza, Menelik disconobbe il trattato.

Azione decisiva

Sette anni dopo, nel 1896, dall'Eritrea l'Italia invase l'Etiopia, combattendo la battaglia di Adua. Convinto da agenti eritrei, che in segreto lavoravano per Menelik, di poter conseguire una rapida vittoria, il generale italiano Oreste Baratieri decise di lanciare un attacco a sorpresa. La sera del 29 febbraio 1896 suddivise il proprio contingente in tre colonne, che marciarono per tutta la notte. Quando sorse il sole, un'errata interpretazione delle carte geografiche lasciò una colonna disperatamente isolata. Inoltre, Menelik aveva avuto notizia dell'attacco e le sue truppe erano in attesa. Gli etiopi sbaragliarono il contingente italiano. Nel giro di pochi mesi, l'Italia fu costretta ad abrogare il trattato di Uccialli e a riconoscere l'indipendenza dell'Etiopia.

Hailé Selassié

Il successivo imperatore etiope significativo fu Hailé Selassié I. Incoronato nel 1930, sostituì l'amministrazione del Paese, fatta di regioni semiautonome, con un governo centralizzato. Nel 1931, la prima Costituzione moderna dell'Etiopia assegnava all'imperatore il «potere supremo», consentendo ad Hailé Selassié di introdurre riforme anche contro l'opposizione dei sovrani locali. I suoi progetti politici furono interrotti da una seconda invasione italiana nel 1935, quando l'esercito etiopico fu sopraffatto dalle truppe italiane, che nel 1936 occuparono Addis Abeba. L'imperatore fuggì in esilio in Gran Bretagna.

Al suo ritorno in Etiopia nel 1941, Hailé Selassié proseguì la modernizzazione del Paese, migliorando l'istruzione e l'ordine pubblico e incrementando il proprio potere personale. Lo sviluppo comportava restrizioni alla diversità etnica dell'Etiopia e l'imposizione di un'identità amarica a tutto il Paese. Negli anni '60 scoppiarono rivolte, e il governo di Hailé Selassié cominciò a vacillare. Nel 1974 non riuscì a reagire a una grave carestia. Tra infuriate proteste di piazza, l'imperatore perse il sostegno dell'esercito; nel settembre del 1974 fu deposto da un comitato militare, che pose fine alla dinastia dei Salomonidi. ■

> "Ha attraversato le frontiere a noi concesse da Dio un nemico che intende distruggere la nostra patria e imporci una diversa religione."
> **Menelik II**

DECOLONIZZ
E DIASPORA
DAL 1900 A OGGI

AZIONE

1900
A Londra si tiene la prima **Conferenza panafricana**, a cui partecipano personalità di tutto il mondo.

1905
In Tanzania, quando la popolazione locale insorge contro il dominio tedesco, **inizia la rivolta dei Maji Maji**. La ribellione sprona altri africani a combattere contro il colonialismo.

1906
A Tulsa, in Oklahoma, viene fondata la comunità interamente nera di Greenwood, che per la sua prosperità viene soprannominata **"Wall Street nera"**.

1912
Viene fondato il Congresso nazionale africano, movimento di liberazione dei neri in Sudafrica, i cui scopi sono il diritto di voto e, in seguito, l'abolizione dell'apartheid.

1915
Inizia le pubblicazioni il **giornale afrobrasiliano** *O Menelik*, che dà voce agli attivisti politici neri in Brasile.

1918
Dopo la "grande migrazione" iniziata nel 1916, a New York Harlem diventa un fulcro di creatività degli americani neri, dando l'avvio al **rinascimento di Harlem**.

1929
In Nigeria **scoppia la guerra delle donne**, in seguito alle proteste femminili contro le imposte dirette. La conseguenza è una riforma della struttura politica coloniale.

1939-1945
Vengono **reclutati africani** per la Seconda guerra mondiale. I nazionalisti africani approfittano dell'indebolimento dell'Europa postbellica per reclamare l'indipendenza.

Agli albori del XX secolo, la schiavitù era stata ormai proibita in molte parti del mondo, ma il pregiudizio contro i neri rimaneva ben radicato. Gran parte dell'Africa era sotto il dominio di poche potenze europee, che si erano spartite il continente creando unità amministrative in cui erano costrette a convivere comunità molto dissimili fra loro. Negli Stati Uniti e altrove, la schiavitù fu sostituita da violenza istituzionalizzata e da norme che imponevano la discriminazione razziale.

Autodeterminazione

In tutto il mondo emersero movimenti intellettuali e rivoluzionari che miravano a rovesciare l'ordine politico esistente e a contrastarne le ideologie di discriminazione a danno dei neri. Il panafricanismo invitava tutte le persone di origine africana a unirsi per denunciare le proprie esperienze di oppressione e per valorizzare la storia, la cultura e le tradizioni africane. Nel 1900 si tenne il primo di una serie di convegni, i cui temi principali erano la decolonizzazione e l'autodeterminazione dei neri. A livello locale, vari movimenti culminarono con insurrezioni contro le potenze coloniali, come la rivolta dei Mau Mau in Kenya, quando negli anni '40 l'esercito keniano per la terra e la libertà (gruppo radicale definito dai britannici Mau Mau) diede inizio a una lotta per i diritti di proprietà e la liberazione dal dominio straniero.

Se numerosi radicali neri traducevano in militanza il desiderio di autodeterminazione, molti altri seguirono un percorso diverso. A New York, nel primo dopoguerra iniziò il rinascimento di Harlem, movimento letterario degli americani neri, che poi inglobò il jazz, il blues e altre espressioni culturali. Scrittori e artisti cercavano di rappresentare il significato dell'essere neri negli Stati Uniti, dissipando i rozzi stereotipi prevalenti e alimentando la lotta per i diritti civili. Tuttavia gli artisti neri, anche se raggiungevano grande notorietà, come Ethel Waters e Louis Armstrong, per accedere ai locali notturni dovevano ugualmente usare la porta di servizio.

La *Négritude*, movimento ideologico e letterario nato a Parigi negli anni '30, si ispirava al rinascimento di Harlem e ai gruppi politici radicali francesi. Di stampo artistico o militante, i movimenti avevano in comune l'orgoglio razziale e l'affermazione di sé. A poco a poco, il loro impegno cominciò a dare risultati. Nel 1957, il Ghana fu il primo Paese dell'Africa occidentale a conseguire l'indipendenza. Nel solo 1960 divennero indi-

1948
A bordo della nave *Empire Windrush*, in Gran Bretagna arrivano circa **1.000 persone dei Caraibi**. Gli immigrati devono affrontare ostilità e misere condizioni di lavoro.

1955
La sarta americana nera Rosa Parks rifiuta di lasciare il posto in autobus a un passeggero bianco, suscitando il **boicottaggio degli autobus di Montgomery**.

1957
Ispirandosi al panafricanismo, **Kwame Nkrumah guida il Ghana all'indipendenza** dalla Gran Bretagna e ne diventa il primo presidente.

1960-1970
Accanto all'ascesa del movimento Potere Nero, in tutto il mondo le **donne nere** cominciano a elaborare un **proprio femminismo**.

1978
La Francia adotta una rigida politica non discriminatoria, vietando i riferimenti a identità razziali, etniche e religiose, per favorire l'uguaglianza.

1994
Al culmine delle tensioni razziali in Ruanda, circa **800.000 persone**, perlopiù Tutsi, vengono **uccise dagli estremisti Hutu**.

2008
Gli americani eleggono il **primo presidente nero, Barack Obama**.

2020
A Minneapolis, in Minnesota, **George Floyd viene ucciso** da un poliziotto, e in tutto il mondo si scatenano proteste contro la violenza a sfondo razziale.

pendenti 17 Paesi africani, e nei decenni successivi molti altri fondarono Stati moderni dotati di autogoverno.

Parità di diritti

Mentre molte nazioni africane conseguivano la libertà, altrove la battaglia per la desegregazione era appena agli inizi. Nel 1948, in Sudafrica fu introdotta la politica dell'apartheid, che imponeva per legge la segregazione razziale. Il Congresso nazionale africano guidò una campagna protrattasi per decenni per l'abolizione di queste norme, riuscendoci infine nel 1990. Il suo esponente di spicco, Nelson Mandela, che per il suo ruolo in questa lotta trascorse in carcere 27 anni, divenne il primo presidente nero del Paese.

Nel 1950, Oliver Brown intentò una causa alla Commissione scolastica di Topeka nel Kansas, contestando il fatto che a sua figlia non fosse consentito iscriversi alla locale scuola riservata ai bianchi. Quattro anni dopo, la Corte Suprema dichiarò incostituzionale la segregazione razziale nelle scuole. Questa storica decisione, assieme all'ingiustizia del verdetto di non colpevolezza per il linciaggio di Emmett Till nel 1955, diede slancio al crescente movimento americano per i diritti civili. Nel 1963, 250.000 persone parteciparono alla marcia su Washington per reclamare giustizia e uguaglianza per gli americani neri. Un anno dopo entrò in vigore la Legge sui diritti civili.

Black Lives Matter

Più di recente i neri hanno collaborato, superando le divisioni nazionali, allo scopo di promuovere il proprio benessere collettivo, rivendicare l'orgoglio razziale e le origini comuni e lottare per un futuro senza razzismo. L'obiettivo è stato perseguito con la collaborazione artistica in musica, cinema e arte, nonché tramite proteste contro la brutalità della polizia e altre forme di violenza istituzionalizzata.

Sebbene già la rivolta di Brixton del 1981 contro la discriminazione da parte della polizia si fosse propagata ad altre città, proteste più recenti si sono ampliate andando molto al di là dei confini nazionali. Il movimento Black Lives Matter (le vite dei neri contano), sorto negli Stati Uniti nel 2013, ben presto ha attirato l'attenzione di tutto il mondo e nel 2020 milioni di persone – nere e no – sono scese in piazza ovunque per protestare contro l'uccisione di George Floyd e scandire gli slogan del movimento. Le dimensioni della reazione indicano che l'atteggiamento sta cambiando, e forse preannuncia un futuro più equo. ■

STATI UNITI D'AFRICA

IL PANAFRICANISMO (1900)

NEL CONTESTO

LUOGO
Tutto il mondo

PRIMA
1816 Viene fondata la Società americana per la colonizzazione, che intende trasferire in Africa i neri liberi.

1847 La Liberia ottiene l'indipendenza e adotta proprie leggi da Paese sovrano.

1863 Abraham Lincoln emana il Proclama di emancipazione, che affranca gli schiavi degli Stati confederati.

DOPO
1916-1970 Oltre 6 milioni di neri si trasferiscono dal sud al nord degli Stati Uniti con la "grande migrazione".

1958 Si tiene la prima Conferenza panafricana dei popoli, che reclama l'indipendenza dell'Africa.

1960 17 Paesi africani diventano indipendenti.

> Dichiariamo tutti gli uomini, le donne e i bambini nostri consanguinei di tutto il mondo [...] liberi cittadini dell'Africa, madre di tutti i negri*.
>
> ***Dichiarazione dei diritti dei popoli negri* del mondo*, 1920,**
> **emanata dall'UNIA**

* Linguaggio usato nel 1920 (v. p. 4)

Cfr. anche: I movimenti dei neri in Francia 250-251 ▪ L'anno dell'Africa 274-275 ▪ Il movimento Potere Nero 288-289 ▪ La diaspora africana oggi 314-315

Il panafricanismo è un'ideologia politica che promuove la solidarietà e una coscienza comune fra tutte le persone di origine africana; trae le sue radici dalle esperienze di oppressione a cui è stata assoggettata l'intera diaspora del continente. In seguito al successo della rivoluzione haitiana (1791-1804) e alla dichiarazione di indipendenza di Haiti, gli attivisti imperniarono il loro appello all'azione sull'idea di sovranità dei neri.

Negli Stati Uniti, abolizionisti neri del XIX secolo, come Frederick Douglass, David Walker e Alexander Crummell, valutarono se la soluzione migliore per ovviare alla diseguaglianza razziale fosse emigrare in Africa o creare una propria nazione sovrana nell'ambito degli Stati Uniti.

Poco dopo la fine della guerra civile americana e l'approvazione, nel 1865, del 13° Emendamento alla Costituzione (che aboliva la schiavitù), si passò a una formulazione più elaborata del panafricanismo. Uno degli intellettuali più influenti dell'epoca fu il politico liberiano Edward Blyden, che al pari di Crummell sosteneva che per un appello più efficace all'unità africana fosse necessario un ritorno dei neri della diaspora alla loro patria ancestrale, dove collaborare con altri africani alla ricostruzione del continente.

Conferenza panafricana

Nei Caraibi, H. Sylvester Williams, avvocato di Trinidad, nel 1897 costituì l'Associazione africana (in seguito Associazione panafricana), con l'obiettivo di offrire uno spazio di discussione in cui i neri potessero affrontare i problemi comuni e unirsi per combattere contro il paternalismo, il razzismo e l'imperialismo. Il successo dell'associazione nel 1900 stimolò Williams a indire a Londra la prima Conferenza panafricana, che

Alla prima Conferenza panafricana del 1900 a Londra, W.E.B. Du Bois fece la sua famosa affermazione secondo cui il problema del XX secolo sarebbe stato quello della "linea del colore".

Edward Wilmot Blyden

Nato nel 1832 nelle Indie Occidentali danesi (oggi isole Vergini americane), Edward Wilmot Blyden nel 1850 si trasferisce negli Stati Uniti per frequentare l'università, ma molte istituzioni gli negano l'accesso per motivi razziali. Con l'aiuto della Società americana per la colonizzazione, nel gennaio del 1851 Blyden emigra in Liberia e diventa direttore dei giornali *Liberia Herald*, *The Negro* e *The African World*. Si reca spesso negli Stati Uniti, dove invita i neri a sottrarsi al giogo dell'oppressione ritornando in Africa e contribuendo allo sviluppo del continente. È uno dei primi a usare l'espressione "personalità africana" per controbattere le teorie pseudoscientifiche sull'inferiorità dei neri e promuovere l'uguaglianza. L'atteggiamento intransigente sul nazionalismo nero, sull'emigrazione e sull'orgoglio dei neri gli vale l'appellativo di "padre del panafricanismo". Muore in Sierra Leone nel 1912.

Opera principale

1888 ***Christianity, Islam and the Negro race***

> Il panafricanismo guarda al di sopra dei ristretti confini di classe, razza, tribù e religione. In altri termini, vuole pari opportunità per tutti.
>
> **George Padmore**
> ***Pan-Africanism or Communism*, 1956**

diede inizio al processo di istituzionalizzazione del panafricanismo.

Al convegno parteciparono molti neri illustri provenienti dall'Africa e dalla diaspora. Tra i componenti della delegazione degli Stati Uniti, il più eminente era l'attivista per i diritti civili W.E.B. Du Bois, che pose termine all'assemblea con il discorso "Alle nazioni del mondo". Il suo intervento si concluse con un appello a rispettare i diritti umani dei cittadini neri di tutte le nazioni. Alla fine dei lavori, Du Bois organizzò il Congresso panafricano, che tenne la prima riunione a Parigi nel 1919, con una serie di altri incontri nei decenni seguenti.

Per gran parte del XX secolo, la Conferenza panafricana e le assemblee successive ebbero un impatto significativo sulla diffusione del panafricanismo, stimolando una nuova coscienza nera e provocando un crescente impegno da parte di artisti, scrittori e accademici a dedicare la loro attività a beneficio di tutti i neri. Questi sviluppi promossero studi avanzati, che prendevano in esame la storia e la cultura dei neri e favorirono il rinascimento di Harlem, fiorente sviluppo di letteratura e arte dei neri negli Stati Uniti.

Negli anni '30 emersero altri intellettuali panafricanisti, tra i quali C.L.R. James e George Padmore, originari di Trinidad, due dei più significativi esponenti di questa corrente. Padmore e James emigrarono a Harlem, quartiere di New York, e scambiarono idee con artisti e intellettuali americani neri. Le loro opere influenzarono numerosi panafricanisti del XX secolo.

Dal mondo francofono emersero vari panafricanisti, tra cui lo storico senegalese Cheikh Anta Diop e, dalla Martinica, gli studiosi Aimé Césaire e Frantz Fanon. I loro scritti spesso adottavano filosofie marxiste inserite nell'ambito di una tradizione radicale nera, per riflettere su questioni quali l'invasione italiana dell'Abissinia (Etiopia) nel 1935 e il trattamento dei soldati neri durante la Seconda guerra mondiale. I panafricanisti di questo periodo contribuirono all'emergere di vari movimenti in tutta la diaspora africana, tra cui l'afro-surrealismo, la *Créolité* dei Caraibi, "Nero è bello" negli Stati Uniti. In Africa influenzarono i politici nazionalisti e configurarono la lotta per l'indipendenza.

Orgoglio e liberazione

Negli Stati Uniti e nei Caraibi, il panafricanismo si diffuse con l'ascesa dell'attivista di origine giamaicana Marcus Mosiah Garvey e della sua versione del nazionalismo nero, detto garveyismo. Fondando nel 1914 l'UNIA (Associazione universale di miglioramento nei negri), rivitalizzò il movimento di "ritorno all'Africa" sostenuto da precedenti panafricanisti di spicco. Garvey attrasse neri di varia estrazione e li invitò a unirsi e a mettere in risalto la bellezza della storia e della cultura dei neri. A metà degli anni '20, a livello mondiale l'UNIA contava fra i 6 e gli 11 milioni di soci, con oltre 700 filiali negli

Il pubblico presente al quinto Congresso panafricano a Manchester nel 1945. I nuovi dirigenti dell'assemblea erano perlopiù africani.

Danzatori tradizionali africani si esibiscono in corteo alla vigilia del Festival culturale panafricano del 2009, svoltosi in Algeria.

Stati Uniti e numerose nei Caraibi, in America del Sud, Africa, Australia ed Europa. La sua bandiera rossa, nera e verde fu adottata come emblema del panafricanismo.

Dopo la Seconda guerra mondiale, il panafricanismo si concentrò sugli appelli all'indipendenza per il continente africano, in particolare sotto la guida del ganaense Kwame Nkrumah. Nel 1957, dopo avere condotto il proprio Paese all'indipendenza, Nkrumah guidò l'iniziativa per un continente africano autosufficiente e completamente libero. Nel 1958 ospitò in Ghana la prima Conferenza panafricana dei popoli, in cui si realizzò un'unione politica e sociale fra le regioni arabe del continente e l'Africa nera. La conferenza, e in seguito l'Organizzazione per l'unità africana, crearono un effetto a cascata: fra 1960 e 1970, 36 Paesi ottennero l'indipendenza.

Il panafricanismo oggi

Per tutto il XX secolo, il panafricanismo continuò a influenzare e configurare altre importanti iniziative di lotta, come il movimento per i diritti civili e Potere Nero. Ovunque nei Caraibi, e in particolare a Trinidad e in Giamaica, gli intellettuali panafricanisti sfidavano i regimi coloniali e reclamavano riforme politiche e il diritto di voto.

Nel 1966, il panafricanista e presidente del Senegal Léopold Senghor diede il via al primo Festival mondiale dell'arte nera (in seguito Festival di arte e cultura nera e africana) per promuovere l'unità dei neri attraverso l'arte. Il secondo festival, questa volta ospitato dalla Nigeria nel 1977, attirò rappresentanti neri di 48 Paesi. Negli anni '80 e '90, le ideologie panafricaniste inaugurarono l'afrocentrismo, che si opponeva al predominio europeo sull'istruzione sottolineando i punti di vista, la storia e le culture dei popoli africani.

Il movimento influenzò l'identità e l'espressione culturale dei neri e specialmente dei giovani, i quali iniziarono ad adeguare alle loro origini africane il proprio nome, l'abbigliamento, il linguaggio, i cibi e i sistemi di credenze.

Le idee panafricaniste sono riprese anche da movimenti attuali come Black Lives Matter e continuano a promuovere l'unità africana come elemento fondamentale per lo sviluppo del continente. ■

Il panafricanismo invoca **l'unità e la collaborazione** fra tutte le persone di origine africana.

→

I panafricanisti incoraggiano gli africani a studiare **la propria storia, le tradizioni e la cultura** e a esserne **orgogliosi**.

↓

I primi panafricanisti **si opponevano al colonialismo in Africa** e al razzismo subìto in tutto il mondo dalle persone di origine africana.

←

Nel XX secolo i panafricanisti svolsero **un ruolo fondamentale nella decolonizzazione dell'Africa**.

↓

Oggi i panafricanisti invocano l'unità africana per aiutare il continente a svilupparsi e a prosperare dal punto di vista sociale, politico ed economico.

ACQUA DI VITA

LA RIVOLTA DEI MAJI MAJI (1905-1907)

NEL CONTESTO

LUOGO
Tanzania, Africa orientale

PRIMA
1884-1885 La conferenza di Berlino procede alla spartizione dell'Africa.

1888-1889 Scoppia la rivolta degli Abushiri contro le ambizioni territoriali tedesche in Africa orientale.

1891 Il gruppo etnico Hehe sconfigge le truppe coloniali tedesche e per 7 anni resiste alla colonizzazione.

DOPO
1919 Dopo la Prima guerra mondiale, il trattato di Versailles sottrae alla Germania tutte le colonie africane. L'Africa orientale tedesca diventa britannica con il nome di Tanganica.

1961 Il Tanganica ottiene l'indipendenza.

1964 Il Tanganica si unisce all'isola di Zanzibar e forma la Repubblica unita di Tanzania.

Dopo la spartizione dell'Africa alla conferenza di Berlino del 1885, la Germania rivendicò una sfera di influenza in Africa orientale (attuali Tanzania, Burundi e Ruanda), istituendo un protettorato e affidandone la gestione alla Compagnia tedesca dell'Africa orientale. Poiché la compagnia non riuscì ad amministrare adeguatamente la colonia, nel 1891 la Germania ne assunse la responsabilità diretta. Per consolidare il dominio, i governatori coloniali scatenarono un regno del terrore, con violenze ai danni di intere comunità, assassinio di re e capitribù, imposizione di tasse elevate. Inoltre, usarono il lavoro forzato per la costruzione di strade e adottarono un sistema di quote per costringere gli africani a coltivare la quantità desiderata di cotone per l'esportazione. Questo regime repressivo sovvertiva le usanze locali, creava risentimento nelle comunità e generava opposizione al dominio tedesco.

Nel luglio del 1905, in un periodo di siccità e difficoltà economiche, il profeta tanzaniano Kinjikitile Ngwale affermò di possedere una sostanza

Gli ascari, soldati africani che costituivano il grosso dell'esercito coloniale tedesco, nell'agosto del 1905 difendono il forte di Mahenge dall'attacco dei Maji Maji.

Cfr. anche: Gli europei arrivano in Africa 94-95 ▪ La spartizione dell'Africa 222-223 ▪ La rivolta dei Mau Mau 262-263 ▪ L'anno dell'Africa 274-275

Prigionieri Maji Maji in catene dopo la cattura. L'insurrezione coinvolse un'area di 25.000 kmq e durò due anni.

detta *maji maji* (acqua sacra) in grado di respingere i proiettili.

Incoraggiati dalla protezione che avrebbe loro fornito, gli abitanti della regione di Matumbi della Tanzania si cosparsero di questa miscela di acqua, olio di ricino e semi di miglio e diedero inizio a una ribellione contro il governo coloniale. Con lance e frecce, il gruppo attaccò piccoli avamposti tedeschi, distrusse le piante di cotone e si impadronì dei territori occupati. Al diffondersi di queste notizie, all'insurrezione si unirono altri gruppi etnici dell'intera colonia. Alla fine di agosto del 1905 si erano ormai aggregate alla lotta circa 20 popolazioni.

Rappresaglia tedesca

Il 30 agosto, un gruppo di 20.000 combattenti Maji Maji assaltò un forte tedesco a Mahenge, in Tanzania. Fu respinto dalle mitragliatrici tedesche, con migliaia di perdite. In risposta all'attacco, la Germania fece arrivare rinforzi per reprimere l'insurrezione che, malgrado la recente impiccagione di Ngwale e l'evidente incapacità della miscela *maji maji* di offrire protezione, ormai si era propagata all'intera Africa orientale tedesca. Nell'ottobre del 1905 il governo coloniale lanciò una controffensiva, che iniziò con l'attacco a un accampamento della popolazione Ngoni, di recente unitasi alla resistenza. Rimasero uccisi centinaia di Ngoni, uomini, donne e bambini. Alla fine dell'anno, la Germania aveva ormai riconquistato quasi tutti i territori occupati dai ribelli, ma la resistenza proseguì fino al 1907.

Per porre termine alla rivolta, il governatore coloniale Gustav Adolf von Götzen adottò la tattica della terra bruciata, distruggendo le coltivazioni e le scorte alimentari e provocando così una carestia nell'intera colonia. Nell'agosto del 1907, secondo le stime erano morti fra i 200.000 e i 300.000 africani (la cifra ufficiale secondo il governo era di 75.000) e l'insurrezione si concluse con l'esecuzione capitale dell'ultimo dei Maji Maji.

> Il *maji* [...] non era riservato a un gruppo, a un clan o a un'etnia, ma era di tutti e per tutti.
>
> **Gilbert Gwassa**
> **Storico tanzaniano (1939-1982)**

Ispirazione per i nazionalisti

Pur non essendo riuscita a porre fine al dominio coloniale tedesco, la rivolta dei Maji Maji fornì ispirazione ad altri africani in lotta contro la colonizzazione europea. Inoltre, dato che per la causa comune avevano cooperato vari gruppi etnici, in Tanzania emerse una coscienza nazionale.

La ribellione costrinse la Germania a introdurre in tutte le colonie riforme agrarie ed economiche. Nell'Africa orientale tedesca, il governo semimilitare fu sostituito da un'amministrazione di stampo più liberale, fino allo scoppio della Prima guerra mondiale e alla conseguente perdita della colonia, che passò dalla Germania alla Gran Bretagna. ■

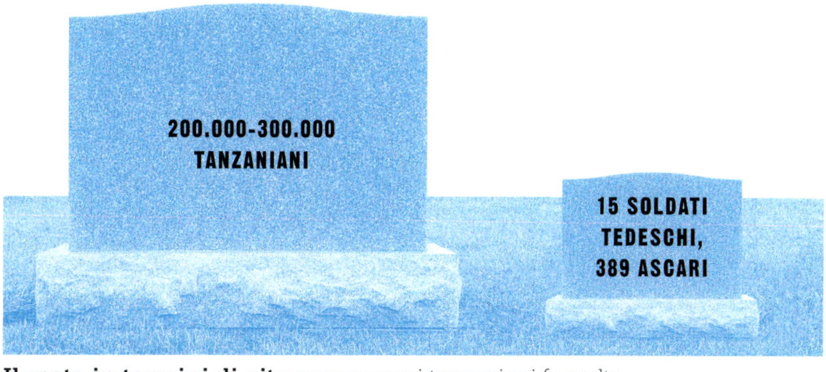

Il costo in termini di vite umane per i tanzaniani fu molto maggiore rispetto ai coloniali. Si stima che i combattimenti e la carestia abbiano causato fra i 200.000 e i 300.000 morti.

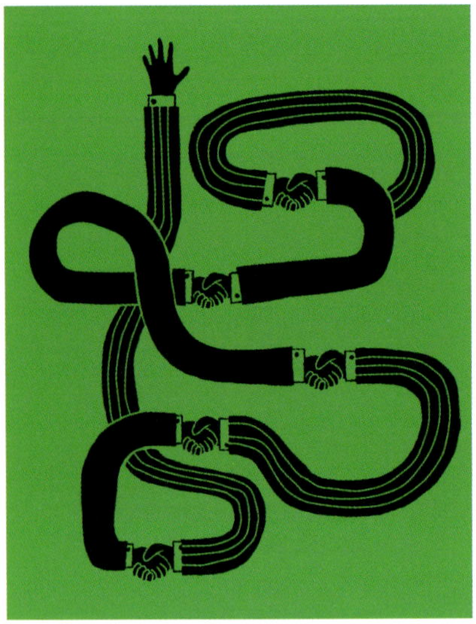

CREATA DAI NERI PER I NERI

LA WALL STREET NERA (1906)

NEL CONTESTO

LUOGO
Stati Uniti

BEFORE
1738 Alcuni neri fuggiaschi si stabiliscono a Fort Mose, in Florida, che diventa la prima città di schiavi liberati.

1865-1886 Gli Stati del sud adottano leggi per i neri.

DOPO
1921 Bande di bianchi attaccano Greenwood, provocando il cosiddetto massacro razziale di Tulsa.

1959 Dopo la desegregazione, a Greenwood si trasferiscono aziende di bianchi e i neri se ne vanno.

1995 Viene fondato il Centro culturale di Greenwood, vetrina della tradizione e della cultura degli americani neri.

2020 A 105 anni di età, un sopravvissuto al massacro intenta una causa alla città di Tulsa per il risarcimento dei danni alle aziende dei neri.

Greenwood sorge su terreni che un ricco proprietario nero **vende solo ai neri**.

→

Il distretto si sviluppa e diventa una **comunità autosufficiente** con **prospere aziende di proprietà dei neri**.

↓

Greenwood è una comunità creata dai neri per i neri.

Dopo la guerra civile americana e l'abolizione della schiavitù nel 1865, per i neri del sud la vita rimase dura. Non c'erano più le brutalità che avevano caratterizzato la vita da schiavi, ma i governi degli Stati del sud adottarono codici legislativi che ponevano restrizioni alle attività dei neri, molti dei quali facevano fatica ad accedere all'istruzione e al lavoro e vivevano in miseria.

Con la Legge Dawes del 1887 il governo federale rese disponibili per nuovi insediamenti i territori degli amerindi, suddividendo e ridistribuendo le terre tribali. Di conseguenza, gli amerindi persero la disponibilità di oltre 400.000 ettari. Una simile zona si estendeva su un vasto tratto dell'Oklahoma, dove la corsa alla terra del 1899 (un afflusso sfrenato verso quel territorio da poco reso disponibile) consentì ai coloni di impossessarsi di terreni a basso prezzo. Alcuni di questi erano americani neri, perciò in Oklahoma nacquero oltre 50 insediamenti abitati esclusivamente da neri. La cittadina di Greenwood, sorta nel 1906 nella zona urbana di Tulsa, divenne tanto prospera da essere soprannominata "la Wall Street nera".

Comunità fiorente

Il distretto di Greenwood fu fondato dal proprietario terriero nero O.W. Gurley, che acquistò 16 ettari di terre-

Cfr. anche: La guerra per abolire la schiavitù 206-209 ▪ L'epoca aurea della ricostruzione 210-213 ▪ Jim Crow 216-221 ▪ Il movimento Potere Nero 288-289

Residenti di Greenwood ben vestiti posano davanti a un negozio. Come in ogni quartiere in via di sviluppo, gli abitanti credevano nell'istruzione, nel lavoro e nella libertà.

no e dichiarò che sarebbero stati venduti soltanto a neri, dopodiché aprì un negozio di alimentari, prima azienda di proprietà di un nero nella zona. Prestò denaro ad americani neri che volevano aprire attività commerciali, poi costruì un albergo. La comunità era autonoma e autosufficiente, con negozi, ristoranti, cinema e saloni di bellezza, così il denaro continuava a circolare nell'ambito della comunità. Entro breve, il distretto ebbe un sistema di trasporti pubblici, aerei charter, un servizio postale e dei giornali.

Sotto attacco

Malgrado i successi, Greenwood dovette affrontare periodi tumultuosi. Dopo l'ingresso dell'Oklahoma nell'Unione come 46° Stato nel 1907, furono introdotte leggi "Jim Crow" che istituivano la segregazione e altre norme razziste. Nel 1919 l'Oklahoma subì attacchi da parte di suprematisti bianchi, che causarono la cosiddetta "estate rossa", periodo di spargimento di sangue in cui in varie città degli Stati Uniti si verificarono disordini a sfondo razziale. Due anni dopo, un uomo nero di Tulsa fu falsamente accusato di aver aggredito una donna bianca, e Greenwood subì un assalto da parte di centinaia di suprematisti bianchi. Furono incendiate case e aziende e vennero assassinate fra le 100 e le 300 persone. Le forze dell'ordine non effettuarono arresti.

Malgrado le enormi perdite finanziarie subite, i residenti si misero all'opera per ricostruire il distretto. Negli anni '50 e '60 la desegregazione condusse a Greenwood i bianchi, e i neri iniziarono ad andarsene.

Oggi Greenwood ha un centro culturale dedicato alla storia e alla cultura degli americani neri. Il distretto rimane un esempio di valore storico, poiché ha offerto agli americani neri un luogo in cui condurre una vita felice e prospera e ha fornito ispirazione al movimento per i diritti civili. ■

> [...] discendenti di schiavi affrancati [...] consideravano [l'Oklahoma] un territorio di speranza e un luogo in cui promuovere proprie iniziative.
>
> **Ralph Ellison**
> **Romanziere americano nero (1914-1994)**

O.W. Gurley

Nato nel 1868 da genitori ex schiavi a Huntsville, in Alabama, Ottowa W. Gurley diventa un uomo d'affari molto ricco. Svolge vari lavori, assumendo poi i ruoli di proprietario terriero, preside di scuola e negoziante.
Nel 1906, Gurley e sua moglie si trasferiscono a Tulsa. Avendo sentito parlare dei giganteschi giacimenti petroliferi della zona, Gurley apre un negozio di alimentari e acquista terreni, che suddivide in vari lotti commerciali da cedere ai neri. Quindi costruisce un albergo, è cofondatore di una chiesa e si dedica ad altre attività immobiliari. Il suo collega imprenditore J.B. Stradford, trasferitosi a Tulsa nel 1899, inizia a organizzare una comunità nera nei sobborghi della città, e i due uomini avviano una collaborazione. Dopo gli assalti a Greenwood nel 1921, tutte le proprietà di Gurley sono ridotte in macerie, con enormi perdite finanziarie. Gurley e la moglie si trasferiscono a Los Angeles, dove gestiscono un piccolo albergo. Gurley muore nel 1935 a 67 anni.

LA VOCE DELLA RAZZA

I MOVIMENTI DEI NERI IN BRASILE (1915-1964)

NEL CONTESTO

LUOGO
Brasile

PRIMA
1850 Il governo brasiliano proibisce la tratta degli schiavi africani.

1881 La riforma elettorale promuove un movimento abolizionista radicale nelle città.

1910 La "rivolta delle fruste" protesta contro la fustigazione dei marinai di colore da parte degli ufficiali di marina.

DOPO
1986 Al ministero dell'istruzione e del lavoro del Brasile si istituiscono uffici antidiscriminazione.

2012 Il Senato brasiliano approva una legge che assegna alle persone di colore un certo numero di posti nelle università federali.

2021 Secondo gli studi, in Brasile i neri hanno una probabilità 1,5 volte maggiore di morire per il Covid-19.

Nel 1888 in Brasile fu abolita la schiavitù, ma il provvedimento non apportò l'attesa trasformazione sociale. Gli schiavi appena emancipati si trovarono a vivere nella prima repubblica brasiliana, fondata l'anno successivo, e dominata dai proprietari terrieri bianchi. Abbracciando la dottrina del cosiddetto razzismo scientifico, che sosteneva l'idea di supremazia dei bianchi, la prima repubblica si sforzò di "sbiancare" la popolazione. Lo Stato di San Paolo investì milioni di dollari per far arrivare nella zona immigrati europei bianchi. Se erano in concorrenza con gli europei, i brasiliani neri cominciarono a vedersi negare il lavoro. Dalla fine del XIX secolo, la città di San Paolo divenne un fulcro dell'azione politica dei neri, e all'inizio del Novecento in città emersero pubblicazioni di brasiliani neri, come l'importante giornale *O Menelik*, fondato nel 1915. Nel 1931, per stimolare la partecipazione diretta dei neri alle riforme politiche, il giornale *Progresso* scrisse: «Uomini e donne di razza nera devono prepa-

Frente negra brasileira offriva alla comunità nera eventi mondani, assistenza sanitaria e legale, promuoveva istruzione e formazione e creava orchestre jazz.

Cfr. anche: La guerra per abolire la schiavitù 206-209 ▪ L'epoca aurea della ricostruzione 210-213 ▪ Jim Crow 216-221 ▪ L'abolizione della schiavitù in Brasile 224-225 ▪ L'Etiopia sfida il colonialismo 226-227 ▪ Il movimento Potere Nero 288-289

Allora i negri* non sono persone? E perché? Come mai i bianchi sono migliori dei negri*?

O Menelik

* Linguaggio usato nel 1916 (v. p. 4)

rarsi a lottare affinché [...] i neri siano rappresentati».

L'epoca di Vargas

Dopo essere stato sconfitto alle elezioni presidenziali del 1930, l'avvocato brasiliano Getúlio Vargas guidò un'insurrezione militare che rovesciò la prima repubblica e il suo governo monopartitico. Gli attivisti neri risposero fondando il partito *Frente negra brasileira* (Fronte nero brasiliano).

Nel giro di pochi mesi dalla fondazione, la *Frente* si alleò al movimento fascista brasiliano, poiché i dirigenti di entrambi i partiti puntavano a un forte governo nazionalista che arrestasse l'immigrazione. Molti iscritti neri si sentirono però estraniati dall'organizzazione, e se ne staccarono andando a costituire altre formazioni politiche.

Nel 1932 iniziò una rivolta contro il governo Vargas, innescata dall'uccisione di quattro studenti da parte delle truppe governative durante una manifestazione di protesta il 23 maggio. Nel 1934, l'insurrezione portò a una nuova costituzione brasiliana, che però fu abrogata tre anni dopo, quando Vargas istituì una dittatura. Nel 1937, con l'avvio del periodo dittatoriale definito *Estado novo*, tutti gli altri partiti politici furono vietati, compresa la *Frente*. Vennero chiusi anche i giornali dei neri, che però riemersero in seguito al cambiamento di regime avvenuto nel 1945, quando Vargas fu costretto a dimettersi. Vi furono ulteriori tentativi di costituire partiti politici dei neri, ma non andarono a buon fine, dato che molti attivisti rammentavano ancora con amarezza il fallimento della *Frente*. Dal 1946 al 1964 le organizzazioni dei neri furono perlopiù di carattere culturale.

O Menelik

Nel 1896, l'Etiopia respinse un'invasione coloniale dell'Italia. Mentre il resto dell'Africa si arrendeva alla potenza militare europea, l'Etiopia e il suo imperatore Menelik II divennero icone della resistenza nera. Da qui nacque un pionieristico giornale afrobrasiliano, *O Menelik*. Edito dal 1915, *O Menelik* si definiva «pubblicazione mensile di notizie, letteratura e critica, dedicata agli uomini di colore». Inotlre, il periodico prometteva di presentare al più vasto pubblico la cultura dei brasiliani neri. *O Menelik* era uno dei vari giornali fondati da circoli sociali e ricreativi, le prime organizzazioni dei neri documentate a emergere dopo l'abolizione della schiavitù in Brasile. All'inizio, la funzione principale di questi periodici fu la circolazione di informazioni tra gli iscritti. Tuttavia *O Menelik* assunse un tono più bellicoso dei suoi contemporanei, e il suo atteggiamento critico funse poi da modello per una nuova generazione di pubblicazioni di neri brasiliani degli anni '20 e '30.

Se potessimo mettere assieme un blocco elettorale, il negro* vedrebbe mutare la propria posizione, senza doversi inchinare a ogni passo davanti alla volontà e ai comandamenti degli altri.

O Clarim da Alvorada
Giornale afrobrasiliano, 1929

* Linguaggio usato nel 1916 (v. p. 4)

Movimento unificato

Nel 1964, un colpo di Stato trascinò di nuovo il Brasile nelle grinfie della dittatura. Malgrado la susseguente espansione economica, i neri istruiti erano irritati perché i datori di lavoro si rifiutavano di assumerli. Questa situazione portò alla costituzione del *Movimento negro unificado*.

Costituendo un gruppo di sinistra radicale, gli attivisti del movimento trovavano difficile stabilire un rapporto con i neri della classe operaia. Tuttavia, riuscirono a conseguire un risultato politico: nel 1982 furono create commissioni governative allo scopo di studiare i problemi a cui andavano incontro i neri, e quattro anni più tardi al ministero dell'istruzione e del lavoro furono istituiti uffici antidiscriminazione. ■

GIOVANI, DOTATI E NERI

IL RINASCIMENTO DI HARLEM (1918-1937 ca.)

NEL CONTESTO

LUOGO
Stati Uniti

PRIMA
1895 Paul Laurence Dunbar pubblica *Majors and Minors*, diventando il primo poeta americano nero prestigioso.

1903 W.E.B. Du Bois pubblica *Le anime del popolo nero*, in cui esamina l'identità dei neri.

DOPO
1948 Per la propria campagna elettorale, il presidente Harry S. Truman sceglie la canzone *I'm Just Wild About Harry* del musical nero *Shuffle Along*.

1965 Riprendendo idee del rinascimento di Harlem, il poeta e drammaturgo Amiri Baraka fonda il Black Arts Movement.

1993 Toni Morrison è la prima donna americana nera a conseguire il premio Nobel per la letteratura.

Harlem, quartiere di New York, dal 1918 circa alla fine degli anni '30 fu la capitale culturale del mondo americano nero. Fu l'epicentro del rinascimento di Harlem, definito anche "nuovo movimento negro", che stimolò la creatività degli artisti e intellettuali neri anche in altre città americane, nonché a Londra, a Parigi, nei Caraibi e in Africa occidentale.

Al centro del movimento vi era la letteratura americana nera, attorno alla quale orbitavano jazz e blues, arti visive e spettacoli, durante un periodo di produzione culturale senza eguali, di stampo sia artistico sia politico. Ad alimentare il rinascimento fu l'imponente migrazione di americani neri dal sud rurale alle città del nord tra la fine del XIX secolo e l'inizio

Cfr. anche: La creazione della "razza" 154-157 ▪ L'epoca aurea della ricostruzione 210-213 ▪ L'età del jazz 246-249 ▪ Combattenti neri nella Seconda guerra mondiale 254-257 ▪ La sentenza *Brown* 264-267 ▪ Il movimento Potere Nero 288-289

La filiale della biblioteca di New York nella 135ª Strada ad Harlem divenne un centro culturale per gli americani neri e una piattaforma per scrittori, artisti e gente di spettacolo. Fu la prima in città ad assumere bibliotecari neri.

del XX, quando i neri cercavano di sottrarsi ai pregiudizi razziali e alla povertà e di migliorare la propria condizione sociale ed economica.

Nuova identità culturale

In seguito all'emancipazione degli schiavi nel sud, le iscrizioni a scuola dei bambini neri erano cresciute in misura spettacolare, e il livello di alfabetizzazione era salito dal 20% circa del 1870 al 77% del 1920. Emersero così scrittori di talento, che favorirono la ricerca di una nuova identità, libera da allusioni a un passato caratterizzato dall'oppressione. Molti autori iniziarono a pubblicare grazie a *The Crisis*, rivista dell'Associazione nazionale per il progresso delle persone di colore (NAACP), fondata nel 1909. Oltre alle notizie, la rivista, diretta dal sociologo W.E.B. Du Bois, in ogni numero pubblicava poesie, narrativa e opere d'arte. Divenne il periodico degli americani neri con il maggior numero di lettori.

Durante la Prima guerra mondiale, per il loro Paese combatterono migliaia di americani neri, che speravano che il loro patriottismo venisse riconosciuto, e di conseguenza portasse alla concessione di maggiori diritti civili; ma le aspettative furono nuovamente tradite. I neri erano esclusi dai sindacati e soffrivano di una disoccupazione cronica. Poiché veniva loro negato il diritto di voto, rimanevano anche al di fuori della politica. Dato che tali strade erano precluse, i promotori del rinascimento (come Du Bois e il sociologo Charles S. Johnson, che per tutta la vita promosse l'uguaglianza razziale) ritenevano che eccellere nella creatività artistica potesse influenzare positivamente i politici bianchi di primo piano, promuovendo così i diritti civili dei neri.

> Non mi interessa […] l'arte che non venga usata per la propaganda. Ma mi preoccupo quando la propaganda è confinata da un lato, mentre l'altro lato è spoglio e muto.
>
> **W.E.B. Du Bois**

The New Negro

In un'epoca in cui i libri sui neri erano scritti perlopiù da bianchi, Alain Locke, americano nero vincitore di una borsa di studio Rhodes e soprannominato "decano" del rinascimento di Harlem, vide la necessità di una pubblicazione che esaminasse la profondità e la vastità della vita dei neri. Nel 1925 pubblicò *The New Negro*. La prima parte, *Il rinascimento negro*, conteneva racconti di Zora Neal Hurston, poesie di Countee Cullen e Georgia Johnson, commedie di Jessie Fauset e Willis Richardson e canti popolari neri di Langston Hughes. Nella seconda parte, *Il nuovo negro in un mondo nuovo*, sociologi, studiosi di scienze politiche e antropologi esaminavano le relazioni interrazziali negli Stati Uniti. L'opera era illustrata da disegni di Winold Reiss e Aaron Douglas e da immagini di maschere africane. *The New Negro* fu il primo libro dedicato unicamente all'espressione di sé dei neri, di cui esaminò le radici della creatività, ponendo le basi per la futura produzione culturale.

Per controbattere i grossolani stereotipi con cui venivano rappresentati i neri nei mezzi di comunicazione più diffusi, scrittori e artisti cercarono di raffigurare in modo autentico e dignitoso la vita degli americani neri. Il loro ritratto in veste di buffoni e di selvaggi lussuriosi (e l'immagine del Ku Klux Klan come gruppo di eroi) nel film sensazionalistico di D.W. Griffith *Nascita di una nazione* (1915) aveva incollerito l'associazione NAACP, che fece pressioni per far censurare o proibire l'opera. Le commissioni cinematografiche, costituite quasi esclusivamente da bianchi, prestarono scarsa attenzione alle proteste.

Tradizione e identità

Esaminando il significato dell'essere neri in America, gli artisti e gli scrittori del rinascimento di Harlem rivendicarono l'orgoglio per la tradizione culturale africana, da loro rielaborata come simbolo di speranza e di promessa, anziché come marchio di inferiorità. Romanzieri e poeti offrivano prosa e versi che esaminavano idee, emozioni e vita degli americani neri, riflettendo una più vasta ricerca di significato e di identità. Individualmente, cercavano connessioni significative con una realtà più ampia. Nel suo romanzo del 1923 *Canne*, Jean Toomer prese in esame le proprie radici nel sud degli Stati Uniti, mentre altri scrittori, come Gwendolyn Bennett e Richard Bruce Nugent, cercarono ispirazione nel continente africano.

Countee Cullen, dotato poeta dell'epoca, era giunto ad Harlem all'età di 9 anni e si affermò quando era ancora studente universitario. *Incidente*, una delle sue poesie più famose, tratta da *Color*, raccolta pubblicata nel 1925, è un resoconto in prima persona di un bambino i cui lunghi mesi a Baltimora sono segnati da un unico ricordo: l'insulto razziale da lui ricevuto mentre viaggiava su un autobus.

James Langston Hughes, scrittore e fervido attivista del rinascimento di Harlem, permeò la sua poesia di ritmi jazz e vernacolo americano nero, celebrando la vita quotidiana dei neri e indicandola come qualcosa da amare. In un'attività protrattasi per 5 decenni, scrisse 9 libri di narrativa, 11 opere teatrali, 10 raccolte di poesie, 8 libri per bambini e 2 autobiografie.

Cullen, Hughes e altri autori importanti come la scrittrice, cineasta e antropologa Zora Neale Hurston, descrissero in maniera toccante la grama realtà della vita dei neri nell'America di primo Novecento. Inoltre, esaminarono i fattori politici, sociali e culturali che avevano provocato la situazione e cominciarono a costruire una nuova identità americana nera, permeata di orgoglio culturale.

Musica e arte

Se gli autori neri scrivevano il copione del rinascimento di Harlem, i musicisti blues e jazz ne fornivano il commento musicale. Le arti dello spettacolo erano permeate di jazz e blues. *Shuffle Along*, musical scritto dal duo di commediografi neri Flournoy Miller e Aubrey Lyles, inaugurato a Broadway nel 1921 con attori esclusivamente neri, proseguì per oltre 400 rappresentazioni. Lanciò la carriera di molti attori e ispirò altre opere con interpreti di colore, come l'opera lirica *Porgy and Bess* e il musical *Show Boat*.

> Noi giovani artisti negri*
> oggi all'opera intendiamo
> esprimere senza paura
> né vergogna il nostro
> io individuale dalla pelle scura.
>
> **Langston Hughes**
> ***L'artista negro* e la montagna razziale*, 1926**

* Linguaggio usato nel 1926 (v. p. 4)

Durante il rinascimento di Harlem salirono alla ribalta anche vari artisti di talento, fra cui Loïs Mailou Jones, Augusta Savage, Aaron Douglas e William H. Johnson. La Jones tenne la sua prima personale a 18 anni, poi si trasferì a Parigi, dove riscosse notevole successo per la sua arte in cui si riflettevano le tradizioni africane. La Savage era una scultrice e un'educatrice che negli anni '20 realizzò busti di eminenti personaggi neri, tra cui W.E.B. Du Bois. Per l'esposizione universale di New York del 1939 creò *L'arpa*, e nello stesso anno aprì una galleria d'arte, la prima da parte di americani neri. Douglas dipinse murali e fornì illustrazioni e copertine per le pubblicazioni dei neri. La sua opera migliore è *Aspetti della vita dei negri* in quattro pannelli, commissionati per la filiale della biblioteca pubblica di New York della 135ª strada, in cui è illustrata la storia dei neri in America. Johnson assorbì il modernismo e l'arte popolare durante soggiorni in Francia e Scandinavia negli anni '20 e '30. Nel 1938 tornò a New York, poi insegnò al Centro artistico di Harlem.

Influsso duraturo sulle arti

Le aspirazioni dei neri andarono spesso deluse durante la Grande depressione degli anni '30, quando i lavoratori neri avevano una probabilità più che doppia dei bianchi di perdere il lavoro. Tuttavia, il rinascimento di Harlem aveva alimentato un nuovo senso di orgoglio e determinazione, e avrebbe avuto un influsso duraturo sulla successiva espressione artistica nera in tutto il mondo. La sua ricca creatività pose le fondamenta per il Black Arts Movement degli anni '60, che a sua volta influenzò notevolmente l'espressione artistica dei neri nel XXI secolo. ■

L'opera di William H. Johnson
Harlem, paesaggio urbano con la chiesa (1939-1940 ca.), è tipica dello stile intenzionalmente ingenuo, audace e colorito con cui l'artista coglieva gli aspetti della vita degli americani neri.

Zora Neale Hurston

Nata in Alabama nel 1891, Zora Hurston cresce a Eatonville, in Florida, in una cittadina esclusivamente nera nei pressi di Orlando. Ha 13 anni quando muore la madre e 16 anni quando si unisce a una troupe teatrale itinerante, per poi riprendere gli studi. Nel 1925 vince una borsa di studio in antropologia per il Barnard College di New York, poi segue un corso postlaurea alla Columbia University. Gli studi influenzano fortemente i suoi scritti, che racchiudono acute osservazioni sulla cultura popolare nera. Scrive articoli accademici, racconti e opere teatrali, per i quali ottiene grandi consensi ma poco denaro. In seguito, per poter scrivere lavora come cameriera, e nel 1960 muore squattrinata e dimenticata. Le sue opere vengono riscoperte dalla scrittrice americana nera Alice Walker, il cui articolo del 1975 sulla rivista *Ms.* riaccende l'interesse per l'opera della Hurston.

Opere principali

1935 *Muli e uomini*
1937 *I loro occhi guardavano Dio*
1942 *Tracce di polvere su una strada*

L'ETERNO SUONO DEL TAM-TAM NELL'ANIMA NEGRA*

L'ETÀ DEL JAZZ (ANNI '20-'30)

* Linguaggio usato nel 1926 (v p. 4)

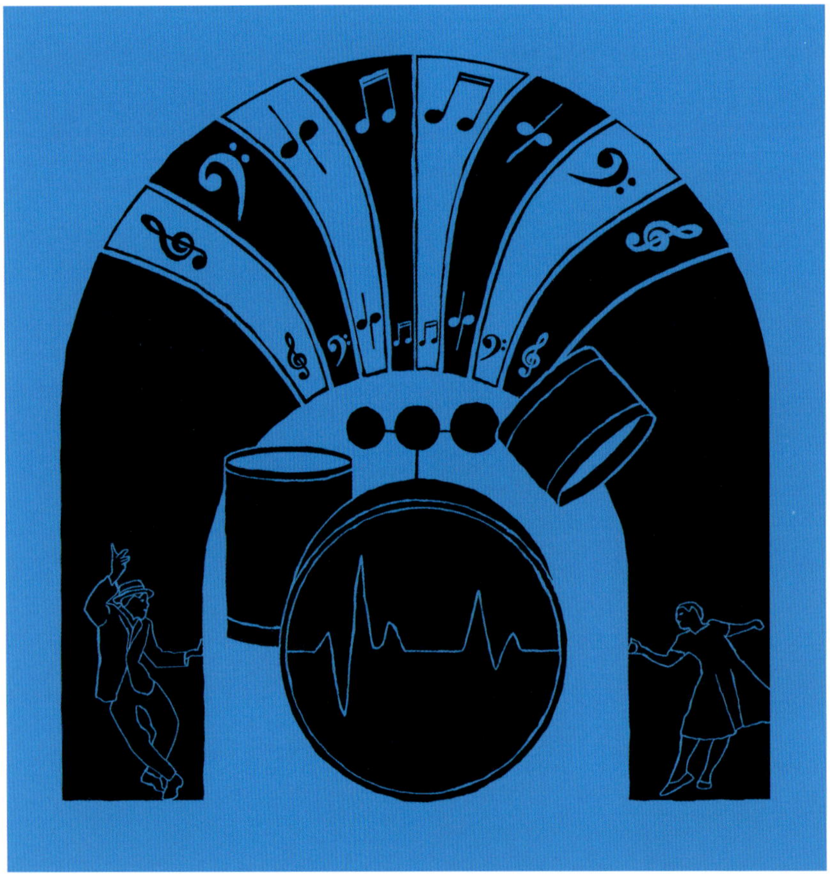

NEL CONTESTO

LUOGO
New Orleans, Stati Uniti

PRIMA
1718 La Francia fonda New Orleans e vi introduce le bande militari e il carnevale.

1719 Dall'Africa arrivano i primi schiavi, che offrono musica nuova agli orecchi occidentali.

1763 La Spagna occupa New Orleans.

1803 Termina l'epoca coloniale quando gli Stati Uniti acquisiscono la città, dove ai neri liberi è permesso suonare in pubblico la propria musica.

DOPO
1938-1954 Il jazz si allontana da New Orleans e a poco a poco si evolve.

1954-1960 Il periodo è dominato da una nuova musica influenzata dai neri, il *rock'n'roll*.

L'età del jazz fu un'epoca in cui nella cultura popolare degli Stati Uniti dominò questa musica vivace e perlopiù improvvisata, creata da americani neri.

Il romanziere americano F. Scott Fitzgerald, il primo a definire così il periodo, riteneva che riguardasse il decennio degli anni '20, ma in realtà l'epoca ebbe inizio con l'uscita del primo disco di jazz nel 1917 e si può dire che si sia conclusa nel 1938 con il punto culminante costituito dal primo grande festival jazz all'aperto.

La musica era suonata da orchestrine che, per creare i ritmi contagiosi di questo genere musicale, si avvalevano soprattutto di strumenti a fiato e percussioni, sebbene di solito si usasse anche il pianoforte. Diversamente dalla musica classica, il jazz

Cfr. anche: La tratta degli schiavi transatlantica 116-121 ▪ Jim Crow 216-221 ▪ Il rinascimento di Harlem 242-245 ▪ La marcia su Washington 282-285

> Il jazz è libertà.
> Pensaci.
> **Thelonious Monk**
> **Musicista jazz americano nero**
> **(1918-1982)**

raramente veniva messo per iscritto, e i musicisti erano tenuti a improvvisare sul momento esprimendosi a modo proprio.

Effetto unificante

La libertà del jazz fu accolta dai giovani, neri e bianchi, che si divertivano a danzare al suono di questa musica nuova, ascoltata alle feste, nei locali da ballo e più tardi alla radio. I gangster assoldavano orchestre jazz che si esibivano in locali clandestini, detti *speakeasy*, da loro creati allo scopo di aggirare il proibizionismo, la legge che fra il 1920 e il 1933 proibì gli alcolici negli Stati Uniti.

Il jazz rese celebri i musicisti neri, come Louis Armstrong e Duke Ellington, e cantanti come Ethel Waters. La musica fu adottata anche da bianchi che dirigevano orchestre di successo, tra cui Paul Whiteman e Benny Goodman. Era un linguaggio che talvolta consentiva ai neri di parlare con i bianchi da pari a pari, forse per la prima volta da quando erano stati ridotti in schiavitù, e in tal modo le barriere razziali cominciarono a dissolversi. Tuttavia i musicisti neri, anche se nei locali erano la principale attrazione, dovevano sempre entrare e uscire dalla porta di servizio e non avevano il permesso di fraternizzare con la clientela. Peggio ancora, durante le tournée nel sud, dopo i concerti spesso dormivano all'aperto per la mancanza di alberghi disposti a dare loro una camera.

Origini del jazz

L'attrazione interrazziale del jazz potrebbe essere stata dovuta almeno in parte alle sue origini a New Orleans, città portuale del sud, in Louisiana, con una particolare mescolanza di tradizioni musicali. Gli iniziali colonizzatori francesi introdussero la banda militare, il festival musicale del Mardi Gras (carnevale) e i primi strumenti in ottone. Molti neri della città provenivano dai Caraibi e offrivano melodie cadenzate, mentre quelli dell'Africa occidentale aggiunsero i ritmi delle percussioni. Dal 1817, le autorità di New Orleans

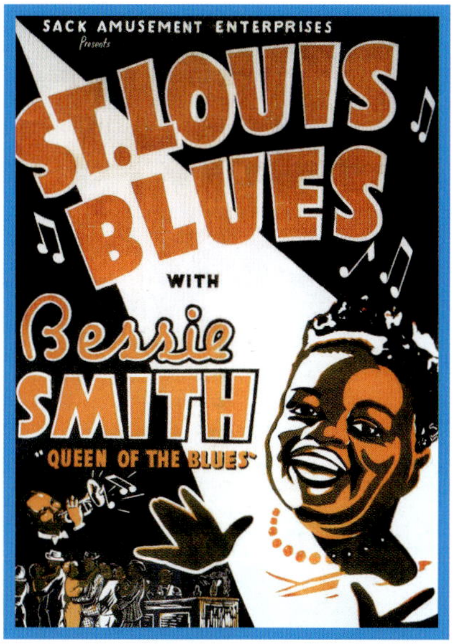

Manifesto pubblicitario del 1929 che raffigura la cantante Bessie Smith, "l'imperatrice del blues", che nelle sue esibizioni esprimeva le speranze degli americani neri.

Louis Armstrong

Nato da genitori poveri a New Orleans nel 1901, il trombettista Louis Armstrong crea il ruolo del solista nel jazz. Soprannominato "Satchmo", abbreviazione di *satchel mouth* (bocca a cartella) a causa della bocca grande, è immerso nel jazz fin dalla tenera età. A 10 anni, una famiglia ebraica per cui fa commissioni lo aiuta ad acquistare la prima cornetta. Da adolescente si unisce a complessi jazz locali e suona sui battelli fluviali che percorrono il Mississippi, dopodiché nel 1922 si trasferisce a Chicago e nel 1929 a New York. Rimane in attività per cinque decenni. Tra il 1925 e il 1928, le 55 registrazioni per la casa discografica Okeh rivelano il suo straordinario virtuosismo e offrono al grande pubblico le note cristalline della sua tromba. È anche un cantante di rilievo. La sua canzone del 1926 *Heebie Jeebies* è una delle prime a registrare il canto *scat*, l'uso di sillabe senza senso per imitare uno strumento. La sua voce roca è una delle più note del XX secolo. Recita anche in vari film, tra cui *Alta società* (1957) e *Hello, Dolly!* (1969). Muore a New York nel 1971.

Spiritual: è un canto popolare di ispirazione biblica, fortemente legato agli schiavi del sud degli Stati Uniti. Questi canti contribuirono a preservarne la cultura.

Blues: musica originatasi nel sud degli Stati Uniti negli anni '60 del XIX secolo per opera di americani neri. Trae le sue radici dai canti di lavoro e dagli *spiritual*.

Jazz: è derivato da blues e ragtime, e vi svolge un ruolo importante l'improvvisazione. È caratterizzato dai ritmi sincopati, spesso con frasi musicali a domanda e risposta.

autorizzarono gli schiavi a cantare e danzare la domenica in una piazza, Congo Square, dove potevano mettere in mostra le loro capacità musicali con percussioni, improvvisazioni e anche con un gioco a domanda e risposta, in cui la frase musicale di un cantante o strumentista veniva controbattuta da un altro.

Alla metà del XIX secolo, i neri avevano ormai elaborato una tradizione particolare fondata su vari filoni: *spiritual*, canti sacri di speranza e redenzione; canti collettivi di lavoro, che li aiutavano ad andare avanti nelle dure giornate; cantilene, affini ai canti di lavoro, ma più individuali e con un ritmo corrispondente, per esempio, allo scavo del terreno.

Blues e ragtime

Da precursori del jazz funsero altre due invenzioni dei neri. La prima fu la musica blues, che introdusse una scala musicale in cui veniva abbassato di un semitono una o più note della scala tradizionale (le cosiddette *blue notes*). Questo stile emerse nel sud a metà Ottocento e i chitarristi itineranti la portarono a New Orleans nell'ultimo decennio del secolo. La seconda invenzione provenne dagli Stati centro-occidentali nell'ultimo decennio del XIX secolo e fu detta ragtime. Il suo compositore più celebre, Scott Joplin, elaborò al pianoforte uno stile sincopato (*ragged*) che prolungava il suono emesso su tempo debole. Era un modo di suonare perfettamente in sintonia con la danza, attività che diede fama a una coppia di ballerini bianchi, Vernon e Irene Castle, il cui arrangiatore musicale era un altro americano nero di talento, James Reese Europe. Il jazz era un amalgama di scale musicali blues e ragtime, ma accoglieva anche tutto ciò che era emerso dal periodo coloniale in poi. A partire dai primi del Novecento, a New Orleans spuntarono ovunque orchestre jazz.

Prime stelle del jazz

Nel 1915, un creolo di New Orleans, Jelly Roll Morton, pubblicò il primo spartito musicale jazz, intitolato *Jelly Roll Blues*. A incidere il primo disco nel 1917 fu però un'orchestra bianca, la Original Dixieland Jazz Band, e ciò avvenne perché alcuni musicisti neri

Duke Ellington con la sua orchestra e la cantante Bettie Roche nel 1943. Ellington, in attività per oltre sei decenni, è considerato il più grande compositore jazz della sua epoca.

Swing: nato dal jazz, ebbe popolarità negli anni '30 e '40. Alcuni complessi jazz divennero orchestre di grandi dimensioni.

Soul: unisce la musica *gospel*, il blues e il jazz. Nato nelle comunità di americani neri degli anni '50 e '60, è contraddistinto dall'uso di un canto molto intenso.

rinunciarono all'occasione. Lo storico lato A era *Dixieland Jass Band One-Step*. Da allora, il jazz divenne un'ossessione nazionale e influenzò un po' di tutto, dal famoso concerto di George Gershwin a New York nel 1924, con la prima di *Rapsodia in blu*, opera per pianoforte solista e orchestra jazz diretta da Paul Whiteman, fino al primo film sonoro di Hollywood, *Il cantante di jazz*, del 1927.

A trascinare e incarnare l'epoca furono però gli americani neri: Louis Armstrong divenne il più noto trombettista jazz; Duke Ellington nel 1932 scrisse l'inno che meglio coglieva lo spirito del jazz, *It Don't Mean a Thing* (*If It Ain't Got That Swing*); Ethel Waters cantava in modo sfrontato il testo pieno di sottintesi di *My Handy Man* (1928); James P. Johnson scrisse il motivetto del ballo caratteristico dell'epoca, il charleston (1923), mentre il locale Savoy Ballroom di Harlem diede i natali all'altro ballo famoso del periodo, il lindy hop (1928).

Apogeo e declino

Ben presto il jazz conquistò seguaci in tutto il mondo, ma soprattutto in Francia, il Paese che due secoli prima aveva contribuito a porre le basi del jazz a New Orleans. Nel 1918, negli ultimi mesi della Prima guerra mondiale, a riportare il jazz in Francia fu l'ex arrangiatore di ragtime James Reese Europe. Dirigendo una banda reggimentale composta da neri, nell'ambito dell'intervento bellico diede inizio a una tournée in Francia, suonando jazz davanti a folle plaudenti.

Negli anni '30, negli Stati Uniti la versione originaria del jazz era stata ormai superata dallo swing, anche grazie a Benny Goodman, che nel 1935 fu il primo jazzista bianco a invitare musicisti neri a suonare con lui sul palco. Nel 1938, quando l'epoca si avviava alla conclusione a seguito della Grande depressione di quegli anni, nello stadio di Randall Island a New York si tenne il primo festival jazz all'aperto, a cui assistettero 24.000 giovani bianchi e neri. Vi furono 25 esibizioni, fra cui quelle di Goodman e di Ellington, e il pubblico misto ballava sugli spalti. Il jazz fu una grande invenzione degli americani neri e non sarebbe stata l'ultima. Negli anni '50, quando l'attrazione del jazz era stata ormai eclissata da grandi orchestre e cantanti sentimentali (*crooner*), la musica avrebbe di nuovo unito i giovani con un'ulteriore variante del blues, il *rock'n'roll*. ■

Josephine Baker

Nata negli Stati Uniti nel 1906, agli esordi della carriera di ballerina Josephine Baker riscontra scarso successo, finché viene individuata mentre interpreta un ruolo minore in uno spettacolo di Harlem. Caroline Reagan, americana residente a Parigi, sta cercando interpreti neri per uno spettacolo sull'età del jazz, la *Revue Nègre*, da portare in Francia. Ingaggia la Baker, che diventa protagonista dello spettacolo inaugurato a Parigi nel 1925. La sua provocante esibizione nel charleston, frenetico ballo dell'età del jazz, fa parlare di lei tutta la città.La Baker è impressionata dall'integrazione razziale esistente a Parigi e fa di questa città la sua nuova patria. Frequenta l'élite degli americani espatriati, con gli scrittori F. Scott Fitzgerald ed Ernest Hemingway.
Nel 1937 diventa cittadina francese e durante la Seconda guerra mondiale lavora per la resistenza. Si dedica poi all'attivismo politico, partecipando negli anni '60 alle campagne per i diritti civili accanto a Martin Luther King e tenendo un discorso alla marcia su Washington del 1963. Muore a Parigi nel 1975.

CHIEDIAMO DI ESSERE CITTADINI

I MOVIMENTI DEI NERI IN FRANCIA (ANNI '20)

NEL CONTESTO

LUOGO
Francia

PRIMA
1918 ca. A New York ha inizio il rinascimento di Harlem.

1919 La Francia ospita a Parigi il secondo Congresso panafricano.

1920 L'attivista giamaicano Marcus Garvey presenta a New York la "Dichiarazione dei diritti dei popoli negri del mondo".

DOPO
1929 Le sorelle di origine martinicana Paulette, Jeanne e Andrée Nardal aprono a Parigi un salotto frequentato da intellettuali neri.

1931-1932 Si pubblica l'influente rivista francese *Revue du Monde Noir*.

1960 Il cofondatore della *Négritude* Léopold Sédar Senghor è il primo presidente del Senegal indipendente.

Per gli intellettuali e i radicali neri che vivevano a Parigi, la fine della Prima guerra mondiale offrì l'occasione di negoziare un miglioramento della situazione per le persone di origine africana nelle colonie francesi d'oltremare. Negli anni '20, questi attivisti elaborarono una variante del panafricanismo, il concetto di unificazione dei neri di tutto il mondo.

Rivendicazioni

Numerosi immigrati provenienti dall'Africa occidentale francese e dalle Antille erano stati costretti ad arruolarsi nell'esercito, ma nel 1918, al termine della guerra, venne rifiutata loro la cittadinanza francese. A Parigi sorsero varie organizzazioni politiche di base. La prima a riscuotere un sostegno significativo fu la *Ligue universelle pour la défense de la race noire* (LUDRN, Lega universale per la difesa della razza nera), fondata nel 1924 dall'avvocato, originario del Dahomey, Kojo Tovalou Houénou, che fondò anche il primo giornale francese per i neri, *Les Continents*.

Parlando alla Lega contro l'imperialismo a Bruxelles nel 1927, il presidente del CDRN Lamine Senghor (sesto da sinistra) denunciò il colonialismo affermando «non saremo più schiavi».

Cfr. anche: Il panafricanismo 232-235 ▪ Il rinascimento di Harlem 242-245 ▪ L'anno dell'Africa 274-275 ▪ La diaspora africana oggi 314-315

Durante e dopo la Prima guerra mondiale, **in Francia arrivano** numerosi **neri delle colonie**.

↓

Emergono **organizzazioni politiche** che promuovono **l'affermazione dei neri**.

↓ ↓

L'opposizione da parte dello Stato francese e le divergenze ideologiche causano la **soppressione di questi gruppi**.

Emerge la **teoria della *Négritude***, che svolge un ruolo importante nel **rifiuto del colonialismo**.

Gli obiettivi della LUDRN erano difendere i diritti dei neri in tutto il mondo, promuovere la solidarietà nell'ambito della popolazione nera e favorire "l'evoluzione della razza" tramite l'istruzione. Il sodalizio condannò gli abusi del dominio coloniale francese e intraprese campagne a favore della naturalizzazione dei residenti in Francia. Tuttavia nel 1924, quando un articolo su *Les Continents* definì agente del colonialismo Blaise Diagne, primo deputato africano eletto all'Assemblea Nazionale francese, la LUDRN rimase impegolata in una causa per diffamazione e nel 1926 era ormai stata sospinta nella clandestinità.

Verso l'indipendenza

La LUDRN costituì il fondamento di un gruppo più radicale, il *Comité de défense de la race nègre* (CDRN), guidato dall'attivista senegalese Lamine Senghor. Il CDRN criticava esplicitamente la politica coloniale francese e propugnava con forza il nazionalismo, ossia l'indipendenza delle colonie dalla Francia. Queste rivendicazioni anticoloniali fecero infuriare il governo francese, e nel 1927 Senghor fu arrestato e incarcerato. Venne rilasciato, ma morì quello stesso anno, e il Comitato dovette reinventarsi.

Nel 1928, il militante sudanese Tiemoko Garan Kouyaté, uno dei fondatori del CDRN, si fece carico del gruppo, ricostituito con il nome di *Ligue de la dèfense de la race nègre* (LDRN), che nel tentativo di influenzare il governo francese era ancora più militante del suo predecessore e, sotto la guida di Kouyaté, strinse legami con i comunisti. La destituzione di Kouyaté nel 1931, abbinata all'ostilità del governo, indebolì gravemente la Lega, che nel 1933 cessò le attività. In relazione ai loro obiettivi anticoloniali, questi gruppi non ottennero grandi risultati, ma furono influenti nello sviluppo del panafricanismo. Un aspetto forse ancora più importante, però, fu che aprirono la strada alla *Négritude*, che mirava a sensibilizzare i neri di tutta l'Africa e della diaspora. ■

La *Négritude*

Nata a Parigi nel fervore intellettuale degli anni '30 e '40, la *Négritude* è un movimento letterario nero i cui fari più luminosi sono i poeti Léopold Sédar Senghor, Aimé Césaire e Léon Damas. Con le parole di Césaire, la *Négritude* è il «riconoscimento del fatto di essere neri, l'accettazione di questo fatto e del nostro destino di neri, della nostra storia e della nostra cultura». Emersa tra scrittori africani e caraibici di lingua francese per protesta contro il dominio coloniale francese e la politica di assimilazione, la *Négritude* è però un movimento internazionale che sollecita gli africani a guardare alla propria tradizione culturale per stabilire quali valori siano particolarmente utili nel mondo moderno. Nata subito prima dei movimenti per l'indipendenza africani, contribuisce al rifiuto del colonialismo. Negli anni '60, nella maggior parte dei Paesi africani i suoi obiettivi politici e culturali sono raggiunti.

In *Autoritratto III*, l'artista di origine cubana Wifredo Lam abbina la cultura africana a elementi cubisti e surrealisti in (1938).

TUA MADRE È STATA CONTATA?

LA GUERRA DELLE DONNE DEL 1929

NEL CONTESTO

LUOGO
Nigeria

PRIMA
1912 Frederick Lugard, governatore britannico della Nigeria del nord e del sud, fonda un sistema di governo indiretto in cui i funzionari sovrintendono a strutture di potere locali preesistenti.

1916 Nella Nigeria del sud, al posto dei tradizionali consigli di villaggio il governo locale è affidato a capitribù scelti dai britannici.

1928 Si introducono le prime imposte dirette per gli uomini Igbo.

DOPO
1938 Nel territorio Ngwa della Nigeria, sulla scia della guerra delle donne del 1929 avvengono proteste contro le tasse.

1959 In Nigeria si tengono le prime elezioni nazionali.

1960 La Nigeria ottiene l'indipendenza dalla Gran Bretagna.

La prima rivolta significativa contro il dominio coloniale britannico in Nigeria, nota come guerra delle donne del 1929 od *ogu umunwanyi* in lingua Igbo (o Ibo), fu innescata da una disputa sul censimento che nel novembre del 1929 veniva effettuato a Oloko, città della Nigeria meridionale. Già escluse dalle deliberazioni politiche e adirate per l'aumento dei dazi doganali, le donne della zona iniziarono a sospettare che presto sarebbero state assoggettate a imposte dirette, pur essendo finanziariamente dipendenti dai loro uomini, a cui già si applicavano tali imposte. A Oloko accorsero migliaia di donne per unirsi alla protesta, guidata da una donna Igbo di nome Madame Nwanyeruwa. Eseguirono il rito tradizionale di "sedersi" sul capotribù nominato dai britannici, metodo per umiliare una persona cantando e danzandole attorno.

Il funzionario distrettuale britannico ben presto cedette alle richieste delle manifestanti, ma in dicembre si ribellarono le donne di altre zone. Furono danneggiati edifici governativi e fabbriche e vi furono scontri violenti con i funzionari. Secondo le stime, alla guerra presero parte circa 25.000 donne e nel periodo della protesta, fino alla sua conclusione nel gennaio del 1930, ne rimasero uccise circa 50.

In risposta alle contestazioni, una nuova amministrazione britannica in Nigeria cercò di riformare la struttura politica coloniale, abolendo il sistema di nominare i capitribù e consentendo la presenza di donne nei tribunali indigeni. Inoltre, la guerra delle donne aprì la strada a successivi movimenti anticoloniali e indipendentisti nigeriani. ■

> Le donne non pagheranno tasse fino alla fine del mondo.
> **Madame Nwanyeruwa**
> **Dichiarazione sui risultati della guerra delle donne**

Cfr. anche: Le donne guerriere del Dahomey 164-165 ▪ Il panafricanismo 232-235 ▪ Ascesa del femminismo nero 276-281 ▪ "Zik" e la Nigeria indipendente 286-287

SARÀ INCORONATO UN RE NERO

IL MOVIMENTO RASTAFARIANO (ANNI '30)

NEL CONTESTO

LUOGHI
Giamaica, Etiopia

PRIMA
1920 Marcus Garvey prevede l'incoronazione di un re nero e proclama che il "giorno della liberazione" arriverà presto.

1930 Hailé Selassié I è incoronato imperatore d'Etiopia.

DOPO
1966 Hailé Selassié si reca in Giamaica e offre ai rastafariani la possibilità di trasferirsi a Shashamane, in Etiopia; emigrano circa 2.000 persone. La data della visita, il 21 aprile, diventa una festività rastafariana detta Grounation Day.

1974 Hailé Selassié è deposto da un colpo di Stato militare e un anno dopo viene assassinato.

2019 In tutto il mondo i rastafariani sono circa 1 milione. Di coloro che emigrarono dalla Giamaica in Etiopia ne rimangono circa 200.

Negli anni '30, in Giamaica ebbe origine il movimento religioso e politico rastafariano, influenzato dai racconti biblici e dal pensiero panafricano. Secondo i rastafariani, la schiavitù imposta nel XIX secolo agli africani dai colonizzatori europei, oltre a provocare l'esilio di molti africani in tutto il mondo, ha avuto come conseguenza l'oppressione dei neri. Quando questo assoggettamento avrà fine, secondo i rastafariani, tutti gli africani ritorneranno nella madrepatria, l'Etiopia.

Il "messia nero"

Nel 1920, l'attivista politico giamaicano Marcus Garvey proclamò che sarebbe stato incoronato un "re nero" e che questi sarebbe stato un "redentore". Dieci anni dopo, Hailé Selassié I divenne imperatore d'Etiopia. La profezia di Garvey e l'incoronazione furono alla base della fondazione del movimento rastafariano, termine derivato da Ras Tafarì, nome di Hailé Selassié prima dell'ascesa al trono. I fedeli lo considerano il "messia nero" inviato a "salvare il popolo africano". Il movimento rastafariano si è diffuso nel mondo attraverso la musica reggae, soprattutto grazie al musicista e rastafariano giamaicano Bob Marley. Oltre che un sistema di credenze, è un modo di vivere che si incentra principalmente sulla pace, prevede meditazione e preghiera e invita a farsi crescere i capelli (con i tipici riccioli "rasta") e a seguire un'alimentazione "I-tal" (naturale, senza carne né alimenti trattati). ■

L'incoronazione di Hailé Selassié nel 1930 fu considerata l'attuazione di una profezia. Malgrado la morte dell'imperatore nel 1975, il movimento rastafariano è ancora diffuso.

Cfr. anche: I cimarroni giamaicani 146-147 ▪ L'Etiopia sfida il colonialismo 226-227 ▪ Il panafricanismo 232-235 ▪ L'immigrazione *Windrush* 258-259

PORTAVAMO LA STESSA UNIFORME

COMBATTENTI NERI NELLA SECONDA GUERRA MONDIALE (1939-1945)

NEL CONTESTO

LUOGO
Tutto il mondo

PRIMA
1861-1865 Nella guerra civile americana combattono oltre 200.000 neri.

DOPO
1945 Tre componenti del primo battaglione americano di donne nere in servizio all'estero vengono sepolte nel cimitero americano in Normandia.

1948 I reduci di Accra (attuale Ghana) protestano perché non hanno ricevuto gli indennizzi per il servizio militare di guerra.

2017 A Londra si inaugura un memoriale in ricordo dei soldati africani e caraibici delle due guerre mondiali.

2021 Le autorità britanniche si scusano per non aver onorato i reduci africani e indiani della Prima guerra mondiale.

Dopo la sconfitta subìta con i propri alleati nella Prima guerra mondiale, nel 1933 la Germania cominciò a riarmarsi sotto la guida di Adolf Hitler e del Partito nazista. Nel 1936 Hitler siglò trattati con Giappone e Italia e iniziò l'invasione dei Paesi europei confinanti. L'aggressione proseguì incontrollata fino al 1° settembre 1939, quando la Germania invase la Polonia e costrinse Gran Bretagna e Francia a dichiararle guerra due giorni dopo, segnando così l'avvio del secondo conflitto mondiale fra le potenze dell'Asse e gli Alleati.

L'Asse era costituito da Germania, Italia e Giappone, mentre gli Alleati comprendevano fra gli altri Gran Bretagna, Stati Uniti, Unione Sovietica, Polonia e Francia. Con l'ampliamento

Cfr. anche: Jim Crow 216-221 ▪ L'Etiopia sfida il colonialismo 226-227 ▪ L'immigrazione *Windrush* 258-259 ▪ Il Ghana si proclama indipendente 272-273 ▪ L'anno dell'Africa 274-275 ▪ Il movimento Potere Nero 288-289

I soldati britannici della Costa d'Oro (Ghana) nel 1941 svolsero un ruolo importante nella conquista dell'Africa orientale italiana da parte degli Alleati.

dei fronti di guerra, per sostenere lo sforzo bellico i Paesi europei attinsero a manodopera e soldati delle colonie.

Truppe coloniali

I Paesi europei erano riluttanti a schierare soldati africani neri contro i bianchi, ma la vastità e le esigenze della guerra e il costo in termini di vite umane che il conflitto comportava costrinsero a mobilitare anche truppe nere. Le colonie britanniche, francesi e belghe combatterono dalla parte degli Alleati, quelle italiane dalla parte dell'Asse.

La Gran Bretagna mobilitò soldati dei reggimenti coloniali, detti Truppe di frontiera dell'Africa occidentale e Fucilieri africani del re, che nell'81ª divisione furono schierati sui fronti del teatro di guerra Cina-Birmania-India. Inoltre, circa 23.000 soldati provenienti dall'Africa occidentale furono mandati a combattere nel Corno d'Africa e nei territori dell'oceano Indiano. Sul teatro europeo, la Gran Bretagna si attenne alla prassi adottata nella Prima guerra mondiale di non schierare truppe africane contro europei bianchi, usandole invece in ruoli non combattenti. Fra il 1939 e il 1940 la Francia reclutò circa 300.000 soldati nelle colonie dell'Africa settentrionale e 197.000 in quelle dell'Africa occidentale. Diversamente dalle truppe coloniali britanniche, alcune unità africane furono schierate sui fronti europei, nell'Italia continentale, in Sicilia e in Germania, mentre circa 63.000 soldati combatterono in Francia e altri prestarono servizio sul fronte nordafricano e in Asia occidentale.

In Europa le unità africane erano schierate in prima linea, pertanto erano maggiormente vulnerabili. Furono bersaglio di esecuzioni di massa da parte delle unità tedesche, che consideravano un disonore il dispiegamento di soldati africani in Europa contro i bianchi (come nella Prima guerra mondiale, in seguito alla quale la Germania sconfitta fu privata delle colonie e delle truppe africane).

Dopo aver occupato la Francia nel 1940, la Germania rimpatriò numerosi soldati africani riportandoli nel loro continente. Dopo la sconfitta della Francia di Vichy, alleata alla Germania, in Siria e Libano, molti militari si arruolarono nella 1ª divisione della Francia libera, che risultò poi la divisione francese più decorata della guerra, fondamentale per la liberazione della Francia meridionale e orientale. Nel 1945, tuttavia, il governo di Parigi rimpatriò le truppe africane per "sbiancare" l'esercito.

Eroi non celebrati

Né la Francia né la Gran Bretagna riconobbero il contributo delle truppe africane alle rispettive vittorie. Dopo la guerra, a molti reduci delle colonie africane britanniche e francesi furo-

> Quando sono uscito, non mi hanno dato niente. Siamo stati abbandonati e basta.
>
> **Eusebio Mbiuki**
> **Reduce di guerra keniano**

Soldati neri delle colonie francesi d'Africa si trasferiscono in Francia l'8 giugno 1944, due giorni dopo lo sbarco in Normandia, per aiutare gli Alleati a liberare l'Europa dall'occupazione nazista.

Nel 1942 il giornale *Pittsburgh Courier* ideò la "campagna della doppia V": **vittoria sui nemici all'estero e sui nemici in patria**.

Il *Courier* paragonava il **trattamento dei cittadini neri** negli Stati Uniti al trattamento degli ebrei da parte della Germania nazista.

Il giornale **incoraggiava l'arruolamento** di americani neri, legando la guerra alla **lotta contro la discriminazione razziale**...

... e narrava vicende di **americani neri**, oltre **1 milione** dei quali prestarono servizio nella Seconda guerra mondiale.

A causa della **perdurante necessità di combattere la discriminazione** negli Stati Uniti, nel 1946 la "doppia V" fu sostituita da una sola "V".

Migliaia di volontari caraibici si arruolarono nell'aviazione britannica come piloti, navigatori e mitraglieri, nonché nel personale di terra.

no negati i compensi per la smobilitazione, le pensioni e gli indennizzi. Inoltre, durante la guerra l'esercito britannico aveva pagato i combattenti neri anche tre volte meno rispetto ai militari bianchi di pari grado.

Il reggimento caraibico

Durante la Prima guerra mondiale, i soldati neri delle Indie Occidentali avevano subìto pregiudizi razziali, con l'esito di ammutinamenti contro le autorità militari. Per questo motivo, al ministero della guerra britannico perdurò la convinzione di non poter contare sulla loro lealtà. Dopo lo scoppio della Seconda guerra, malgrado la discriminazione da loro subìta in precedenza, i cittadini britannici neri delle colonie caraibiche accorsero a partecipare all'intervento britannico.

Il ministero della guerra esitò a ricostituire il reggimento delle Indie Occidentali, temendo che le truppe caraibiche, meglio pagate, fomentassero la ribellione tra i soldati africani. Dal canto suo, il ministero delle colonie cercava disperatamente di evitare le conseguenze politiche che sarebbero potute derivare dal continuo rifiuto di schierare truppe volontarie dei Caraibi. I due dicasteri discussero la questione fino al 1944, quando il ministero della guerra finalmente reclutò soldati dei territori britannici delle Indie Occidentali, formando il reggimento caraibico dell'esercito. Un'unità fu schierata sul fronte mediterraneo, ma limitata a compiti generici, tra cui scortare prigionieri di guerra, sondare il terreno in cerca di mine e caricare le attrezzature militari per gli spostamenti.

Soldati americani neri

Durante la Prima guerra mondiale, una delle unità di americani neri più rinomate era stata il 369° reggimento di fanteria, noto col soprannome di Harlem Hellfighters. Fra tutte le unità americane, era stato quello che aveva trascorso più tempo nelle trincee in prima linea e che aveva subìto il maggior numero di perdite, registrando oltre 1.400 morti. Ma nel 1941, quando gli Stati Uniti entrarono nel secondo conflitto mondiale, il ministero della guerra non disponeva di protocolli concreti per l'impiego di truppe nere, a parte reclutarle come manodopera e mantenere segregati i soldati. Nel 1942, quando i teatri di guerra si ampliarono, nei Caraibi, in Asia e in Europa furono schierate truppe nere. Alla fine della guerra avevano prestato servizio 1,2 milioni di americani neri.

Sui fronti di guerra, in ogni settore delle forze armate americane furono applicate le leggi "Jim Crow" di segregazione razziale. I soldati neri furono impiegati perlopiù in unità di lavoro e servizio, e chi veniva promosso a posizioni di comando poteva guidare soltanto reparti costituiti da neri. L'Associazione nazionale per il progresso delle persone di colore (NAACP) e i giornali dei neri sottolinearono l'ipocrisia del fatto che gli Stati Uniti combattessero per salvaguardare la democrazia, mantenendo però la segregazione fra le proprie truppe.

Nel 1944, all'aumentare delle perdite, gli Stati Uniti schierarono il 761° battaglione corazzato, primo contingente di americani neri a partecipare a combattimenti di terra in Europa. Il battaglione ebbe un ruolo significativo nella liberazione della Francia. Nello stesso anno furono schierati anche gli avieri di Tuskegee, gruppo di piloti e combattenti neri dell'aviazione.

> Devo sacrificare la mia vita per vivere da mezzo americano? Vale la pena difendere l'America che conosco? Dopo questa guerra l'America sarà una democrazia vera e pura? Questi e altri interrogativi richiedono una risposta.
>
> **J.G. Thompson**
> ***Pittsburgh Courier*, 1942**

Tuttavia, le unità militari americane rimasero segregate, con un'unica eccezione di rilievo. Durante la battaglia delle Ardenne, offensiva tedesca in Belgio durata dal 16 dicembre 1944 al 25 gennaio 1945, la disperata necessità di uomini indusse i comandanti a mescolare le unità.

Verso l'uguaglianza

Dopo il ritorno negli Stati Uniti, i reduci neri dovettero affrontare aggressioni da parte di bande di bianchi, che li consideravano una minaccia per le norme di segregazione razziale. Inoltre, a questi militari furono spesso negati gli indennizzi postbellici.

Durante il servizio militare in Europa, i soldati americani neri osservarono società prive di barriere razziali. In Gran Bretagna non vi erano restrizioni nei luoghi in cui potersi recare, e alcuni soldati socializzarono con donne bianche, un tabù negli Stati Uniti. Al ritorno in patria, molti si iscrissero all'associazione NAACP e parteciparono al movimento per i diritti civili.

In Africa, i reduci neri diffusero idee di uguaglianza e svolsero un ruolo nello sviluppo dei movimenti di indipendenza e delle organizzazioni politiche. Molti si candidarono a cariche pubbliche, come il poeta senegalese Léopold Senghor, che fu poi il primo presidente del Senegal.

Quando fra Stati Uniti e Unione Sovietica iniziò la guerra fredda, le unità militari americane segregate in Germania divennero sempre più fonte di imbarazzo. Per screditarne il ruolo di guida internazionale, la propaganda sovietica e tedesca ritraeva gli Stati Uniti come nazione razzista. Il 26 luglio 1948 il presidente Harry Truman autorizzò l'integrazione razziale delle forze armate americane. ■

Gli avieri di Tuskegee

Nel 1941, in seguito a pressioni degli attivisti per l'impiego di soldati neri in ruoli di combattimento, al campo d'aviazione di Tuskegee, in Alabama, furono addestrati come piloti circa 1.000 americani neri, che poi in Europa e in Africa settentrionale scortarono i bombardieri, proteggendoli dagli attacchi nemici. Nel 1944, varie squadriglie di caccia con piloti neri furono raggruppate nella 332ª divisione. Il gruppo scortò in territorio nemico i pesanti bombardieri della 15ª armata aerea, usando velivoli dalla coda dipinta di rosso, per cui furono soprannominati "code rosse". Registrarono i più elevati tassi di successo fra le scorte della 15ª armata aerea, infrangendo così il mito secondo cui i neri sarebbero stati inadatti ai ruoli di combattimento. Dopo la guerra, molti avieri neri proseguirono la carriera nelle forze armate. Nel 2007, in riconoscimento del servizio prestato agli Stati Uniti, il presidente George W. Bush conferì la medaglia d'oro del Congresso a oltre 300 avieri di Tuskegee.

TI DICONO CHE È LA MADREPATRIA

L'IMMIGRAZIONE *WINDRUSH* (1948)

NEL CONTESTO

LUOGHI
Caraibi, Gran Bretagna

PRIMA
1939-1945 Nella Seconda guerra mondiale per la Gran Bretagna combattono circa 16.000 uomini e donne dei Caraibi. Negli Stati Uniti oltre 40.000 partecipano allo sforzo bellico come civili.

1948 La Legge sulla nazionalità concede a tutti i sudditi del Commonwealth e delle colonie britanniche la cittadinanza e il diritto di stabilirsi in Gran Bretagna.

DOPO
1962 La Legge sull'immigrazione dal Commonwealth pone fine al diritto automatico di stabilirsi in Gran Bretagna.

1971 La Legge, entrata in vigore nel 1973, consente solo una residenza temporanea a chi proviene dal Commonwealth se non ha stretti legami di parentela.

Dopo la Seconda guerra mondiale, di fronte alla **scarsità di manodopera** il governo britannico invita i **cittadini delle colonie del Commonwealth** a contribuire alla ricostruzione del Paese.

Attratti dalla promessa di un **lavoro** e della **cittadinanza britannica**, arrivano migliaia di immigrati caraibici che **si aspettano di essere ben accolti** dalla "**madrepatria**".

In realtà, i nuovi arrivati devono affrontare **misere condizioni di lavoro**, un **clima rigido** e **crescenti ostilità e pregiudizi** da parte della popolazione bianca.

I caraibici si uniscono avviando una **campagna contro il razzismo** e **organizzando eventi comunitari** per risollevare il morale.

Dopo la guerra, la Gran Bretagna dovette affrontare una scarsità di manodopera e cercò di far arrivare lavoratori per ricostruire il Paese. Facendo appello alle colonie del Commonwealth, il governo sollecitò gli abitanti a trasferirsi nella "madrepatria", promettendo loro un impiego e il diritto di stabilirvisi. Negli anni seguenti giunsero migliaia di caraibici, molti dei quali nell'offerta vedevano la possibilità di cambiare vita. Spesso più famigliari riunivano le risorse per acquistare il biglietto di viaggio, in modo che uno di loro potesse compiere la traversata.

Le prime navi su cui viaggiavano i nuovi lavoratori arrivarono nel 1947, ma fu l'*Empire Windrush*, partito dalla Giamaica e attraccato a Tilbury,

Cfr. anche: La tratta degli schiavi transatlantica 116-121 ▪ I cimarroni giamaicani 146-147 ▪ I Garifuna 162-163 ▪ Combattenti neri nella Seconda guerra mondiale 254-257

I passeggeri caraibici si preparano a sbarcare in Inghilterra dal transatlantico *Empire Windrush*, ex nave militare tedesca. Tra i 1.027 passeggeri, 539 provenivano dalla Giamaica, 139 da Bermuda e 73 da Trinidad.

nell'Essex, nel 1948 con oltre 1.000 passeggeri, a dare il nome a questo gruppo di immigrati caraibici, poi chiamato generazione *Windrush*.

Lavoro e sofferenze

Anche se quasi tutti trovarono un impiego, non ebbero vita facile. Il lavoro era mal pagato, perciò per molti che avevano lasciato i famigliari in patria era difficile mettere da parte i soldi per farsi raggiungere dai parenti. In confronto al clima gradevole e al ritmo più lento dei Caraibi, il rigido inverno britannico, l'orario lavorativo prolungato, le misere condizioni di lavoro e le differenze culturali furono uno choc. Inoltre, molti rimasero delusi dalla sporcizia e dalla povertà dei quartieri in cui vivevano.

I nuovi arrivati dai Caraibi dovettero affrontare sempre di più l'ostilità sia dei colleghi bianchi, sia della popolazione in genere. Nel 1958, nel quartiere londinese di Notting Hill vi furono disordini e tafferugli simili anche a Nottingham, dove bande di operai bianchi attaccarono i residenti caraibici, i quali poi scatenarono violente rappresaglie. Nel 1959, l'omicidio di Kelso Cochrane, britannico di Antigua, da parte di una banda di giovani londinesi alimentò ulteriori tensioni razziali; gli assassini non furono mai catturati.

La comunità caraibica si compattò per fronteggiare l'evidente razzismo, e nel 1965 le pressioni e l'attivismo portarono alla Legge sulle relazioni interrazziali, che proibiva la discriminazione per motivi di «colore, razza, origine etnica o nazionale».

Scandalosa deportazione

Dal 1962, vari provvedimenti del governo limitarono l'immigrazione dal Commonwealth, ponendo fine agli arrivi in massa dai Caraibi all'inizio degli anni '70. A oltre 50 anni di distanza, però, quando è scoppiato uno scandalo il nome *Windrush* era di nuovo in prima pagina. Nel 2018 il governo è stato costretto ad ammettere che molti caraibici della generazione *Windrush* e successive avevano subìto gravi ingiustizie. O perché i documenti erano andati smarriti, o perché non veniva riconosciuto il fatto che non fosse necessaria alcuna documentazione per l'arrivo dei primi immigrati o dei loro parenti, molti caraibici erano stati ingiustamente detenuti, privati dei diritti, minacciati di deportazione o effettivamente deportati. Nel marzo del 2020 un'inchiesta governativa indipendente ha stabilito che il trattamento della generazione *Windrush* e dei suoi discendenti da parte del ministero dell'interno rivela «un profondo fallimento istituzionale». Agli aventi diritto è stato promesso un indennizzo. ■

Il carnevale di Notting Hill

Per risollevare lo spirito ed esprimere solidarietà di fronte alle tensioni razziali, l'attivista Claudia Jones, originaria di Trinidad, nel gennaio del 1959 organizzò nel teatro comunale di Saint Pancras, a Londra, il primo carnevale caraibico. Dopo altri eventi al chiuso, nel 1966 l'intento di divertire i bambini del luogo segnò la nascita del moderno carnevale di Notting Hill.
Gli attivisti Rhaune Laslett e Andre Shervington diedero inizio al carnevale in agosto, invitando il noto musicista di Trinidad Russell Henderson e i suoi percussionisti a partecipare alla processione per le strade di Notting Hill. Nel 1974 la musica caraibica e i costumi colorati del carnevale attiravano ormai oltre 100.000 persone al ritmo di reggae giamaicano, musica *dub* e *ska*, *soca* e calipso.
I due giorni festivi in agosto sono diventati un'istituzione culturale che oggi attira oltre 2 milioni di spettatori e offre uno spazio per la coesione e la valorizzazione della comunità.

Alla sfilata del carnevale di Notting Hill del 2019 si sfoggiano colorati costumi giamaicani.

NON C'È NESSUNA STRADA FACILE PER LA LIBERTÀ

NELSON MANDELA E IL MOVIMENTO ANTI-APARTHEID (1949)

NEL CONTESTO

LUOGO
Sudafrica

PRIMA
1652 Il Sudafrica viene colonizzato dagli olandesi.

1797 I britannici della Colonia del Capo impongono ai neri varie limitazioni e l'uso di passaporti interni.

1910 Viene approvata la Legge per il Sudafrica, che assegna ai bianchi il predominio assoluto sugli altri gruppi razziali.

1912 Si costituisce il Congresso nazionale africano.

DOPO
1993 Nelson Mandela e F.W. de Klerk conseguono il premio Nobel per la pace per aver posto le basi della democrazia in Sudafrica.

1996 Mandela istituisce la Commissione per la verità e la riconciliazione per documentare le violazioni dei diritti umani durante l'apartheid.

Nel 1948, in Sudafrica il Partito nazionale vinse le elezioni e introdusse l'apartheid (separazione), sistema di segregazione razziale. Fu poi approvata una legislazione estremamente dura, che privò dei diritti i sudafricani neri; fra le altre, la Legge sulla registrazione della popolazione del 1950 classificava i cittadini in quattro gruppi razziali: bianchi, neri, indiani (provenienti da India e Pakistan) e di colore (razza mista). In tal modo si instaurarono la "piccola apartheid", ossia la segregazione in aree pubbliche ed eventi sociali, e la "grande apartheid", ovvero i limiti imposti ai sudafricani neri in merito a proprietà terriera, diritti politici, alloggi, lavoro e cittadinanza.

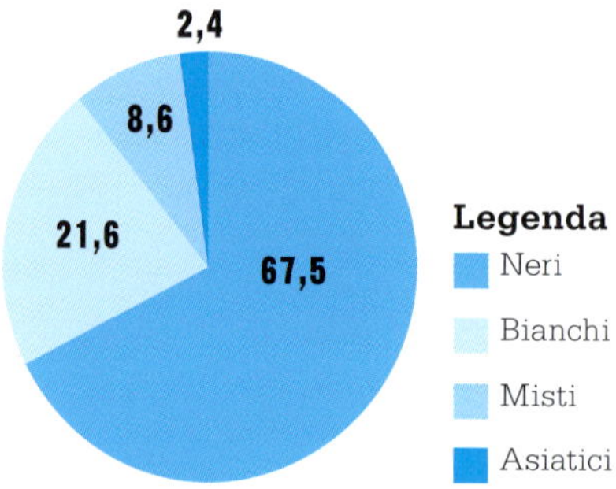

I sudafricani erano in maggioranza neri, come indicato da questa scomposizione della popolazione fra 1904 e 1960. Il sistema dell'apartheid costrinse l'80% degli abitanti a vivere in appena il 13% del Paese.

Resistenza interna

Sebbene l'apartheid fosse stabilita dalle leggi, molti vi si opponevano, tra cui Nelson Mandela, che a 26 anni divenne segretario del Congresso nazionale africano, partito politico e movimento per la liberazione dei neri, istituito per la campagna di contrasto all'apartheid. Nel 1949, il Congresso adottò il "Programma di azione", invitando i propri iscritti a far uso di scioperi, boicottaggi e altre forme di resistenza non violenta. Mandela, uno dei principali esponenti del partito, teneva discorsi e sollecitava proteste non violente.

Hendrik Verwoerd, che nel 1958 divenne primo ministro, intensificò ulteriormente la politica dell'apartheid. Nel 1959 fu adottato il "sistema delle patrie", con cui si creavano 10 aree territoriali indipendenti dette Bantustan, dove i sudafricani neri furono costretti a vivere. Dal 1961 al 1994, oltre 3,5 milioni di persone dovettero lasciare le proprie abitazioni e trasferirsi nei Bantustan, situati in zone rurali povere. In alcuni casi, se genitori e figli venivano registrati co-

Cfr. anche: L'abolizionismo in America 172-179 ▪ Jim Crow 216-221 ▪ La spartizione dell'Africa 222-223 ▪ Il panafricanismo 232-236 ▪ L'anno dell'Africa 274-275 ▪ Il movimento Potere Nero 288-289

Nelson Mandela

Col nome di nascita di Rolihlahla, Nelson Mandela nasce a Mvezo in Sudafrica nel 1918. Suo padre, Henry Mandela, è consigliere di un capotribù del clan Madiba, famiglia regnante dei Tembu di lingua Xhosa.
Nel 1941 Mandela si trasferisce a Johannesburg per perseguire una carriera giuridica. Grazie all'interesse per la politica e la storia africana e alla sua passione per l'uguaglianza per i sudafricani neri, diviene segretario della sezione giovanile del Congresso nazionale africano. È un attivista del partito e si impegna contro la politica dell'apartheid.
Nel 1955 contribuisce alla stesura della Carta della libertà, un documento che reclama l'uguaglianza razziale per i sudafricani neri.
Mandela nel 1964 viene condannato all'ergastolo per "sabotaggio". Rimane in carcere in totale per 27 anni, 18 dei quali trascorsi sull'isola di Robben. Rilasciato nel 1990, nel 1994 è il primo nero eletto capo di Stato in Sudafrica.
Alla sua morte nel 2013, oltre 100.000 persone si mettono in coda nella camera ardente per rendere omaggio alla sua salma.

me appartenenti a gruppi razziali diversi, le famiglie furono divise a forza.

Nel 1960, quando la polizia rivolse le armi contro i contestatori nell'insediamento urbano nero di Sharpeville durante una manifestazione non violenta del gruppo politico anti-apartheid Congresso panafricanista, 69 persone disarmate rimasero uccise. Mandela e altri membri del suo partito abbandonarono l'atteggiamento di non violenza e sollecitarono proteste non pacifiche contro le forze dell'ordine sudafricane. In conseguenza del suo ruolo nella fondazione dell'ala militare del partito, nel 1962 Mandela fu arrestato e accusato di progettare atti di guerriglia e sabotaggio. Successivamente fu condannato all'ergastolo con lavori forzati sull'isola di Robben.

Pressioni internazionali

Malgrado l'incarcerazione di Mandela, l'influsso del Congresso nazionale africano crebbe; numerosi sudafricani protestarono contro l'apartheid e vari partiti politici reclamarono i diritti democratici per i sudafricani neri. Frattanto, a livello internazionale si diffondevano le informazioni sul modo in cui venivano trattati i sudafricani neri, nonché sulla reclusione di Mandela.

Nel 1976, il Consiglio di sicurezza delle Nazioni Unite approvò l'imposizione di un embargo sulla vendita di armi al Sudafrica e nel 1980 chiese il rilascio di Mandela. Nel 1986 la comunità internazionale, fra cui Gran Bretagna e Stati Uniti, nel tentativo di ottenere la fine dell'apartheid impose al Sudafrica sanzioni economiche. Alla protesta si unirono comuni cittadini di tutto il mondo.

Democrazia in Sudafrica

Nel 1989, F.W. de Klerk fu eletto segretario del Partito Nazionale e presidente del Sudafrica; questi colse di sorpresa l'intero Paese attivandosi subito per porre termine al sistema dell'apartheid. L'11 febbraio 1990 Nelson Mandela fu rilasciato e si mise a collaborare con de Klerk per una transizione pacifica verso la democrazia.

Il 27 aprile 1994 milioni di sudafricani si misero in coda per esercitare il diritto, appena conquistato, di votare nelle prime elezioni pienamente democratiche del Paese. Mandela fu eletto presidente e guidò un governo di unità nazionale in cui erano rappresentati anche partiti minoritari. ■

Questo manifesto anti-apartheid del 1985 proviene da San Francisco, dove gli scaricatori di porto si rifiutavano di lavorare sulle navi che trasportavano merci sudafricane.

NON VOGLIAMO GUERRA, VOGLIAMO GIUSTIZIA

LA RIVOLTA DEI MAU MAU (1952)

NEL CONTESTO

LUOGO
Kenya, Africa orientale

PRIMA
1902 Ai coloni europei è consentito insediarsi in qualsiasi territorio del Kenya non occupato, anche se di proprietà africana.

1913 Gli affitti per 99 anni concessi agli europei creano un monopolio sull'uso della terra.

1932-1934 La Commissione fondiaria del Kenya non accoglie le richieste di restituzione delle terre.

DOPO
1956 La Gran Bretagna concede ai keniani la rappresentanza nel Consiglio legislativo.

1963 In Kenya si tengono le elezioni e il Paese diventa indipendente.

2011 I Mau Mau intentano causa per torture e violenze nei campi di prigionia alla Gran Bretagna, che ammette i crimini e risarcisce le 5.228 vittime.

Le regole imposte dai britannici **riducono in miseria i keniani**, compresa la popolazione Kikuyu.

↓

I Kikuyu sono **costretti a trasferirsi in riserve** e diventano braccianti salariati sulle **terre già di loro proprietà**.

↓

Miseria e scontento **alimentano la resistenza radicale**, che culmina con la rivolta dei Mau Mau.

↓

Il governo britannico concede al Kenya **diritti di proprietà terriera** e una **maggiore autonomia politica**.

Quando le potenze europee si spartirono gran parte dell'Africa, nel 1895 la Gran Bretagna rivendicò ufficialmente il Kenya e nel 1920 lo proclamò colonia della Corona. In questo periodo, in Kenya si trasferirono coloni europei che si impadronirono di terre fertili nella zona della Rift Valley e degli altopiani, scacciando le comunità locali che possedevano e coltivavano queste aree. I più colpiti furono i Kikuyu, il principale gruppo etnico del Kenya. Malgrado le richieste keniane di riforma fondiaria, redistribuzione delle terre e rappresentanza politica, non vi furono reali cambiamenti. La mancanza di riforme fece emergere un gruppo radicale, l'Esercito keniano per la terra

> Non potevamo più accettare che uno *mzungu* [europeo] fosse migliore di un africano.
> **Bildad Kaggia**
> **Politico keniano (1921-2005)**

Cfr. anche: Gli europei arrivano in Africa 94-95 ▪ La spartizione dell'Africa 222-223 ▪ L'Etiopia sfida il colonialismo 226-227 ▪ La rivolta dei Maji Maji 236-237 ▪ La guerra delle donne del 1929 252 ▪ L'anno dell'Africa 274-275

Sospetti Mau Mau sono detenuti in un campo di prigionia in Kenya nel 1952. In seguito raccontarono torture e violenze subite dai soldati britannici.

e la libertà, costituito principalmente dalle etnie Kikuyu, Kamba, Embu e Meru. Alla fine degli anni '40 i militanti dell'Esercito, chiamati dai britannici Mau Mau, iniziarono una lotta armata per i diritti di proprietà terriera e la liberazione del Paese.

Terra e libertà

Per garantirsi la lealtà dei partecipanti, i Mau Mau fecero pronunciare giuramenti di fedeltà alla causa. I rivoltosi, sotto la guida di Dedan Kimathi, si divisero in gruppi armati che sferravano attacchi con azioni di guerriglia. Dai loro accampamenti nelle foreste, tendevano imboscate ai bianchi delle aziende agricole e a coloro che rimanevano fedeli al governo.

In risposta ai disordini, nell'ottobre del 1952 il governo coloniale dichiarò lo stato di emergenza nel Paese, arrestando vari presunti capi dei Mau Mau. Inoltre, diffuse in Kenya e all'estero una propaganda che descriveva i Mau Mau come selvaggi violenti, pervasi da impulsi bestiali e irrazionali. Nel 1953 i britannici intensificarono le operazioni militari, sferrando attacchi aerei ai sospetti accampamenti dei Mau Mau, compiendo retate, incarcerando e assassinando i sostenitori dei ribelli.

Secondo le stime, fino al 1955 furono uccisi 11.000 Mau Mau, altri 1.090 furono condannati a morte e impiccati, oltre 80.000 keniani vennero rinchiusi in campi di prigionia, mentre per mano dei Mau Mau morirono 1.819 keniani fedeli al governo britannico e 32 europei. Lo stato di emergenza si protrasse fino al 1960, anche se i Mau Mau furono considerati sconfitti con la cattura di Kimathi il 21 ottobre 1956.

Conseguenze della rivolta

L'insurrezione costrinse il governo britannico ad avviare le riforme politiche e fondiarie rivendicate con forza dai nazionalisti keniani. Nel 1956 le proprietà terriere dei Kikuyu furono ampliate e vennero revocate precedenti leggi che consentivano solo agli europei di coltivare caffè, principale prodotto agricolo del Kenya destinato all'esportazione. La Gran Bretagna aumentò il numero di seggi riservati ai keniani nel Consiglio legislativo e avviò la transizione verso l'autogoverno. Nel dicembre del 1963 il Kenya ottenne l'indipendenza e ne divenne presidente Jomo Kenyatta, del partito nazionalista Unione africana del Kenya.

Ormai in rapporti amichevoli con la Gran Bretagna, il governo Kenyatta mantenne in vigore la messa al bando dei Mau Mau. Nel 2003, quando il provvedimento venne infine abrogato, i Mau Mau furono riconosciuti ufficialmente come eroi nazionali e architetti dell'indipendenza del Paese. In seguito sono emersi resoconti di detenzione illegale, castrazione e violenza sessuale da parte di soldati e coloni britannici. ▪

I Kikuyu si radunano allo stadio Ruring'u di Nyeri in Kenya nel 1963, con un gesto simbolico di resa dopo la fine della rivolta dei Mau Mau.

PERCHÉ I NOSTRI FIGLI DEVONO ANDARE A SCUOLA COSÌ LONTANO?

LA SENTENZA *BROWN* (1954)

NEL CONTESTO

LUOGO
Stati Uniti

PRIMA
1868 La Clausola dell'uguaglianza nel 14° Emendamento alla Costituzione degli Stati Uniti dichiara che tutti sono uguali davanti alla legge.

1896 Una sentenza della Corte Suprema americana dichiara costituzionali la segregazione razziale e la dottrina dei "separati ma uguali".

DOPO
1960 Ruby Nell Bridges, di 6 anni, è la prima scolara americana nera a frequentare una scuola elementare in precedenza riservata ai bianchi nel sud degli Stati Uniti.

1964 La Legge sui diritti civili pone fine alla segregazione nei luoghi pubblici e proibisce la discriminazione sul lavoro per motivi di razza, colore, religione, sesso e origine nazionale.

Nel 1954 la Corte Suprema degli Stati Uniti pronunciò una sentenza che dichiarava incostituzionale la segregazione razziale dei bambini nelle scuole pubbliche. La decisione, intitolata *Brown contro la Commissione scolastica di Topeka*, considerava incostituzionale la precedente sentenza della Corte Suprema *Plessy contro Ferguson* del 1896, che approvava la dottrina dei "separati ma uguali" e definiva la segregazione fra bianchi e neri un affronto ai diritti civili degli americani neri.

Cfr. anche: Jim Crow 216-221 ▪ Il linciaggio di Emmett Till 268-269 ▪ Il boicottaggio degli autobus di Montgomery 270-271 ▪ Ascesa del femminismo nero 276-281 ▪ La marcia su Washington 282-285

Il **14° Emendamento** alla Costituzione degli Stati Uniti afferma che tutti i cittadini sono **uguali davanti alla legge**.

↓

La Corte Suprema stabilisce che la **segregazione razziale è costituzionale**, purché i servizi offerti a ciascuna razza siano di **pari qualità**.

↓

Per conto dei bambini vengono intentate varie cause, in cui si sostiene che le scuole segregate presentano **una disuguaglianza intrinseca** in quanto **nocive all'amor proprio dei bambini neri**.

↓

La Corte Suprema concorda e ordina la desegregazione dei distretti scolastici.

Prima della sentenza della Corte Suprema, in molti Stati americani vigevano leggi che istituivano la segregazione e imponevano agli americani bianchi e neri di usare servizi pubblici separati, per esempio le toilette e le carrozze ferroviarie, e ai bambini di frequentare scuole pubbliche diverse, purché fossero di pari qualità (ma di solito non lo erano).

Crescenti pressioni

Il caso del 1954 che condusse alla sentenza della Corte Suprema iniziò nel 1950, quando Oliver Brown intentò una causa alla commissione scolastica di Topeka, nel Kansas, dove a sua figlia Linda di 8 anni era stato negato il diritto di iscriversi a una scuola elementare riservata ai bianchi e situata a soli sette isolati di distanza da casa loro. Linda era stata costretta a frequentare una scuola segregata per soli neri distante vari chilometri, e per andare a prendere l'autobus doveva passare davanti alla scuola dei bianchi. Gli avvocati di Brown sostennero che, pur essendo la scuola segregata di pari livello, una tale discriminazione razziale fosse nociva per lo sviluppo emozionale e psichico dei bambini americani neri.

Brown era uno dei 18 genitori di Topeka che avevano contestato la legittimità della sentenza "separati ma uguali". All'incirca nello stesso periodo, in altre località degli Stati Uniti erano sorti casi simili in scuole pubbliche: la causa *Briggs contro Elliot* nella contea di Clarendon in Carolina del Sud nel 1949, un caso nella contea Prince Edward della Virginia nel 1951, la causa *Bolling contro Sharpe* a Washington nel 1951, e un caso a Wilmington nel Delaware nel 1952. La Corte Suprema decise di raggruppare tutti i casi in un'unica decisione collettiva, intitolata *Brown contro la Commissione scolastica di Topeka*.

Il caso

Il principale avvocato della parte attrice era Thurgood Marshall, responsabile dell'ufficio legale ed educativo dell'Associazione nazionale per il progresso delle persone di colore (NAACP). Marshall era stato anche il principale avvocato nella causa *Briggs contro Elliot* in Carolina del Sud. Funsero da avvocati anche George E.C. Hayes e James M. Nabrit, legali della causa *Bolling contro Sharpe*. Tutti insieme sostennero che le scuole pubbliche segregate non fossero e non potessero essere di pari valore, e che perciò privassero i bambini neri del loro diritto di uguaglianza di fronte alla legge, un diritto riaffermato dalla clausola dell'uguaglianza presente nel 14° Emendamento alla Costituzio-

> Nel settore della pubblica istruzione la dottrina dei "separati ma uguali" non trova posto.
>
> **Giudice Earl Warren**
> **Presidente della Corte Suprema, 1954**

Seduta sui gradini della Corte Suprema e tenendo in mano un giornale che annuncia la desegregazione delle scuole pubbliche, Nettie Hunt ne spiega il significato alla figlia Nikie.

ne, di cui pertanto le scuole segregate avrebbero costituito un'esplicita violazione.

Marshall e i suoi colleghi attinsero a studi sociologici per dimostrare gli effetti nocivi della segregazione. Lo psicologo Kenneth Clark, per esempio, citò un esperimento, detto test della bambola, da lui elaborato assieme alla moglie, la psicologa Mamie Clark, allo scopo di valutare la percezione razziale nei bambini fra i 3 e i 7 anni di età. Posti di fronte a due bambole esattamente identiche salvo il colore della pelle, la maggior parte dei bambini neri (10 su 16) preferiva la bambola bianca e le assegnava caratteristiche positive, mentre 11 bambini avevano percezioni negative nei confronti della bambola nera. Da questi risultati, i Clark dedussero che pregiudizi, discriminazione e segregazione creassero nei bambini neri una sensazione di inferiorità che ne danneggiava l'amor proprio.

Decisione finale

Il 17 maggio 1954 la Corte Suprema pronunciò la decisione finale sul caso *Brown contro la Commissione scolastica*. I nove giudici furono unanimi: la segregazione nelle scuole pubbliche americane era incostituzionale, e i servizi educativi separati erano intrinsecamente disuguali.

Per i bambini americani neri e i loro genitori la sentenza fu una grande vittoria, ma gli americani bianchi del sud protestarono subito. L'opposizione era così diffusa, che nel 1955 la Corte Suprema pronunciò una seconda sentenza, definita *Brown II*, che ordinava ai distretti scolastici di procedere «con la massima urgenza» alla desegregazione. Il problema era

Thurgood Marshall

L'avvocato e attivista per i diritti civili Thurgood Marshall rappresenta la parte attrice nella causa *Brown contro la Commissione scolastica*. Allievo dell'eminente avvocato nero Charles Hamilton Houston, Marshall ritiene che si possa usare la legge come strumento di trasformazione sociale. Nato Thoroughgood Marshall nel 1908 a Baltimora, nel Maryland, figlio di un facchino delle ferrovie e di un'insegnante elementare, da bambino modifica il proprio nome in Thurgood. Dopo la laurea con lode all'università Lincoln in Pennsylvania, ateneo riservato ai neri, essendo stato rifiutato dall'università del Maryland, riservata ai bianchi, studia giurisprudenza all'università Howard (dove è allievo di Houston). Nel 1936, da avvocato, cita il 14° Emendamento per vincere la causa *Murray contro Pearson*, che costringe l'università del Maryland ad ammettere a giurisprudenza lo studente nero Donald Murray. Nel 1967, 13 anni dopo la sentenza *Brown*, Marshall è il primo americano nero nominato giudice della Corte Suprema. Muore a Bethesda, nel Maryland, nel 1993, a 84 anni.

> Ha marciato accanto a loro come un soldatino, e tutti noi siamo molto orgogliosi di lei.
> **Charles Burks**
> **Ex vicecapo della polizia, su Ruby Bridges, 1960**

che la Corte Suprema non aveva mai specificato come si dovesse realizzare la desegregazione nelle scuole e non offriva istruzioni su come i distretti scolastici locali dovessero mettere in atto le nuove disposizioni.

Di conseguenza, la vittoria giuridica costituita dalla sentenza *Brown* non provocò un'immediata trasformazione del Paese. Dopo la decisione, molti distretti scolastici rimasero segregati per anni, malgrado i tentativi dell'associazione NAACP di iscrivere scolari neri in istituti per bianchi in città di tutto il sud.

Nuovi conflitti

Nel 1957, un gruppo di 9 studenti neri soprannominati "i nove di Little Rock" furono ufficialmente iscritti alla Scuola superiore centrale, in precedenza per soli bianchi, di Little Rock nell'Arkansas. Il 4 settembre, primo giorno di scuola, il governatore dell'Arkansas, Orval Faubus, ordinò alla Guardia Nazionale di impedire ai nove di Little Rock di entrare a scuola, affermando che si rifiutava di costringere «la popolazione a integrarsi contro la sua volontà». Il distretto scolastico di Little Rock condannò l'intervento del governatore Faubus e indisse un incontro cittadino di preghiera. Il presidente Dwight D. Eisenhower cercò di sgonfiare la crisi incontrandosi con Faubus e invitandolo a rispettare la sentenza della Corte Suprema.

Il 23 settembre, vista la resistenza continua del governatore, Eisenhower portò la Guardia Nazionale dell'Arkansas sotto il comando del governo federale, affinché scortasse gli studenti neri fino all'edificio scolastico. La crisi di Little Rock polarizzò gli americani, divisi tra i favorevoli all'integrazione e coloro, specialmente bianchi del sud, che vi si opponevano con veemenza.

Data l'intensa resistenza alla desegregazione da parte dei sistemi scolastici del sud, la trasformazione fu lenta. Alcune scuole introdussero esami di ammissione per gli studenti neri, in modo da limitarne l'accessibilità. Nel 1960, Ruby Bridges fu la prima tra i bambini americani neri a provocare la desegregazione di una scuola elementare per soli bianchi a New Orleans. Aveva superato l'esame di ammissione assieme ad altri quattro scolari neri, e sua madre, diversamente dagli altri genitori più timorosi, era decisa a far sì che Ruby prendesse il suo posto a scuola. Per un anno Ruby fu l'unica allieva della sua classe, poiché i genitori bianchi non volevano che i figli frequentassero le lezioni insieme a lei.

Motore del cambiamento

Malgrado l'opposizione, la sentenza *Brown* attirò l'attenzione nazionale e alimentò il crescente movimento per i diritti civili e la lotta per la desegregazione in altri settori della vita collettiva, fra cui i servizi pubblici e gli istituti universitari. La causa stabilì un precedente giuridico a cui ricorrere per abrogare le leggi che imponevano la segregazione nei luoghi pubblici. Nel 1964 fu approvata la Legge sui diritti civili, uno dei risultati più significativi in campo legislativo per il movimento di riforma. La legge pose fine alla segregazione nei luoghi pubblici e proibì la discriminazione sul lavoro per motivi di razza, colore, religione, sesso e origine nazionale. ■

Poliziotti in borghese scortano Ruby Bridges all'uscita da scuola per proteggerla dai contestatori bianchi. Alla bambina di 6 anni fu detto di guardare avanti per evitare di vedere la collera dei contestatori.

CHE VEDANO TUTTI

IL LINCIAGGIO DI EMMETT TILL (1955)

NEL CONTESTO

LUOGO
Stati Uniti

PRIMA
1865 Negli Stati Uniti si conclude la guerra civile e viene abolita la schiavitù.

1865 Nel Tennessee viene fondato il Ku Klux Klan.

1877 Le leggi "Jim Crow" impongono la segregazione e limitano i diritti degli americani neri.

1919 Aumentano i linciaggi di neri, con 97 attacchi durante la sanguinosa "estate rossa".

DOPO
1963 L'esplosione di una bomba in una chiesa dei neri a Birmingham, Alabama, suscita indignazione in tutto il Paese.

1964 La Legge sui diritti civili vieta ogni forma di discriminazione razziale e di segregazione.

2020 Il ministero della giustizia chiude il caso di Emmett Till senza formulare imputazioni.

Si ritiene che il termine "linciaggio" derivi da Charles Lynch, un americano che guidava attacchi di miliziani contro i lealisti britannici durante la guerra di indipendenza americana (1775-1783). Il linciaggio è un'esecuzione sommaria in cui un gruppo di persone vuole farsi giustizia da sé e uccide un accusato, spesso dopo averlo torturato.

Accuse e terrore

Nel 1865 fu abolita la schiavitù, ma gli americani neri continuarono a dover affrontare l'ostilità dei bianchi. Dopo la costituzione del Ku Klux Klan (KKK) nello stesso anno e l'introduzione delle leggi "Jim Crow", il linciaggio divenne un metodo per terrorizzare i neri. Bande di bianchi accusavano americani neri di attività criminali, dopodiché li torturavano e li mettevano a morte, di solito mediante impiccagione. Molti americani bianchi consideravano i linciaggi uno spettacolo. Fra il 1882 e il 1968 vi furono oltre 4.700 linciaggi, con 3.446 vittime nere (il 73%). Fra questi episodi vi furono i linciaggi dei "sei di Newberry" nel 1916, quando sei neri furono catturati e impiccati semplicemente perché conoscevano un nero accusato di un crimine.

> E il fatto che sia successo a un ragazzo fa differenza, eccome.
> **Mamie Till Mobley**
> **Intervista, 1996**

Nel 1955 il quattordicenne Emmett Till, che soggiornava presso famigliari nel Mississippi, fu linciato perché accusato di aver amoreggiato con una bianca, Carolyn Bryant, in un negozio in cui la donna lavorava come cassiera. Till, originario di Chicago, forse non aveva ben compreso la rigida segregazione e l'entità del razzismo ancora esistenti negli Stati del sud. Il marito di Carolyn, Roy Bryant, e il fratellastro di quest'ultimo, J.W. Milam, rapirono Till dalla casa del prozio, lo picchiarono, lo torturarono e lo uccisero a colpi di arma da fuoco, dopodiché ne gettarono il corpo nel fiume Tallahatchie. Il cadavere fu recuperato tre giorni dopo e poté essere riconosciuto solo grazie a un anello. La madre, Mamie Till Mobley, decise di tenere aperta la bara per il funerale

Cfr. anche: L'epoca aurea della ricostruzione 210-213 ▪ Jim Crow 216-221 ▪ Il boicottaggio degli autobus di Montgomery 270-271 ▪ Il movimento Potere Nero 288-289

Una comunità di americani neri nel 1955 è riunita nella chiesa di Sharp Street a Baltimora per protestare contro la morte di Emmett Till.

e di esporla per cinque giorni, per far vedere la crudeltà inflitta a suo figlio. Le notizie riportate dai mezzi di informazione suscitarono indignazione in tutto il Paese.

Ingiustizia e protesta

Meno di due settimane dopo il funerale di Till, Bryant e Milam furono processati per omicidio, ma in meno di un'ora furono assolti dalle accuse da una giuria composta da uomini bianchi. Mesi dopo, i due ammisero la propria colpevolezza. L'ingiustizia, che faceva seguito a molte altre, galvanizzò il movimento americano per i diritti civili e nel 1964 la Legge sui diritti civili rese illegale la discriminazione per motivi razziali. L'FBI riaprì due volte il caso di Till, nel 2004 e poi nel 2018, poiché nel 2017 Carolyn Bryant ammise che in realtà Till non l'aveva né toccata né molestata. Ora il caso è stato ufficialmente chiuso.

A tutt'oggi, febbraio 2021, gli Stati Uniti ancora non hanno una legge che vieti i linciaggi. Dopo quello di Emmett Till ne sono stati denunciati 12, in 11 dei quali le vittime erano nere. Nel 2020 è stato considerato un linciaggio l'omicidio di Ahmaud Arbery, nero innocente che è stato inseguito e ucciso a colpi di arma da fuoco da una banda di bianchi. Si è anche registrato un aumento delle impiccagioni di neri, per suicidio od omicidio, e questo induce molti a ritenere che in America la pratica del linciaggio sia ancora ben viva. ■

Mamie Till Mobley

Nata nel Mississippi nel 1921, Mamie Till Mobley trascorre la vita a cercare giustizia per l'omicidio del suo unico figlio, Emmett. Dopo la separazione dal padre del ragazzo, Louis, i due si trasferiscono nel South Side di Chicago. Dopo la morte di Emmett, Mamie è decisa a far vedere a tutto il mondo la brutalità da lui subìta. Il corpo viene esposto nella chiesa Roberts Temple di Chicago, dove è visto da 50.000 persone. La notizia attira l'attenzione dell'intero Paese sulla violenza razziale in atto nel sud. Mamie tiene discorsi davanti a un pubblico numeroso in varie località del Paese, stimolando la richiesta di giustizia razziale. La sua attività sprona il movimento per i diritti civili, che inizia a prendere slancio. Mamie continua a protestare e a intraprendere campagne, scrivendo perfino al presidente per ottenere giustizia per suo figlio. Muore a Chicago nel 2003. Le sue memorie, pubblicate un anno dopo, fanno capire come abbia saputo trasformare la tragedia in azione politica.

Opera principale

2004 *Death of Innocence*

ERO STANCA SOLO DI ARRENDERMI

IL BOICOTTAGGIO DEGLI AUTOBUS DI MONTGOMERY (1955)

NEL CONTESTO

LUOGO
Stati Uniti

PRIMA
1953 In giugno a Baton Rouge, Louisiana, vi sono 8 giorni di boicottaggio degli autobus urbani segregati.

1955 Il 2 marzo l'adolescente Claudette Colvin è arrestata per essersi rifiutata di lasciare il posto a un passeggero bianco su un autobus di Montgomery.

DOPO
1957 Il reverendo Martin Luther King e altri ministri di culto fondano la Conferenza dei dirigenti cristiani del sud per coordinare le proteste contro la segregazione razziale.

1963 A Bristol, Gran Bretagna, gli attivisti neri boicottano i servizi di autobus della Bristol Omnibus Company, che vieta ai neri di lavorare come autisti o bigliettai.

Negli anni '50, in tutto il sud degli Stati Uniti la segregazione razziale imponeva la supremazia bianca e degradava gli americani neri. Vi era segregazione anche nei trasporti pubblici. Nella città di Montgomery, in Alabama, i funzionari bianchi avevano emanato regolamenti che prevedevano posti a sedere separati per i passeggeri bianchi e neri sugli autobus urbani e incaricavano gli autisti di applicare tali norme. I bianchi sedevano nella parte anteriore dell'autobus, ma se quella zona era piena, i passeggeri neri erano tenuti a cedere il loro posto a sedere. Il provvedimento, malgrado il prezzo del biglietto fosse uguale per tutti, era umiliante per i passeggeri neri, che spesso rifiutavano di spostarsi.

Il 1° dicembre 1955 Rosa Parks, sarta nera che stava tornando a casa dal lavoro, fu arrestata per essersi rifiutata di lasciare libero il posto su un autobus urbano. Non fu la prima persona a essere arrestata, ma il suo attivismo e il rispetto di cui godeva nella comunità nera offrirono ai comi-

L'episodio di Rosa Parks sull'autobus

Cfr. anche: Jim Crow 216-221 ▪ Il rinascimento di Harlem 242-245 ▪ L'età del jazz 246-249 ▪ Combattenti neri nella Seconda guerra mondiale 254-257 ▪ La sentenza *Brown* 264-267 ▪ Il movimento Potere Nero 288-289

Rosa Parks

Nata Rosa Louis McCauley nel 1913 a Tuskegee, in Alabama, dopo la separazione dei genitori si trasferisce a Pine Level, cittadina fuori Montgomery, dove vive con i nonni materni. Nel 1932 sposa Raymond Parks, attivista della sezione locale dell'Associazione nazionale per il progresso delle persone di colore (NAACP), ma comincia a svolgere attività politica solo nei primi anni '40, quando si iscrive alla sezione di Montgomery della NAACP e ne diviene segretaria. Contribuisce a organizzare le domande di iscrizione alle liste elettorali, e nell'aprile del 1945 lei stessa ottiene finalmente l'iscrizione. Dopo il boicottaggio degli autobus, si trasferisce a Detroit, nel Michigan, dove dal 1965 al 1988 lavora per il deputato John Conyers. Inoltre, fonda l'istituto Rosa e Raymond Parks per lo sviluppo della persona, che invita gli studenti a occuparsi di storia americana e di storia dei diritti civili. Viene premiata con la medaglia presidenziale per la libertà (1996) e la medaglia d'oro del Congresso (1999). Muore nel 2005.

tati un'utile figura rappresentativa per azioni concrete contro la segregazione sugli autobus.

A favore del boicottaggio

Jo Ann Robinson, dirigente del Consiglio politico femminile, organismo per i diritti civili dei neri di Montgomery, distribuì in città una serie di volantini che invitavano i passeggeri a non salire sugli autobus lunedì 5 dicembre, data del processo a Rosa Parks. Quel giorno, quasi tutti i neri si rifiutarono di prendere l'autobus, spronando così i dirigenti neri locali ad appoggiare il boicottaggio. Fu pertanto creata l'Associazione per il progresso di Montgomery allo scopo di coordinare il boicottaggio, negoziare con i funzionari della città e organizzare passaggi in auto per i pendolari neri. Presidente dell'associazione fu eletto Martin Luther King, all'epoca pastore della chiesa battista di Dexter Avenue a Montgomery.

A Montgomery, circa il 75% dei passeggeri degli autobus era costituito da neri, e senza i loro biglietti l'azienda perdeva introiti, al pari dei negozi del centro con clientela nera. Consapevole del danno economico causato, per tutto l'inverno l'associazione negoziò con i funzionari della città e gli imprenditori bianchi, ma le sue richieste, tra cui l'occupazione dei posti a sedere a seconda di chi fosse arrivato prima e un trattamento equo per i passeggeri neri, furono continuamente respinte. Nel gennaio del 1956 la casa di Martin Luther King subì un attacco dinamitardo, e in marzo King fu incarcerato per avere violato un regolamento dell'Alabama risalente al 1921 che vietava il boicottaggio contro le aziende.

I passeggeri neri continuarono a rifiutarsi di usare gli autobus, e in maggio l'associazione portò al tribunale federale dell'Alabama la sua battaglia contro la segregazione. Nel giugno del 1956 la corte dichiarò incostituzionale la segregazione sugli autobus dello Stato, una decisione confermata poi dalla Corte Suprema degli Stati Uniti. I 13 mesi di boicottaggio si conclusero infine il 20 dicembre.

Stimolo per l'attivismo

Agli esordi del movimento per i diritti civili, il boicottaggio fu probabilmente la prima grande protesta non violenta degli americani neri ad avere successo. L'eroismo di tanti lavoratori neri fu di ispirazione per i giovani attivisti dei primi anni '60, che avrebbero usato la disobbedienza civile non violenta per sfidare la segregazione razziale. Inoltre, il boicottaggio portò alla ribalta nazionale Martin Luther King, suscitando maggiore attenzione verso le questioni dei diritti civili e facendo di King un trascinatore dei neri nella lotta per l'equità e l'uguaglianza. ▪

Alcuni americani neri si avvalgono di passaggi in auto in alternativa agli autobus durante il boicottaggio di Montgomery. Sull'altro lato della strada, un autobus rimane vuoto.

IL GHANA È LIBERO PER SEMPRE!

IL GHANA SI PROCLAMA INDIPENDENTE (1957)

NEL CONTESTO

LUOGO
Ghana

PRIMA
1874 La Gran Bretagna proclama colonia la Costa d'Oro.

1945 Nkrumah partecipa al quinto Congresso panafricano, tenutosi a Manchester.

1946 Le limitate riforme costituzionali deludono l'élite istruita della Costa d'Oro.

1948 Le truppe britanniche sparano sui contestatori ganaensi. Scoppiano rivolte.

DOPO
1960 Il Ghana diventa una repubblica con un unico partito politico, il CPP.

1966 Nkrumah viene deposto con un colpo di Stato guidato dall'esercito e dalla polizia. Nell'arco di 10 anni vi sono altri tre colpi di Stato.

1981 Il comandante militare Jerry Rawlings rovescia il governo per la seconda volta e crea una democrazia stabile.

Il 6 marzo 1957, quando il Ghana divenne indipendente, i britannici dominavano la costa dell'Africa da circa 150 anni. L'indipendenza fu conseguita soprattutto grazie al politico Kwame Nkrumah e, malgrado i successivi colpi di Stato militari e i governi non democratici, ispirò movimenti analoghi in tutto il continente.

Il Ghana fu il primo Paese dell'Africa occidentale a conquistare l'indipendenza, grazie ai movimenti nazionalisti che emersero attorno al 1918 in risposta all'annessione dei loro territori. All'inizio del XIX secolo il Ghana non era uno Stato coeso, ma una serie di regni autonomi. Nel 1874 la Gran Bretagna istituì la colonia della Costa d'Oro. Quella che all'inizio era una fascia larga 100 km, si espanse fino a includere nel 1918 tutto l'attuale Ghana, comprendente anche il territorio degli Ashanti, che contro i britannici avevano combattuto quattro guerre.

Kwame Nkrumah viene portato a spalla da funzionari governativi che celebrano l'indipendenza del Ghana. Il simbolo nazionale è un'aquila, a indicare un protettore del Paese.

Cfr. anche: L'impero del Ghana 52-57 ▪ Nascita dell'impero Ashanti 148-151 ▪ Il panafricanismo 232-235 ▪ L'anno dell'Africa 274-275

> La nostra indipendenza è priva di senso se non è legata alla liberazione totale del continente africano!
> **Kwame Nkrumah**

A metà del XX secolo, indebolite dalla guerra, le potenze europee trovavano sempre più difficile mantenere il dominio sulle colonie. Nel 1947 l'India divenne indipendente e, per compensare la perdita economica, la Gran Bretagna cercò di intensificare lo sfruttamento dell'Africa. Nel gennaio del 1948 i ganaensi boicottarono le merci importate dall'Europa a prezzi gonfiati. In febbraio un gruppo disarmato di reduci, che durante la Seconda guerra mondiale avevano combattuto per la Gran Bretagna ma erano ridotti in miseria, marciò verso la sede del governatore britannico per presentargli un elenco di rimostranze, fra cui il mancato pagamento dei salari, il rincaro delle merci e l'elevato costo della vita. I soldati britannici aprirono il fuoco contro i manifestanti, uccidendo tre reduci, causando così rivolte in tutto il territorio.

Il CPP

Kwame Nkrumah appoggiò la protesta degli ex militari, ma i britannici lo incarcerarono assieme a vari altri dirigenti nazionalisti, provocando ulteriori manifestazioni. Nel 1949, durante il periodo trascorso in carcere, Nkrumah costituì il Partito della convenzione del popolo (CPP), che intraprese campagne di protesta con lo slogan "Autogoverno subito!". Il partito fu efficace nella mobilitazione di massa, legando le difficoltà economiche alla lotta per l'indipendenza politica.

Era un movimento non violento che faceva uso di scioperi e boicottaggi, ma Nkrumah fu nuovamente incarcerato. Nel 1951, quando si tennero le elezioni per la nuova assemblea legislativa della Costa d'Oro, Nkrumah si candidò dalla sua cella. Il CPP conquistò 34 dei 38 seggi e Nkrumah fu rilasciato, andando poi a presiedere la nuova amministrazione della Costa d'Oro. Dopo la vittoria alle elezioni parlamentari del 1954 e del 1956, il CPP ottenne il riconoscimento del Paese, con il nuovo nome di Ghana, quale membro indipendente del Commonwealth e dell'ONU.

Fratture nel regime

Il discorso di Nkrumah il giorno dell'indipendenza era colmo di speranze, non solo per il futuro del Ghana, ma per l'intera Africa. Tuttavia, nel nuovo regime cominciarono ben presto ad apparire fratture. Il principale partito di opposizione, il Partito del Congresso del Ghana (GCP), reclutò vari dissidenti del CPP, delusi dall'atteggiamento autoritario di Nkrumah. Quest'ultimo rispose fondando nel 1960 una repubblica con il CPP quale unico partito politico del Ghana.

Nel 1966, la corruzione, l'enorme debito estero e il declino del tenore di vita avevano ormai ridotto a brandelli il sogno di Nkrumah di un socialismo panafricano. Il 24 febbraio, Nkrumah fu deposto dal Consiglio di liberazione nazionale, guidato dal generale dell'esercito Joseph Ankrah. Dopo diversi decenni e vari colpi di Stato, nel 1981 il Ghana sarebbe finalmente diventato una democrazia stabile. ▪

Kwame Nkrumah

Nato nel 1909, Kwame Nkrumah è un politico radicale e architetto dell'indipendenza del Ghana. Dopo gli studi negli Stati Uniti e in Gran Bretagna, ritorna nella Costa d'Oro pronto a combattere per il diritto della colonia all'autogoverno. Nkrumah ha anche progetti grandiosi. Ritiene che il Ghana, conseguendo l'indipendenza, possa indurre altre colonie africane a imitarlo. Anela a creare uno Stato socialista panafricano, con lui stesso al timone. Sogna perfino di fornire ispirazione agli americani neri per conseguire l'emancipazione razziale. Tuttavia, le sue tendenze autoritarie allarmano i ganaensi. Nel 1960 Nkrumah mette al bando i partiti di opposizione e in seguito scampa a vari tentativi di assassinio. Quando viene deposto, è abbandonato dai seguaci e si trasferisce in Guinea, dove trascorre il suo esilio. Muore di cancro nel 1972 e viene sepolto nella sua città natale di Nkroful.

Opere principali

1963 *Africa Must Unite*
1968 *Handbook of Revolutionary Warfare*
1968 *Dark Days in Ghana*

È UN GIORNO NUOVO PER L'AFRICA

L'ANNO DELL'AFRICA (1960)

NEL CONTESTO

LUOGO
Africa

PRIMA
1918 Il presidente americano Woodrow Wilson espone i 14 punti, in cui per la pace sono essenziali il libero scambio, la democrazia e l'autodeterminazione delle colonie.

1945 Poche settimane dopo la fine della guerra, a Manchester il quinto Congresso panafricano reclama l'indipendenza delle colonie in Africa, Asia e Indie Occidentali.

1947 La colonia più popolosa del XX secolo, l'India, si stacca dalla Gran Bretagna.

DOPO
1976 Le Seychelles sono l'ultimo territorio dell'Africa britannica a proclamare l'indipendenza.

1977 Gibuti si separa dalla Francia ed è l'ultima colonia africana a rendersi indipendente.

In quell'anno straordinario che fu il 1960, 17 colonie africane divennero Stati indipendenti. Fu l'inversione decisiva e fondamentale di una tendenza storica. Per gran parte dei 13 secoli trascorsi prima del 1960, nelle vicende africane vi erano stati numerosi interventi stranieri, prima da parte degli arabi con la tratta degli schiavi transahariana, poi degli europei con la tratta degli schiavi transatlantica.

Nel 1866, quando salpò dall'Africa l'ultima nave negriera legittima, si sperò che l'ingerenza straniera fosse finita. Invece, in sostituzione della tratta degli schiavi, alla conferenza di Berlino del 1884-1885 i principali Paesi europei si spartirono l'Africa. Nel 1908 il continente era ormai un mosaico di 50 colonie, che offrivano un accesso diretto alle abbondanti materie prime africane.

Nascita di un sogno

Malgrado l'accanita resistenza, le nazioni africane non riuscirono a scacciare gli europei, ma alla prima Conferenza panafricana, tenutasi a Londra nel 1900, si cominciò a deli-

La popolazione scende in piazza a Nouakchott, in Mauritania, per celebrare l'indipendenza dalla Francia nel novembre 1960. La Mauritania entrò a far parte dell'ONU nel 1961.

Cfr. anche: La tratta degli schiavi transahariana 60-61 ▪ La tratta degli schiavi transatlantica 116-121 ▪ La spartizione dell'Africa 222-223 ▪ Il panafricanismo 232-235 ▪ Il Ghana si proclama indipendente 272-273 ▪ "Zik" e la Nigeria indipendente 286-287

Dopo la Seconda guerra mondiale, i Paesi europei e gli Stati Uniti si sentirono obbligati a mantenere le promesse con cui si erano garantiti il sostegno africano. I 17 Paesi dell'Africa divenuti indipendenti nel 1960 infusero speranza in altri che ancora lottavano per l'autogoverno.

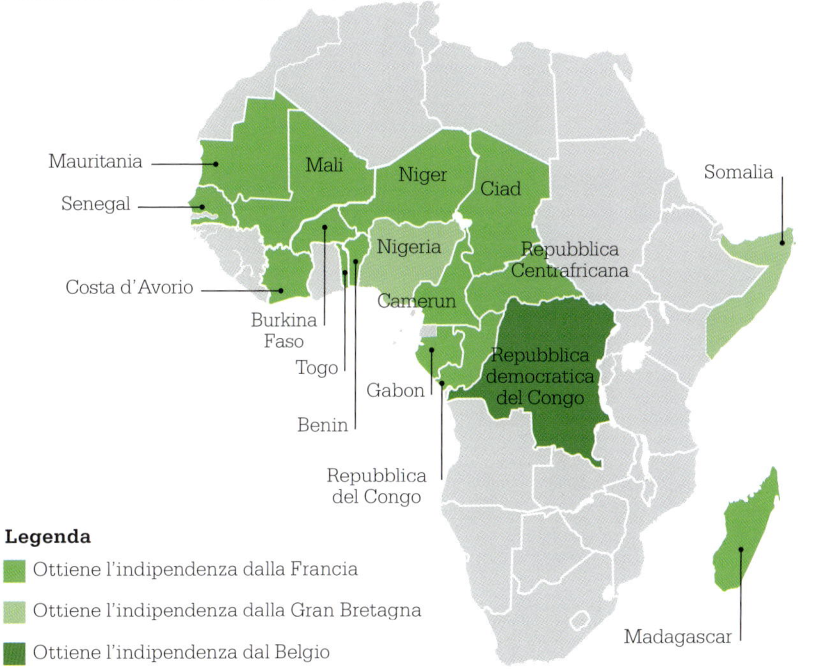

neare il sogno di Stati autonomi per i neri. La prima colonia a conseguire questo obiettivo fu l'Egitto, che nel 1922 ottenne l'indipendenza dalla Gran Bretagna. Nel 1941, Stati Uniti e Gran Bretagna sottoscrissero il Patto atlantico, che promuoveva l'autodeterminazione di tutti i popoli. Il primo ministro britannico Winston Churchill cercò di sostenere che l'accordo non si applicava alle colonie britanniche, ma nel 1947 l'India si staccò dalla Gran Bretagna. Più tardi, nel 1957, il panafricanista Kwame Nkrumah guidò il Ghana all'indipendenza dai britannici.

L'anno dell'indipendenza

La valanga del 1960 fu in realtà fatta precipitare dalla Costituzione francese, voluta nel 1958 dal presidente de Gaulle, che offriva alle colonie della Francia un percorso verso l'indipendenza, cammino intrapreso subito dalla Guinea francese. Gli altri Paesi africani attesero un po' di più.

Il governo britannico previde ciò che stava per accadere. Il responsabile delle comunicazioni per il ministero delle colonie, Owen Morris, dichiarò che «il 1960 sarà l'anno dell'Africa». A cascata, si proclamarono indipendenti 14 colonie francesi: Camerun, Togo, Madagascar, Benin, Niger, Burkina Faso (all'epoca Alto Volta), Costa d'Avorio, Ciad, Repubblica Centrafricana, Repubblica del Congo, Gabon, Senegal, Mali e Mauritania. In un colpo solo, l'impero francese era crollato.

I britannici non erano molto più indietro. Il primo ministro Harold Macmillan, in visita in Sudafrica in febbraio, parlò di «aria nuova» che soffiava in tutto il continente. In luglio e in ottobre, due colonie britanniche, Somalia e Nigeria, si unirono alle 14 francesi. In giugno ottenne l'indipendenza il Congo belga, andando a costituire la Repubblica democratica del Congo.

Ai panafricanisti di tutto il mondo il futuro appariva radioso. In dicembre le Nazioni Unite dichiararono necessario porre termine al colonialismo. Rimanevano però molti problemi da affrontare. Il governo della minoranza bianca si concluse in Rhodesia e in Sudafrica solo rispettivamente nel 1979 e nel 1994. Inoltre, l'autodeterminazione africana sarebbe stata fin troppo spesso caratterizzata da colpi di Stato militari, regimi brutali e prolungate dittature, ma per il momento le speranze erano sfrenate. Era l'epoca in cui Kwame Nkrumah, il 23 settembre 1960, poteva affermare: «È un giorno nuovo per l'Africa». ▪

Donne somale sventolano la bandiera nazionale per celebrare l'anniversario dell'indipendenza del Paese. La Somalia britannica e quella italiana si unificarono nel 1960.

NON C'È PARITÀ DI GENERE SENZA PARITÀ RAZZIALE

ASCESA DEL FEMMINISMO NERO (ANNI '60-'70)

NEL CONTESTO

LUOGHI
Gran Bretagna, Stati Uniti, tutto il mondo

PRIMA
1851 Alla Convenzione per i diritti delle donne ad Akron, Ohio, Sojourner Truth rivendica l'uguaglianza delle donne nere.

1964 Negli Stati Uniti la Legge sui diritti civili vieta la discriminazione sul lavoro per motivi di razza, religione, origine nazionale e sesso.

1973 A Londra nasce il Gruppo delle donne nere di Brixton per sensibilizzare sulle questioni delle donne nere.

DOPO
1985 Si pubblica *The Heart of the Race* di Beverley Bryan, Suzanne Scafe e Stella Dadzie, raccolta di testimonianze orali di donne nere in Gran Bretagna.

2013 Opal Tometi, Alicia Garza e Patrisse Khan-Cullors, omosessuali, fondano il movimento Black Lives Matter.

Il **femminismo tradizionale** si occupa principalmente di parità di diritti fra donne e uomini bianchi.

↓

Le donne nere necessitano di una **propria varietà di femminismo** poiché, oltre che a un'**oppressione fondata sul genere**, sono assoggettate a un'**oppressione razziale**.

↓

Non c'è parità di genere senza parità razziale.

Nella seconda metà del XX secolo, le donne di molte parti del mondo approfondirono l'analisi e la denuncia delle modalità con cui gli uomini e il sistema patriarcale dominavano le donne, sia nella sfera pubblica, sia in quella privata. Pubblicarono riviste e libri, istituirono gruppi di sensibilizzazione e organizzarono proteste per reclamare un cambiamento. In principio il movimento di liberazione della donna, perlopiù bianco, si concentrò sulla parità di genere, senza esaminare le difficoltà particolari che dovevano affrontare le donne di colore, né le modalità con cui le donne occidentali bianche traevano beneficio dalla struttura sociale incentrata sulla supremazia bianca.

Potere Nero

In parallelo al movimento di liberazione della donna, negli Stati Uniti e in Gran Bretagna prendeva piede il movimento Potere Nero, le cui organizzazioni promuovevano l'orgoglio e l'autonomia, chiedendo che fossero loro a gestire assistenza sanitaria, alloggi e istruzione al servizio dei neri. Tuttavia, inizialmente rafforzarono i tradizionali ruoli di genere, invitando le loro iscritte a stare dietro anziché accanto ai fratelli neri. Anche se in seguito questi atteggiamenti furono

La marxista e femminista Angela Davis nel 1974 parla a un raduno di Potere Nero a Raleigh, Carolina del Nord. Il radicalismo della Davis allontanò molte femministe bianche.

Cfr. anche: L'abolizionismo in America 172-179 ▪ Il panafricanismo 232-235 ▪ La marcia su Washington 282-285 ▪ Il movimento Potere Nero 288-289

Il libro di Maya Angelou *Io so perché canta l'uccello in gabbia* (1969) descrive la brutalità razziale e sessuale subita dall'autrice da ragazza nera cresciuta nel profondo sud degli Stati Uniti.

messi in discussione e tra i dirigenti delle Pantere Nere britanniche vi era una donna, Althea Jones-Lecointe, all'inizio degli anni '70 la parità di genere era secondaria rispetto alla causa portata avanti da Potere Nero. Erano sempre gli uomini a dettare gli obiettivi e a prendere le decisioni.

Circostanze particolari

La duplice oppressione dovuta al fatto di essere sia nere, sia donne, non veniva affrontata né dal movimento femminista né dalle organizzazioni di Potere Nero. Analogamente, in tutte le organizzazioni dei Paesi africani e asiatici da poco indipendenti le donne indigene si trovarono soggiogate dagli uomini, anche se nelle lotte di liberazione avevano combattuto al loro fianco. Negli Stati Uniti e in Europa le donne bianche, spesso di ceto medio, di queste donne offrivano un ritratto stereotipato, considerandole povere, analfabete e vulnerabili, e cercavano di imporre la propria versione del femminismo senza considerare le loro particolari esigenze e circostanze. Alcune femministe nere, come l'attivista americana Angela Davis, in questa situazione individuarono un nuovo tipo di imperialismo.

Womanismo

L'indifferenza delle femministe bianche verso le questioni razziali, oltre al fatto che le donne nere percepivano le rivendicazioni di parità di genere come fonte di contrasti e di opposizione agli uomini, impedì a molte di quest'ultime di definirsi femministe. Perciò, nel 1979 la scrittrice e poetessa americana Alice Walker coniò il termine "womanismo" per indicare un femminismo delle donne di colore che rifiutasse la segregazione di genere promossa da molte femministe bianche.

Nel 1989, la studiosa femminista americana Kimberlé Crenshaw coniò il termine "intersezionalità" per indicare come una persona possa subire tipi sovrapposti di oppressione. Con questo termine si è poi definita l'interazione fra vari aspetti dell'identità, come etnia, orientamento sessuale, classe sociale, ricchezza, disabilità

> Gli attrezzi del padrone non smantelleranno mai la casa del padrone.
>
> **Audre Lorde**
> **Poetessa, madre, lesbica e attivista americana nera (1934-1992)**

Alice Walker

Ultima di otto figli, Alice Walker nasce nel 1944 a Eatonton, in Georgia. Dopo aver frequentato l'unica scuola superiore della città accessibile ai neri, studia allo Spelman College di Atlanta e al Sarah Lawrence College di Bronxville, nello Stato di New York. Allo Spelman conosce Martin Luther King, che la convince a unirsi al movimento per i diritti civili. Dopo la laurea, è scrittrice ospite di vari istituti universitari e nel 1970 pubblica il suo primo romanzo, *La terza vita di Grange Copeland*. In seguito pubblica racconti, saggi, poesie e romanzi, tra cui *Il colore viola*, che nel 1982 vincerà il premio Pulitzer. Ambientato nel profondo sud degli anni '30 e '40, il romanzo segue una giovane donna nera alle prese con una società patriarcale e incentrata sulla supremazia bianca.

Opere principali

1981 *Non puoi tenere sottomessa una donna in gamba*
1982 *Il colore viola*
1983 *In Search of Our Mother's Gardens*

Disparità di salario

La parità di salario è una questione femminista, ma le donne nere subiscono una doppia penalità. Nel 2018 l'ufficio censimento degli Stati Uniti ha riferito che in media le donne nere guadagnano 62 cent per ogni dollaro percepito da un uomo bianco, mentre le donne bianche guadagnano 79 cent. Nel Paese, quasi l'80% delle madri nere è la principale fonte di reddito della famiglia. Senza questo divario, potrebbero permettersi una maggiore assistenza ai bambini.

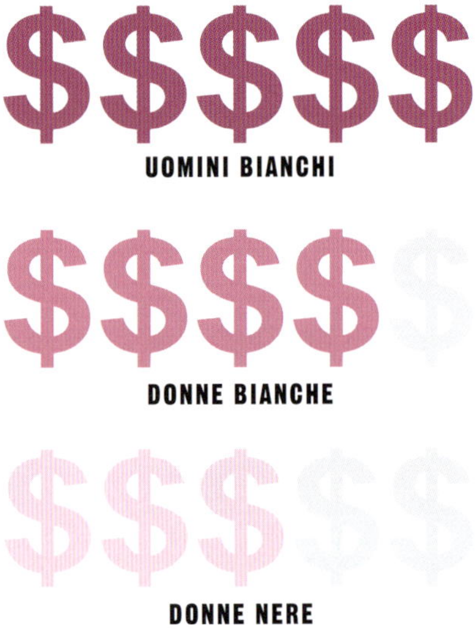

e religione. Negli anni '70 iniziarono a costituirsi organizzazioni femministe nere. Nel 1974 a Boston, nel Massachusetts, nacque il Collettivo del fiume Combahee, un'associazione socialista femminista lesbica, per reazione al fatto che tanto il movimento per i diritti civili, quanto il femminismo bianco, non avevano affrontato le esigenze specifiche delle donne nere.

Ascesa delle donne nere

Negli Stati Uniti emersero intellettuali e attiviste femministe nere, tra cui Angela Davis, Audre Lorde e Maya Angelou, nonché Assata Shakur, che faceva parte dell'Esercito di liberazione dei neri. Offrirono contributi fondamentali alla teoria critica della razza, secondo cui le istituzioni giuridiche sono intrinsecamente razziste, volte a promuovere gli interessi dei bianchi, aggravando l'emarginazione dei neri. La teoria sul mutuo soccorso, anziché su incarcerazione e punizione, cercava di offrire un quadro per l'"abolizione" di questa ingiustizia.

Nel 1981, la scrittrice e attivista nera bell hooks pubblicò *Ain't I a Woman? Black Women and Feminism*, il cui titolo è un riferimento al discorso "Non sono una donna?" pronunciato nel 1851 alla Convenzione per i diritti delle donne di Akron, nell'Ohio, dall'abolizionista e suffragetta nera Sojourner Truth. Il libro spiega come negli anni '70 le conseguenze della schiavitù e dei movimenti borghesi a guida bianca per il suffragio femminile continuassero a influenzare la vita delle donne nere. L'opera fu fondamentale per la scuola di pensiero del femminismo nero.

La femminista nera britannica Olive Morris protesta all'esterno della biblioteca di Brixton a Londra nel 1978. Figura di spicco delle Pantere Nere, in seguito fu cofondatrice dell'Owaad.

In Gran Bretagna, l'attivista caraibica Claudia Jones intraprese campagne di protesta contro il razzismo in materia di lavoro, istruzione e alloggi. La giornalista era arrivata in Gran Bretagna nel 1956 dopo essere stata espulsa dagli Stati Uniti per comunismo e attività antirazziste. Nel 1958 aveva fondato la *West Indian Gazette*, primo giornale dell'attivismo nero in Gran Bretagna. Nello stesso anno, nel quartiere di Camden a Londra aveva organizzato una celebrazione della cultura caraibica per raccogliere fondi con cui pagare le spese legali dei giovani neri coinvolti nei disordini di Notting Hill, dove per cinque notti vi

Il Collettivo del fiume Combahee

Costituito nel 1974 a Boston, Massachusetts, il Collettivo del fiume Combahee nacque come diramazione dell'Organizzazione nazionale femminista nera, allo scopo di affrontare le molteplici discriminazioni subite dalle donne nere. Nel 1977 il Collettivo pubblicò un documento in cui spiegava l'effetto dei vari livelli di oppressione gravanti sulle donne nere, fra cui razzismo, discriminazione sessuale, imperialismo e capitalismo. Il testo, di 3.800 parole, usava per la prima volta l'espressione "politica dell'identità", ossia la promozione in politica degli interessi particolari di un gruppo. Il documento divenne una pietra miliare delle iniziative di sensibilizzazione rivolte alle donne nere, tra cui i ritiri organizzati dal Collettivo. L'organizzazione si sciolse nel 1980, ma il suo documento è ancora considerato una delle spiegazioni più chiare ed efficaci delle varie forme di oppressione presenti nel sistema sociale.

erano stati assalti di bande di bianchi contro i neri e le loro aziende situate nel quartiere. In seguito lo spettacolo organizzato dalla Jones divenne il carnevale di Notting Hill, uno dei più grandi festival annuali del Paese.

Negli anni '70, in Gran Bretagna emerse il movimento delle donne nere, che organizzò marce, scioperi, sit-in e altre manifestazioni. Tra le associazioni di base vi erano il Gruppo delle donne nere di Brixton e l'Organizzazione per le donne d'Africa e di origine africana (OWAAD), poi modificato in "origine africana e asiatica" a causa del razzismo subìto in Gran Bretagna dalle donne asiatiche.

L'OWAAD poneva in cima ai propri obiettivi i problemi legati in modo specifico alle donne nere, spesso questioni di sopravvivenza: salari equi per lavori svolti fuori casa, per esempio pulizie, dove i diritti delle donne nere spesso non erano tutelati, e offerta di servizi pubblici di assistenza ai bambini per le donne nere lavoratrici. L'OWAAD si batteva inoltre contro gli esami clinici alle donne nere, la brutalità della polizia e l'uso perverso della legge sull'immigrazione. Nello stesso periodo, in Gran Bretagna si imposero all'attenzione attiviste e protagoniste di campagne di protesta come Olive Morris, Beverly Bryan e Stella Dadzie. Frattanto, nell'Europa continentale prendeva piede l'afro-femminismo, che cercava di contestualizzare le esperienze delle donne nere nei Paesi che avevano un passato coloniale. Da questo movimento degli anni '70 emersero gruppi come il Collettivo panafricano Mwasi, attualmente attivo in Francia, e il Collettivo delle crudeli ironie nei Paesi Bassi.

Nuove esigenze

Le organizzazioni delle donne nere non sempre accoglievano bene le lesbiche, come si dimostrò al convegno OWAAD del 1981, quando la proposta di un seminario lesbico incontrò ostilità e insulti. Le femministe nere lesbiche iniziarono a ritagliarsi spazi separati. In Gran Bretagna, si costituirono il Gruppo lesbiche nere nel 1982 e la Rete di sostegno alle lesbiche nere nel 1983, mentre nel 1985 si tenne a Londra il primo convegno nazionale di lesbiche nere, Zami I.

Nel 1974, negli Stati Uniti nacque una delle prime organizzazioni esplicitamente lesbiche e multiculturali, chiamata Salsa Soul Sisters. Mirata alle donne americane nere e latine, emerse a causa delle tensioni fra lesbiche nere e femministe nere eterosessuali, e delle contrapposizioni con i bianchi della comunità LGBTQ+.

> Finché le donne useranno
> il potere classista o razzista
> per dominare altre donne,
> non si potrà
> realizzare pienamente
> la sorellanza femminista.
>
> **bell hooks**
> **Femminista americana nera (1952)**

Le femministe nere continuano a lottare per i diritti e gli interessi delle donne nere, denunciando le ingiustizie, tra cui le retribuzioni inferiori e il peggiore stato di salute. Scrittrici come la britannica Reni Eddo-Lodge, che nel 2017 ha pubblicato *Perché non parlo più di razzismo con le persone bianche*, continuano a denunciare il razzismo strutturale. Le donne nere e l'oppressione da loro subita non si inseriscono bene nei movimenti politici e sociali tradizionali. Si presume infatti che queste donne lascino fuori dalla porta alcune parti essenziali di sé e si dedichino o alla parità di genere, o alla parità razziale. Le organizzazioni e le studiose femministe nere provano invece a formulare un quadro per capire le donne nere nella loro interezza. Dall'epoca della schiavitù fino a oggi, le donne nere si sono sempre opposte a un percorso riduttivo verso la libertà. ■

La scrittrice britannica Reni Eddo-Lodge (a sinistra) e la femminista e filosofa brasiliana Djamila Ribeiro discutono al Festival WOW (Women of the World) di Rio de Janeiro nel 2018.

I HAVE A DREAM

LA MARCIA SU WASHINGTON (1963)

NEL CONTESTO

LUOGO
Stati Uniti

PRIMA
1948 Gli Stati Uniti promuovono la Dichiarazione universale dei diritti umani dell'Onu, che però ha scarso effetto sugli americani neri.

1955 A Montgomery Rosa Parks è arrestata per essersi rifiutata di lasciare il posto in autobus a un bianco.

1960 Nella Carolina del Nord alcuni studenti neri avviano un sit-in per reclamare la desegregazione nella tavola calda di un negozio Woolworth.

DOPO
1964 La Legge sui diritti civili garantisce la parità nel lavoro, proibisce la segregazione e vieta la discriminazione per l'iscrizione alle liste elettorali.

1965 Il presidente Lyndon B. Johnson firma la Legge sul diritto di voto, che proibisce tutte le pratiche discriminatorie con cui si ostacola l'esercizio di tale diritto.

1968 Negli Stati Uniti la Legge sull'equità negli alloggi vieta la discriminazione nella vendita, nell'affitto e nel finanziamento di abitazioni.

Il 28 agosto 1963, davanti al Lincoln Memorial di Washington si radunarono circa 250.000 persone, tra cui attivisti per i diritti civili bianchi e neri, autorità religiose e celebrità, con una marcia per rivendicare i diritti degli americani neri al lavoro e alla libertà. Negli anni precedenti, le leggi discriminatorie "Jim Crow" avevano limitato gravemente l'attività economica e politica degli americani

Cfr. anche: Jim Crow 216-221 ▪ La sentenza *Brown* 264-267 ▪ Il movimento Potere Nero 288-289 ▪ Le campagne antirazziste internazionali 306-313

Per il "crimine" di avere protestato contro la segregazione razziale in una biblioteca riservata ai bianchi ad Albany, nello Stato di New York, nel 1962 una donna nera viene arrestata dai poliziotti.

neri. Malgrado alcune vittorie giudiziarie, come la sentenza *Brown* della Corte Suprema che, nel 1954, aveva dichiarato incostituzionale la segregazione nelle scuole, quasi tutti i bambini neri frequentavano ancora scuole segregate, e nell'intero Paese i neri continuavano a essere vittime di segregazione, miseria e omicidi a sfondo razziale.

Pochi cambiamenti

Le statistiche del governo americano per il 1959 indicavano che, rispetto al 20% della popolazione complessiva, il 54,9% degli americani neri viveva in povertà. Le scuole rimanevano segregate poiché, se i distretti scolastici e le municipalità si rifiutavano di procedere alla desegregazione, il governo federale disponeva di pochi meccanismi per applicare la legge.

Alla fine degli anni '50 i linciaggi si erano ormai ridotti, ma la violenza contro i neri non era scomparsa. Pochi dimenticavano la morte di Emmett Till, picchiato, mutilato e ucciso da due uomini bianchi nel 1955 perché accusato di aver molestato una donna bianca in un negozio. Nel settembre 1961 Herbert Lee, attivista dell'Associazione nazionale per il progresso delle persone di colore (NAACP), fu ucciso a colpi di arma da fuoco da un deputato del Mississippi. Nel maggio 1963 a Birmingham, in Alabama, la polizia aggredì dei ragazzi durante una manifestazione per i diritti civili. Nel luglio dello stesso anno, sei settimane prima della marcia, a Jackson, Mississippi, fu assassinato Medgar Evers, funzionario dell'associazione NAACP. All'approssimarsi del giorno della marcia, simili episodi incrementarono l'indignazione pubblica.

L'organizzazione

I due principali organizzatori della marcia erano gli attivisti per i diritti civili Bayard Rustin e Asa Philip Randolph, quest'ultimo sindacalista di lunga data. Nel 1963 si cominciarono a udire le loro voci e altre, ugualmente energiche, anche al Campidoglio, sede del Congresso americano.

Nel marzo del 1963, il ministro della giustizia Robert Kennedy aveva discusso di relazioni interrazziali

> Non siamo
> una folla in tumulto.
> Siamo l'avanguardia
> di un'enorme rivoluzione
> morale per il lavoro e la libertà.
>
> **A. Philip Randolph**
>
> **Discorso alla marcia su Washington**

Bayard Rustin

Nato nel 1912 a West Chester in Pennsylvania, Rustin cresce con i nonni materni, le cui convinzioni politiche e religiose influenzano il suo successivo attivismo. Nel 1936, studente a New York, per breve tempo è iscritto alla Lega comunista giovanile. È un sostenitore della non violenza e negli anni '40 entra a far parte dell'Associazione per la riconciliazione, è cofondatore del Congresso per l'uguaglianza razziale e studia gli insegnamenti di Gandhi. È un pacifista e obiettore di coscienza. Durante la Seconda guerra mondiale viene incarcerato per il rifiuto di prestare servizio militare. Dal 1953 al 1965 è segretario generale della Lega degli oppositori della guerra. Dalla metà degli anni '50 è stretto collaboratore di Martin Luther King e principale stratega della marcia su Washington. Negli anni '70 e '80 è sostenitore dei diritti umani e dei diritti degli omosessuali. Muore nel 1987.

Opere principali

1943 *Interracial Primer*
1971 *Down the Line*
2012 *I must resist: Bayard Rustin's Life in Letters*

Cresce il risentimento degli americani neri, che subiscono una **miseria sproporzionata** e una **continua segregazione**.

Nel 1963 gli attivisti per i diritti civili organizzano una **marcia di massa** per sottolineare la necessità di un'**efficace legislazione sui diritti civili**.

L'**assassinio** dell'attivista Medgar Evers e l'**assalto della polizia** a giovani dimostranti per i diritti civili in Alabama alimentano ulteriormente l'indignazione pubblica.

Alla marcia partecipano **250.000 persone** che invocano **giustizia e uguaglianza** per gli americani neri.

L'imponente protesta ha una notevole influenza sull'**opinione pubblica** e conduce all'approvazione della **Legge sui diritti civili** del 1964.

con lo scrittore americano nero James Baldwin e altri eminenti autori e intellettuali neri. L'11 giugno, il presidente John F. Kennedy dichiarò che avrebbe esercitato pressioni per una nuova legislazione sui diritti civili. Undici giorni dopo, però, convocò i dirigenti del movimento per i diritti civili e cercò di dissuaderli dal guidare una marcia che, a suo parere, si sarebbe potuta concludere con atti di violenza. Randolph, Rustin e gli altri dirigenti si rifiutarono di cedere. Il presidente alla fine approvò la marcia, e suo fratello Robert si tenne in contatto con gli organizzatori per far sì che fosse una manifestazione pacifica.

Una grande folla di manifestanti occupa il Mall a Washington, mentre Martin Luther King e altri oratori pronunciano i loro discorsi dal Lincoln Memorial.

Voci influenti

L'enorme raduno era sostenuto e patrocinato da tutte le principali organizzazioni per i diritti civili del Paese, tra cui il Congresso per l'uguaglianza razziale, l'associazione NAACP, la Lega urbana nazionale, il Consiglio del lavoro dei negri americani, la Conferenza dei dirigenti cristiani del sud e il Comitato di coordinamento non violento degli studenti. Questi sodalizi stilarono 10 richieste, fra cui la desegregazione dei distretti scolastici, un salario minimo nazionale e politiche eque per l'impiego e gli alloggi. Rustin era il principale organizzatore e il vice di Randolph, che era il responsabile della marcia.

Prima della manifestazione la folla fu intrattenuta da celebri artisti, come Joan Baez, Bob Dylan e la cantante di *gospel* Mahalia Jackson. Odetta, che tra la fine degli anni '50 e i '60 aveva contribuito a ispirare la rinascita della musica folk, cantò un toccante *spiritual* degli americani neri, il cui ritornello (*E prima di finire schiavo sarò sepolto nella tomba, tornerò al mio Signore e sarò libero*) ebbe vasta eco nel pubblico. Nel pomeriggio Randolph presentò una serie di oratori, tra cui attivisti per i diritti civili e sindacalisti neri e bianchi, autorità religiose cattoliche, protestanti ed ebraiche e soltanto due donne: la ballerina e cantante francese di origine americana Josephine Baker e la giornalista Daisy Bates. Alcuni erano relativamente dei neofiti nella lotta per l'uguaglianza dei neri, altri si opponevano al razzismo da decenni. Il pubblico fu elettrizzato soprattutto da due oratori: John Lewis del Comitato studentesco e Martin Luther King.

Il discorso di Lewis fu un'incriminazione bruciante della politica di partito e una critica al disegno di legge sui diritti civili che si stava discutendo al Congresso, da lui considerato poco incisivo. Lewis dichiarò che il provvedimento non prevedeva né tutele per i fautori dei diritti civili incarcerati in tutto il sud a causa della loro attività, né assistenza ai lavoratori neri più poveri del Paese. Incoraggiò il pubblico a partecipare attivamente alla rivoluzione politica che stava investendo la nazione e, se non fosse stata approvata una legge sui diritti civili più efficace, si impegnò a proseguire la sua protesta pacifica.

Visione di speranza

Martin Luther King fu l'ultimo oratore della giornata. Da anni si rivolgeva a raduni simili e aveva già pronunciato precedenti versioni del suo discorso «Ho un sogno», ma questa occasione sarebbe stata rammentata da tutti. King osservò che, malgrado l'abolizione della schiavitù un secolo prima, i neri negli Stati Uniti erano ancora assoggettati a un'oppressione economica e politica e si vedevano negare opportunità e diritti costituzionali.

Nelle città del nord gli americani neri soffrivano vivendo in ghetti isolati e segregati. Nel sud erano assillati dalle leggi "Jim Crow" che impedivano loro di partecipare alla politica elettorale. Dichiarò che per loro l'unica strada era costituita dalle proteste dirette non violente. Il suo discorso non delineò obiettivi politici né diede suggerimenti, ma sollecitò i partecipanti a impegnarsi nell'attivismo politico una volta rientrati a casa. Un aspetto cruciale fu che il discorso offrì una visione di speranza per ciò che potevano diventare gli Stati Uniti: un Paese in cui persone di ogni razza, cultura e religione potessero partecipare equamente al continuo esperimento democratico e trarne beneficio.

La marcia su Washington per il lavoro e la libertà fu l'apice del movimento per i diritti civili negli Stati Uniti. I 250.000 partecipanti, bianchi e neri, avevano dichiarato collettivamente che andavano rimosse le barriere alla piena partecipazione dei neri alla politica elettorale e al loro accesso alle opportunità economiche. Inoltre, dimostrarono che le grandi manifestazioni non violente potevano costituire un'arma potente nella lotta per la giustizia sociale.

Tuttora un sogno

Gli americani neri oggi hanno pieno diritto di voto, ma sotto altri aspetti continuano a incontrare difficoltà. Malgrado un aumento del numero di milionari e miliardari neri, nel 2019 i neri rappresentavano il 12,2% della popolazione americana, ma il 23,8% di coloro che vivevano in povertà. Il reddito medio delle famiglie nere è ancora significativamente indietro rispetto a quello di altre etnie. Nel 2018, gli americani neri costituivano il 33% della popolazione carceraria, quasi il triplo rispetto al 12% che è la loro quota nella popolazione complessiva. Inoltre, alla fine del 2020 avevano il doppio di probabilità di essere uccisi dalla polizia rispetto ai bianchi.

Il sogno di King rimane tuttora sfuggente, e i neri devono ancora conseguire tutti gli obiettivi indicati dagli oratori alla marcia su Washington. Tuttavia l'avvenimento ebbe un impatto enorme sul Paese e sui politici, inducendo vari parlamentari ad appoggiare la Legge sui diritti civili del 1964 e la Legge sul diritto di voto dell'anno seguente, con le quali è stata garantita agli americani neri una maggiore uguaglianza nel Paese in cui vivono. ■

> Questo è il momento di sollevarsi dalla buia e desolata valle della segregazione verso il percorso soleggiato della giustizia razziale.
>
> **Martin Luther King**
> **Discorso alla marcia su Washington**

Martin Luther King

Nato ad Atlanta, Georgia, nel 1925, in un'eminente famiglia battista, King studia teologia all'università di Boston. Nel 1955 è pastore a Montgomery e guida il boicottaggio che pone termine alla segregazione razziale sugli autobus cittadini. Nel 1957 è cofondatore della Conferenza dei dirigenti cristiani del sud, associazione di ministri di culto neri impegnati a favore della giustizia sociale. Nello stesso anno, la Conferenza e altri gruppi per i diritti civili dei neri organizzano il pellegrinaggio di preghiera per la libertà, chiedendo l'applicazione della sentenza *Brown* del 1954. Esplicito attivista contro la povertà e contro la guerra, nel 1964 King consegue il premio Nobel per la pace per l'attività antirazzista. Nel 1968 viene assassinato mentre appoggia lo sciopero degli operatori ecologici a Memphis, nel Tennessee.

Opere principali

1958 *Marcia verso la libertà*
1959 *La misura dell'uomo*
1963 *Lettera dal carcere di Birmingham*
1964 *Perché non possiamo aspettare*

È GIUNTA L'INDIPENDENZA

"ZIK" E LA NIGERIA INDIPENDENTE (1963)

NEL CONTESTO

LUOGO
Nigeria

PRIMA
1861-1914 ca. Si espande la presenza coloniale britannica in Africa e la Nigeria del nord e del sud si unificano.

1958 In Ghana si svolge la prima conferenza panafricana dei popoli.

1960 La Nigeria ottiene l'indipendenza dalla Gran Bretagna.

DOPO
1966 Le lotte interetniche provocano assassinii e colpi di Stato militari; crolla la prima repubblica nigeriana.

1970 I separatisti biafrani si arrendono.

2002 Viene istituita l'Unione africana, alleanza di 53 Stati.

2009 In Nigeria il gruppo islamista Boko Haram proclama un *jihad*, uccidendo migliaia di persone; nel 2014 a Chibok rapisce 274 studentesse.

Nel 1963 la Nigeria fu proclamata repubblica e ne divenne presidente Benjamin Nnamdi Azikiwe ("Zik"), uno dei più eminenti nazionalisti e statisti africani del XX secolo.

Indicando come fonte di ispirazione Abraham Lincoln, Azikiwe si pose come obiettivo principale la promozione dell'emancipazione razziale. Nell'intero arco della sua attività sollecitò l'élite africana istruita a perseguire la giustizia sociale e un miglioramento delle condizioni di vita per tutte le persone svantaggiate di origine africana ovunque nel mondo.

Nel 1939 i britannici suddivisero la Nigeria in tre regioni su base etnica, con la speranza di placare le tensioni fra le principali popolazioni del Paese.

L'unità tra africani, affermava con insistenza, era essenziale per favorirne lo sviluppo socioeconomico e politico.

Ascesa al potere

Negli anni '50, un riallineamento politico di ampia portata polarizzò la politica nigeriana attorno a tre principali partiti con un radicamento etnico: il Gruppo di azione (AG) a ovest, il Congresso popolare del nord (NPC) e il Consiglio nazionale di Nigeria e Camerun (NCNC) a est. La formazione di partiti politici lungo linee etniche avrebbe vanificato la visione di unità panafricana di Azikiwe e avrebbe influenzato le traiettorie politiche della Nigeria postcoloniale.

Nell'ottobre del 1960, alla vigilia dell'indipendenza della Nigeria, il partito NCNC di Azikiwe, ora chiamato Consiglio nazionale dei cittadini nigeriani, diede vita a una coalizione con il partito principale, NPC. In tal modo Azikiwe si garantì la nomina a presidente del Senato. Dal 1960 al 1963 fu il primo governatore generale indigeno del Paese e dal 1963 al 1966 fu il primo presidente della Repubblica federale di Nigeria.

La vita nella Nigeria indipendente era un misto di progresso e deterioramento. Malgrado i contrasti politici, i dirigenti dei partiti erano

Cfr. anche: La spartizione dell'Africa 222-223 ▪ Il panafricanismo 232-235 ▪ La guerra delle donne del 1929 252 ▪ L'anno dell'Africa 274-275

ansiosi di migliorare le condizioni socioeconomiche della popolazione. La scoperta del petrolio nel 1956 e i profitti derivanti dalla conseguente produzione consentirono la creazione di infrastrutture, e a un ritmo furioso si costruirono nuove strade, ospedali e scuole. Nel 1963, all'università erano iscritti 5.148 studenti, invece dei 1.395 del 1960. Nel 1964 la crescita economica si attestò sul 6%, superiore al previsto 4%. Questi progressi graduali non soddisfacevano però le elevate aspettative della popolazione, e fra l'élite dominante si intensificò la competizione interetnica per il potere.

Guerra civile e conseguenze

Il 15 gennaio 1966, l'instabilità politica portò a un colpo di Stato militare, rapidamente seguito da un altro in senso contrario e da *pogrom* ai danni della popolazione Igbo (o Ibo). La Nigeria precipitò in un fallimento economico e politico. Nel maggio del 1967, quando tre Stati della regione orientale, popolati principalmente da Igbo, proclamarono la secessione assumendo il nome di Repubblica del Biafra, scoppiò una guerra civile. Il governo dichiarò guerra, temendo che la secessione impedisse l'accesso agli essenziali proventi petroliferi del sud-est.

In quanto sostenitore dell'unità africana e dei metodi non violenti in politica, Azikiwe era contrario alla guerra, ma compì numerosi viaggi nel tentativo di conquistare il sostegno di altri Paesi africani a favore dei suoi connazionali Igbo. La guerra, conclusasi nel 1970, causò oltre 1 milione di morti. La causa principale fu la carestia nell'enclave secessionista, causata da un embargo federale. L'attenzione da parte dei mezzi di informazione fece arrivare aiuti internazionali, ma Azikiwe capì che una vittoria biafrana era ormai impossibile; nel 1969 si schierò dalla parte del governo federale, con l'intento di svolgere un ruolo attivo nel configurare la politica del Paese dopo la guerra. ■

Il presidente Nnamdi Azikiwe fa il saluto militare durante una parata a Lagos nel 1964. La sua presidenza giunse al termine nel 1966 con il crollo della prima repubblica.

Nnamdi Azikiwe

Nato da genitori Igbo nel 1904, Nnamdi Azikiwe riceve la predizione di un grande futuro. Gia in tenera età capisce il valore dell'istruzione occidentale nel mondo neocoloniale. Negli Stati Uniti consegue lauree in scienze politiche e antropologia, con tesi sulle esperienze africane del colonialismo europeo. Nel 1934 diventa direttore dell'*African Morning Post*. Tornato in Nigeria nel 1937, fonda vari giornali per combattere l'assoggettamento coloniale e stimolare il nazionalismo. Entra a far parte del Movimento giovanile e nel 1944 fonda il Consiglio nazionale di Nigeria e Camerun. Ispira attivisti che, nel 1946, fondano il movimento zikista, e alla fine la sua statura politica lo conduce alla presidenza. Dal 1966 al 1979 la Nigeria è governata da regimi militari. Dopo due fallite candidature alla presidenza, nel 1983 Azikiwe si ritira dalla politica. Venerato come padre fondatore del Paese e definito «grande Zik d'Africa», muore nel 1996.

Opere principali

1937 *Renascent Africa*
1970 *My Odyssey*

DEVE NASCERE UNA NUOVA SOCIETÀ

IL MOVIMENTO POTERE NERO (1966-1974)

NEL CONTESTO

LUOGO
Stati Uniti

PRIMA
1954 "Potere nero" compare per la prima volta come titolo di un'opera di Richard Wright. Nel 1966 l'attivista nero Stokely Carmichael lo adotta come appello all'azione.

1962 "Naturally 62", sfilata di moda a Harlem, New York, con modelle nere, innesca l'ascesa del movimento "Nero è bello".

DOPO
1976 Lo scrittore americano nero Alex Haley pubblica *Radici*, che suscita grande interesse per la storia degli americani neri.

1977 Andrew Young è il primo americano nero a fungere da ambasciatore alle Nazioni Unite.

1984 La candidatura di Jesse Jackson alla presidenza attira un maggior numero di americani neri verso la politica.

Il movimento per i diritti civili degli anni '50 e '60 rimosse molte barriere all'uguaglianza per gli americani neri. Alla metà degli anni '60, i neri potevano ormai votare in Stati che per generazioni avevano negato loro questo diritto. Inoltre, avevano sconfitto le leggi "Jim Crow" e le normative statali e locali che imponevano giuridicamente la segregazione razziale, ma il razzismo istituzionale permaneva. Le pari opportunità in campo economico ed educativo erano ancora fuori portata per milioni di americani neri, che subivano la brutalità della polizia, le prassi discriminatorie nei prestiti bancari, il deterioramento delle scuole e l'elevata disoccupazione nei ghetti urbani sovrapopolati. Fra il 1966 e il 1974, all'epoca del movimento Potere Nero, migliaia di americani neri, molti dei quali avevano l'età degli studenti universitari, cercarono di smantellare il razzismo sistemico e di creare un proprio potere politico, economico e sociale "con tutti i mezzi necessari".

> [...] l'uomo nero deve dominare la politica e i politici della sua comunità.
> **Malcolm X**
> ***La scheda o il fucile*, 1964**

Politica e cultura

Dal punto di vista politico, i gruppi di Potere Nero erano influenzati da Malcolm X, religioso musulmano e attivista per i diritti umani, le cui idee nazionaliste sostenevano che la storia e la cultura dei neri e le loro comunità quasi esclusivamente nere ne facessero una nazione a sé stante all'interno degli Stati Uniti.

Malgrado l'ideologia comune, i gruppi di Potere Nero erano locali e decentrati. Organization US, in California, cercava di promuovere i valori culturali africani, tra cui lo studio della storia e delle lingue dell'Africa. Altri, come la Repubblica della nuova Africa, volevano una repubblica nera indipendente nei "territori soggiogati" del sud. All'inizio, le Pantere Nere avevano lo scopo di proteggere le comunità nere della zona di San Francisco contro la brutalità della polizia, ma prima del declino negli anni '70

Cfr. anche: Jim Crow 216-221 ▪ Il rinascimento di Harlem 242-245 ▪ La sentenza *Brown* 264-267 ▪ Il boicottaggio degli autobus di Montgomery 270-271

divenne una formazione politica marxista più militante e rivoluzionaria.

Dal punto di vista sociale, gli attivisti di Potere Nero sostenevano che la cultura andasse usata come strumento per la liberazione degli americani neri e per risolvere e superare i sentimenti di inferiorità generati da secoli di rozzi stereotipi, divulgati dai mezzi di informazione dei bianchi. Gli artisti neri risposero con entusiasmo.

Nel 1968 James Brown, soprannominato "padre del soul", fece uscire *Say It Loud, "I'm Black and I'm Proud"*, che divenne l'inno del movimento. Nel 1969, Douglas Q. Barnett fondò a Seattle, nello Stato di Washington, Black Arts West e per quasi 11 anni mise in scena spettacoli teatrali incentrati sull'identità e sulla politica dei neri. Barkley Hendricks, come molti altri neri nelle arti visive, mise in discussione l'estetica occidentale. Notando l'assenza di personaggi neri nella ritrattistica, creò energici ritratti di grandi dimensioni di amici neri in opere come *Birth of Cool* del 1973.

Nuova autonomia

Il movimento Potere Nero ridefinì il significato dell'essere una persona di origine africana negli Stati Uniti e altrove, dove i bianchi dettavano la cultura popolare e le preferenze. I neri non erano più "negri" o "di colore", isolati, deboli e definiti dalla schiavitù e dal razzismo dei bianchi. Il movimento per la loro autonomia ne fece una popolazione autodefinita legata a una più ampia diaspora africana. ■

Con il saluto di Potere Nero alle Olimpiadi del 1968, Tommie Smith e John Carlos, medaglia d'oro e di bronzo nei 200 m, manifestano l'opposizione all'ingiustizia razziale.

Malcolm X

Nato a Omaha, Nebraska, nel 1925, Malcolm Little è figlio di Louise, attivista americana di Grenada, e di Earl, predicatore itinerante e membro attivo dell'Associazione universale di miglioramento dei negri (UNIA). Incarcerato dopo anni di reati minori e abuso di droga, entra a far parte della Nation of Islam, cambiando nome in Malcolm X. Alla fine degli anni '50 diventa portavoce nazionale dell'organizzazione, ma se ne stacca nel 1964 per costituire la Muslim Mosque, Inc.; in quello stesso anno, dopo un pellegrinaggio alla Mecca, diventa musulmano sunnita e assume il nome di el Hajj Malik el-Shabazz. L'anno seguente fonda l'Organizzazione per l'unità afroamericana. Il 21 febbraio 1965 Malcolm X viene assassinato a New York, ma le sue idee sul nazionalismo nero rimangono in vita e offrono un quadro ideologico agli attivisti di Potere Nero. Per l'omicidio vengono condannati tre membri della Nation of Islam.

Opere principali

1964 *La scheda o il fucile*
1965 *Autobiografia di Malcolm X* con Alex Haley

NEGARE LA RAZZA SIGNIFICA NEGARE LA REALTÀ

POLITICHE NON DISCRIMINATORIE IN FRANCIA (1978)

NEL CONTESTO

LUOGO
Francia

PRIMA
1848 Il motto della Francia diventa *Liberté, égalité, fraternité*.

1940-1950 Per colmare la carenza di manodopera arrivano in Francia milioni di immigrati. L'afflusso perdura fino agli anni '70.

DOPO
1983 Si tiene in Francia la prima manifestazione nazionale contro il razzismo.

2010 Nei luoghi pubblici è vietato il velo integrale.

2016 Quando un cittadino nero, Adama Traoré, muore durante un fermo di polizia, in tutta la Francia scoppiano proteste ispirate al movimento Black Lives Matter.

2018 L'Assemblea Nazionale francese vota la rimozione del termine "razza" dalla Costituzione.

Le politiche non discriminatorie, che **non tengono conto della razza**, mirano a garantire **uguaglianza e integrazione** fra i cittadini di un Paese.

↓

Tuttavia, il **mancato riconoscimento** della razza rende più difficile ai governi affrontare la **discriminazione razziale sistemica**.

↓

Negare l'esistenza della razza significa negare la realtà della discriminazione razziale.

Nel 1978, il parlamento francese approvò una legge che vietava l'acquisizione di dati personali relativi all'origine razziale ed etnica dei cittadini.

Quale conseguenza, la politica statale francese rifiuta ogni riferimento a minoranze razziali, etniche o religiose. Questa politica non discriminatoria trae le sue radici dagli ideali repubblicani di universalismo, secondo i quali i cittadini sono tenuti a identificarsi con la nazione, indipendentemente dalla loro identità etnica o religiosa. Si basa inoltre sul principio francese di laicità, che proibisce l'ingerenza della religione negli affari pubblici.

Politica di assimilazione

La Francia, che in Europa ha la più numerosa popolazione di neri (circa 1,8 milioni), minoranze non bianche, musulmani ed ebrei, è innegabilmente una società multirazziale e multiculturale.

Durante la rivoluzione industriale francese (1810-1870), per colmare la carenza di manodopera si assoldarono migliaia di lavoratori nordafricani. Negli anni fra la Prima e la Seconda guerra mondiale arrivarono quasi 3 milioni di immigrati, pari al 6% della popolazione.

Per far fronte a questo rapido mutamento demografico, il governo ha adottato una rigida politica di assimilazione e una legislazione non discriminatoria, considerando che la rimozione di riferimenti a specifiche identità etniche o religiose contribuisca a creare uguaglianza. Nel 2004, nelle scuole statali sono stati vietati

Cfr. anche: Il Code Noir della Louisiana 166-167 ▪ I movimenti dei neri in Francia 250-251 ▪ Combattenti neri nella Seconda guerra mondiale 254-257 ▪ Le campagne antirazziste internazionali 306-313 ▪ La diaspora africana oggi 314-315

Durante i disordini del 2005 i contestatori incendiarono edifici e auto. L'8 novembre fu proclamato lo stato di emergenza nazionale.

I disordini del 2005

In Francia, i disordini cominciati il 27 ottobre 2005 nella *banlieue* parigina di Clichy-sous-Bois durarono tre settimane. La sera del 27 intervenne la polizia, chiamata a indagare su una possibile irruzione in un cantiere edile, dove i poliziotti trovarono un gruppo di adolescenti. Inseguiti dagli agenti, per evitare l'interrogatorio tre ragazzi fuggirono e si nascosero in una cabina elettrica. Due di loro morirono folgorati, il terzo rimase gravemente ustionato.

L'episodio infiammò le tensioni già esistenti fra i giovani delle minoranze delle *banlieues* e la polizia, da cui i ragazzi si sentivano ingiustamente presi di mira. All'inizio limitati alla zona di Parigi, i tumulti si propagarono a tutte le 15 grandi aree urbane della Francia, causando un morto e danni per 200 milioni di euro. Furono compiuti quasi 2.900 arresti. Molti videro la causa profonda dei disordini nelle questioni razziali e discriminatorie.

i simboli religiosi "evidenti" come il velo islamico, e nel 2010 è stato proibito il velo integrale nei luoghi pubblici.

Richieste di cambiamento

Malgrado i tentativi della Francia di staccarsi dalla "politica dell'identità", nel Paese la discriminazione razziale abbonda e ha un impatto significativo sulle minoranze, in molti casi segregate in complessi di edilizia pubblica nelle *banlieues* (periferie) che circondano le città; secondo uno studio condotto dall'ente pubblico indipendente Difesa dei diritti, i giovani neri e arabi hanno una probabilità 20 volte maggiore di essere fermati dalla polizia rispetto a ogni altro settore della popolazione.

La netta contraddizione fra le politiche non discriminatorie e la realtà con la quale i cittadini neri in Francia si devono confrontare ha causato indignazione. Nel 1983, negli anni '90, nel 2005, nel 2016 e nel 2020 sono scoppiati disordini in risposta alla discriminazione razziale e alla brutalità della polizia.

Un effetto importante della politica non discriminatoria è stato la cancellazione dei gruppi minoritari dal dibattito nazionale. La Francia ha significativi problemi di razzismo, discriminazione e disuguaglianza sociale ed economica, ma per valutarli e correggerli possiede strumenti limitati.

In definitiva, come afferma la scrittrice e attivista nera francese Rokhaya Diallo, la politica non discriminatoria «priva gli studiosi e gli attivisti di uno strumento efficace per studiare le implicazioni del razzismo». I gruppi minoritari esistenti chiedono al governo di ripensare queste politiche, dato che il Paese diventa sempre più diversificato e la discriminazione razziale è in aumento. ■

Sibeth Ndiaye, portavoce del governo francese, nel maggio del 2020 rilascia una dichiarazione con cui sollecita il governo ad acquisire dati riferiti alla razza per valutare meglio la risposta alla pandemia di Covid-19.

VENI, VIDI, VICI. CHE BALDORIA!

IL *DRAG BALL* NEGLI STATI UNITI (ANNI '80)

NEL CONTESTO

LUOGO
Stati Uniti

PRIMA
1870-1880 In Gran Bretagna si usa il termine *drag* per indicare attori maschi in ruoli femminili, perché "trascinano" (*drag*) per terra le gonne lunghe.

1920-1930 A Harlem si tengono balli con travestiti.

1969 A New York scoppiano i tumulti dello Stonewall, in cui la polizia si scontra con la comunità LGBTQ+.

1970-1980 I *drag ball* si ampliano includendo anche la comunità Latinx.

1972 Crystal LaBeija fonda la prima "casa" di New York, House of LaBeija.

DOPO
1990 Esce il video musicale *Vogue* di Madonna, con danze ispirate ai *drag ball*.

2018 Va in onda *Pose*, spettacolo televisivo ispirato ai *drag ball* degli anni '80.

Una **"casa" viene fondata** da una "madre" e/o da un "padre".

→ La "madre" **recluta partecipanti** detti "figli".

→ Le varie "case" **competono con manifestazioni** definite "balli".

→ I balli consentono ai giovani **emarginati omosessuali neri e Latinx** di **esprimersi**.

Secondo Hector Xtravaganza, fondatore della "casa" House of Xtravaganza di New York, la famiglia non è definita dalla consanguineità. «La famiglia è composta da coloro con cui si condividono i propri lati buoni, brutti e cattivi e alla fine ci si vuol bene comunque.» Una famiglia di propria scelta e la "casa" che si crea con tale famiglia sono temi centrali dei *drag ball*. L'iniziativa emerse negli Stati Uniti dal bisogno di solidarietà fra giovani omosessuali neri e Latinx (ossia sudamericani, ma indicati con un termine asessuato), esclusi dalle loro comunità e anche dagli ambienti gay bianchi nella New York degli anni '80. I *drag ball* offrivano a questi giovani uno spazio protetto e solidale.

Radici urbane

Negli anni'20 e '30 la vivace vita notturna di Harlem fu un luogo di sperimentazione. Uomini neri si travestivano da donne e donne nere da uomini, in sfarzosi balli di travestiti (*drag ball*), dove i bianchi erano invitati a fare da spettatori.

Negli anni '70 e '80, in seguito alla loro evoluzione i *drag ball* si incentrarono meno sugli spettatori e più sul sostegno alle comunità gay e trans. A causa della segregazione razziale del-

Cfr. anche: Il rinascimento di Harlem 242-245 ▪ L'età del jazz 246-249 ▪ Ascesa del femminismo nero 276-281 ▪ Le campagne antirazziste internazionali 306-313

Con il documentario *Paris is Burning* (1991), Jennie Livingston attirò l'attenzione sui *drag ball*, ma i critici la accusarono di trarre profitto da una comunità costituita perlopiù da neri e Latinx poveri.

le città americane, le comunità nere e Latinx erano trascurate, e le persone LGBTQ+ spesso dovevano affrontare discriminazione e violenza da parte delle loro stesse comunità patriarcali ed eteronormative. Respinte dalla famiglia e dall'emergente mondo gay bianco, trovarono riconoscimento e identità nei *drag ball*.

In posa

La cultura dei *drag ball* si definì negli anni '80, quando a New York e in altre città americane si crearono "case" (*house*) importanti, che si distinguevano ospitando competizioni, i "balli", in cui i partecipanti si esibivano su una passerella e si vedevano assegnare categorie a seconda del genere e dell'identità sessuale, della presentazione del corpo e dell'abbigliamento, nonché del *voguing*, stile di ballo che imita le pose delle modelle.

Le "case" non si limitavano a offrire spettacoli e competizioni, ma consentivano anche di convivere. Ogni "famiglia" era guidata da una "madre", normalmente detta Butch Queen o Femme Queen, dall'aspetto femminile, e un "padre", di solito un Butch (una donna dall'aspetto maschile). Negli anni '80, con la diffusione dell'Aids, gli operatori sanitari usarono il circuito dei ritrovi *house* per attività assistenziali ed educative. Nel 1986 fu creata la House of Latex, che offriva alla comunità dei *drag ball* informazioni sull'Aids e analisi per individuare il virus Hiv.

Da allora, la cultura dei *drag ball* di New York si è espansa in tutto il mondo e, dato che il mondo esterno ancora non li ha accettati, offre ai giovani LGBTQ+ di colore spazi protetti in cui esprimersi liberamente. ■

Il travestito Shea Coulée si unisce ai sostenitori di Elizabeth Warren, candidata alle elezioni presidenziali del 2019.

Travestiti moderni

Il travestitismo è essenziale nei *drag ball* e consente di esprimere la propria identità mediante spettacoli e sperimentazioni. I moderni artisti *drag* usano abbigliamento e trucco per trasformarsi da maschi in femmine o viceversa. Definiti *drag queen* e *drag king*, di solito usano abiti vistosi per indicare varie identità di genere, e gli spettacoli prevedono il canto in playback e dal vivo, la danza e il coinvolgimento del pubblico. Risalenti al XIX secolo, gli spettacoli con travestiti fanno ora parte della cultura pop. Un esempio è *RuPaul's Drag Race*, competizione per individuare "la prossima superstar travestita d'America", trasmessa dalla Tv americana dal 2009. RuPaul, travestito nero, ha cominciato la sua carriera nel circuito dei *drag ball*. Il travestitismo moderno ha chiari legami con i *drag ball*, e gli spettacoli usano le categorie e le movenze di danza derivanti dal *voguing*. La sua diffusione ha alimentato l'attivismo LGBTQ+ e ha innescato importanti dibattiti sull'identità di genere.

QUEL CHE È TROPPO È TROPPO

LA RIVOLTA DI BRIXTON (1981)

NEL CONTESTO

LUOGO
Londra

PRIMA
1948 L'ex nave militare *Empire Windrush* trasporta dai Caraibi 492 immigrati afro-caraibici in Gran Bretagna, molti dei quali si stabiliscono a Brixton.

1980 A Bristol scoppia una rivolta innescata dall'incursione della polizia in un caffè frequentato da giovani neri.

DOPO
1999 Il Rapporto Macpherson sull'omicidio a sfondo razziale del londinese nero Stephen Lawrence accusa la polizia di "razzismo istituzionale".

2020 In città di tutto il mondo si tengono manifestazioni di protesta a sostegno del movimento Black Lives Matter e contro il razzismo della polizia.

Nel 1981, il mezzo milione di neri originari delle Indie Occidentali che erano immigrati in Gran Bretagna fra il 1948 e gli anni '60, vi risiedevano ormai da decenni. Possedevano un lavoro sicuro, si assumevano le responsabilità legate all'essere genitori e avevano pochi guai con la polizia. Tuttavia, durante tutto questo periodo avevano dovuto sopportare pregiudizi razziali, alloggi scadenti, limitate occasioni di lavoro e talvolta anche violenze. Per la maggiore parte, però questi nuovi britannici che vivevano a Londra e in altre città del Paese erano riusciti a superare tutte le tempeste economiche e politiche.

I bambini neri che divennero adulti alla fine degli anni '70, per la Gran Bretagna un periodo di prolungato declino economico e industria-

Cfr. anche: Il movimento rastafariano 253 ▪ L'immigrazione *Windrush* 258-259 ▪ L'aggressione dei poliziotti a Rodney King 298 ▪ Il Rapporto Macpherson 299 ▪ Le campagne antirazziste internazionali 306-313

Una camionetta della polizia brucia su una strada di Brixton nel secondo giorno di sommossa, l'11 aprile 1981. In tre giorni furono danneggiati oltre 100 veicoli della polizia.

La legge britannica conferisce ai poliziotti il diritto di arrestare chiunque **unicamente sulla base di sospetti**.

↓

Questa norma viene **sempre più contestata** dagli attivisti neri, secondo i quali la polizia **la usa ingiustamente** per prendere di mira i neri.

↓

Dopo **un'operazione di perquisizioni concertata dalla polizia** a Brixton, i giovani neri danno il via a una **violenta protesta**.

↓

La norma viene abrogata meno di quattro mesi dopo la rivolta di Brixton.

le, si trovavano di fronte a prospettive molto diverse. Nel 1980 la recessione nazionale colpì gravemente i quartieri cittadini in cui erano cresciuti. Fra i maschi neri fra i 16 e i 24 anni la disoccupazione sfiorava il 50%. Alcuni di loro erano scivolati nella criminalità ed erano responsabili di una quota crescente di rapine, furti nelle case e reati legati alla droga commessi nelle strade. I giovani neri adesso entrarono in conflitto con le forze di polizia, intenzionate a contrastare l'elevato tasso di criminalità. Ebbe così inizio una catena di avvenimenti che, nell'aprile del 1981, culminò con un fine settimana di rivolte senza precedenti a Brixton, quartiere del distretto londinese di Lambeth che era il fulcro della comunità nera di origine caraibica.

Sospetti sufficienti

Affrontare la criminalità sviluppatasi in certi quartieri abitati da comunità nere pose subito un problema particolare alle forze di polizia britanniche, ancora esclusivamente bianche. In assenza di contatti all'interno di tali comunità e di informazioni in base alle quali procedere, la polizia decise di compiere retate prendendo di mira allo stesso modo colpevoli e innocenti; ai sensi di una norma risalente alla Legge sul vagabondaggio del 1824, i poliziotti fermavano e perquisivano per le strade ogni persona nera semplicemente sulla base di sospetti.

L'uso del provvedimento contro le persone sospette (abbreviato in *Sus*) causò risentimento fra i neri, secondo i quali gli agenti, con i loro pregiudizi, li tormentavano ingiustamente. Di conseguenza, nacquero gruppi di pressione costituiti da neri, come la campagna *Scrap Sus*, avviata nel 1977 nel quartiere di Lewisham, nel sud di Londra, da un gruppo di madri, incollerite per il modo in cui i loro figli venivano ripetutamente fermati dalla Polizia Metropolitana (Met). Le madri erano rappresentate dall'attivista locale Mavis Best, che a nome loro si recava nei posti di polizia per chiedere il rilascio dei figli rinchiusi nelle celle. Inoltre, con l'assistenza di Paul Boateng, giovane avvocato nero e futuro deputato del Partito laburista (v. riquadro p. 297), la Best interpellò dei parlamentari perché venisse abolita la norma contro le persone sospette.

Il 19 gennaio 1981 la campagna Scrap Sus vinse la sua battaglia con la Polizia Metropolitana. In parlamento William Whitelaw, ministro dell'interno del governo conservatore, annunciò il suo intento di abrogare la norma con un nuovo disegno di legge sulle attività criminali. Tuttavia la Met non intendeva accettare così facilmente la sconfitta e, finché rimaneva in vigore

L'artista nero Denzil Forrester, nato a Grenada nel 1956, nel 2019 ha dipinto *Brixton Blue*, che riflette le esperienze della comunità nera di Brixton nei primi anni '80, con il vivace ambiente musicale e la forte presenza della polizia.

la vecchia norma, portò avanti la sua strategia di fermare e perquisire le persone sospette.

Brixton esplode

Lunedì 6 aprile, con un ultimo uso provocatorio della norma contro i sospetti, la Met scelse proprio Brixton per avviare un'intensificazione della pratica di fermare e perquisire le persone. A provocare ulteriormente i residenti neri, definì l'operazione "Swamp 81", in riferimento all'asserzione del primo ministro Margaret Thatcher secondo cui la popolazione bianca non voleva essere «sommersa (*swamped*) da persone di cultura differente». L'operazione intendeva contrastare l'aumento della criminalità che si registrava a Brixton, e nei giorni successivi furono identificate 950 persone, con l'esito di poco più di 100 arresti e ancora meno incriminazioni, perlopiù slegate dalla criminalità nelle strade.

Agli occhi della comunità, la polizia aveva fermato centinaia di neri senza motivo. I giovani neri risposero venerdì 10 aprile con un feroce contrattacco durato tre giorni. Sopraffecero i poliziotti con mattoni, pietre e bombe molotov, li scacciarono dalle strade locali e imperversarono in tutto il quartiere, incendiando veicoli ed edifici e saccheggiando negozi. La polizia riuscì a riprendere il controllo della situazione solo nelle prime ore di lunedì 13 aprile, quando i rivoltosi si stancarono e a poco a poco si dileguarono nelle stradine laterali.

Primi cambiamenti

Dopo la peggiore sommossa scoppiata in Gran Bretagna nell'ultimo secolo, era chiaro che il tentativo da ultima spiaggia della Met di dimostrare l'efficacia della norma contro i sospetti fosse fallito. Negli scontri rimasero feriti centinaia di agenti e decine di altre persone, vennero distrutti oltre 200 veicoli della polizia e di privati, furono danneggiati, incendiati o saccheggiati circa 150 edifici. Ci erano voluti 7.000 poliziotti per placare i forse 1.000 rivoltosi autori delle violenze, dei quali circa 250 furono arrestati.

Il ministro William Whitelaw, sconvolto, si recò nella zona il 12 aprile. Dai lati delle strade la popolazione di Brixton lo dileggiò. Per un giovane rivoltoso, Alex Wheatle, che in seguito sarebbe diventato un romanziere di successo, il problema era efficacemente riassunto dal cognome del ministro dell'interno: «William Whitelaw. Ecco che cos'era il governo: White Law (legge dei bianchi)».

Whitelaw non criticò mai pubblicamente l'operato della polizia prima, durante e dopo la sommossa, ma sapeva che il problema fondamentale era costituito dalla norma contro i sospetti. Il 27 luglio 1981 fu approvato il suo disegno di legge sulle attività criminali: aboliva la norma e garantiva un netto cambiamento nell'attività di sorveglianza della popolazione nera da parte della polizia. Inoltre, il ministro dispose subito un'inchiesta sulla rivolta di Brixton, affidandola a un giudice, lord Scarman.

Nel suo rapporto, pubblicato il 25 novembre, Scarman definì l'operazione Swamp 81 «un grave errore» e presentò raccomandazioni volte a far sì che le forze di polizia rendessero conto del proprio operato a livello locale. Suggerì la formazione di comitati

> Per la prima volta
> i neri come me sono diventati
> presidenti di comitati,
> politici e attivisti
> della comunità.
>
> **Alex Wheatle**
> **Romanziere britannico (1963-)**

Parlamentari neri e appartenenti a minoranze etniche in Gran Bretagna

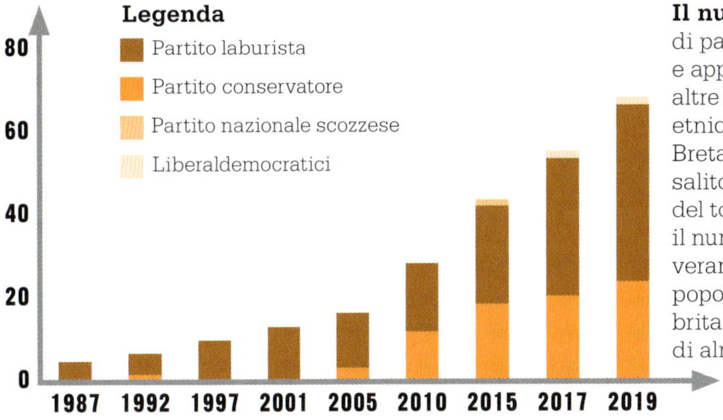

Il numero di parlamentari neri e appartenenti ad altre minoranze etniche in Gran Bretagna dal 1987 è salito da 4 a 65 (10% del totale di 650). Se il numero riflettesse veramente la popolazione britannica, sarebbe di almeno 90.

di collegamento e di consulenza per consentire alla popolazione di discutere le modalità con cui venivano condotte le operazioni di polizia. Inoltre, sollecitò un maggiore impegno per il reclutamento di poliziotti neri e per la formazione degli agenti bianchi, in modo che comprendessero meglio i quartieri in cui prestavano servizio.

Le raccomandazioni del rapporto furono adottate soltanto in modo parziale dal governo conservatore di Margaret Thatcher, ma si realizzarono alcuni cambiamenti significativi, racchiusi nella Legge sulla polizia e sulle prove in materia penale del 1984. Il provvedimento imponeva agli agenti di polizia, prima di fermare una persona, di disporre di "ragionevoli sospetti" di qualcosa di incriminante e di seguire codici di comportamento più rigidi al momento di fermare, perquisire, interrogare, trattenere e arrestare qualcuno.

Nuove voci dei neri

La rivolta di Brixton non fu l'unica del 1981: ce ne furono anche in altre città, fra cui Liverpool e Manchester. Ogni sommossa fu innescata da eventi diversi, ma erano tutte alimentate dal risentimento per la tattica di fermare e perquisire le persone. Le tensioni fra la polizia e le comunità nere non si conclusero con l'abrogazione della norma contro i sospetti. Gravi disordini scoppiarono di nuovo nel 1985 a Brixton e anche a Tottenham, nel nord di Londra, e nel 1987 a Leeds.

Il Rapporto Scarman non risolse le questioni di discriminazione razziale, ma diede inizio a un dibattito più ampio, che prosegue ancora oggi, sull'effetto della disuguaglianza razziale. Politici e responsabili delle comunità, bianchi e neri, da allora si sforzarono di trovare i metodi più adatti per migliorare le condizioni di vita a Brixton e in altre aree urbane e per fornire ai giovani neri ribelli pari opportunità di istruzione e di impiego.

In particolare, la rivolta fornì la piattaforma su cui si costruì la reputazione una crescente generazione di politici neri del Partito laburista. Nei giorni successivi agli avvenimenti di Brixton, Paul Boateng, avvocato nero impegnato nei diritti civili, intervenne nei notiziari sostenendo le ragioni dei rivoltosi nei confronti della norma contro i sospetti. Sei anni dopo, fu tra i primi tre candidati neri eletti al parlamento nel XX secolo. Per la prima volta dall'arrivo dell'*Empire Windrush* nel 1948, i neri finalmente avevano voce nella formulazione delle leggi del loro Paese, un potere che fino ad allora era stato soltanto in mani bianche. ■

I primi parlamentari neri

All'epoca della rivolta di Brixton, in Gran Bretagna non vi erano parlamentari neri. Nel 1983, alcuni attivisti del Partito laburista mirarono a incrementare le minoranze etniche nel partito e in parlamento. Alle elezioni del 1987 conquistarono seggi Paul Boateng, Diane Abbott e Bernie Grant. Boateng (1951-) e la Abbott (1953-) erano nati in Gran Bretagna. Nel 2002 Boateng fu il primo nero a far parte di un governo britannico. La Abbott, prima donna nera in parlamento, in precedenza si occupava di libertà civili e faceva ricerche per la televisione. Grant (1944-2000), nato nella Guyana Britannica, si trasferì in Inghilterra nel 1963, e nel 1985 divenne presidente del consiglio municipale di Haringey, nel nord di Londra. Il primo parlamentare nero del Partito conservatore fu nel 1832 John Stewart, di razza mista, figlio di un proprietario terriero. Il secondo, Adam Afriyie, di madre inglese e padre ganaense, venne eletto 173 anni dopo, nel 2005.

Bernie Grant, Paul Boateng e Diane Abbott, con Keith Vaz, primo parlamentare di origine asiatica dagli anni '20, posano con Neil Kinnock, segretario del Partito laburista, all'assemblea del partito a Brighton nel 1987.

NON SIAMO SICURI CHE LA POLIZIA SIA LÌ PER PROTEGGERCI

L'AGGRESSIONE DEI POLIZIOTTI A RODNEY KING (1991)

NEL CONTESTO

LUOGO
Los Angeles, Stati Uniti

PRIMA
1946 Il sergente Isaac Woodard, nero, rimane cieco dopo essere stato mutilato da uno sceriffo in una guardina in Carolina del Sud. Lo sceriffo viene assolto da una giuria di soli bianchi.

1967 Il tassista nero John Smith è picchiato da poliziotti a Newark, nel New Jersey, e subisce fratture alle costole. L'aggressione scatena quattro giorni di sommosse. Gli agenti non vengono incriminati.

DOPO
2009 Il nero Oscar Grant viene ucciso dalla polizia in una stazione ferroviaria di Oakland, California. L'agente che ha sparato è condannato a due anni.

2020 A Minneapolis, George Floyd muore soffocato da un agente di polizia. L'uccisione suscita indignazione in tutto il mondo.

Negli Stati Uniti, si è registrato spesso un uso eccessivo della forza da parte della polizia contro neri disarmati, ma solo il 3 marzo 1991 ci si rese conto della gravità di questi atti. Da un balcone di Los Angeles, un cineamatore filmò quattro poliziotti che picchiavano in modo spietato il venticinquenne Rodney King, steso a terra. Il filmato sconvolse il pubblico di tutto il mondo. Per la prima volta, si vedeva con chiarezza la brutalità che di frequente subivano gli americani neri fermati dalla polizia.

Processo e sommosse

Dopo aver fermato King per eccesso di velocità, i poliziotti gli spararono due volte con uno storditore e per 81 secondi lo presero a calci e manganellate colpendolo oltre 50 volte. King subì fratture alle ossa e al cranio, ferite alla fronte, lividi vari e commozione cerebrale, per cui gli fu assegnato un indennizzo di 3,8 milioni di dollari. La registrazione presagiva l'attuale epoca degli smartphone, quando i passanti regolarmente documentano nei video gli abusi della polizia. Tuttavia, questa visibilità non ha modificato il comportamento dei poliziotti, come ha dimostrato, a una generazione di distanza, l'uccisione della guardia giurata nera George Floyd. E quel filmato non apportò miglioramenti neppure al sistema giudiziario: nell'aprile del 1982 i quattro agenti furono assolti da una giuria composta prevalentemente da bianchi, scatenando a Los Angeles sei giorni di sommosse. Rodney King non approvava i disordini. Si domandò: «Non possiamo andare d'accordo tutti?». Dato che la brutalità della polizia non è cessata, l'interrogativo è rimasto in sospeso. ■

> Non è più possibile [...] considerare un'aberrazione il pestaggio di King.
>
> **Tom Bradley**
> **Sindaco di Los Angeles (1973-1993)**

Cfr. anche: La rivolta di Brixton 294-297 ▪ Il Rapporto Macpherson 299 ▪ Le campagne antirazziste internazionali 306-313

TOLLERANZA ZERO VERSO IL RAZZISMO

IL RAPPORTO MACPHERSON (1999)

NEL CONTESTO

LUOGO
Londra

PRIMA
1959 A Londra il falegname Kelso Cochrane, originario di Antigua, è pugnalato da una banda di bianchi. La polizia indica come movente la rapina e non trova mai gli assassini.

1965 Il governo laburista britannico approva la Legge sulle relazioni interrazziali, primo provvedimento che vieta la discriminazione razziale.

1967 In *Potere Nero*, l'attivista per i diritti civili Stokely Carmichael (Kwame Ture) conia l'espressione "razzismo istituzionale" per indicare i comportamenti ostili ai neri.

DOPO
2005 Presso Liverpool, lo studente nero Anthony Walker è ucciso da due giovani bianchi dopo insulti razziali. La polizia rintraccia subito i sospettati, che nello stesso anno vengono condannati all'ergastolo.

Nel 1993, l'assassinio di stampo razzista di un giovane britannico nero modificò in modo radicale le relazioni interrazziali in Gran Bretagna. Nell'aprile di quell'anno, Stephen Lawrence aspettava l'autobus a Eltham, a Londra, quando fu pugnalato a morte da cinque giovani bianchi, che furono uditi urlare frasi razziste. Malgrado l'ampia diffusione dei nomi dei cinque giovani e una campagna del giornale *Daily Mail*, la Polizia Metropolitana di Londra non consegnò alla giustizia nemmeno uno dei sospettati.

Doreen e Neville Lawrence, durante l'indagine per la morte del figlio, furono trattati senza rispetto dai poliziotti. Continuano a battersi per ottenere giustizia per Stephen.

Storica inchiesta

Il governo laburista dispose un'inchiesta guidata da un giudice in pensione, William Macpherson. Nel suo storico rapporto del 1999, il giudice attribuì le inadempienze della polizia al razzismo istituzionale presente nelle forze dell'ordine. La sua definizione di razzismo istituzionale fu: «Incapacità collettiva di un'organizzazione di fornire alla popolazione un servizio adeguato e professionale a causa del colore, della cultura o dell'origine etnica delle persone». Le raccomandazioni di Macpherson furono applicate quasi interamente, e nel 2012 portarono alla condanna di due componenti della banda, Gary Dobson e David Norris. Inoltre, Macpherson andò al di là dell'omicidio, suggerendo di valutare tutte le istituzioni secondo il metro del razzismo istituzionale. Malgrado varie obiezioni ideologiche al documento, da allora il Rapporto Macpherson ha costituito il quadro di riferimento per le relazioni interrazziali in Gran Bretagna. ■

Cfr. anche: La rivolta di Brixton 294-297 ▪ L'aggressione dei poliziotti a Rodney King 298 ▪ Le campagne antirazziste internazionali 306-313

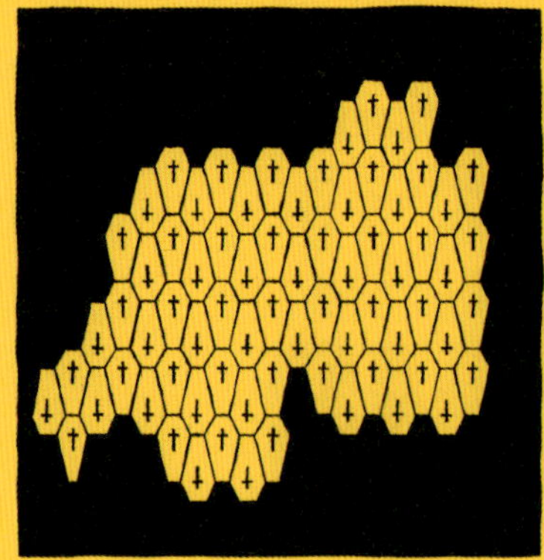

VI COMUNICHIAMO CHE DOMANI VERREMO UCCISI

IL GENOCIDIO RUANDESE (1994)

NEL CONTESTO

LUOGO
Ruanda

PRIMA
1959 Una violenta rivoluzione degli Hutu trasforma il Ruanda da colonia belga con monarchia Tutsi a repubblica dominata dagli Hutu.

1990 Le truppe governative e i ribelli del Fronte patriottico ruandese si scontrano in una guerra civile che si conclude nel 1994.

DOPO
1996 Scoppia la prima guerra del Congo quando il governo ruandese invade lo Zaire (oggi Repubblica democratica del Congo) per dare la caccia ai ribelli in esilio.

1994-2015 Il Tribunale penale internazionale per il Ruanda, istituito dal Consiglio di sicurezza dell'ONU, riconosce colpevoli di genocidio 61 imputati, infliggendo anche la prima condanna per stupro come arma di guerra.

Nel 1994, nell'arco di 100 giorni in Ruanda gli estremisti Hutu uccisero circa 800.000 persone. Le vittime erano principalmente appartenenti alla comunità minoritaria Tutsi, oltre ad alcuni Hutu moderati che si erano rifiutati di partecipare al genocidio.

Tensioni interrazziali

Nel Ruanda precoloniale, i Twa erano cacciatori-raccoglitori pigmei e i primi a insediarsi nella zona.

Nel V secolo iniziarono ad arrivare anche agricoltori Hutu, cui fecero seguito allevatori di bestiame Tutsi. La popolazione formò dei clan, poi istituì diversi piccoli regni. Nel 1899, il Ruanda fu colonizzato dall'impero tedesco, che favorì i Tutsi. Nel 1918, quando il Ruanda passò sotto il dominio del Belgio, vennero emessi documenti di identità con indicazione dell'etnia e ai Tutsi fu assegnato un trattamento preferenziale, tra cui un accesso privilegiato all'istruzione e al lavoro.

Nel 1959 gli Hutu si ribellarono e rovesciarono la monarchia Tutsi, costringendo all'esilio più di 300.000

Dopo il genocidio, tra i rifugiati Hutu vi erano funzionari governativi e miliziani che, dai campi profughi dello Zaire, lanciarono attacchi in Ruanda.

Cfr. anche: Gli europei arrivano in Africa 94-95 ▪ La successione del ManiKongo 110-111 ▪ La creazione della "razza" 154-157 ▪ La spartizione dell'Africa 222-223 ▪ L'anno dell'Africa 274-275

Secondo il censimento del 1991 i Tutsi costituivano l'8,4% della popolazione. Nel genocidio del 1994 furono uccisi il 77% dei Tutsi e il 33% dei Twa.

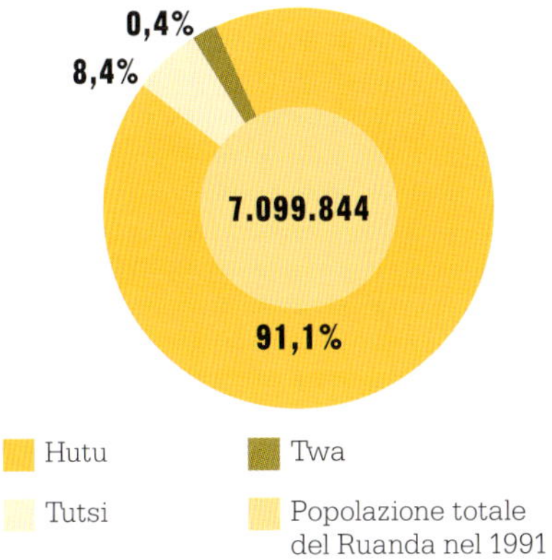

persone. In Uganda, tra i profughi Tutsi nacque una formazione ribelle, definita Fronte patriottico ruandese, che nel 1990 invase il Ruanda. Nel 1993 fu siglato un accordo di pace, ma molti Hutu, tra cui funzionari governativi, ritenevano che la minoranza Tutsi del Ruanda costituisse ancora una minaccia. Di conseguenza, formarono delle milizie e le addestrarono, preparandosi a spazzare via i Tutsi.

Il 6 aprile 1994, la causa scatenante del genocidio fu l'abbattimento di un aereo che trasportava il presidente del Ruanda Juvénal Habyarimana (uno Hutu). L'aereo fu colpito da un missile e tutte le persone a bordo morirono. Un'unità di crisi, presieduta da Théoneste Bagosora, prese immediatamente il potere e scatenò massacri su vasta scala, che cominciarono nel giro di poche ore dalla morte di Habyarimana.

I dirigenti Hutu organizzarono milizie dette *interahamwe* (coloro che collaborano) e *impuzamugambi* (coloro che hanno il medesimo obiettivo). Alle milizie furono consegnati elenchi di "traditori" da uccidere, e le stazioni radio statali trasmisero propaganda diffamatoria per sollecitare i comuni cittadini a prendere parte al genocidio.

Il giorno dopo l'abbattimento dell'aereo furono uccisi 10 belgi, componenti della forza di pace dell'ONU. Le truppe straniere furono quasi tutte ritirate, e l'ONU fu criticata dalla stampa internazionale per l'inazione e per la mancata prevenzione del genocidio.

Conseguenze

Dopo 100 giorni, il Fronte sconfisse le truppe governative ruandesi. Circa 2 milioni di Hutu si rifugiarono nel confinante Zaire (oggi Repubblica democratica del Congo). Il presidente del Fronte, Paul Kagame, divenne capo dello Stato e, a quanto si narra, per vendetta ordinò l'uccisione di decine di migliaia di Hutu. ■

> La comunità internazionale ha tradito il Ruanda, e questo ci lascerà per sempre un intenso rimorso e un dolore persistente.
>
> **Kofi Annan**
> **Segretario generale dell'ONU, 2004**

La vetrata istoriata del monumento che commemora le vittime del genocidio a Kigali in Ruanda è intitolata *Finestra di speranza*.

IL RINASCIMENTO AFRICANO È DIETRO L'ANGOLO

L'ESPANSIONE ECONOMICA AFRICANA (DAL 2000 IN POI)

NEL CONTESTO

LUOGO
Africa

PRIMA
1960 Nel cosiddetto "anno dell'Africa" 17 Paesi si proclamano indipendenti.

1971 Il governo nigeriano nazionalizza l'industria petrolifera, che a fine decennio è il 93% delle esportazioni.

1980-1990 Le economie africane ottengono scarsi risultati nel "decennio perduto" del continente.

DOPO
2002 Nasce l'Unione Africana, composta da 53 Stati, per favorire la crescita economica, la pace e la cooperazione.

2020 Secondo un rapporto dell'Organizzazione meteorologica mondiale, il cambiamento climatico potrebbe ridurre le rese agricole africane ed entro il 2050 causare un calo dell'economia compreso fra il 2,25 e il 12%.

Per l'Africa, gli anni '80 furono un periodo turbolento. Nei due decenni precedenti molti Paesi del continente avevano acquisito l'indipendenza e, dopo un lungo periodo di colonialismo, ora faticavano a costruire Stati moderni. Fino agli anni '90, gran parte dell'Africa fu devastata dal crollo del prezzo del petrolio, dalle crisi di altre risorse naturali, da conflitti interetnici, collasso delle infrastrutture pubbliche, epidemie, penuria di cibo e violazioni dei diritti umani. Migliaia di professionisti fuggirono cercando occasioni di lavoro altrove. Malgrado i tentativi di affrontare il problema dello sviluppo, l'intrattabilità delle questioni indusse alcuni analisti a definire l'Africa «il continente senza speranza».

Rinascita economica

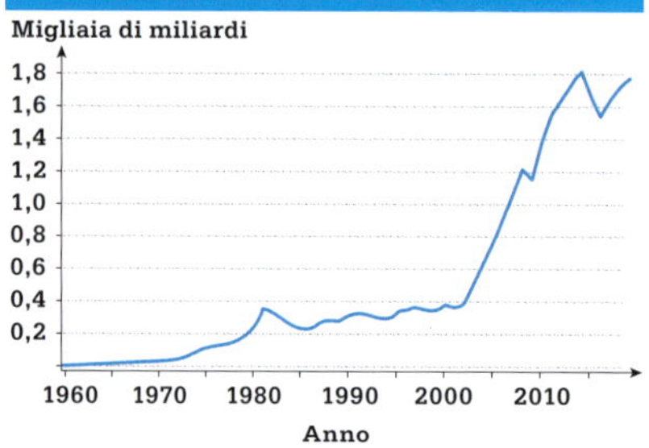

Nell'Africa subsahariana il valore totale di beni e servizi, ossia il prodotto interno lordo, o Pil, dopo il 1960 è cresciuto lentamente, negli anni '80 e '90 ha registrato fluttuazioni, e nel XXI secolo è decollato.

Ascesa dell'Africa

Negli anni '90, nell'economia cominciò a registrarsi un'inversione di tendenza. I governi militari o autocratici, caratterizzati da amministrazione scadente, mancanza di responsabilità verso la popolazione, abusi di potere e violenze, iniziarono a lasciare il posto a forme di governo più democratiche. Nei due decenni successivi, in Africa il numero di democrazie fu più che raddoppiato, apportando una relativa stabilità e la fine del dominio totalitario sulla vita sociale e politica. Si ridusse anche il numero di conflitti (soprattutto guerre civili) che, dagli anni '60, avevano prosciugato le risorse umane e materiali del continente.

Fra il 2000 e il 2008 il prodotto interno lordo crebbe in media del 5% annuo, il doppio rispetto agli anni '80 e '90. Un aumento del prezzo delle materie prime, tra cui petrolio e minerali, incrementò gli introiti dovuti alle esportazioni, mentre le nuove libertà incoraggiarono iniziative imprenditoriali nell'ambito di telecomunicazioni, turismo, finanza e altri settori. A questi cambiamenti corrisposero gli

Cfr. anche: La spartizione dell'Africa 222-223 ▪ Il panafricanismo 232-235 ▪ L'anno dell'Africa 274-275 ▪ La diaspora africana oggi 314-315

La grande diga del rinascimento etiopico è in costruzione dal 2011. L'impianto, infrastruttura fondamentale per un'economia in rapida crescita, fornirà energia a 65 milioni di etiopi.

sforzi dei governi volti a favorire lo sviluppo economico, tra cui la privatizzazione di imprese statali, la riduzione delle imposte sugli utili d'impresa e il miglioramento dei servizi giudiziari.

Futuro radioso

La varietà dell'Africa dal punto di vista storico, culturale ed etnico ha reso disomogeneo il percorso verso la crescita e lo sviluppo, perciò alcuni Paesi ricchi di risorse naturali, come Nigeria e Sudafrica, hanno ottenuto risultati migliori di altri. Tuttavia, nel 2019 l'Africa aveva 6 delle 10 economie in più rapida crescita del mondo e un aumento annuo del Pil pari al 6%.

Oltre alla stabilità politica, la crescita è sostenuta da una risorsa umana essenziale: una popolazione di quasi 1,4 miliardi di persone, che è anche la più giovane al mondo dato che la metà è al di sotto dei 25 anni. È probabile che questa popolazione contribuisca ad alimentare la rapida industrializzazione e urbanizzazione in corso. Anche se l'agricoltura rimane il settore più vasto, equivalente a un 14-15% del Pil, le nuove tecnologie, unitamente all'accesso ai mezzi di comunicazione mondiali crescono, favorendo l'incremento di settori quali finanza, turismo, cinema e musica e aiutando l'Africa a sottrarsi a un'economia fondata unicamente sullo sfruttamento delle risorse naturali. ▪

> La povertà è diminuita, le opportunità aumentano, la stabilità è migliorata. È tornata la fiducia.
>
> **Pascal Lamy**
> **Direttore generale dell'Organizzazione mondiale del commercio, 2013**

Nairobi, Kenya

Il Kenya è una delle sei principali economie africane, e la sua capitale, Nairobi, è la fucina economica dell'Africa orientale. La città fu fondata nel 1899 come snodo ferroviario coloniale, e ben presto sottrasse al porto di Mombasa il ruolo di centro amministrativo dell'Africa orientale britannica.
Il Kenya ottenne l'indipendenza nel 1963, e da allora la popolazione di Nairobi è passata da 360.000 a 5 milioni e si prevede che nel 2030 raggiunga i 6 milioni. Molti abitanti sono occupati in industrie di lavorazione dei prodotti alimentari, forniti dall'oltre 40% di keniani ancora attivi in agricoltura. Nairobi è il fulcro finanziario dell'Africa orientale e la sede di aziende internazionali come Google e IBM. Dopo il 2000, quando le condizioni economiche sono migliorate, la città ha abbracciato la tecnologia digitale, diventando il centro della cosiddetta "Silicon Savannah". Dal 2010 le iniziative per l'innovazione hanno creato in tutta l'Africa centinaia di nuove aziende e aree di sviluppo tecnologico.

I grattacieli del quartiere degli affari di Nairobi riflettono l'importanza della città in campo finanziario e commerciale.

JES, WE CAN!

L'ELEZIONE DI BARACK OBAMA (2008)

NEL CONTESTO

LUOGO
Stati Uniti

PRIMA
1968 Shirley Chisholm è la prima donna nera eletta al Congresso americano.

1972 La Chisholm è la prima donna nera a candidarsi alla presidenza.

DOPO
2013 Nasce il movimento Black Lives Matter, quando l'americano bianco George Zimmerman viene scagionato dall'accusa di omicidio dell'adolescente nero Trayvon Martin.

2015 L'occupazione fra i neri aumenta, ma gli americani neri hanno ancora minori probabilità di trovare lavoro rispetto ai bianchi.

2021 Kamala Harris è la prima donna e la prima fra gli americani neri e di origine asiatica a insediarsi come vicepresidente degli Stati Uniti.

Il 4 novembre 2008, dopo due anni di campagna elettorale, il senatore dell'Illinois e candidato del Partito democratico Barack Obama vinse le elezioni e divenne il 44° presidente degli Stati Uniti: il primo nero nella storia del Paese. Quando entrò in politica, Obama era avvocato e docente alla facoltà di giurisprudenza dell'università di Chicago. Nel 1996 fu eletto al senato dell'Illinois, dove promosse leggi su sanità, riforma del codice penale e assistenza pubblica; nel 2004 fu eletto al senato federale. In quell'anno, il suo intervento di apertura alla convenzione nazionale del Partito democratico gli valse elogi a livello mondiale. Parlò del suo percorso personale, di come l'avessero condotto fin lì i sogni dei suoi genitori e dei suoi nonni e la loro fede in un'America generosa, e trattò il tema dell'unità, di come gli americani siano «tutti legati fra loro costituendo un unico popolo».

Barack Obama presta giuramento come 44° presidente al Campidoglio a Washington, affiancato dalla moglie e dalle due figlie. Alla cerimonia parteciparono 1,8 milioni di persone.

Cfr. anche: L'epoca aurea della ricostruzione 210-213 ▪ La marcia su Washington 282-285 ▪ Il movimento Potere Nero 288-289 ▪ Le campagne antirazziste internazionali 306-313

Barack Obama

Nato alle Hawaii nel 1961 da padre keniano e madre americana, Barack Obama trascorre l'infanzia fra l'Indonesia e le Hawaii, frequentando poi l'università a New York. Dopo aver lavorato in centri studi di aziende e poi come organizzatore di comunità a Chicago, frequenta la facoltà di giurisprudenza alla Harvard. Conosce Michelle Robinson, sua futura moglie, nello studio legale di Chicago in cui entrambi lavorano. Nel 1996 inizia la propria carriera politica come senatore dell'Illinois, poi nel 2004 conquista il seggio di senatore federale. Diventa presidente e rimane in carica per due mandati, conseguendo il premio Nobel per la pace per il suo contributo nella diplomazia internazionale. Dopo la conclusione del mandato nel 2017, istituisce la fondazione Obama, ente senza scopo di lucro che offre assistenza a persone di tutto il mondo nel campo dell'istruzione e della ricerca di lavoro.

Opere principali

1995 *I sogni di mio padre*
2006 *L'audacia della speranza*
2020 *Una terra promessa*

Nel febbraio del 2007, Obama annunciò la propria candidatura alle elezioni presidenziali del 2008. I discorsi carismatici e le promesse di cambiamento del sistema politico toccarono il cuore degli elettori giovani e appartenenti a minoranze etniche e gli consentirono di conseguire la candidatura del Partito democratico, superando Hillary Clinton. Obama scelse come candidato vicepresidente l'esperto senatore Joe Biden.

Le dichiarazioni di Obama, contrarie alla guerra, trovarono echi in molti che si opponevano alla decisione del presidente George W. Bush di attaccare militarmente l'Iraq e l'Afghanistan, mentre i progetti di Obama per un'assistenza sanitaria alla portata di tutti piacevano agli elettori poveri. Questa campagna elettorale intensa garantì a Obama il 53% dei voti. Nel gennaio del 2009 Obama prestò giuramento come presidente.

> Non siamo venuti qui per temere il futuro. Siamo venuti qui per crearlo.
> **Barack Obama**
> **Discorso a una seduta congiunta del Congresso sulla riforma sanitaria, 2009**

Presidente in carica

Nei suoi due mandati presidenziali, cercò di annullare molte disposizioni prese dal governo Bush. Tra i provvedimenti vi furono il divieto dei metodi di interrogatorio eccessivi, a cui avevano fatto ricorso i servizi di informazione sulla scia degli attentati terroristici dell'11 settembre, e il riallacciamento dei rapporti con la Russia, che si erano deteriorati nel corso della presidenza Bush. Inoltre, Obama riformò l'assistenza sanitaria con la Legge sulla sanità accessibile del 2010, che mirava a ridurre i costi dell'assicurazione per le spese mediche. Fu però criticato per non aver chiuso il campo di prigionia di Guantánamo (malgrado le polemiche internazionali sul trattamento dei detenuti) e per non aver fatto abbastanza per migliorare l'economia e ridurre il tasso di disoccupazione. Nel gennaio del 2017, nel pronunciare il discorso di commiato, Obama invitò il pubblico a credere «non nella mia capacità di apportare cambiamenti, ma nella vostra». E concluse con le parole da lui usate nel 2008: «Sì, possiamo farcela». ▪

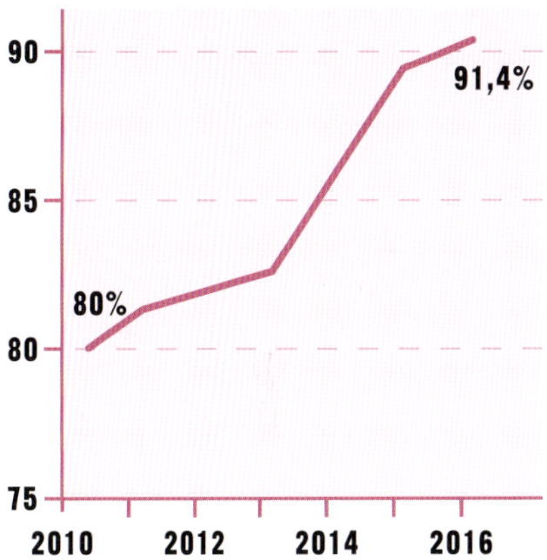

La riforma della sanità detta "Obamacare" intendeva rendere più accessibile l'assistenza medica. La quota di americani provvisti di assicurazione sanitaria è cresciuta di oltre il 10%.

BLACK LIVES MATTER

LE CAMPAGNE ANTIRAZZISTE INTERNAZIONALI (2013)

NEL CONTESTO

LUOGHI
Stati Uniti, tutto il mondo

PRIMA
1985 Una donna nera, Cherry Groce, viene uccisa per errore dalla polizia a casa sua a Londra. L'omicidio innesca una seconda rivolta a Brixton.

1990 In Sudafrica Nelson Mandela viene scarcerato dopo 27 anni. Si inizia a smantellare il sistema dell'apartheid.

1993 In un'aggressione a sfondo razziale è pugnalato a morte l'adolescente nero britannico Stephen Lawrence. Nel 2012 due responsabili sono condannati per omicidio.

1998 L'ex paracadutista britannico Christopher Alder rimane steso a terra senza assistenza per 10 minuti e muore mentre è in stato d'arresto.

2008 Su un aereo fermo a Heathrow, a Londra, l'angolano Jimmy Mubenga muore mentre è bloccato da tre agenti dell'immigrazione.

DOPO
2014 Negli Stati Uniti entra in vigore la Legge sulle denunce di morte in stato d'arresto. A fine 2020 non sono stati ancora pubblicati dati a livello federale.

2020 Negli Stati Uniti, in Europa e altrove i sostenitori del movimento Black Lives Matter assaltano statue di fautori della schiavitù e di altre forme di razzismo.

2021 Derek Chauvin, ex agente bianco della polizia di Minneapolis, è riconosciuto colpevole dell'omicidio di Floyd.

Migliaia di persone a New York marciano verso Harlem malgrado il caldo soffocante, nella più vasta fra le numerose proteste del Paese contro l'assoluzione di George Zimmerman.

Nel 2013, in Florida una giuria assolse il vigilante George Zimmerman dall'accusa di omicidio di secondo grado e omicidio preterintenzionale per la morte a colpi di arma da fuoco dell'americano nero disarmato Trayvon Martin, di 17 anni. Il verdetto scatenò proteste in oltre 100 città degli Stati Uniti. Per esprimere la propria indignazione, le organizzatrici di comunità Alicia Garza, Patrisse Cullors e Opal Tometi usarono #BlackLivesMatter come *hashtag* per i *social*, innescando così l'avvio dell'iniziativa omonima. In breve, #BlackLivesMatter è divenuto un appello all'azione internazionale, che ha mobilitato milioni di persone nelle campagne contro il razzismo a danno dei neri e contro la brutalità della polizia negli Stati Uniti e nel mondo.

Collera crescente

L'assoluzione di Zimmerman non era nulla di nuovo per gli americani neri, che nel XIX e nel XX secolo avevano protestato contro i numerosi linciaggi e altri crimini con scarso effetto. La Legge sui diritti civili e la Legge sul diritto di voto degli anni '60 avevano ridotto alcune disparità fra elettori bianchi e neri, ma i neri dovevano ancora subire una notevole discriminazione razziale nell'ambito della giustizia penale e sapevano che la loro vita era considerata di minor valore.

In Europa, le comunità nere dovevano affrontare problemi analoghi. Nel 1999, in Gran Bretagna un'inchiesta aveva constatato un razzismo istituzionale nella Polizia Metropolitana di Londra. In Germania, in un sondaggio del 2004 fra i gruppi etnici, i neri avevano denunciato molti più casi di discriminazione di ogni altro raggruppamento. In Francia, uno studio del 2012 ha rivelato che le donne di origine subsahariana hanno un rischio di morte prematura 5 volte maggiore rispetto ad altre donne francesi.

Ferguson infiamma

Nel 2014, lo slogan #BlackLivesMatter avviò la trasformazione da parola chiave per i social media a movimento sociale e politico. Due casi di decesso, trasmessi in televisione, suscitarono proteste da una costa all'altra degli Stati Uniti. Il 17 luglio, a New York, alcuni poliziotti accusarono il

Cfr. anche: Jim Crow 216-221 ▪ Il linciaggio di Emmett Till 268-269 ▪ Il boicottaggio degli autobus di Montgomery 270-271 ▪ Il Rapporto Macpherson 299

> Continuo a essere sorpresa da quanto poco contino le vite dei neri. [...] Smettetela di trascurare le vite dei neri [...] Neri, vi amo, amo tutti noi. Le nostre vite contano.
>
> **Alicia Garza**
> **Lettera d'amore ai neri, 2013**

nero Eric Garner, di quarantatré anni, di vendere illegalmente sigarette. Garner negò, ma gli agenti lo arrestarono inchiodandolo a terra. Uno di loro lo strinse alla gola. La documentazione videoregistrata indicò che Garner, prima di perdere coscienza e morire, disse disperatamente agli agenti 11 volte: «non riesco a respirare». Tre settimane dopo, il 9 agosto, la città di Ferguson nel Missouri attirò l'attenzione nazionale per un episodio analogo, l'uccisione del diciottenne nero Michael Brown da parte di un agente della polizia statale. Il poliziotto sparò 12 proiettili, colpendo Brown 6 volte e ferendolo a morte. Secondo alcuni testimoni, Brown aveva alzato le mani per mostrare di essere disarmato e gridato: «Non sparate!». La sua morte, aggravata dal fatto che il corpo era stato lasciato in mezzo alla strada per oltre quattro ore, scatenò la comunità nera della città. Le proteste e sommosse si protrassero per gran parte del mese e la polizia, per placare i disordini, introdusse un coprifuoco e fece uso di squadre antisommossa e gas lacrimogeni. I fondatori di Black Lives Matter allora organizzarono una marcia su Ferguson, la prima protesta del gruppo in presenza. Vi parteciparono più di 500 sostenitori provenienti da varie zone degli Stati Uniti, testimoniando così la diffusione del mo-

A Ferguson, durante le proteste contro la morte di Michael Brown, Edward Crawford ributta un lacrimogeno lanciato dalla polizia che cerca di disperdere la manifestazione.

Alicia Garza

Nata nel 1981 in California, Alicia ha soltanto 12 anni quando intraprende la sua prima campagna di protesta per chiedere che siano disponibili contraccettivi nelle infermerie scolastiche del suo distretto. Per tutta l'adolescenza si occupa di questioni di giustizia sociale, fra cui quelle riguardanti i neri omosessuali e trans; lei stessa si dichiara omosessuale. Nel 2002 si laurea all'università della California, a San Diego, poi frequenta uno stage alla Scuola di unità e liberazione, un progetto di formazione sulla giustizia sociale in cui acquisisce competenze che poi impiegherà nell'organizzazione di comunità. Nel 2018, cinque anni dopo aver contribuito a fondare il movimento Black Lives Matter, avvia il Black Futures Lab, che mira a indurre i legislatori e le organizzazioni civiche a promuovere politiche a livello locale, statale e federale per valorizzare le comunità nere. Inoltre, dirige progetti speciali per l'Alleanza nazionale dei lavoratori domestici.

Opera principale

2020 *The Purpose of Power*

Con l'*hashtag* **#BlackLivesMatter** gli attivisti antirazzisti denunciano il **proscioglimento di un vigilante** che ha ucciso un americano nero disarmato.

↓

La **potente campagna sui *social*** riscuote sostegno in tutti gli Stati Uniti, specialmente nelle comunità nere che **diffidano profondamente della giustizia americana**.

↓

#BlackLivesMatter prende slancio rendendo pubblica una **spaventosa serie di morti di neri** per mano della polizia americana.

↓

Attivisti di altri Paesi riprendono il messaggio di Black Lives Matter e **protestano contro la morte dei neri nei loro Stati** per mano della polizia e nelle carceri.

↓

#BlackLivesMatter **sensibilizza** l'opinione pubblica in merito all'**ingiustizia razzista** in tutto il mondo e **sollecita importanti riforme** negli Stati Uniti e altrove.

vimento. Gli slogan dei contestatori erano «Mani in alto, non sparate» e le ultime parole di Eric Garner «Non riesco a respirare!».

Diffusione all'estero

Tra agosto 2014 e fine primavera 2015 le proteste si intensificarono poiché altri neri, fra cui Tamir Rice, Laquan McDonald, Walter Scott e Freddie Gray, morirono per mano di poliziotti. La loro morte alimentò una crescente critica dell'opinione pubblica all'uso eccessivo della forza da parte della polizia contro i neri.

A livello internazionale, una delle prime marce di solidarietà nell'ambito di Black Lives Matter si tenne nel novembre 2014 a Oxford, per protesta contro l'uccisione di Michael Brown, avvenuta alcuni mesi prima. Fino al marzo del 2016, l'*hashtag* #BlackLivesMatter è comparso su Twitter quasi 11,8 milioni di volte.

Vari Paesi ne hanno ripreso lo slogan in riferimento alle proprie esperienze. Nel luglio e settembre 2015 gli attivisti bloccarono alcune strade di Toronto per protestare contro la morte di due neri, Andrew Loku e Jermaine Carby, uccisi dalla polizia. Nell'agosto 2015, i sostenitori di Black Lives Matter chiusero le strade in tre città della Gran Bretagna e bloccarono il traffico all'esterno dell'aeroporto londinese di Heathrow per una protesta antirazzista che commemorava anche il quinto anniversario della morte di Mark Duggan, ucciso nel 2011 a colpi di arma da fuoco dalla polizia a Londra. In Australia, il caso della donna aborigena Julieka Ivanna Dhu, morta in stato d'arresto nel 2014, nel 2016 innescò un raduno di Black Lives Matter a Melbourne con la partecipazione di 3.500 persone per protestare contro il maltrattamento degli aborigeni australiani.

Uso delle perquisizioni

In Gran Bretagna, le questioni sollevate da Black Lives Matter hanno suscitato un serio esame di coscienza, non solo in merito ai casi di uso indebito della forza per procedere al fermo o all'arresto di neri, ma anche in relazione al ricorso sproporzionato al paragrafo 60 della Legge sulla giustizia penale e sull'ordine pubblico del 1994, che consente di fermare per la strada e perquisire le persone. Le cifre per il 2019-2020 hanno rivelato che in Inghilterra e nel Galles i neri hanno avuto una probabilità quasi 9 volte maggiore dei bianchi di essere fermati per strada. Il giornale *The Guardian* ha riferito che a Londra i giovani maschi neri hanno una probabilità di essere fermati e perquisiti 19 volte di più del resto della popolazione. Nel 2020, tra le persone nere fermate a Londra vi

> Abbiamo capito che Ferguson non è un'aberrazione, bensì un chiaro esempio di ciò che avviene ovunque alle comunità nere.
> **Black Lives Matter**

I giocatori dei San Francisco 49ers Eli Harold, Colin Kaepernick ed Eric Reid si inginocchiano prima della partita con i Dallas Cowboys nel 2016.

In ginocchio

Nell'agosto del 2016, Colin Kaepernick, giocatore di football dei San Francisco 49ers, è rimasto seduto durante l'esecuzione dell'inno nazionale per protestare contro la brutalità della polizia verso i neri, dichiarando che non intende dimostrare orgoglio per un Paese che opprime i neri e altre minoranze. Alcuni hanno definito l'azione antipatriottica, ma altri ne hanno approvato l'intento antirazzista. Su consiglio dell'ex militare dei berretti verdi Nate Boyer, la settimana successiva durante l'inno Kaepernick si è chinato su un ginocchio, ripetendo poi il gesto per tutta la stagione.
La sua protesta è stata imitata da altri atleti professionisti e di squadre studentesche.
Nel settembre del 2017, oltre 200 giocatori si sono inginocchiati per protestare contro l'invito rivolto dal presidente Donald Trump a mettere fuori squadra questi giocatori. Nel 2021, in manifestazioni sportive di tutto il mondo gli atleti si sono inginocchiati per solidarietà con la battaglia di Black Lives Matter.

sono state due donne di rilievo: l'atleta olimpica Bianca Williams e l'esponente del Partito laburista Dawn Butler. Gli episodi hanno suscitato ulteriori accuse di razzismo a danno dei neri.

L'omicidio di George Floyd

Nel maggio 2020, la morte dell'americano nero disarmato George Floyd per mano della polizia, che lo accusava di aver acquistato sigarette con una banconota da 20 dollari falsa, ha attirato l'attenzione dei mezzi di informazione e ha suscitato la condanna mondiale per la brutalità della polizia.

Il video, registrato con un telefono cellulare, ha rivelato che l'agente Derek Chauvin della polizia di Minneapolis è rimasto per quasi 9 minuti con un ginocchio sul collo di Floyd, che protestava: «Non riesco a respirare!». I colleghi di Chauvin sono rimasti di guardia e non sono intervenuti. Le proteste innescate da Black Lives Matter, malgrado le restrizioni imposte per la pandemia di coronavirus, si sono diffuse in tutti gli Stati Uniti e in oltre 60 Paesi del mondo, da Città del Capo a Tokyo. Negli Stati Uniti, alle manifestazioni hanno preso parte 26 milioni di persone, la più grande protesta avvenuta in questo Paese. Nei 13 giorni successivi alla morte di Floyd, #BlackLivesMatter è comparso su Twitter 47,8 milioni di volte, poco meno di 3,7 milioni al giorno.

Tuttavia, la morte di Floyd non è stata l'ultimo episodio del genere del 2020. In agosto, un video ha mostrato dei poliziotti a Kenosha, nel Wisconsin, sparare 7 volte al nero Jacob Blake che cercava di salire sull'auto in cui si trovavano i suoi tre figli piccoli. I colpi hanno paralizzato Blake, ma non lo hanno ucciso. Milioni di persone volevano ormai dimostrare il proprio sostegno a Black Lives Matter; atleti olimpici e molti altri sportivi hanno cominciato a indossare magliette del movimento e a inginocchiarsi.

Effetti giuridici e sociali

Mettendo in risalto le ingiustizie a danno dei neri e sensibilizzando l'opinione pubblica, gli attivisti di Black Lives Matter e di altri movimenti per i diritti civili dei neri hanno influenzato negli Stati Uniti l'adozione di varie riforme in merito all'attività della polizia e alla giustizia penale. Dopo l'uccisione di Floyd, il presidente Donald Trump ha firmato il decreto "Polizia sicura per comunità sicure", che fra l'altro proibisce la stretta alla gola a meno che non «sia richiesto per legge l'uso di forza letale». Secondo gli oppositori, però, il provvedimento non è sufficiente e dovrebbe vietarla del tutto. Anche vari Stati e distretti nel 2020 hanno introdotto riforme, spesso anche proibendo la stretta alla gola e, in vari casi, imponendo l'uso di telecamere da portare addosso e vietando o limitando l'uso di lacrimogeni.

> C'è tanto olio per terra in attesa di una scintilla [...] l'esplosione era prevedibile.
> **Gary Younge**
> **Intervista per la New Economics Foundation, 2020**

Louisville, nel Kentucky, ha adottato il decreto Breonna per porre fine ai mandati "senza bussare", in riferimento al caso di Breonna Taylor, donna nera disarmata, uccisa con almeno 5 colpi di arma da fuoco nel marzo del 2020, quando i poliziotti hanno fatto irruzione a casa sua, senza dire chi fossero, per indagare su un presunto spaccio di droga (avevano sbagliato casa). Il compagno di Breonna, ritenendola una rapina, ha avuto uno scontro a fuoco con gli agenti, e Breonna è rimasta uccisa.

Risposta della polizia

Nel dicembre 2014, la polizia ha risposto alle critiche degli attivisti con #BlueLivesMatter. L'intervento, avviato dopo l'uccisione di due agenti di polizia di New York, ha invocato pene più severe per i reati violenti motivati dall'odio per chi fosse riconosciuto colpevole di aver ucciso un agente di polizia. Negli Stati Uniti si è registrata una maggiore polarizzazione dell'opinione pubblica. I fautori della legalità, politicamente di destra, perlopiù evitano di criticare le azioni dei poliziotti, mentre un numero crescente di sostenitori di Black Lives Matter reclama giustizia e chiede di porre termine ai pregiudizi razziali e all'uso eccessivo di forza della polizia.

Nel 2020, durante le manifestazioni di Black Lives Matter molti hanno chiesto una riduzione dei finanziamenti alla polizia. La premessa di questa ventilata riforma è che le città dovrebbero destinare il denaro a finanziare servizi con cui controbattere le cause della criminalità. Importanti città di vari Stati, fra cui California, Minnesota e Texas, hanno cominciato a tagliare i bilanci della polizia. Il finanziamento alla polizia di New York è stato ridotto di 1 miliardo di dollari, da destinare ad altri enti municipali che si occupano dell'istruzione, della salute mentale e dei senzatetto.

Organizzazione di base

Le 40 sedi distaccate di Black Lives Matter negli Stati Uniti, in Gran Bretagna e in Canada sono affiliate alla Fondazione della rete internazionale del movimento. Hanno perlopiù un'attività indipendente, sono guidate da dirigenti locali e tengono assemblee per esprimere i propri obiettivi. Secondo alcuni esperti, il decentramen-

Alcune vittime della violenza della polizia

La violenza della polizia è una delle principali cause di morte per i giovani uomini negli Stati Uniti. Uno studio del 2019 valuta che muore per mano della polizia un maschio americano nero su 1.000. In Gran Bretagna, i neri costituiscono circa il 3% della popolazione, ma rappresentano l'8% dei morti in stato d'arresto. Il problema è anche più diffuso, come si vede da questo elenco di vittime nere che sono finite in prima pagina, ma costituiscono solo una piccola frazione di coloro che sono stati uccisi illegalmente.

- Dorothy "Cherry" Groce, Gran Bretagna 1985
- Christopher Alder, Gran Bretagna 1998
- Kathryn Johnston, Stati Uniti 2006
- Sean Rigg, Gran Bretagna 2008
- John T. Williams, Stati Uniti 2010
- Mark Duggan, Gran Bretagna 2011
- Rekia Boyd, Stati Uniti 2012
- Jonathan Ferrell, Stati Uniti 2013
- Eric Garner, Stati Uniti 2014
- Julieka Ivanna Dhu, Australia 2014
- Michael Brown, Stati Uniti 2014
- Jermaine Carby, Canada 2014
- Laquan McDonald, Stati Uniti 2014
- Tamir Rice (12 anni), Stati Uniti 2014
- Mya Hall, Stati Uniti 2015
- Walter Scott, Stati Uniti 2015
- Freddie Gray, Stati Uniti 2015
- Mitch Henriquez, Paesi Bassi 2015
- Andrew Loku, Canada 2015
- Samuel Dubose, Stati Uniti 2015
- India Kager, Stati Uniti 2015
- Kisha Michael, Stati Uniti 2016
- Alton Sterling, Stati Uniti 2016
- Philando Castile, Stati Uniti 2016
- Hervé Mandundu, Svizzera 2016
- Jordan Edwards (15 anni), Stati Uniti 2017
- Stephon Clark, Stati Uniti 2018
- LaShanda Anderson, Stati Uniti 2018
- Trevor Smith, Gran Bretagna 2019
- Kumanjayi Walker, Australia 2019
- Breonna Taylor, Stati Uniti 2020
- João Pedro Matos Pinto (14 anni), Brasile 2020
- Tony McDade, Stati Uniti 2020
- George Floyd, Stati Uniti 2020
- Andre Hill, Stati Uniti 2020
- Patrick Lynn Warren, Stati Uniti 2021

to e la delega alle rappresentanze locali hanno spesso provocato disordine e confusione nei messaggi, ma Black Lives Matter contrappone la propria fede nell'egualitarismo e il desiderio che tutti i partecipanti possano emergere e diventare dirigenti. Il movimento ha anche respinto le critiche di quanti sostengono #AllLivesMatter, e ha fatto notare che il movimento reclama uguaglianza e pari possibilità di espressione per le persone vulnerabili. Secondo la dichiarazione di intenti di Black Lives Matter, l'obiettivo è sostenere l'affermazione dei neri nell'intero spettro dell'identità di genere (omosessuali, trans, disabili, clandestini o pregiudicati), compiendo lo sforzo cosciente di impegnarsi a favore di coloro che la società ha emarginato.

Risveglio mondiale

Le proteste di Black Lives Matter hanno indotto molte persone a esaminare i propri pregiudizi razziali e ad abbracciare la causa dei neri. Negli Stati Uniti, nel 2020 Walmart, Disney e Facebook sono state fra le centinaia di aziende che hanno appoggiato il movimento con dichiarazioni pubbliche e donazioni a organizzazioni di neri. Molte si sono inoltre impegnate a esaminare i propri pregiudizi razziali e a correggere le disparità nei salari e nelle nomine a posizioni dirigenziali, favorendo una cultura aziendale più diversificata e rappresentativa. Sulla scia degli assalti ai monumenti dedicati a oppressori dei neri negli Stati Uniti e nel mondo, alcuni Paesi hanno abbattuto statue. Varie città degli Stati Uniti hanno rimosso bandiere sudiste e monumenti a fautori della schiavitù. Nel 2020, il Congresso ha deciso di cambiare nome a 10 basi dell'esercito intitolate a comandanti militari della Confederazione sudista. Il movimento Black Lives Matter ha suscitato un risveglio nazionale e mondiale in merito a questioni che da secoli affliggono i neri. Le proteste, iniziate in America, stanno ora inducendo altri Paesi a esaminare le proprie questioni razziali e ad agire per modificare la situazione. ■

> Se una delle richieste fondamentali del movimento è che smettano di ucciderci, e invece continuano a ucciderci, non dobbiamo smettere neanche noi.
>
> **Brittany Packnett**
>
> **"Black Lives Matter: birth of a movement", Wesley Lowery, 2017**

Viene rimossa una statua di Leopoldo II del Belgio, deturpata nel 2020 a Gand da sostenitori di Black Lives Matter. Il dominio del sovrano belga sul Congo fu contrassegnato da atrocità.

Le vite dei trans neri contano

Fondamentale per il movimento Black Lives Matter è garantire che nella lotta contro la discriminazione siano inclusi anche i neri della comunità LGBTQ+. #BlackTransLivesMatter mette in risalto la violenza sproporzionata contro i trans neri (e specialmente contro le donne trans nere) e il mancato rispetto spesso dimostrato dai mezzi di informazione. Nel 2020, una statistica per Inghilterra e Galles ha rivelato che i trans hanno una probabilità doppia di essere vittime di reati rispetto al resto della popolazione. Il sito Transrespect.org ha denunciato l'omicidio di 350 trans in tutto il mondo nel 2019-2020, soprattutto in Brasile (152), Messico (57) e Stati Uniti (28, per il 79% neri). Nel giugno del 2020, in seguito all'omicidio di due donne trans nere, Riah Milton e Dominique "Rem'mie" Fells, si sono tenute manifestazioni di Black Trans Lives Matter negli Stati Uniti e in Gran Bretagna.

La travestita Brenda Continental Milan tiene uno spettacolo davanti alla foto di Chynal Lindsey, donna trans assassinata nel 2019.

I NOSTRI ANTENATI VIVONO CON NOI

LA DIASPORA AFRICANA OGGI

NEL CONTESTO

LUOGO
Tutto il mondo

PRIMA
650-1600 La tratta degli schiavi transahariana trasporta ogni anno circa 5.000 africani verso l'Africa settentrionale, il Medio Oriente e l'Europa.

1510 Inizia la tratta degli schiavi transatlantica tra l'Africa e l'America.

XVII secolo Nei Caraibi e in Brasile emergono comunità di schiavi fuggiaschi.

2003 L'Unione Africana riconosce come sua sesta regione la diaspora africana.

DOPO
2100 Secondo le proiezioni dell'ONU, la popolazione dell'Africa raggiungerà i 4,2 miliardi (dagli 800 milioni del 2000). Sarà africano quasi il 40% dell'umanità.

La diaspora africana (ossia le persone di origine africana sparse nel mondo) si compone di circa 170 milioni di persone. Questo fenomeno, sia moderno sia storico, riguarda coloro che sono emigrati dall'Africa, in particolare verso America, Europa e Asia.

L'esodo africano

Oggi la migrazione all'interno del continente supera quella verso altri Paesi, ma la diaspora ha ancora un effetto significativo sull'Africa. Ad alimentare la migrazione sono state e continuano a essere varie forze, sia volontarie sia imposte dall'esterno, tra cui il cambiamento climatico, la schiavitù e le guerre, ma anche la ricerca di opportunità in campo economico ed educativo o il desiderio di una maggiore libertà politica. Le più grandi dispersioni sono state conseguenza della tratta degli schiavi condotta attraverso il Sahara, l'Atlantico e l'oceano Indiano, con il trasporto complessivo di un numero di africani

Al Carnevale di Rio de Janeiro si balla il samba, creato dalle comunità africane del Brasile e oggi simbolo importante della cultura brasiliana.

Cfr. anche: La tratta degli schiavi transahariana 60-61 ▪ La tratta degli schiavi transatlantica 116-121 ▪ I cimarroni giamaicani 146-147 ▪ I Garifuna 162-163 ▪ I movimenti dei neri in Brasile 240-241 ▪ I movimenti dei neri in Francia 250-251

La moderna emigrazione dall'Africa ha per il continente effetti positivi e negativi. Per esempio, la perdita di persone può causare una fuga di cervelli o, se gli emigrati sono perlopiù maschi, un disequilibrio di genere. I Paesi che accolgono i migranti traggono beneficio dalle loro competenze e conoscenze e dagli introiti fiscali.

Vantaggi:
- Rimesse degli emigrati
- Riduzione della disoccupazione
- Nuovi rapporti commerciali
- Nuove idee
- Legami culturali
- Possibilità di istruzione

Svantaggi:
- Perdita di persone
- Disequilibrio di genere
- Competenze
- Conoscenze
- Cultura
- Stabilità politica

valutato fra i 25 e i 30 milioni. I Paesi con le più elevate percentuali di persone di origine africana sono quelli in cui arrivò un gran numero di schiavi mediante la tratta transatlantica, soprattutto Stati Uniti, Brasile e Paesi dei Caraibi, e quelli che colonizzarono vaste zone dell'Africa, in particolare Gran Bretagna e Francia.

I membri della diaspora spesso hanno un'identità razziale, etnica o religiosa che trascende i confini geografici. Sono fortemente consapevoli di tale dispersione e non di rado provano un senso di oppressione e alienazione, e forse anche di contrasto, nei confronti dei Paesi in cui vivono. Talvolta esprimono anche un attaccamento emotivo all'idea di Africa come patria e un desiderio di ritornarvi.

Identità reinventate

Gli africani trapiantati e i loro discendenti si sono costruiti una nuova vita in cui mescolano tradizioni africane con culture europee e indigene, creando una nuova identità particolare del luogo in cui vivono. È un fenomeno di solito definito creolizzazione. Gli schiavi africani e i loro discendenti, nel continente americano e in Europa hanno creato culture vivaci e diversificate. Cibi, lingue, religioni, musica, danza e arte manifestano influssi africani. Alcune religioni del Nuovo Mondo, come il *vudu* ad Haiti e la *santería* a Cuba, traggono elementi da religioni indigene dell'Africa occidentale, che esistevano molto prima della colonizzazione cristiana e islamica del continente. Cibi e ricette della diaspora hanno forti radici africane. Piatti tipici come i fagioli dall'occhio, la zuppa *gumbo* e il riso *jambalaya* nel sud degli Stati Uniti sono stati prodotti con l'adattamento di cibi e metodi di cottura tradizionali africani.

Quasi in ogni aspetto della vita della diaspora africana si possono tracciare connessioni con il continente africano. E proprio come l'Africa fa sentire il suo influsso sulla diaspora, così quest'ultima trasporta le culture africane nel resto del mondo. ■

Effetti sull'Africa

Dal 2000 in poi, l'emigrazione dai Paesi africani è cresciuta più rapidamente di quella da ogni altra parte del mondo, con effetti nocivi e benefici sull'Africa. Da un lato, se ne vanno dal continente alcuni dei migliori talenti in campo accademico, tecnologico, sportivo e sanitario. Dall'altro lato, le rimesse (i soldi spediti a casa dagli emigrati) offrono un contributo significativo al benessere dell'Africa. I soli nigeriani spediscono in patria ogni anno oltre 21 miliardi di dollari. Alcuni esponenti della diaspora africana hanno anche influenzato lo sviluppo politico del continente.
Il movimento di decolonizzazione è stato spronato dall'opera di persone come lo scrittore americano nero W.E.B. Du Bois e gli autori e intellettuali caraibici C.L.R. James, Frantz Fanon, Aimé Césaire, George Padmore e Walter Rodney.

> “L'Africa è il nostro baricentro, la nostra madre e il nostro padre in senso culturale e spirituale, il nostro cuore pulsante, ovunque viviamo sulla faccia della Terra.”
>
> **John Henrik Clarke**
> **Storico americano nero (1915-1998)**

APPARATI

Esiste una vasta schiera di persone e movimenti che hanno ampliato le frontiere e aperto la strada alle generazioni future dei neri. Poiché negli articoli principali di questo libro era impossibile inserirne tutti i nomi e le storie, qui sono riportati alcuni contributi da loro offerti. In questa rassegna si trovano attivisti che hanno combattuto e continuano a combattere per l'uguaglianza dei neri, ma anche noti scienziati, politici, scrittori, astronauti e sportivi. Dal celebre romanziere Alexandre Dumas al pugile di fama mondiale Muhammad Ali, sono stati protagonisti di imprese che hanno fatto la storia. I movimenti dei neri, tramite religioni, filosofie, ideologie e proteste con astensioni dal lavoro, continuano ad avere influenza in tutto il mondo, celebrando la ricca tradizione culturale dei neri di tutte le nazionalità.

PERSONE

LA DONNA DI BEACHY HEAD
ca. 200-300 d.C.

È considerata la prima donna africana ad aver vissuto in Inghilterra. Nel 1953 ne fu scoperto lo scheletro a Beachy Head, presso Eastbourne, sulla costa meridionale dell'Inghilterra. L'analisi scientifica in seguito ne ha rivelato l'origine subsahariana. Data l'ottima preservazione dei resti e considerato il prestigio di Eastbourne in epoca romana nel III secolo, la donna era probabilmente di elevata condizione sociale, forse figlia di un ricco mercante, deceduta per cause ignote attorno ai 30 anni.
Cfr. anche: I Romani e l'Africa 38-39 ▪ I Mori nell'Inghilterra dei Tudor 104-107

YASUKE
ca. 1579

Primo samurai straniero in Giappone, Yasuke presumibilmente proviene dal Mozambico e arriva a Kyoto con un gesuita italiano nel 1579. Malgrado l'iniziale meraviglia della popolazione per la sua alta statura e il diverso colore della pelle, Yasuke ben presto impara a parlare correntemente il giapponese e viene nominato samurai da Oda Nobunaga, potente *daimyo* (feudatario) che lotta per unificare il Giappone. Quando Nobunaga viene tradito, Yasuke trascorre il resto della vita in esilio.
Cfr. anche: La Cina dei Ming in Africa orientale 102-103

DIDO ELIZABETH BELLE
1761-1804

L'ereditiera britannica nera Dido Elizabeth Belle è nota soprattutto per un ritratto in cui compare accanto a sua cugina, lady Elizabeth Murray. Nata nelle Indie Occidentali, figlia di un ufficiale della marina e di una ex schiava, la Belle viene condotta in Gran Bretagna e cresce a Kenwood House con il prozio, lord Mansfield, presidente dell'alta corte di giustizia, una cui sentenza del 1772 stabilisce che i padroni non possono inviare forzatamente gli schiavi fuori dal Paese. La Belle rimane a Kenwood House fino alla morte del prozio nel 1793, poi sposa un maggiordomo, John Davinier, con cui ha tre figli maschi.
Cfr. anche: L'abolizionismo in Europa 168-171

DANIEL COKER
1780-1846

Nel 1816 Daniel Coker contribuisce a fondare la Chiesa episcopale metodista africana, prima confessione religiosa indipendente dei neri negli Stati Uniti. Nato con il nome di Isaac Wright, frequenta la scuola pur essendo schiavo, poi si trasferisce dal Maryland a New York e cambia nome. Ordinato ministro di culto, compra la propria libertà, si pronuncia esplicitamente contro la schiavitù e sollecita i metodisti neri a fondare una propria Chiesa. Nel 1820 parte dagli Stati Uniti assieme ad altri 84 americani neri alla volta della Liberia. Stabilitosi nella colonia britannica della Sierra Leone, istituisce una Chiesa a Freetown e ne rimane l'autorità spirituale fino alla morte.
Cfr. anche: L'abolizionismo in America 172-179 ▪ Fondazione della Sierra Leone 182-183 ▪ Fondazione della Liberia 200-201

NANA ASMA'U
1793-1864

Poetessa, studiosa del Corano e pioniera in campo educativo, Asma'u è figlia di Usman dan Fodio, fondatore del califfato di Sokoto, nella Nigeria settentrionale. Riceve un'istruzione fin dalla tenera età, diviene esperta di lingue e letterature classiche ed è una prolifica scrittrice. Quando suo padre viene esiliato, diventa califfo il fratellastro di Nana, a cui lei fornisce consigli su questioni fondamentali. Nel 1830 Nana fonda una comunità femminile di docenti che insegnano alle donne letteratura e religione a domicilio, in particolare nelle zone rurali povere.
Cfr. anche: I Fulani conquistatori 196-197

ALEXANDRE DUMAS
1802-1870

Alexandre Dumas, uno dei più noti scrittori francesi, è figlio di un generale nero dell'esercito di Napoleone e nipote di una schiava di Saint-Domingue (Haiti). Scrive opere teatrali, romanzi e racconti, conseguendo fortuna e fama internazionale con due romanzi d'avventura, *Il conte di Montecristo* e *I tre moschettieri*. Da allora, le sue opere sono state tradotte in oltre 100 lingue e trasposte in innumerevoli film.
Cfr. anche: La rivoluzione haitiana 184-189

MARY SEACOLE
1805-1881

Nata in Giamaica, Mary Seacole apprende dalla madre guaritrice la medicina tradizionale. Da adolescente, in Gran Bretagna scopre la medicina europea, dopodiché si stabilisce in Giamaica. Dopo la morte del marito nel 1844, si trasferisce a Panama per prestare servizio come infermiera durante un'epidemia di colera, poi nel 1853 torna in Giamaica per assistere i malati di febbre gialla. Nello stesso anno, quando scoppia la guerra di Crimea, Mary istituisce un ricovero per i soldati britannici ammalati. La sua autobiografia del 1857, *The Wonderful Adventures of Mrs Seacole in Many Lands*, vende moltissime copie.
Cfr. anche: I cimarroni giamaicani 146-147

JOAQUIM MACHADO DE ASSIS
1839-1908

Machado de Assis, uno degli scrittori più influenti del Brasile, lavora come apprendista tipografo e scrive nel tempo libero, riuscendo a farsi pubblicare poesie, romanzi e racconti. Il suo romanzo del 1881 *Memorie postume di Brás Cubas* è considerato un'opera letteraria rivoluzionaria, che consolida la reputazione dell'autore. Nel 1896 è il primo presidente dell'Accademia delle lettere brasiliana, carica che detiene fino alla morte.
Cfr. anche: L'abolizione della schiavitù in Brasile 224-225

GEORGE WASHINGTON CARVER
1864-1943

L'agronomo e inventore americano nero George Washington Carver, uno dei più eminenti scienziati neri del XX secolo, nasce in schiavitù e viene poi accolto da una famiglia nera che gli fa conoscere le erbe medicinali. Primo americano nero a conseguire una laurea in scienze, lavora al Tuskegee Institute, dove crea centinaia di prodotti a base di arachidi, patate dolci e soia, oltre a essere un pioniere della rotazione delle colture. Nell'ultima parte della vita Carver si reca nel sud degli Stati Uniti per promuovere l'armonia razziale e in India per parlare di nutrizione, anche con il mahatma Gandhi.
Cfr. anche: L'abolizionismo in America 172-179

ARTHUR WHARTON
1865-1930

Il calciatore inglese Arthur Wharton è uno dei primi giocatori professionisti neri del mondo. Trasferitosi dal Ghana in Gran Bretagna da adolescente, studia a Darlington per diventare missionario, poi si dedica a vari sport in cui eccelle. Nel 1886 è l'uomo più veloce della Gran Bretagna, vincendo la gara nazionale sulle 100 iarde dell'Associazione atletica amatoriale, poi gioca come portiere in varie squadre di calcio, tra cui il Darlington e lo Sheffield United.

MADAM C.J. WALKER
1867-1919

Madam C.J. Walker, considerata la prima milionaria nera d'America, è imprenditrice, attivista e filantropa. Nata con il nome di Sarah Breedlove da genitori ex schiavi divenuti mezzadri in Louisiana, rimane orfana a 7 anni. Trasferitasi nel Missouri da ragazza madre, nel 1905 si sposta a Denver, in Colorado, dove lancia una linea casalinga di prodotti per capelli e per la stiratura dei capelli per donne nere, i «meravigliosi trattamenti per capelli di Madam Walker». Giunge a dare lavoro a 40.000 persone e dona gran parte della sua ricchezza alle associazioni YMCA e NAACP e ad

altre organizzazioni che si battono contro i linciaggi e offrono sostegno agli americani neri.
Cfr. anche: La Wall Street nera 238-239 ▪ Il rinascimento di Harlem 242-245 ▪ Il linciaggio di Emmett Till 268-269

SAMUEL COLERIDGE-TAYLOR
1875-1912

Il compositore, direttore d'orchestra e attivista politico britannico Samuel Coleridge-Taylor è uno dei musicisti classici di maggiore talento della fine del XIX secolo. Samuel, che ha il padre della Sierra Leone e la madre britannica, fin da bambino impara a suonare il violino e a 15 anni si iscrive al Royal College of Music. Affinando la tecnica, nei suoi arrangiamenti inserisce poesie, oltre a cercare ispirazione nella musica tradizionale africana. Viene elogiato per le melodie particolari e originali ed è perfino invitato alla Casa Bianca dal presidente Theodore Roosevelt. Ciò nonostante, all'epoca i compositori sono pagati molto poco. Le difficoltà finanziarie probabilmente contribuiscono ad aggravare le sue condizioni di salute, e Samuel muore di polmonite a soli 37 anni.
Cfr. anche: Fondazione della Sierra Leone 182-183

HAROLD MOODY
1882-1947

Harold Moody, uno dei fondatori del primo movimento britannico per i diritti civili, è un medico e attivista di origine giamaicana. Arriva in Gran Bretagna nel 1904 e si iscrive al King's College di Londra per studiare medicina. Vistosi rifiutare ripetutamente un impiego a causa della discriminazione razziale, apre un ambulatorio a Peckham, nel sud di Londra. Nel 1931 fonda la Lega delle persone di colore, che si batte per l'uguaglianza razziale non solo in Gran Bretagna, ma in tutto il mondo.
Cfr. anche: I cimarroni giamaicani 146-147 ▪ L'immigrazione *Windrush* 258-259

PAUL ROBESON
1898-1976

Figlio di un ex schiavo divenuto predicatore, Paul Robeson è cantante, attore e attivista per i diritti civili. Giocatore di football americano di alto livello all'università Rutgers, consegue anche una laurea in giurisprudenza alla Columbia. Osteggiato a causa del razzismo nello studio legale in cui lavora, si dà allo spettacolo e nel 1928 la sua versione di *Ol' Man River* gli vale elogi internazionali. Diventa un ben noto attivista nella lotta contro il razzismo e il fascismo e insiste perché a teatro e al cinema gli vengano assegnati ruoli dignitosi. Vistosi negare il lavoro a causa delle sue opinioni, compie numerose tournée all'estero, ma si ammala e nel 1963 torna negli Stati Uniti.
Cfr. anche: Il rinascimento di Harlem 242-245 ▪ L'età del jazz 246-249 ▪ La marcia su Washington 282-285

CHARITY ADAMS EARLEY
1918-2002

Durante la Seconda guerra mondiale, la Adams è la prima nera con il grado di ufficiale del Corpo ausiliario femminile dell'esercito americano e comanda un battaglione di oltre 800 donne nere. Quando decide di arruolarsi, studia per una laurea specialistica in psicologia. Prima donna nera con il grado di tenente colonnello dell'esercito americano, lascia le forze armate nel 1946, consegue la laurea, si sposa, ha due figli ed è preside di facoltà al Tennessee A&I College e all'università statale della Georgia, due università storiche dei neri.
Cfr. anche: Combattenti neri nella Seconda guerra mondiale 254-257 ▪ Ascesa del femminismo nero 276-281

JACKIE ROBINSON
1919-1972

Nato in Georgia, Jackie Robinson a scuola è un atleta di prim'ordine: eccelle in pallacanestro, baseball, atletica leggera e football americano. Diventa semiprofessionista nel football e presta servizio nella Seconda guerra mondiale con il grado di tenente. Nel 1944 viene incriminato per essersi rifiutato di cedere il posto a sedere su un autobus segregato, ma in seguito viene scagionato. Nel 1947 è il primo atleta nero a partecipare al massimo campionato di baseball. Quando smette di giocare, ha ormai stabilito un primato per questo campionato ed è l'atleta più pagato della storia della sua squadra. Inoltre, fino al 1967 fa parte del consiglio direttivo dell'associazione NAACP, battendosi per l'integrazione razziale nello sport.
Cfr. anche: Il boicottaggio degli autobus di Montgomery 270-271

STORMÉ DELARVERIE
1920-2014

L'attivista americana Stormé DeLarverie, di padre bianco e madre nera, cresce in Louisiana, ma poi la famiglia si trasferisce in California. In seguito Stormé si esibisce in una troupe itinerante di travestiti e, a quanto si racconta, sferra il primo

pugno nella rivolta dello Stonewall a New York nel 1969, evento catalizzatore del movimento per i diritti degli omosessuali. Fondatrice dell'Associazione veterani dello Stonewall, continua a lavorare come cantante e buttafuori, lottando fino alla tarda età contro il razzismo e l'omofobia.
Cfr. anche: Ascesa del femminismo nero 276-281 ▪ Il *drag ball* negli Stati Uniti 292-293

SERETSE KHAMA
1921-1980

Nipote di un capotribù e in seguito primo presidente della Repubblica del Botswana (ex Beciuania), Seretse Khama suscita polemiche a causa del suo matrimonio interrazziale con Ruth Williams, celebrato in Gran Bretagna nel 1948. Quando il Sudafrica gli nega l'ingresso nel Paese e la Gran Bretagna gli sospende la carica di capotribù, nel 1956 Khama rinuncia a rivendicare il titolo per i suoi figli, torna nella sua terra natale e fonda il Partito democratico della Beciuania. Nel 1966, al momento dell'indipendenza, Khama è il primo presidente della nuova repubblica. Introduce l'istruzione universale gratuita e promuove la crescita economica; viene rieletto due volte.
Cfr. anche: La corsa all'oro nel Botswana 214 ▪ L'anno dell'Africa 274-275

MARIE MAYNARD DALY
1921-2003

Nata a Corona, New York, da padre delle Indie Occidentali e madre americana, Daly fa storia in quanto è la prima donna nera a conseguire un dottorato di ricerca in chimica negli Stati Uniti ed è tra i primi ricercatori a scoprire che l'elevato livello di colesterolo nel sangue può causare cardiopatie e ictus. Suo padre aveva sempre desiderato diventare chimico, ma non disponeva dei soldi necessari, perciò Daly porta avanti quel sogno laureandosi in chimica al Queens College e conseguendo poi una laurea specialistica alla New York University e infine lo storico dottorato alla Columbia.

AMILCAR CABRAL
1924-1973

Il nazionalista e rivoluzionario panafricanista Amilcar Cabral cresce in Guinea-Bissau e a Capo Verde, dove è testimone di siccità e carestia. Trasferitosi a Lisbona per studiare agronomia, combatte contro la dittatura fascista portoghese, poi torna in patria per lavorare come agronomo e fonda il Partito africano per l'indipendenza di Guinea e Capo Verde. Dopo uno sciopero degli scaricatori di porto di Bissau, costituisce un braccio militare in collegamento con Angola e Mozambico, muovendo guerra ai portoghesi nel 1963. Prima di essere assassinato, scrive varie opere di agricoltura e politica ed è considerato uno degli intellettuali più originali dell'Africa.
Cfr. anche: Il panafricanismo 232-235 ▪ L'anno dell'Africa 274-275

NICOMEDES SANTA CRUZ
1925-1992

Nicomedes Santa Cruz è annoverato fra i più importanti intellettuali sudamericani neri e fra i poeti peruviani del XX secolo. Nasce a Lima e comincia a scrivere poesie giovanissimo. Pronunciandosi contro il razzismo e la discriminazione e celebrando la cultura, la storia e le tradizioni popolari dei neri, pubblica numerosi libri, racconti, saggi, poesie, articoli e album. Dopo l'avvento di un regime militare conservatore in Perù, si trasferisce in Spagna, dove nel 1982 scrive la sua opera più nota, *La décima en el Perú*.
Cfr. anche: I movimenti dei neri in Brasile 240-241

FRANTZ FANON
1925-1961

Il celebre intellettuale Frantz Fanon nasce e cresce a Martinica. Durante la Seconda guerra mondiale presta servizio nell'esercito della Francia libera e rimane poi nel Paese a studiare psichiatria e medicina. In seguito, lavorando in Algeria, comincia a interessarsi degli effetti fisici e psichici del colonialismo e prende parte al movimento di liberazione algerino. Due suoi libri, *Pelle nera, maschere bianche* e *I dannati della terra*, sono testi fondamentali in materia di razzismo e colonizzazione e abbinano la filosofia della *négritude* all'esistenzialismo e alla psicanalisi. L'idea di Fanon della "rivoluzione africana" invoca la liberazione totale del continente e di tutti coloro che vivono in sistemi coloniali.
Cfr. anche: I movimenti dei neri in Francia 250-251 ▪ L'anno dell'Africa 274-275

ALTHEA GIBSON
1927-2003

La stella del tennis Althea Gibson, nata in Carolina del Sud e trasferitasi da bambina a New York, nel 1956 è la prima tra gli americani neri a vincere l'Open di Francia e nel 1957 la prima persona di colore a imporsi nel torneo di Wimbledon. Manifesta talento per il tennis già da bambina e continua a giocare mentre frequenta la Florida

A&M, università storica dei neri, con una borsa di studio per atleti. Ancora studentessa, nel 1950 è la prima tra gli americani neri a disputare l'Open degli Stati Uniti; in seguito vince numerose competizioni internazionali negli Stati Uniti, in Giamaica, Francia, Italia e Gran Bretagna. Nel 1971 è eletta nel Pantheon internazionale del tennis.

CHINUA ACHEBE
1930-2013

Definito padre fondatore della narrativa africana, il romanziere nigeriano Chinua Achebe comincia a scrivere in giovane età. Il suo primo libro, *Il crollo* (1958), riscuote tanto successo che viene tradotto in 45 lingue. Durante la guerra del Biafra (1967-1970) Achebe scrive poesie e racconti che esaminano la politica e la società. Nel 1994 fugge dal regime repressivo nigeriano e si trasferisce negli Stati Uniti, dove diventa docente universitario. Nel corso della vita riceve oltre 30 riconoscimenti e lauree ad honorem.

Cfr. anche: "Zik" e la Nigeria indipendente 286-287

TONI MORRISON
1931-2019

Prima donna americana nera a conseguire il premio Nobel per la letteratura, Toni Morrison nasce nell'Ohio e lavora come docente universitaria a contratto e redattrice editoriale finché il suo terzo romanzo, *Il canto di Salomone*, riscontra un tale successo che si dedica alla scrittura a tempo pieno. Il suo libro del 1987 *Amatissima* è un bestseller, vince il premio Pulitzer e diventa un film interpretato da Oprah Winfrey. Nominata nel 1989 docente all'università di Princeton, nel 2012 riceve anche la medaglia presidenziale della libertà.

Cfr. anche: Ascesa del femminismo nero 276-281

MILDRED LOVING
1939-2008

Nata Mildred Dolores Jeter e cresciuta in una regione multiculturale della Virginia, Mildred è di origine mista americana nera e amerindia. Il suo matrimonio con il bianco Richard Loving costituisce una violazione della Legge sull'integrità razziale della Virginia del 1924, perciò ai coniugi viene ordinato di lasciare lo Stato. Si trasferiscono a Washington, ma nel 1963 Mildred scrive al ministro della giustizia Robert Kennedy e poi, assieme al marito, contesta il divieto di matrimoni interrazziali imposto dalla Virginia. Nel 1967, una sentenza della Corte Suprema abroga il divieto in tutti gli Stati, consentendo ai Loving di vivere in Virginia come coppia sposata. Il Loving Day, il 12 giugno, rende omaggio al loro trionfo.

Cfr. anche: Jim Crow 216-221 ▪ La marcia su Washington 282-285

WANGARI MAATHAI
1940-2011

La keniana Wangari Maathai, fondatrice del movimento Green Belt (Cintura verde) e premio Nobel per la pace, studia biologia negli Stati Uniti, in Germania e a Nairobi ed è la prima donna docente universitaria in Kenya. Attiva nel Consiglio nazionale delle donne e in varie altre organizzazioni di base, nel 1977 fonda il movimento Green Belt, incoraggiando le donne a coltivare e piantare alberi per contrastare la deforestazione che mette in pericolo i terreni e il sostentamento degli agricoltori. Il movimento pianta oltre 50 milioni di alberi, e nel 2004 è la prima donna africana a conseguire il premio Nobel, in riconoscimento della sua attività in difesa della democrazia, dei diritti umani e della tutela dell'ambiente.

MUHAMMAD ALI
1942-2016

Nato Cassius Clay a Louisville nel Kentucky, questo pugile americano nero, soprannominato "il più grande", si dedica alla boxe fin da bambino; alle Olimpiadi del 1960 vince la medaglia d'oro e nel 1964 conquista il titolo mondiale dei pesi massimi. In seguito aderisce al gruppo nazionalista nero Nation of Islam e annuncia che, da quel momento in poi, si chiamerà Muhammad Ali. Con un gesto famoso rifiuta la chiamata alle armi per la guerra del Vietnam, un reato per cui viene condannato, ma poi nel 1967 vince il ricorso alla Corte Suprema.

Cfr. anche: Il movimento Potere Nero 288-289

BENEDITA DA SILVA
1942-

Prima donna afrobrasiliana eletta in parlamento, Benedita da Silva nasce a Rio de Janeiro. Nel 1982, iscritta al *Partido dos trabalhadores* (Partito dei lavoratori), è la prima donna nera nel consiglio comunale di Rio. Eletta alla Camera nel 1991 e al Senato nel 1994, nel 2002 è la prima donna nera a rivestire la carica di governatore di Rio de Janeiro e nel 2004 diviene segretario di Stato per i servizi sociali. In tutta la sua carriera politica si batte per incrementare la rappresentatività delle donne afrobrasiliane e valorizzare la storia dei brasiliani neri.

Cfr. anche: Comunità di resistenza degli schiavi brasiliani 136-139 ▪ L'abolizione della schiavitù in Brasile 224-225 ▪ I movimenti dei neri in Brasile 240-241

DARCUS HOWE
1943-2017

L'attivista britannico nero Darcus Howe nasce a Trinidad. A 18 anni si trasferisce in Gran Bretagna e inizia a lavorare come giornalista, richiamando l'attenzione su politiche e questioni razziali. Negli anni '70 diventa direttore della rivista *Race Today* e dagli anni '80 realizza documentari di inchiesta. Si dedica attivamente alle campagne per i diritti dei neri, sia nell'ambito del gruppo britannico delle Pantere Nere, sia contribuendo a organizzare la Marcia dei neri del 1981, dopo che 13 giovani neri di Londra sono morti nell'incendio di New Cross, sospetto attacco doloso da parte di razzisti.
Cfr. anche: L'immigrazione *Windrush* 258-259 ▪ Il movimento Potere Nero 288-289 ▪ La rivolta di Brixton 294-297 ▪ Il Rapporto Macpherson 299 ▪ Le campagne antirazziste internazionali 306-313

MARSHA P. JOHNSON
1945-1992

Figura eminente del movimento LGBTQ+, Marsha P. Johnson è un'attivista americana nera, travestita e artista di spettacolo. La "P" del nome sta per «Pay It No Mind» (Non badarci), un rifiuto dell'idea binaria dei generi. Figura di primo piano nella ribellione dello Stonewall del 1969 contro la brutalità della polizia di New York, contribuisce a organizzare manifestazioni per la liberazione degli omosessuali (in seguito definite Gay Pride) e con Sylvia Rivera fonda il gruppo Star (Rivoluzionari per l'azione dei travestiti nelle strade). Il suo decesso nel 1992 è considerato un suicidio, ma nel 2012 la polizia di New York riapre il caso per sospetto omicidio.
Cfr. anche: Il *drag ball* negli Stati Uniti 292-293

IKA HÜGEL-MARSHALL
1947-

Nota soprattutto per la sua autobiografia, *Daheim unterwegs*, Ika Hügel-Marshall è un'attivista antirazzista, redattrice e scrittrice. Nata da madre bavarese e padre americano nero di stanza in Germania durante la Seconda guerra mondiale, vive un'infanzia difficile quando il padre torna negli Stati Uniti e la madre sposa un ex ufficiale nazista; Ika viene mandata in un orfanotrofio dove subisce gravissime violenze. Si impegna nello studio e in seguito lavora in un istituto per bambini. Dedicandosi all'attivismo nella comunità afrotedesca, contribuisce a fondare l'associazione Adefra, forum culturale e politico per le donne nere in Germania.
Cfr. anche: Combattenti neri nella Seconda guerra mondiale 254-257 ▪ Ascesa del femminismo nero 276-281 ▪ Le campagne antirazziste internazionali 306-313

LINTON KWESI JOHNSON
1952-

Padre della *dub poetry*, l'attivista e poeta britannico Linton Kwesi Johnson nasce in Giamaica, arriva a Londra nel 1963 e mentre è ancora a scuola entra a far parte delle Pantere Nere britanniche. Dopo il successo del suo libro d'esordio *Voices of the Living and the Dead* (1974), mescola musica e poesia e fa uscire dei dischi, dando avvio a questo genere denominato *dub poetry*. La sua opera prende in esame la politica, le relazioni interrazziali, la sua origine caraibica, la vita in Gran Bretagna, la brutalità della polizia e altro ancora.
Cfr. anche: L'immigrazione *Windrush* 258-259 ▪ La rivolta di Brixton 294-297 ▪ Il Rapporto Macpherson 299

OPRAH WINFREY
1954-

La dirigente radiotelevisiva, conduttrice di talk show e attrice Oprah Winfrey nasce in ambiente umile nel Mississippi, ma nel 2003 è la prima donna americana nera a diventare miliardaria. A 19 anni, quando è ancora all'università, è la prima e più giovane giornalista americana nera per una televisione locale della CBS. In seguito è protagonista del suo programma di successo *The Oprah Winfrey Show*. È amata per il suo modo di fare e lo spettacolo, proseguito per 25 anni, è il talk show di più elevato gradimento della televisione americana. La Winfrey lo espande, creando un impero commerciale e lanciando nel 2011 un canale televisivo, OWN. Nel 2013 riceve dal presidente Obama la medaglia presidenziale della libertà per la sua attività filantropica e per aver incrementato le prospettive delle giovani donne.
Cfr. anche: Il movimento Potere Nero 288-289

MAE C. JEMISON
1956-

Astronauta della NASA, medico e ingegnere, Mae C. Jemison entra a far parte del programma dell'agenzia spaziale nel 1987, mentre nel 1992 viene selezionata per la sua missione d'esordio, prima donna americana nera a viaggiare nello spazio. Dopo aver lasciato la NASA, avvia varie iniziative, tra cui un campeggio internazionale per giovani su tema spaziale intitolato *La Terra che condividiamo* e il progetto *Astronave 100 anni* per rendere possibile un viaggio spaziale al di fuori del sistema solare entro i prossimi 100 anni. Consegue numerosi riconoscimenti e lauree ad honorem ed è inserita nel pantheon nazionale delle donne e nel pantheon internazionale dello spazio.

MAY AYIM
1960-1996

L'attivista, educatrice, scrittrice e poetessa May Ayim nasce da madre tedesca e padre ganaense e cresce in una famiglia adottiva. A poco più di vent'anni si dedica all'attivismo in movimenti femministi e afrotedeschi e avvia l'Iniziativa per i neri in Germania. Le raccolte di poesie e le altre sue opere prendono in esame la sua origine africana e la comunità nera tedesca, dando voce a tedeschi emarginati, in particolare cresciuti nell'ambito del sistema assistenziale, e influenza scrittori del movimento afrotedesco in tutto il mondo. Dopo una diagnosi di sclerosi multipla, muore suicida a 36 anni.

JEAN-MICHEL BASQUIAT
1960-1988

Noto nel mondo dell'arte come "Basquiat", Jean-Michel è un artista americano nato a New York da padre haitiano e madre portoricana nata negli Stati Uniti. Fin da bambino ama l'arte, e già a 6 anni è iscritto al Museo dell'arte di Brooklyn. Inizialmente diventa noto per i graffiti eseguiti assieme al collega artista Al Diaz con la firma Samo, nonché per il suo gruppo musicale sperimentale Gray, che si esibisce in tutta New York. Il punto di svolta artistico giunge negli anni '80 quando, a 22 anni, è il più giovane artista a esporre alla Biennale Whitney. Le sue opere espressioniste mescolano i graffiti alla pittura astratta e spesso alludono a figure storiche di americani neri.

TARANA BURKE
1973-

Fondatrice del movimento Me Too (Anch'io), Tarana Burke è attivista e organizzatrice di comunità. Dopo l'università lavora in un programma per insegnare ai giovani le mansioni dirigenziali, dove conosce altre donne di colore che, come lei, sono state vittime di violenza sessuale. Stimolata a lanciare iniziative per le donne di colore, nel 2007 fonda JustBe, Inc. per favorire l'autonomia e offrire sostegno alle ragazze nere. Un anno dopo crea il movimento Me Too, campagna per aiutare le vittime di violenze a conquistare "autonomia tramite l'empatia". Nel 2017, quando emergono accuse di violenze a Hollywood, il suo *hashtag* #MeToo diventa virale, e la Burke è ormai il volto del movimento di protesta contro la violenza sessuale.
Cfr. anche: Ascesa del femminismo nero 276-281 ▪ Le campagne antirazziste internazionali 306-313

CHIMAMANDA NGOZI ADICHIE
1977-

La scrittrice nigeriana Chimamanda Ngozi Adichie pubblica nel 2003 il suo primo romanzo, *L'ibisco viola*, elogiato dalla critica. Il suo libro successivo, *Metà di un sole giallo* (2006), è un bestseller internazionale, poi trasposto su grande schermo. Fra le altre sue pubblicazioni vi sono il premiato *Americanah* e la raccolta di racconti *Quella cosa intorno al collo*. La sua conferenza del 2012 nell'ambito degli incontri TED, intitolata "Dovremmo essere tutti femministi", ha innescato un dibattito mondiale sul femminismo, da cui è scaturito il libro della Adichie *Cara Ijeawele, ovvero quindici consigli per crescere una bambina femminista*.
Cfr. anche: Ascesa del femminismo nero 276-281 ▪ "Zik" e la Nigeria indipendente 286-287

MOVIMENTI

SANTERÍA
dal 1600 ca.

Nata a Cuba, la *santería* (via dei santi) è una religione afrocaraibica fondata su credenze spirituali degli Yoruba, africani trasportati nel Nuovo Mondo sulle navi negriere, ma influenzata dal cattolicesimo apportato dal colonialismo. Promette potenza e saggezza ai fedeli che devono affrontare le sofferenze della vita. I riti prevedono danze, suono di tamburi e la pratica di comunicare con gli spiriti e mangiare assieme a loro: durante la cerimonia *bembé*, gli *orisha* (spiriti dei morti) sono invitati con danze e canti a unirsi alla comunità. Un tempo praticata in segreto, la *santería* oggi è diventata un culto aperto a tutti e si è diffusa nel continente americano e oltre, con forse 100 milioni di fedeli in tutto il mondo.
Cfr. anche: La tratta degli schiavi transatlantica 116-121 ▪ La vita nelle piantagioni 122-129

BOMBA
dal 1600 ca.

Nata a Portorico, la *bomba* è una danza tradizionale e uno spettacolo musicale che in origine erano eseguiti dagli schiavi nelle piantagioni di canna da zucchero. Molti usavano la *bomba*, con i suoi testi satirici, come forma di espressione di sé e di liberazione. Ha inizio con una danzatrice che invita il percussionista, il quale risponde suonando un ritmo per la danza della donna. Ballano sia uomini sia donne, ma di solito non assieme. Diffusasi nel XIX secolo, rimane ancora oggi una danza praticata da molti portoricani in omaggio ai loro antenati africani.
Cfr. anche: La tratta degli schiavi transatlantica 116-121 ▪ La vita nelle piantagioni 122-129

CANDOMBLÉ
dal 1800 ca.

Con radici nelle credenze spirituali di Yoruba, Fon e Bantu e influenze del cattolicesimo, il *candomblé* (danza in onore degli dèi) è una religione nata nelle comunità di schiavi in Brasile. I suoi seguaci credono in un Dio potente di nome Oludumaré, al cui servizio vi sono divinità minori dette *orixá*: ogni persona ha una sua *orixá*, che ne indirizza il destino e la protegge. Come la *santería*, il *candomblé* è una tradizione orale, senza sacre scritture, e nei riti sono fondamentali danza e musica. I seguaci hanno dovuto affrontare ostilità fino agli anni '70. Oggi il *candomblé* ha in tutto il mondo oltre 2 milioni di seguaci.
Cfr. anche: Comunità di resistenza degli schiavi brasiliani 136-139

UNIVERSITÀ STORICHE
dal 1837

Le Università storiche dei neri (HBCU) sono istituti universitari degli Stati Uniti riconosciuti a livello nazionale e aperti a tutte le razze, ma con la finalità di offrire agli americani neri un accesso all'istruzione accademica. La più antica di queste istituzioni è l'università Cheyney della Pennsylvania, fondata nel 1837 con il nome di Istituto per i giovani di colore. In un'epoca in cui la segregazione impediva agli americani neri l'accesso ad altre università, queste istituzioni costituivano dei luoghi di aggregazione per gli attivisti e hanno avuto fra gli allievi Martin Luther King, Oprah Winfrey e Toni Morrison.
Cfr. anche: Jim Crow 216-221 ▪ La sentenza *Brown* 264-267 ▪ La marcia su Washington 282-285

LO SCIOPERO DELLE LAVANDAIE DI ATLANTA
1881

Nel luglio del 1881, 20 lavandaie nere di Atlanta, Georgia, formarono un sindacato per rivendicare una retribuzione più alta e una maggiore autonomia nell'organizzazione del lavoro, dopodiché indissero uno sciopero. Nel giro di tre settimane, le scioperanti divennero 3.000. Il movimento ricevette la solidarietà delle lavandaie bianche, nonché di altre lavoratrici domestiche. Pur dovendo far fronte ad ammende e arresti, le lavandaie proseguirono lo sciopero fino a ottenere un aumento della retribuzione, il riconoscimento dell'importanza del loro lavoro e maggiori diritti per il personale domestico nero.
Cfr. anche: La guerra delle donne del 1929 252 ▪ La marcia su Washington 282-285

AFROCUBANISMO
1920-1940

Rifiutando la moda e le tendenze artistiche eurocentriche, l'afrocubanismo si incentrò su una raffigurazione stilizzata della cultura nera e su modalità di espressione con influssi africani in musica, danza, arti visive e letteratura, mettendo in discussione a Cuba le idee di superiorità culturale e razziale. Molti artisti neri sfruttarono il movimento per cambiare il modo di percepire i neri nell'arte, e la cultura della classe operaia nera divenne una forma legittima di espressione nazionale nell'ambito della società cubana. Pur essendo entrato in declino verso la fine degli anni '30, il movimento anticipò la fama mondiale della cultura cubana, di cui rimane ancora oggi un aspetto dominante.
Cfr. anche: Il rinascimento di Harlem 242-245

NOIRISME
dal 1930 ca.

Emerso ad Haiti nel 1934 al termine dell'occupazione militare americana, il *noirisme* promuoveva un ritorno alla cultura haitiana e il rispetto per la tradizione africana. I suoi seguaci, detti *noiristes*, si opponevano alla classe dirigente minoritaria di origine mista e rivendicavano una maggiore rilevanza politica per la maggioranza nera oppressa. Nel 1946, la loro influenza contribuì a sostituire il presidente Élie Lescot con il *noiriste* Dumarsais Estimé, creando così maggiori sbocchi per i neri nella politica, nella cultura e nella società, fino all'avvento del regime totalitario, al potere fra gli anni '60 e gli anni '80.
Cfr. anche: La rivolta degli schiavi di Hispaniola 130-131 ▪ La rivoluzio-

ne haitiana 184-189 ▪ Il rinascimento di Harlem 242-245

RHYTHM AND BLUES
dal 1947

Il *rhythm and blues* abbraccia vari stili di musica popolare nati nelle comunità degli americani neri. Il nome fu coniato nel 1947 dalla diffusa rivista di musica *Billboard* e si riferiva alla musica di tipo prevalentemente *blues*, derivata dal *soul* o dal *gospel* e adattata a una forma con melodie più vivaci e testi simili al *soul*. Inizialmente si trattava di cantanti accompagnati da grandi orchestre, ma in seguito dal *rhythm and blues* furono influenzati molti musicisti di spicco, fra cui Elvis Presley e i Rolling Stones. Oggi questo genere musicale continua ad adattarsi e unisce *funk*, *hip-hop* e *pop*.
Cfr. anche: L'età del jazz 246-249

STUDI AFRICANI
dal 1960 ca.

Negli Stati Uniti gli studi africani indicano le ricerche multidisciplinari con cui si esaminano le esperienze dei neri in Africa e nella diaspora. Durante il movimento per i diritti civili degli anni '60, le proteste nei campus contestavano l'assenza di docenti neri nelle facoltà universitarie e l'eurocentrismo dei programmi di studio. Le richieste di maggiore attenzione nei confronti degli studenti neri condussero alla creazione di dipartimenti di studi africani, e in seguito di studi etnici e di studi femminili. Gli studi africani, incentrati su temi relativi alla classe, al genere, alla razza e all'orientamento sessuale, con l'abbinamento fra materie umanistiche e scienze sociali, sono state un modello per molte istituzioni universitarie.
Cfr. anche: La sentenza *Brown* 264-267 ▪ La marcia su Washington 282-285 ▪ Il movimento Potere Nero 288-289 ▪ La diaspora africana oggi 314-315

MOVIMENTO PER I CAPELLI NATURALI
Dagli anni '60

Il movimento per i capelli naturali è una campagna internazionale volta a incoraggiare le donne di origine africana a portare e a valorizzare i capelli naturali con acconciature afro. Al posto degli ideali di bellezza eurocentrici e di interventi dannosi per stirare e lisciare i capelli, promuove pettinature naturali con trecce, riccioli e codini. Il movimento nacque all'epoca di Potere Nero e delle lotte per i diritti civili, quando molti americani neri portavano i capelli afro naturali come simbolo di sfida e di indipendenza culturale, e oggi continua a opporsi alla discriminazione e alla condanna sociale nei confronti dei capelli naturali.
Cfr. anche: Il movimento rastafariano 253 ▪ Il movimento Potere Nero 288-289

BLACK ARTS MOVEMENT
1965-1975

Fondato dal poeta Imamu Amiri Baraka, il Black Arts Movement si impose quando l'artista inaugurò ad Harlem il repertorio dell'arte nera, che a New York ebbe risonanza enorme. Il movimento era impegnato in politica, traendo ispirazione dalle lotte per l'indipendenza in Africa e dal movimento per i diritti civili, e si diffuse a livello nazionale e internazionale. Artisti e accademici neri si incontrarono per valutare e produrre arte, teatro, musica e poesia di stampo radicale, valorizzando la cultura e la storia dei neri e incentrandosi sull'identità e sulla liberazione. Alcuni esponenti fondamentali, come Gil Scott-Heron, James Baldwin e Maya Angelou, conseguirono poi un enorme successo.
Cfr. anche: Il rinascimento di Harlem 242-245 ▪ L'anno dell'Africa 274-275 ▪ La marcia su Washington 282-285 ▪ Il movimento Potere Nero 288-289

KWANZAA
Dal 1966

Il Kwanzaa, che si tiene dal 26 dicembre al 1° gennaio, è una celebrazione della vita degli americani neri. Fondato da Maulana Karenga come alternativa non commerciale al Natale, prende il nome da *kwanza*, termine swahili che significa "primo", e indica l'arrivo in casa delle primizie del raccolto, di solito festeggiato con un banchetto. Si basa su sette princìpi fondamentali: lavoro collettivo, economia cooperativa, creatività, fede, decisione, autodeterminazione, unità. I suoi simboli sono sette candele, un candeliere, il mais, le colture, le tovagliette all'americana, il bicchiere dell'unità e i regali. Durante i festeggiamenti si suona musica, si narrano storie e si balla.
Cfr. anche: Ascesa delle città-stato swahili 62-63

ALLEANZA DELLE DONNE DEL TERZO MONDO
1968-1980 ca.

L'Alleanza delle donne del Terzo Mondo, sodalizio per la liberazione femminile avente lo scopo di assistere le donne nere povere, fu fondata dalla femminista e attivista americana nera Frances M. Beal. Definito inizialmente Movimento per la liberazione

delle donne nere, nacque dal movimento per i diritti civili e sosteneva che non si potesse conseguire la liberazione delle donne senza affrontare i temi della razza e della classe sociale. Affrontava questioni come la mortalità infantile, l'abuso della sterilizzazione, lo sfruttamento in termini di salari e di assistenza pubblica, nonché la politica estera degli Stati Uniti, che danneggiava la vita della popolazione nei Paesi in via di sviluppo.
Cfr. anche: Ascesa del femminismo nero 276-281

BLAXPLOITATION
1970-1980

Negli anni '70 uscirono vari film interpretati da attori neri che furono definiti *blaxploitation*, abbinando i termini *black* (nero) ed *exploitation* (sfruttamento). I film spesso rappresentavano i personaggi neri secondo modelli stereotipati, nel ruolo di ruffiani, prostitute e truffatori, e furono per questo criticati, ma talvolta anche elogiati poiché avevano tra i protagonisti attori neri, cosa che all'epoca a Hollywood era una rarità. Negli anni '70 uscirono oltre 200 film del genere, e quelli di maggior successo furono *Shaft*, *Sweet Sweetback's Baadasssss Song*, *Superfly* e *Coffy*. Alcuni cineasti di oggi, come Spike Lee in *Fa' la cosa giusta*, nonché vari artisti *hip-hop*, hanno reso omaggio ai film *blaxploitation*.
Cfr. anche: Il movimento Potere Nero 288-289

FILOSOFIA AFRICANA
dagli anni '80

Dagli anni '80, la filosofia africana è stata riconosciuta da organismi di categoria come l'Associazione filosofica americana. Oggi è suddivisa nei settori africano, afroamericano e afrocaraibico e intende offrire riflessioni significative sulle esperienze individuali e collettive di persone del continente africano e della diaspora. Sia criticando il predominio e la filosofia degli europei, sia promuovendo l'autonomia dei neri di tutto il mondo, ha come scopo ultimo la liberazione dei neri dall'oppressione.
Cfr. anche: La marcia su Washington 282-285 ▪ Il movimento Potere Nero 288-289 ▪ La diaspora africana oggi 314-315

RAP
dagli anni '80

Il *rap* è uno stile musicale in cui si pronuncia un parlato ritmico anziché un canto, con un accompagnamento musicale. Le radici risiedono nella tradizione *griot*, una miscela di poesia, narrazione di storie, musica e canto originaria dell'Africa occidentale. Alla metà del XX secolo, questa tradizione influenzò il *toasting* giamaicano, da cui poi negli anni '70 e '80 si sviluppò il *rap* a opera di immigrati caraibici negli Stati Uniti, soprattutto a New York. Con gli impianti acustici usati nelle feste di quartiere, i dj miscelavano dischi e brani elettronici parlando al microfono sul ritmo *hip-hop*. Affrontando spesso temi politici e criticando lo Stato, il *rap* ha continuato a svilupparsi grazie al successo di artisti come Run D.M.C. e Grandmaster Flash.
Cfr. anche: L'età del jazz 246-249 ▪ La diaspora africana oggi 314-315

TEORIA CRITICA DELLA RAZZA
dal 1989

Coniata dallo studioso di diritto americano Derrick Bell, la teoria critica della razza indica un movimento intellettuale secondo cui la razza è un costrutto sociale, non ha fondamento biologico e fu inventata allo scopo di opprimere, soggiogare e sfruttare le persone di colore. Ponendo in evidenza le radici storiche del razzismo, come la schiavitù e la segregazione, i fautori della teoria denunciano un razzismo istituzionale che consolida le diseguaglianze economiche, politiche e sociali fra bianchi e non bianchi e continua ad avere effetto sulla vita dei neri.
Cfr. anche: La creazione della "razza" 154-157 ▪ Il movimento rastafariano 253 ▪ Il movimento Potere Nero 288-289

AFROFUTURISMO
dal 1993

Coniato nel 1993, il termine afrofuturismo indica un'ideologia promossa da attivisti, artisti, musicisti e accademici che cerca di ricostruire culturalmente il concetto di "negritudine". Il suo obiettivo principale è immaginare una società priva dell'oppressione a danno dei neri. Il movimento guarda al futuro attraverso la lente della fantascienza, per esempio nel film *Black Panther*, e al tempo stesso esamina il passato per migliorare la vita dei neri nel presente. Incoraggia lo sviluppo autonomo dei neri nella società tramite l'arte e la tecnologia. Incentrato sulla liberazione dei neri, l'afrofuturismo si è rivitalizzato in movimenti sociali come Stonewall e Black Lives Matter.
Cfr. anche: Il movimento Potere Nero 288-289

INDICE ANALITICO

I numeri di pagina in **neretto** indicano le voci principali.

D

E

M

N

T

U

V

W

X

Y

Z

CITAZIONI

PREISTORIA E STORIA ANTICA

18 Tatenda Gwaambuka, scrittore dello Zimbabwe

20 Alan Morris, antropologo di origine canadese

22 Toby Wilkinson, egittologo britannico

24 Erodoto, scrittore e geografo dell'antica Grecia

30 Traduzione di *Ta-Seti*, nome egizio della Nubia

32 Jan Vansina, storico belga

34 R. Bosworth Smith, scrittore britannico

36 Alexander Pope, poeta inglese

38 Catone il Censore, uomo politico romano

IMPERO ED ESPANSIONE

44 Mani, profeta persiano, III secolo d.C.

48 Charles Pelham Groves, scrittore britannico

52 Ibrahim al-Fazari, geografo musulmano

58 Amr ibn al-As, generale arabo

60 Gustav Nachtigal, esploratore tedesco

62 John Middleton, antropologo britannico

64 Stanley Lane Poole, archeologo britannico

FEDE E COMMERCI

72 Dalla *Storia della rivolta degli schiavi Zanj* di al-Tabari

74 Sofonia 3,10

75 Al-Idrissi, geografo musulmano

76 Mawuna Koutonin, "Lost cities: racism and ruins", 2016

78 Abu Bakr Ibn Omar, comandante degli Almoravidi

80 Descrizione in *The Encyclopedia of Empire*, 2016

82 Bolaji Idowu, teologo nigeriano

84 Agiografia di Lalibela

88 *Sundiata Keita*, poema epico di Sundiata

92 Il marabutto Ismaila al sultano Konboro, citato in Jean-Louis Bourgeois, *The Great Mosque of Djenné*

93 I.M. Lewis, antropologo scozzese

94 Proverbio senegalese

96 Così vengono definiti gli Hausa

98 Muthoni G. Likimani, scrittrice keniana

100 Wole Soyinka, poeta e autore teatrale nigeriano

102 Eduardo Galeano, giornalista uruguayano

104 Proclama in nome della regina Elisabetta I

108 T.H. Elkiss, *The Quest For An African Eldorado*, 1982

110 Alfonso I, re del Portogallo

SCHIAVITÙ E RIBELLIONE

116 Amrith Rohan Perera, diplomatico dello Sri Lanka

122 Mary Prince, *The History of Mary Prince*, 1831

130 Così viene definita la rivolta degli schiavi di Hispaniola

132 Pérez de Ribas, missionario spagnolo

136 Traduzione di *quilombos*

140 Così viene definita la regina Nzinga

146 Kenneth Bilby, *True-Born Maroons*, 2005

148 *Wonders of the African World* a cura di Henry Louis Gates

152 Traduzione del nome completo di Changamire Dombo

154 Evelynn M. Hammonds, femminista e studiosa americana

RIVOLUZIONE E RESISTENZA

162 H. Gilbert Swaso, storico della cultura Garifuna

164 Henri Morienval, fante di marina francese

166 Code Noir della Louisiana, 1724

168 Iscrizione su un medaglione di Josiah Wedgwood, 1787

172 Frederick Douglass, discorso del 1852

180 Profezia di Nongqawuse

182 Olaudah Equiano, *L'incredibile storia di Olaudah Equiano*, 1789

184 Dichiarazione di indipendenza di Haiti, 1804

190 William Still, abolizionista americano

196 Attribuito a Shaka Zulu

198 Poesia di Abdullahi dan Fodio, fratello di Usman dan Fodio

200 Significato del nome Liberia

202 Nat Turner, *The Confessions of Nat Turner*, 1831

204 G.A. Akinola, storico nigeriano

206 Frederick Douglass, discorso del 1863

210 W.E.B. Du Bois, *Black Reconstruction in America*, 1860-1880

214 *Historical Dictionary of Botswana*, Barry Morton e Jeff Ramsay

215 Isma'il Pascià, 1863

216 Sentenza *Plessy contro Ferguson*, 1896

222 Baffour Ankomah, giornalista ganaense

224 Traduzione di Lei Áurea, legge che abolì la schiavitù in Brasile

226 Parte del titolo regale di Menelik II

DECOLONIZZAZIONE E DIASPORA

232 George Padmore, *Pan-Africanism*, 1956

236 Traduzione di *maji ya uzima*, l'acqua che secondo i Maji Maji respingeva i proiettili

238 Hannibal B. Johnson, scrittore americano

240 Traduzione della testata del giornale afro-brasiliano *A Voz da Raça*

242 James Weldon Johnson, scrittore americano, attivista per i diritti civili

246 James Mercer Langston Hughes, *L'artista negro* e la montagna razziale*, 1926

250 Kojo Tovalou Houénou, oppositore africano del colonialismo francese

252 Madame Nwanyeruwa, 1929

253 Marcus Garvey, discorso del 1920

254 Dempsey Travis, scrittore americano nero, reduce di guerra

258 John Richards, passeggero della *Windrush* nel 1948

260 Nelson Mandela, discorso di insediamento, 1994

262 B.A. Ogot, *Politics, Culture, and Music in Central Kenya*

264 Linda Brown, discorso del 2004

268 Mamie Till Mobley, 1955

270 Rosa Parks, *Rosa Parks: My Story*, 1992

270 Kwame Nkrumah, discorso per l'indipendenza, 1957

274 Kwame Nkrumah, discorso all'Onu, 1960

276 Global Fund for Women

282 Martin Luther King, discorso alla marcia su Washington, 1963

286 Nnamdi Azikiwe, discorso del 1960

288 Stokely Carmichael, discorso del 1966

290 Rokhaya Diallo, "France's Dangerous Move to Remove 'Race' From Its Constitution", *Washington Post* 2018

292 *Paris is Burning*, 1990

294 Alex Wheatle, scrittore britannico

298 Jose De Sosa, rappresentante dell'associazione NAACP, 1981

299 Rapporto Macpherson, 1999

300 Lettera di un sacerdote Tutsi, citata da Philip Gourevitch, scrittore americano

302 Hailemariam Desalegn, primo ministro dell'Etiopia, 2013

304 Barack Obama, discorso dopo l'elezione, 2008

306 Alicia Garza, "A Love Letter to Black People", 2013

314 Marimba Ani, antropologa americana, esperta di studi africani

*Linguaggio usato nel 1926 (v. p. 4)

RINGRAZIAMENTI

L'Editore desidera ringraziare Lucy Sienkowska per l'assistenza editoriale; Ankita Das per l'assistenza alla progettazione; Vijay Khandwal per l'assistenza CTS; Harvey Kwiyani, Shaykh Ibrahim Mogra (Mogra Faith & Culture Consultancy), Arike Oke (direttore generale, Black Cultural Archives), Jonathan Ward per la lettura di verifica dell'autenticità; Fiona Coward e Karl Lutchmayer per la consulenza; Oliver Drake per la correzione delle bozze; Helen Peters per l'indice analitico; Priyanka Sharma e Saloni Singh per l'assistenza alle copertine; Neha Singh per l'assistenza amministrativa; Jessica Silva e collaboratori di The Black Curriculum per il sostegno; il gruppo DK Diversità, Equità e Inclusione e il gruppo di lavoro Prodotto e Contenuto per i suggerimenti e le istruzioni.

REFERENZE FOTOGRAFICHE

L'Editore desidera ringraziare per la cortese concessione a riprodurre le seguenti immagini:

(Legenda: a-sopra; b-sotto/in basso; c-al centro; f-estrema; l-sinistra; r-destra; t-in alto)

19 Science Photo Library: John Bavaro Fine Art (b). **20 Getty Images:** Heritage Images (b). **28 Dreamstime. com:** Wisconsinart (t). **Getty Images:** Universal History Archive (b). **29 akg-images:** Album / Oronoz (b). **Getty Images / iStock:** violinconcertono3 (t). **30 Bridgeman Images:** © Ashmolean Museum (b). **31 Getty Images / iStock:** HomoCosmicos (b). **33 Alamy Stock Photo:** Ian Shaw (b). **35 Alamy Stock Photo:** agefotostock. **37 Alamy Stock Photo:** Heritage Image Partnership Ltd (t); The Print Collector (b). **38 Alamy Stock Photo:** The Picture Art Collection. **39 Alamy Stock Photo:** Classic Image (t). **Science Photo Library:** Sheila Terry (b). **46 Alamy Stock Photo:** GFC Collection (b); Heritage Image Partnership Ltd (t). **47 Alamy Stock Photo:** John Elk III. **49 Alamy Stock Photo:** Historic Collection (b). **50 Alamy Stock Photo:** Art Directors & TRIP. **51 Alamy Stock Photo:** David Sutherland. **55 Alamy Stock Photo:** agefotostock (b); Images & Stories (c). **57 Alamy Stock Photo:** Heritage Image Partnership Ltd (b); Tommy E Trenchard (t). **59 Alamy Stock Photo:** YAY Media AS. **61 Bridgeman Images:** © Christie's Images (b). **62 Alamy Stock Photo:** John Warburton-Lee Photography (b). **63 Alamy Stock Photo:** Jake Lyell. **65 Alamy Stock Photo:** CPA Media Pte Ltd (t). **Getty Images / iStock:** sorincolac (b). **66 Getty Images:** Keystone-France (b). **72 Getty Images:** Nik Wheeler. **73 Getty Images**: Art Images. **74 Alamy Stock Photo:** UPI. **77 Alamy Stock Photo:** Heritage Image Partnership Ltd (b). **Getty Images:** Robin Smith (t). **79 Alamy Stock Photo:** Arterra Picture Library (t). **L&R Entwistle and Co Ltd:** (b). **81 Getty Images:** (t); Franz Aberham (b). **83 Alamy Stock Photo:** Granger Historical Picture Archive. **84 Getty Images:** VW Pics. **85 Getty Images:** Roberto Moiola / Sysaworld. **88 National Museum of African Art, Smithsonian Institution:** Photo by Franko Khoury (b). **89 Getty Images:** NurPhoto (t). **91 Alamy Stock Photo:** incamerastock. **92 Alamy Stock Photo:** Alissa Everett. **94 Alamy Stock Photo:** Granger Historical Picture Archive. **95 Alamy Stock Photo:** @diana_jarvis. **97 Alamy Stock Photo:** Jorge Fernandez. **98 Alamy Stock Photo:** PS-I (b). **naturepl.com:** Jeff Foott (t). **100 Galerie Peter Herrmann. 101 Alamy Stock Photo:** CPA Media Pte Ltd (b); Adam Eastland (t). **103 Alamy Stock Photo:** CPA Media Pte Ltd (b). **105 Alamy Stock Photo:** The Picture Art Collection. **106 Bridgeman Images:** © Christie's Images. **107 Alamy Stock Photo:** INTERFOTO. **108 Alamy Stock Photo:** The Protected Art Archive. **109 Alamy Stock Photo:** DBI Studio (t); dbimages (b). **111 Alamy Stock Photo:** Album (t). **Getty Images:** Universal History Archive (b). **118 Alamy Stock Photo:** Sabena Jane Blackbird (t). **119 Alamy Stock Photo:** Mirosław Nowaczyk (t). **120 Alamy Stock Photo:** Granger Historical Picture Archive (t). **124 Getty Images:** DEA Picture Library (t). **125 Getty Images:** Sepia Times. **126 Alamy Stock Photo:** Pictures Now. **127 Alamy Stock Photo:** Hamza Khan. **128 Bridgeman Images:** © Historic New Orleans Collection. **129 Getty Images:** MPI (bl). Library of Congress, Washington, D.C.: (cr). **130 Alamy Stock Photo:** Chronicle (b). **135 Alamy Stock Photo:** ZUMA Press, Inc.. **142 Harvard University, Yenching Library: Widener Library. 143 Alamy Stock Photo:** IanDagnall Computing. **144 Alamy Stock Photo:** Heritage Image Partnership Ltd. **145 Alamy Stock Photo:** CPA Media Pte Ltd. **147 Alamy Stock Photo:** REUTERS (b). **Freestylee, Michael Thompson, www. freestylee.net:** (tr). **149 Alamy Stock Photo:** World History Archive (b). **Getty Images:** Issouf Sanogo (t). **150 Alamy Stock Photo:** Album (t). **151 Getty Images:** Sepia Times. **152 Alamy Stock Photo:** Suzuki Kaku. **156 Alamy Stock Photo:** Album (t); Everett Collection Inc (b). **163 Getty Images:** Orlando Sierra (b). **165 Alamy Stock Photo:** INTERFOTO (b). **167 Alamy Stock Photo:** Granger Historical Picture Archive. **169 Alamy Stock Photo:** AF Fotografie. **170 Alamy Stock Photo:** Artepics. **171 Alamy Stock Photo:** The Picture Art Collection. **175 Getty Images:** (b); Historical (t). **176 Getty Images:** Hulton Archive. **177 Alamy Stock Photo:** Granger Historical Picture Archive. **178 Alamy Stock Photo:** agefotostock. **180 akg-images:** (b). **181 Copyright Keiskamma Trust. 182 (c)The Board of Visitors of the University of Virginia:** (b). **183 Alamy Stock Photo:** Pictorial Press Ltd (t). **192 Alamy Stock Photo:** Art Collection 2. **193 Getty Images:** Universal History Archive (t). **195 Courtesy of Methodist Theological School in Ohio:** (t). **198 Alamy Stock Photo:** Melissa Jooste. **199 Getty Images:** DEA Picture Library. **200 Library of Congress, Washington, D.C.:** (b). **201 Alamy Stock Photo:** Historic Images (tr). **Shutterstock.com:** supparsorn (tl). **202 Getty Images:** Stock Montage (b). **203 Getty Images:** Interim Archives. **205 Science Photo Library:** NYPL / Science Source. **207 Alamy Stock Photo:** agefotostock. **208 Alamy Stock Photo**: North Wind Picture Archives. **215 Alamy Stock Photo:** Heritage Image Partnership Ltd (b). **218 Bridgeman Images:** © New York Historical Society. **220 Getty Images. 221 Getty Images:** (t); MPI (b). **222 Alamy Stock Photo:** Photo 12. **225 Alamy Stock Photo:** Historic Collection (tr). **Getty Images:** New York Times Co. (b). **226 Alamy Stock Photo:** Album (b). **227 Getty Images:** Universal History Archive (t). **233 Alamy Stock Photo:** agefotostock (t); History and Art Collection (b). **234 Getty Images:** John Deakin. **235 Getty Images:** Fayez Nureldine (t). **236 Alamy Stock Photo:** FLHC 1 (b). **237 Shutterstock.com:** Chiyacat (b). **239 Department of Special Collections and University Archives:** (tl). **240 Acervo da Fundação Biblioteca Nacional - Brasil. 243 The New York Public Library. 245 Alamy Stock Photo:** Everett Collection Historical (t). Smithsonian American Art Museum: (b). **247 Alamy Stock Photo:** Lebrecht Music & Arts (t). **251 Shutterstock.com:** Rob Pinney. **253 Alamy Stock Photo:** Sueddeutsche Zeitung Photo (c). **255 Getty Images:** Michael Ochs Archives (t). **256 Imperial War Museum:** (CH_013438). **257 Alamy Stock Photo:** B Christopher; Everett Collection, Inc (b). **259 Getty Images:** Peter Summers (b). TopFoto.co.uk: Pastpix (t). **261 Getty Images:** Roberto Moiola / Sysaworld (t). **Photo Scala, Florence:** © Smithsonian Institution (b). **263 Getty Images:** Michael Ochs Archives (b); Stroud (t). **266 Alamy Stock Photo:** World History Archive (b). **Getty Images:** Bettmann (t). **267 Shutterstock.com:** Anonymous / AP (b). **269 Getty Images:** Afro Newspaper / Gado (tl, tr). **271 Getty Images:** Don Cravens (b); Universal Images Group (t). **272 Getty Images:** Bettmann (b). **273 Getty Images:** Keystone. **274 Getty Images:** Keystone-France. **275 Getty Images:** AFP (b). **278 Getty Images:** Bettmann. **279 Shutterstock.com:** AP (tr). **280 Lambeth Archives:** (tr). **281 Getty Images:** Mauro Pimentel (b). **283 Alamy Stock Photo:** Everett Collection Historical (tr). **Getty Images:** Bettmann (tl). **284 Getty Images:** Paul Schutzer (t). **285 Getty Images:** Flip Schulke Archives (b). **287 Getty Images:** Bettmann (t). **TopFoto.co.uk:** (b). **289 Alamy Stock Photo:** Granger Historical Picture Archive (tr). **Getty Images:** Victor Moriyama (b). **291 Getty Images:** Ian Langsdon (b); WIS Bernard (t). **293 Alamy Stock Photo:** Everett Collection Inc (t). **Getty Images:** Ethan Miller / Staff (b). **295 Alamy Stock Photo:** PA Images (t). **296 Stephen Friedman Gallery:** Stephen White & Co.. **297 Alamy Stock Photo:** PA Images (b). **298 Alamy Stock Photo:** REUTERS. **300 Getty Images:** Scott Peterson (b). **301 Alamy Stock Photo:** Angus McComiskey. **303 Alamy Stock Photo:** dpa picture alliance (t). **Getty Images**: Buena Vista Images (b). **304 Getty Images:** Chicago Tribune (b). **305 Alamy Stock Photo:** Ian Dagnall Computing. **308 Getty Images:** Stephen O'Byrne (t). **309 Getty Images:** St. Louis Post-Dispatch (b). **Shutterstock.com:** Brad Barket / AP (t). **311 Getty Images:** Michael Zagaris (t). **313 Getty Images:** Sean Drakes (b); John Thys (t). **314 Alamy Stock Photo:** imageBROKER.

Tutte le altre immagini © Dorling Kindersley
Per ulteriori informazioni: www.dkimages.com